contos completos

V. Woolf

contos completos

fixação de texto e notas **Susan Dick**
tradução **Leonardo Fróes**

Virginia Woolf

COSACNAIFY

Primeiros contos

12   [Phyllis e Rosamond]

29   O misterioso caso de *miss* V.

34   [O diário de *mistress* Joan Martyn]

75   [Um diálogo no monte Pentélico]

85   Memórias de uma romancista

1917 – 1921

104   A marca na parede

114   Kew Gardens

123   Noite de festa

133   Objetos sólidos

142   Condolência

148   Um romance não escrito

162   Casa assombrada

166   Uma sociedade

183 Segunda ou terça

187 O quarteto de cordas

194 Azul e verde

1922 – 1925

200 Uma escola de mulheres vista de fora

206 No pomar

211 *Mrs.* Dalloway em Bond Street

223 A cortina da babá Lugton

228 A viúva e o papagaio: uma história verídica

239 O vestido novo

250 Felicidade

256 Antepassados

261 A apresentação

269 Juntos e à parte

278 O homem que amava sua espécie

286 Uma simples melodia

296 Uma recapitulação

1926 – 1941

304 Momentos de ser: "pinos de telha não têm pontas"

313 A dama no espelho: reflexo e reflexão

322 O fascínio do poço

326 Três quadros

332 Cenas da vida de um oficial da Marinha britânica

336 *Miss* Pryme

340 Ode escrita parcialmente em prosa
     ao ver o nome de Cutbush na
     fachada de um açougue em Pentonville

347 [Retratos]

356 Tio Vanya

359 A duquesa e o joalheiro

369 A caçada

380 Lappin e Lapinova

391 O holofote

398 Cigana, a vira-lata

409 O legado

420 O símbolo

425 O lugar da aguada

429 Notas

463 Sugestões de leitura

Primeiros contos

[Phyllis e Rosamond][1]

Nesta época tão curiosa, quando já começamos a necessitar de retratos de pessoas, de suas mentes e sua indumentária, um contorno fiel, desenhado sem mestria, porém com honestidade, é bem capaz de ter algum valor.

Que cada homem, ouvi dizer outro dia, ponha-se a anotar os detalhes de uma jornada de trabalho; a posteridade há de ficar tão contente com o catálogo quanto ficaríamos nós, se tivéssemos um tal registro de como o porteiro do Globe e o homem responsável pelos portões do Park passaram o sábado, 18 de março, do ano da graça de 1568.

Como os retratos desse tipo que temos são quase invariavelmente do sexo masculino, que se empertigava pelo palco com proeminência maior, parece valer a pena tomar como modelo uma dessas muitas mulheres que se agrupam na sombra. Pois que um estudo de história e biografia convence qualquer pessoa bem-intencionada de que essas figuras obscuras ocupam um lugar não diferente daquele que a mão do exibidor assume na dança das marionetes, com o dedo posto no coração. É verdade que nossos olhos ingênuos acreditaram por muitas eras que as figuras dançavam por sua livre vontade, dando os passos que bem queriam; e a luz parcial que romancistas e historiadores já começaram a lançar sobre o espaço apertado e escuro dos bastidores pouco fez por enquanto, a não ser nos mostrar quantos cordões existem, mantidos em mãos ocultas, para uma torção ou puxão dos quais dependem todos os meneios da dança. Este preâmbulo nos conduz pois ao ponto do qual partimos; tão firmes quanto pudermos, tencionamos olhar para um grupinho que vive neste momento (20 de junho de 1906); e que parece, por algumas razões que iremos dar, sintetizar os atributos de muitos. É um caso comum, porque afinal são numerosas as jovens nascidas de pais bem-colocados, respeitáveis e prósperos; e todas elas devem ter muitos dos mesmos problemas, não podendo senão haver, infelizmente, pouca diversidade nas respostas que dão.

São cinco filhas, todas mulheres, como lhe explicarão com pesar: lamentando esse erro inicial, ao que parece pela vida afora, que seus pais cometeram. Além disso, acham-se em campos separados: duas irmãs se opõem a duas; e a quinta vacila uniformemente entre as outras. Decretou a natureza que duas delas herdarão um espírito resoluto e combativo, que se aplica com êxito, e nunca de modo inoportuno, a problemas sociais e à economia política; enquanto as outras duas a natureza fez frívolas, domésticas, de temperamentos mais sensíveis e simples. Essas últimas estão condenadas a ser o que, no jargão do século, chama-se de "filhas caseiras". Suas irmãs, decididas a cultivar o espírito, entram na faculdade, lá se dão bem e casam-se com professores. Fazem carreiras tão idênticas às dos próprios homens que nem chega a valer a pena convertê-las em objetos de investigação especial. A quinta irmã distingue-se menos pelo caráter que qualquer uma das outras; casando-se aos 22 anos, mal tem tempo de desenvolver os traços individuais da condição de senhorinha que nos pusemos a descrever. Nas duas "filhas caseiras", Phyllis e Rosamond, como as chamaremos, encontramos um material excelente para nossa pesquisa.

Alguns fatos nos ajudarão a colocá-las em seus devidos lugares, antes de iniciarmos o exame. Phyllis tem 28 anos, Rosamond, 24. São pessoas graciosas, de faces rosadas, vivazes; um olhar minucioso não encontrará em seus traços uma beleza perfeita; mas seus trajes e maneiras dão-lhes o efeito da beleza, sem lhes dar a substância. Parecem nativas da sala de visitas, como se, nascidas em vestidos de seda para a noite, jamais tivessem posto o pé num solo mais irregular do que o tapete turco, ou reclinado em superfície mais áspera do que a poltrona ou o sofá. Vê-las na sala cheia de mulheres e homens bem trajados é como ver um negociante na Bolsa, ou um advogado no Fórum. Esta, proclamam cada gesto e palavra, é sua inata aparência; este é o seu local de trabalho, sua arena profissional. Claramente é aqui que elas praticam as artes nas quais foram desde a infância instruídas. Aqui talvez ganhem seu pão e obtenham suas vitórias. Mas seria tão fácil quanto injusto insistir na metáfora até levá-la a sugerir que a comparação fosse adequada e completa em todas as suas partes. Ela falha; mas onde falha e por que falha só pode ser descoberto com atenção e algum tempo.

Deve-se estar em condições de acompanhar estas senhorinhas em casa e de ouvir seus comentários, no quarto de dormir, à luz da vela; deve-se estar a seu lado quando acordam, na manhã seguinte; deve-se assistir às progressões que ambas fazem no decurso do dia. Quem tiver feito isso, e não só por um dia, mas por vários, será então capaz de aquilatar os valores das impressões que estarão por ser recebidas à noite, na sala de visitas.

Eis o tanto que se pode reter da metáfora já utilizada; que o cenário da sala representa para elas trabalho, não diversão. Tudo isso é tornado muito claro pela cena na carruagem que demanda a casa. *Lady* Hibbert é uma crítica severa de tais performances; ela notou se suas filhas estavam bem, se falaram bem, se se comportaram bem; se atraíram as pessoas certas, repelindo as que não convinham; e se a impressão que deixaram foi favorável no todo. A partir da multiplicidade e da minuciosidade dos seus comentários é fácil perceber que duas horas de entretenimento, para artistas dessa estirpe, são uma produção assaz delicada e complicada. Ao que parece, muito depende da maneira como elas se desempenham. As filhas respondem submissamente e se mantêm caladas, quer a mãe as reprove, quer elogie; e sua censura é acerba. Quando se acham finalmente sozinhas, elas que dividem um quarto modesto pelas dimensões no topo de uma casa grande e feiosa, ei-las que espicham os braços e passam a suspirar de alívio. Não é das mais edificantes a conversa que travam; é o "ramerrame" dos homens de negócios; elas calculam suas perdas e ganhos e é claro que no fundo não têm nenhum interesse, a não ser o próprio. Podem porém ter sido ouvidas a papaguear sobre livros e pinturas e peças, como se fosse a essas coisas que dessem mais importância; discuti-las era a única razão de uma "festa".

Observar-se-á também, nessa hora de franqueza pouco atraente, algo que é bem sincero também, embora de modo algum desairoso. As irmãs gostavam muito e abertamente uma da outra. Na maioria dos casos, sua afeição tomou a forma de uma simpatia instintiva que é tudo o que se quiser, menos sentimental; suas esperanças e medos são, sem exceção, partilhados; trata-se porém de um sentimento legítimo, profundo, malgrado seu exterior tão prosaico. Elas são rigorosamente honestas em todas as transações que efetuam juntas; e há até mesmo algo de cavalheiresco na atitude da irmã mais nova para com a mais velha. Sendo essa a mais fraca, por ser a que já tem mais idade, deve sempre ficar com a melhor parte. Há algo de tocante também na gratidão com que Phyllis aceita tal vantagem. Todavia já está ficando tarde e, em atenção às próprias peles, essas moças tão metódicas lembram agora uma à outra que já é hora de apagar a luz.

A despeito da prévia reflexão, não são elas avessas a dormir mais um pouco, depois que as chamam de manhã. Rosamond no entanto se levanta e sacode Phyllis.

"Phyllis, vamo-nos atrasar para o café."

Deve ter sido de certo peso o argumento, porque Phyllis pulou fora da cama e começou a se arrumar em silêncio. A pressa porém não impediu que elas vestissem suas roupas com grande esmero e destreza, sendo o resultado minuciosamente inspecionado por ambas, cada qual a seu turno, antes de descerem. O relógio batia nove horas quando entraram na copa: o pai, que já estava lá, perfunctoriamente beijou suas duas filhas, passou sua xícara para o café, leu seu jornal e sumiu. Foi uma refeição silenciosa. O desjejum de *lady* Hibbert era feito no quarto;

mas elas, depois do seu, tinham de visitá-la para receber as ordens do dia; enquanto uma tomava notas para a mãe, ia a outra falar com a cozinheira para combinar o almoço e o jantar. Às onze horas ficaram livres, por enquanto, e reencontraram-se no quarto de estudo, onde a irmã mais nova, Doris, de 16 anos, escrevia uma dissertação em francês sobre a Magna Carta. Suas queixas pela interrupção – posto que ela já sonhasse com uma aprovação escolar – não foram consideradas. "Temos de ficar por aqui, porque não há outro lugar para nós", observou Rosamond. "Não precisa pensar que queremos sua companhia", acrescentou Phyllis. Mas tais reparos foram ditos sem nenhum azedume, como simples e repisados chavões da vida cotidiana.

Contudo, em deferência à irmã, Phyllis pegou um volume de Anatole France, e Rosamond abriu os *Estudos gregos* de Walter Pater. Por alguns minutos elas leram em silêncio; uma criada depois bateu na porta, esbaforida, com o recado de que "madame estava chamando as senhoritas na sala". Todas duas resmungaram; Rosamond se ofereceu para ir sozinha; Phyllis disse que não, que ambas eram vítimas; e, perguntando-se qual seria a incumbência, lá se foram, de mau humor, escada abaixo. *Lady* Hibbert, impaciente, aguardava-as.

"Oh, enfim vocês chegaram!", exclamou ela. "Seu pai mandou dizer que convidou *mr.* Middleton e *sir* Thomas Carew para almoçar. Que amolação ele nos arrumou, não é? Não consigo imaginar por que os terá convidado, e almoço não há – e já vi que você não providenciou as flores, Phyllis; e quero que você, Rosamond, ponha uma gola nova no meu vestido marrom. Ah, meu Deus, como os homens são improvidentes!"

As filhas estavam acostumadas a essas insinuações contra o pai: ficavam em geral do seu lado, mas não o diziam nunca.

Afastavam-se agora, em silêncio, nas suas missões à parte: Phyllis teve de sair para comprar flores e um prato extra para o almoço; Rosamond sentou-se para costurar.

Mal terminaram suas tarefas a tempo de se vestir para o almoço; mas à 1h30 adentravam, sorridentes e rosadas, pela grande e pomposa sala de visitas. *Mr.* Middleton era secretário de *sir* William Hibbert; um jovem em boa situação e com perspectivas, tal como o definia *lady* Hibbert, que poderia ser incentivado. *Sir* Thomas, funcionário da mesma repartição, era uma parte elegante do conjunto, com sua solidez, sua gota, mas sem nenhuma importância individual.

Durante o almoço animou-se um pouco a conversa entre *mr.* Middleton e Phyllis, enquanto os mais velhos, em sonoras vozes profundas, diziam banalidades. Rosamond se manteve meio calada, como de seu hábito; a especular sutilmente sobre o caráter do secretário que poderia vir a ser seu cunhado; e a conferir certas teorias que ela então já fizera a cada nova palavra proferida por ele. *Mr.* Middleton, por franco consentimento, não passava de uma brincadeira da irmã, que se atinha aos limites. Se alguém conseguisse ler os pensamentos de Rosamond, enquanto ela escutava as histórias de *sir* Thomas sobre a década de 1860 na Índia, constataria que ela andava ocupada com cálculos de certo modo abstrusos; o Middletonzinho, como o chamava, não era lá de todo mau; tinha a cabeça boa; era bom filho, ela o sabia, e daria um bom marido. Além do mais, era abastado e faria sucesso na carreira. Mas dizia-lhe sua agudeza psicológica, por outro lado, que ele era curto de espírito, sem um pingo de imaginação ou de intelecto, no sentido em que isso era entendido por ela; conhecia muito bem sua irmã para saber que ela nunca amaria este homenzinho ativo e eficiente, embora fosse capaz de respeitá-lo. Era esta a questão: deveria casar-se então com ele? E esse era o ponto a que chegara quando *lord* Mayo foi assassinado;[2] enquanto seus lábios murmuravam ohs e ahs de horror, seus olhos telegrafavam pela mesa: "Fico na dúvida". Se ela houvesse feito que sim com a cabeça, sua irmã já teria passado à prática daquelas artes pelas quais tantas propostas se têm consolidado. Entretanto Rosamond, sem saber ainda o necessário para tomar decisão, mandou um telegrama bem simples: "Continue a jogar com ele".

Os cavalheiros saíram logo depois do almoço. *Lady* Hibbert preparou-se para fazer sua sesta. Antes disso porém intimou Phyllis.

"E então, minha filha", disse ela, mais carinhosa do que já se havia mostrado, "o almoço foi bom para você? *Mr.* Middleton foi agradável?". Alisando o rosto da filha, olhou-a penetrantemente nos olhos.

Algo de petulância irrompeu por dentro de Phyllis, que respondeu com indiferença: "Bem, ele não é um qualquer, não é mau; mas não me anima".

O semblante de *lady* Hibbert se alterou na hora: se ela antes parecia uma gata benévola que brincava com um ratinho por razões filantrópicas, tornou-se agora o animal de verdade, resolutamente a sério.

"Lembre-se", disparou, "que isto não pode continuar para sempre. Tente, minha filha, ser um pouco menos egoísta". Suas palavras não poderiam ter sido menos agradáveis de ouvir, caso houvesse rogado pragas.

E, enquanto a mãe saía às pressas, as moças se entreolhavam, com expressivas contorções labiais.

"Não pude evitar", disse Phyllis, com um riso frouxo. "Mas agora nós vamos ter uma trégua. Madame não nos convocará antes das quatro."

Subiram para o quarto de estudo, que agora estava vazio; e arriaram nas poltronas bem fofas. Phyllis acendeu um cigarro. Rosamond, como se isso induzisse ao pensamento, chupou pastilhas de hortelã.

"Pois bem", disse Phyllis por fim, "que decisão vamos tomar? Já estamos em junho; nossos pais dão-me até julho: e não há outro a não ser Middletonzinho".

"A não ser...", começou Rosamond.

"É, mas nesse nem adianta pensar."

"Pobre Phyllis! Pelo menos ele não é má pessoa."

"Totalmente ajuizado, realmente trabalhador. É, nós faríamos um casal modelo! E você deveria ir ficar conosco em Derbyshire."

"Você podia fazer algo melhor", prosseguiu Rosamond; com o pensativo ar de um juiz. "Mas, por outro lado, eles não aguentarão muito mais." Por "eles" eram pressupostos seus pais, *sir* William e *lady* Hibbert.

"Ontem papai me perguntou o que eu poderia fazer, se não me casasse. E eu não tive nada a dizer."

"Pois é, fomos educadas para o casamento."

"*Você*, sim, é que poderia ter feito algo melhor. Eu, é claro, sou uma boba, e assim não importa."

"Até que eu acho o casamento a melhor coisa que existe – se nos permitissem casar com o homem que a gente quer."

"Oh, eu sei: é detestável. Mas não há fatos que sirvam, nem assim, de escapatória."

"Middleton", disse sucintamente Rosamond, "é o fato em questão. Você gosta dele?".

"Nem um pouco."

"E se casaria com ele?"

"Se madame me obrigasse."

"Seja como for, deve haver uma saída."

"Como você o vê agora?", perguntou Phyllis, que aceitaria ou rejeitaria qualquer homem em obediência aos conselhos da irmã. Rosamond, bem dotada e perspicaz de cabeça, fora impelida a abastecê-la tão-somente com base no caráter humano e, sendo sua ciência muito pouco toldada por preconceitos pessoais, seus resultados inspiravam em geral confiança.

"Ele é ótimo", começou ela; "excelentes qualidades morais: cabeça boa: sucesso garantido na vida: nem um pingo de imaginação ou romantismo: para você ele seria bem adequado".

"Em suma, seríamos um casal respeitável: mais ou menos como nossos pais!"

"A questão é", prosseguiu Rosamond; "vale a pena passar por mais um ano de escravidão, até que apareça o próximo? E quem seria esse próximo? Simpson, Rogers, [Leiscetter?]".

A cada nome, sua irmã fazia uma careta.

"A conclusão parece ser: ganhe tempo e mantenha as aparências."

"Oh, enquanto pudermos, vamos então nos divertir! Se não fosse você, Rosamond, eu já teria me casado uma dezena de vezes."

"E teria ido ao tribunal para divorciar-se, não é?"

"De fato, sou muito respeitável para isso. Sou muito fraca sem você. E agora vamos falar dos nossos negócios."

"Para os meus não há pressa", disse resolutamente Rosamond. E as duas moças deram-se a uma discussão sobre o caráter de seus amigos, com alguma agudeza e bem pouca piedade, até ser hora de mudar de assunto outra vez. Dois aspectos de sua conversa são dignos de observação. O primeiro é que elas tinham grande respeito pela inteligência e faziam disso um ponto de capital importância em sua investigação; o segundo, que seus julgamentos, sempre que elas suspeitavam de uma vida familiar infeliz, ou de uma ligação malograda, eram, mesmo no caso dos menos atraentes, invariavelmente compassivos e nobres.

Às quatro horas elas saíram com *lady* Hibbert para fazer visitas breves. Tal performance consistia em percorrer solenemente, uma após outra, as casas onde elas tinham jantado ou pretendiam jantar, depositando na mão de um lacaio dois ou três cartões. Em dada residência em que entraram, tomaram uma xícara de chá e, por exatamente quinze minutos, falaram do tempo que fazia. Terminaram com uma lenta passagem pelo Hyde Park, sendo mais uma no cortejo de carruagens alegres que a essa hora se movem passo a passo ao redor da estátua de Aquiles. *Lady* Hibbert exibia um sorriso permanente e imutável.

Às seis já estavam de novo em casa, onde encontraram *sir* William, que recebia para o chá um primo velho e a esposa. Como eram pessoas que se podiam tratar sem cerimônia, *lady* Hibbert não se furtaria a um breve repouso, deixando a cargo das filhas perguntar como passava John e se Milly tinha sarado do sarampo. Ao sair da sala ela disse: "Lembre-se, William, que às oito jantamos fora".

Phyllis foi junto; o jantar era dado por um juiz meritório, tendo ela por incumbência distrair um circunspecto procurador da Coroa; seus esforços em certa direção, pelo menos, podiam ser abrandados; e os olhos de sua mãe contemplavam-na com indiferença. Uma conversa com um homem idoso e inteligente sobre assuntos impessoais, refletiu Phyllis, era como uma ducha de água fria. Se não teorizaram, ele porém narrou-lhe fatos, e ela se satisfez ao dar-se conta de que o mundo estava cheio de coisas sólidas que em nada dependiam de sua vida.

Quando saíram, Phyllis comunicou à sua mãe que daria uma passada em casa dos Tristrams, onde ela iria encontrar Rosamond. *Lady* Hibbert franziu os lábios, deu de ombros e disse "está bem", como se fosse objetar caso tivesse à mão uma razão suficientemente plausível. Contudo, estando *sir* William à espera, seu único argumento foi a expressão carrancuda.

Foi-se assim Phyllis sozinha para aquele bairro de Londres, distante e fora de moda, onde moravam os Tristrams. Esse era um dos muitos invejáveis aspectos da sorte deles. As fachadas em estuque, as filas impecáveis de casas de Belgravia e South Kensington pareciam a Phyllis tipificar a sua: uma vida adestrada a desenvolver-se em padrões feios que correspondessem à tão sóbria feiura dos seus iguais. Mas quem vivia aqui em Bloomsbury, começou ela a teorizar, acenando com a mão enquanto o coche de aluguel que tomara passava pelas grandes praças tranquilas, sob o pálido verde de umbrosas árvores, poderia desenvolver-se como bem quisesse. Aqui não faltava espaço, nem liberdade, e do esplendor e estrépito do Strand ela absorvia as realidades vivas do mundo, do qual suas colunas e estuques a resguardavam tão completamente.

O coche parou diante de umas janelas com luz que, abertas para a noite de verão, deixavam derramar-se na rua um pouco da conversa e da vida que ocorriam lá dentro. E impaciente ela esperou que a porta que a deixaria entrar e participar também se abrisse. Contudo, quando já estava na sala, tornou-se consciente de sua própria aparência, que nessas ocasiões se igualava, como ela sabia tão bem, à das senhoras que eram pintadas por Romney.[3] Viu-se a avançar pelo ambiente enfumaçado onde as pessoas se sentavam no chão, usando a dona da casa uma jaqueta de caça, com sua maliciosa cabecinha erguida e a boca já repuxada, como se para um epigrama. A seda branca e as fitas cor de cereja de Phyllis faziam-na chamar a atenção. E foi com alguma noção da diferença entre ela e os demais que se sentou muito silenciosa, mal tirando vantagem das aberturas que lhe eram feitas na conversa. Meio embaraçada, ficou olhando ao redor para as quase dez pessoas que se encontravam ali. Falava-se de certas pinturas que estavam então sendo exibidas e cujos méritos eram discutidos de um ponto de vista que tendia ao técnico. Por onde ela começaria, ela que as tinha visto e no entanto sabia que suas banalidades nunca passariam pelo teste do questionamento e das críticas a que estariam expostas? Nem ali havia campo, como também sabia, para aqueles encantos femininos que eram capazes de disfarçar tantas coisas. O tempo assim foi passando; pois a discussão era séria e acalorada, sem que nenhum dos combatentes quisesse ser desarmado por estratagemas ilógicos. E ela sentada a observar, sentindo-se como um passarinho que tivesse as asas cortadas; e mais intensamente constrangida, porque de modo mais genuíno, do que jamais se sentira numa brincadeira ou num baile. A si mesma ela repetia o breve e amargo axioma de que havia fracassado por não saber decidir; e enquanto isso tentava usar sensatamente a cabeça para entender o que estava sendo dito. Rosamond insinuou, do outro lado da sala, que ela também se achava numa grande enrascada.

Por fim os contendores se apartaram e a conversa voltou às generalidades; mas ninguém se desculpou pelo caráter concentrado que ela havia tomado, e a conversa genérica, como constataram as senhoritas Hibberts, ainda que se ocupasse de assuntos mais triviais, tendia não obstante ao escárnio dos lugares-comuns, não tendo nunca hesitação em dizê-lo. Era porém bem divertida; e Rosamond portou-se louvavelmente ao opinar sobre certa personagem que entrou então em questão; muito embora tenha ficado surpresa ao verificar que suas descobertas mais profundas foram tomadas por ponto de partida de novas investigações, não representando conclusão alguma.

Além do mais, surpreenderam-se as senhoritas Hibberts, tomando-se de algum desalento, ao descobrirem o quanto de sua educação se lhes perspegara. Phyllis quase bateu em retirada no momento seguinte por sua desaprovação instintiva a uma graçola contra o cristianismo que os Tristrams proferiram e aplaudiram de modo tão leviano como se a religião fosse um assunto de somenos.

Ainda mais espantosa para elas foi contudo a maneira como ali se faziam transações em sua área particular de negócios; pois as senhoritas supunham que mesmo nessa atmosfera excêntrica "os fatos da vida" tivessem sua importância. *Miss* Tristram, uma jovem de grande beleza e artista de fato promissora, discorria sobre o casamento com um homem que aliás talvez tivesse, pelo que se podia julgar, um interesse pessoal na questão. Mas a liberdade e a franqueza com que ambos expunham suas opiniões e teorizavam sobre o amor e o casamento pareciam pôr a coisa sob uma luz nova e suficientemente alarmante. O fascínio das moças, diante disso, foi maior do que tudo que elas já tinham visto ou ouvido. Acreditavam-se até então sabedoras de todas as maneiras de ver, todos os lados desse assunto; aqui porém estava algo que não só era novo, como também inquestionavelmente legítimo.

"Nunca ninguém me fez uma proposta; pergunto-me como há de ser", disse a voz ponderada e cândida da mais nova das senhoritas Tristrams; e Phyllis e Rosamond sentiram que deveriam expor suas experiências para instruir a companhia. Mas não teriam como adotar o novo e estranho ponto de vista, sendo suas experiências, afinal, de índole totalmente diversa. O amor para elas era algo induzido por determinadas ações bem calculadas; e que se acalentava nos salões de baile, ou dentro de odorosas estufas, por relances de olhos, por manobras do leque ou por um jeito de falar sugestivo e trêmulo. O amor aqui era uma coisa vigorosa e sincera que se punha em relevo à luz do dia, desnuda e sólida, para ser aberta e sondada como nos parecesse melhor. Phyllis e Rosamond, ainda que fossem livres para amar como escolhessem, sentiam-se em grande dúvida de que pudessem amar de tal maneira. Com o rápido impulso da juventude, elas se reprovaram terminantemente, concluindo que eram vãos todos os seus esforços de liberdade: quer por fora, quer por dentro, o longo cativeiro as corrompera.

Sentavam-se assim, inconscientes de seu próprio silêncio, como pessoas excluídas de alguma patuscada na chuva e ao vento; invisíveis aos festeiros que estavam no recinto. Mas na realidade a presença dessas duas moças caladas e de olhar faminto era considerada opressiva por todas as pessoas ali; embora não soubessem exatamente por quê; talvez elas se entediassem. As senhoritas Tristrams sentiram-se responsáveis por isso; e *miss* Sylvia Tristram, a mais nova, em decorrência de um cochicho, dispôs-se a puxar conversa com Phyllis. Phyllis se agarrou à oportunidade como um cão se atraca com um osso; seu rosto adquirira de fato uma expressão sombria e sôfrega, tendo ela visto que os momentos passavam enquanto a substância dessa noite tão singular permanecia além de seu alcance. Se não podia partilhar, talvez pudesse ao menos explicar o que a estava impedindo. Ela ansiava por provar a si mesma que para sua impotência havia boas razões; e, se sentia que *miss* Sylvia era uma mulher verdadeira, a despeito de suas generalizações impessoais, havia então esperança de que um dia se encontrassem num terreno comum. Ao inclinar-se à frente para falar, Phyllis foi possuída pelo sentimento bizarro de procurar febrilmente deitar mãos, em meio à massa de frivolidades artificiais, ao verdadeiro e puro cerne da pessoa que, por sua suposição, jazia oculto nalgum ponto.

"Oh, *miss* Tristram", começou ela, "vocês todos são tão brilhantes. Sinto-me amedrontada".

"Você está rindo de nós?", perguntou Sylvia.

"Por que haveria de rir? Você não vê que eu me sinto como uma boba?"

Sylvia então começou a ver, e a visão lhe interessou.

"A vida de vocês é tão maravilhosa; e tão estranha para nós."

Sylvia, que escrevia e experimentava um prazer literário ao se ver refletida em espelhos de estranhos, e ao erguer seu próprio para as vidas alheias, lançou-se com satisfação à tarefa. Nunca antes ela havia considerado as Hibbert como seres humanos; muito embora as chamasse de "senhorinhas". Por conseguinte estava agora mais do que pronta a rever seu erro; tanto por vaidade quanto por curiosidade legítima.

"Que é que você faz?", perguntou bruscamente, a fim de ir direto ao assunto.

"Que faço eu?", ecoou Phyllis. "Oh, mando servir o jantar e arrumo as flores!"

"Mas qual é sua ocupação?", prosseguiu Sylvia, que estava decidida a não se deixar levar por fraseados.

"*Esta* é a minha ocupação; e eu gostaria que não fosse! Não se esqueça, *miss* Tristram, de que a maioria das moças de família são escravas; e não convém que você me insulte por lhe ter acontecido ser livre."

"Oh, diga-me", interrompeu Sylvia, "exatamente o que você quer dizer. Quero saber. Gosto de me informar sobre as pessoas. Por mais que se saiba muito, só o que importa é a alma humana".

"É", disse Phyllis, ansiosa para manter-se distante de teorias. "Mas nossa vida é tão simples, tão comum. Você deve conhecer muitas que são como nós."

"Conheço seus vestidos de noite", disse Sylvia; "vejo quando passam por mim em belos cortejos, mas nunca até agora as tinha ouvido falar. Vocês são sempre assim sensatas?". Percebendo que ela estava, desse modo, agredindo Phyllis, ocorreu-lhe então mudar de tom.

"Somos irmãs, ouso dizer. Mas por que, por fora, nós somos tão diferentes?"

"Oh, não, irmãs não somos", disse Phyllis mordazmente; "pelo menos, se o formos, sinto pena de você. Somos criadas, sabe, apenas para sair à noite e dizer coisas gentis e, bem, suponho que para nos casarmos, e é claro que poderíamos ter feito uma faculdade, se quiséssemos; mas, como não fizemos, temos apenas boas qualidades".

"Nós nunca fizemos faculdade", disse Sylvia.

"E não têm boas qualidades? Naturalmente você e sua irmã são o que há de melhor como pessoas, enquanto eu e Rosamond não passamos de fraudes: pelo menos é o meu caso. Mas agora você já entende isso tudo e deve estar percebendo como a vida de vocês é perfeita, não é?"

"Não consigo entender por que vocês não fariam, como fazemos nós, o que bem quisessem", disse Sylvia, olhando ao redor da sala.

"Você acha que poderíamos receber pessoas assim? Ah, nunca podemos convidar um amigo, a não ser quando nossos pais estão fora."

"Mas por que não?"

"Por um lado, porque não temos para isso um espaço só nosso; por outro, porque nunca nos permitiriam. Enquanto não nos casarmos, somos apenas filhas."

Sylvia considerou-a de um modo um tanto implacável. E Phyllis compreendeu que se valera do tipo errado de franqueza ao falar sobre o amor.

"Você quer se casar?", perguntou Sylvia.

"Tem cabimento essa pergunta? Você ainda é tão jovem, tão inocente! – mas é claro que está com toda a razão. Casar-se devia ser por amor, e tudo o mais que já se sabe. Porém", continuou Phyllis, dizendo desesperadamente a verdade, "não podemos pensar desse modo nisso. São tantas as coisas que queremos, que nunca podemos ver só o casamento em si, como de fato ele é ou deveria ser. Há muitos outros fatores que se associam à ideia, pois casamento quer dizer liberdade e amigos e uma casa própria e, oh, todas as coisas que vocês já têm! Por acaso isso lhe parece chocante ou mercenário demais?".

"Chocante, sim, um pouco; mas mercenário não creio. Eu, se fosse você, teria escrito."

"Oh, lá vem você de novo, *miss* Tristram", exclamou Phyllis num desespero cômico. "Não consigo lhe fazer entender que, por um lado, nós não temos cabeça; e, por outro, que não nos deixariam usá-la, se tivéssemos. Ainda bem que a misericórdia de Deus soube nos fazer adequadas à nossa situação; Rosamond, sim, poderia ter feito alguma coisa; mas agora ela já passou da idade."

"Meu Deus!", exclamou Sylvia. "Que masmorra! Fosse comigo, eu daria tiros, atearia fogo, pularia pela janela; ao menos faça alguma coisa!"

"O quê?", perguntou Phyllis sarcasticamente. "Você faria, se estivesse em nosso lugar; mas não creio que isso fosse possível. Oh, não", prosseguiu em tom mais baixo e mais cínico, "é a nossa vida, e temos de aproveitá-la ao máximo. Só quero é que você entenda por que foi que nós viemos aqui e nos sentamos caladas. Esta é a vida, sabe, que gostaríamos de levar; mas eu agora até duvido de que sejamos capazes. Vocês pensam", e indicou toda a sala, "que nós somos apenas sirigaitas da alta roda; e quase que somos mesmo. Mas poderíamos ter sido coisa melhor. Não é patético?". E ela deu uma de suas risadinhas secas.

"Prometa-me porém uma coisa, *miss* Tristram: que você virá visitar-nos e que nos permitirá vir aqui de vez em quando. Agora, Rosamond, nós temos realmente de ir."

Saíram pois e, já no coche, Phyllis se admirou de sua própria explosão, embora sentisse que lhe havia agradado. Todas duas estavam meio agitadas; ansiosas para analisar seu desconforto e descobrir qual o sentido dele. Na noite anterior tinham voltado para casa, nessa mesma hora, muito mais mal-humoradas, mas, ao mesmo tempo, mais satisfeitas consigo; se se enfadavam pelo que haviam feito, sabiam porém tê-lo feito bem. E tinham a satisfação de sentir que eram capazes de coisas muito melhores. Hoje não sofriam de enfado; mas não lhes vinha a impressão de se terem saído bem quando a ocasião lhes surgira. A conferência no quarto, na hora de dormir, foi meio desanimada; ao penetrar em seu verdadeiro eu, Phyllis deixara entrar uma rajada de ar frio naquele espaço tão zelosamente fechado; o que tinha realmente querido? – perguntava-se ela; e a que estaria apta? A criticar os dois mundos e perceber que nenhum deles lhe dava aquilo de que necessitava. Ela estava por demais deprimida para expor o problema à sua irmã; e seu rompante de sinceridade deixara-lhe a convicção de que falar não resolve; se pudesse fazer alguma coisa, teria de a fazer por si mesma. Seus últimos pensamentos nessa noite diziam que era quase um alívio *lady* Hibbert já haver preparado para elas, para amanhã, um dia cheio: fosse como fosse, ela nem precisaria pensar; e as festanças no rio davam para distrair um bocado.

O misterioso caso de *miss* V.

É um lugar-comum que não há solidão que se compare à de quem se vê sozinho numa multidão; romancistas o repetem; é inegável que comove; e agora, depois do caso de *miss* V., eu ao menos passei a dar-lhe crédito. Uma história como a dela e a irmã – mas é típico que, ao se escrever sobre elas, um nome pareça instintivamente servir às duas; pois pode-se mencionar de um só fôlego, com efeito, um monte de irmãs assim. Tal história mal chega a ser possível, exceto em Londres. No interior teria havido o açougueiro ou o carteiro ou a mulher do pastor; mas numa cidade altamente civilizada as amabilidades da vida humana se estreitam no menor espaço possível. O açougueiro larga sua carne pela área; e o carteiro enfia sua carta na caixa, sendo sabido que a mulher do pastor já atirou as missivas pastorais pela mesma brecha tão cômoda: todos eles repetem que não têm tempo a perder. Assim, ainda que não se coma a carne, que as cartas fiquem por ler e que os comentários pastorais sejam desobedecidos, ninguém se torna mais sensato; até que chega um dia em que esses funcionários tacitamente concluem que o número 16 ou 23 não precisa mais de atendimento. Em suas rotinas, eles então passam ao largo, e a pobre *miss* J. ou *miss* V. fica de fora dessa malha fechada da vida humana; e é deixada por todos e para sempre ao largo.

A facilidade com que um tal destino lhe ocorre sugere que realmente é preciso fazer valer seus direitos para impedir que você mesmo seja mantido à parte; como lhe seria possível vir à vida de novo, se o açougueiro, o carteiro e o guarda decidissem ignorá-lo? É um destino terrível; e acho que neste exato momento vou bater de encontrão numa cadeira; o inquilino de baixo agora sabe que, seja como for, eu estou viva.

Mas, voltando ao misterioso caso de *miss* V., entenda-se que em sua inicial também se oculta a pessoa de *miss* Janet V.: nem chega a ser necessário dividir uma letra em duas partes.

Durante uns quinze anos elas andaram circulando por Londres; podia-se encontrá-las em certas salas de visitas ou em galerias de arte e, se você lhe dissesse, "Oh, *miss* V., como tem passado?", como se estivesse acostumado a encontrá-la todos os dias, ela responderia, "Que dia lindo, não é?", ou "Tem feito muito mau tempo", e então você iria em frente e ela pareceria fundir-se a uma poltrona ou uma cômoda. De qualquer modo, você não pensaria mais nela enquanto ela não desgrudasse do móvel, no curso talvez de um ano, e as mesmas coisas viessem a ser ditas de novo.

Um vínculo de sangue – ou do fluido que porventura circulasse nas veias de *miss* V. – fez com que meu destino particular fosse dar com ela – ou passar por ela ou dissipá-la, seja lá como puder ser a frase – mais constantemente talvez do que qualquer outra pessoa, até que essa pequena performance se tornou quase um hábito. Nenhuma festa ou concerto ou galeria parecia estar completa se a familiar sombra cinzenta não fizesse parte do todo; e quando, não faz muito tempo, ela cessou de estar sempre em meu caminho, vagamente entendi que havia alguma coisa faltando. Não vou exagerar e dizer que entendi que o que faltava era *ela*; mas não há insinceridade em usar o termo neutro.

Numa sala apinhada, comecei assim a me ver olhando em torno, num descontentamento inominável; bem, todo mundo parecia estar ali – mas por certo faltava alguma coisa nos móveis, nas cortinas – ou seria uma gravura que tinha sido tirada da parede?

Aí, uma manhã bem cedo, despertando de fato ao raiar do dia, gritei bem alto, Mary V., Mary V.!! Foi a primeira vez, estou certa de que ninguém nunca havia gritado seu nome com tal convicção; em geral ele parecia um epíteto incolor, usado simplesmente para arredondar um período. Mas minha voz não interpelou à minha presença, como eu em parte esperava, a pessoa ou parecença de *miss* V.: o quarto permanecia obscuro. Meu próprio grito ecoou-me o dia todo no cérebro; até eu ter a certeza de que na esquina de uma rua qualquer eu me encontraria como de costume com ela, dando-me por satisfeita ao vê-la sumir ao longe. Contudo ela não apareceu; e creio que fiquei desapontada. De qualquer modo veio-me à cabeça, quando de noite me mantive acordada, o inesperado plano fantástico, a princípio um mero capricho, que aos poucos se tornou sério e perturbador, de que eu iria em pessoa visitar Mary V.

Quão louco e estranho e divertido parecia tal plano, na hora em que eu pensava nele! – seguir os passos da sombra, ver onde é que ela vivia, se é que vivia mesmo, e conversar com ela como se fosse uma pessoa igual ao resto de nós!

Pense só quão singular pareceria tomar um ônibus para ir visitar a sombra de uma campanulácea em Kew Gardens, quando o sol se acha a meio caminho céu abaixo! ou pegar nos pelos de um dente-de-leão! à meia-noite numa campina de Surrey. No entanto a expedição a que eu me propunha era muito mais fantástica do que qualquer uma dessas; e, enquanto eu me vestia para sair, dei não poucas risadas ao pensar quão substanciais preparativos eram necessários para a minha tarefa. Chapéu e botas para Mary V.! Parecia incrivelmente inadequado.

Por fim cheguei ao apartamento onde ela morava e constatei que a placa na entrada, quando a olhei, indicava ambiguamente – igual ao resto de nós – que ela tanto estava lá quanto fora. À sua porta, bem no último andar do prédio alto, toquei a campainha e bati, esperei e sondei; ninguém atendia; e eu já começava a me perguntar se as sombras morrem, e como poderiam ser enterradas, quando veio uma criada gentil abrir a porta. Mary V. tinha estado doente por dois meses; morrera ontem de manhã, na mesma hora em que eu gritara seu nome. Nunca mais, assim, hei de encontrar sua sombra.

[O diário de *mistress* Joan Martyn]

Meus leitores talvez não saibam quem eu sou. Por conseguinte, embora essa prática seja inatural e incomum – pois sabemos nós quão modestos são os escritores –, não hesitarei em explicar que sou *miss* Rosamond Merridew, de 45 anos de idade – minha franqueza é uma constante! – e que conquistei considerável fama em minha profissão pelas pesquisas que fiz sobre o sistema de posse da terra na Inglaterra medieval. Berlim já ouviu falar de meu nome; Frankfurt daria uma *soirée* em minha homenagem; e não sou desconhecida de todo em um ou dois solitários aposentos de Oxford e Cambridge. Talvez eu exponha meu caso de modo mais convincente, sendo a natureza humana o que é, se declarar que troquei um marido e uma família e uma casa na qual envelhecer por determinados fragmentos de pergaminho amarelo que apenas umas quantas pessoas são capazes de ler e que menos ainda se interessariam por ler, se acaso o fossem. Mas, assim como certa mãe, tal qual às vezes eu leio, não sem curiosidade, na literatura do meu próprio sexo, dedica maior carinho ao mais feio e mais bronco de seus filhos, assim também subiu-me ao seio uma espécie de paixão maternal por esses diminutos gnomos já tão sem cores e enrugados; na vida real, vejo-os como aleijados de cara rabugenta, mas mesmo assim com o fogo da genialidade nos olhos. Não explicarei essa frase; ao que tudo indica, lograria tão pouco êxito quanto se aquela mãe à qual me comparei se esforçasse para explicar que seu aleijado era na realidade um menino lindo, mais bonito que todos os seus irmãos.

Seja como for, minhas investigações fizeram de mim um caixeiro-viajante; só que o meu hábito é comprar, e não vender. Apresento-me em antigas casas de fazenda, arruinados solares, presbitérios ou sacristias sempre com a mesma pergunta. Terão vocês velhos papéis a me mostrar? Como se pode imaginar, já estão findos os dias promissores para esse tipo de esporte; o passado tornou-se a mais negociável das prendas; além disso, o Estado, com suas comissões, liquidou a maioria das iniciativas tomadas por indivíduos. Frequentemente me dizem que algum funcionário prometeu ir até lá para dar uma olhada nos documentos existentes; e o favor do "Estado", que tal promessa traz consigo, priva de toda persuasão minha pobre voz particular.

Não devo porém me lamentar, olhando para trás como estou habituada a fazer, pois houve achados excelentes, que terão sido de real interesse para o historiador, e outros que ainda mais me deleitam, por ser o esclarecimento que trazem tão escasso e irregular. Uma luz inesperada sobre as pernas de dama Elizabeth Partridge lança seus raios por todo o Estado da Inglaterra, e até no rei em seu trono; ela queria meias! e nenhuma outra necessidade inculca-nos do mesmíssimo modo uma ideia da realidade das pernas medievais; e portanto da realidade dos corpos medievais e assim, procedendo passo a passo para o alto, da realidade dos cérebros medievais; eis que então nos encontramos no centro de todas as eras: meio, começo ou fim. O que me leva a uma nova confissão das minhas próprias virtudes. Minhas pesquisas sobre o sistema de posse da terra nos séculos XIII, XIV e XV tornaram-se duplamente valiosas, ao que me afiançam, pelo notável poder que tenho de apresentá-las em relação à vida da época. Tive em mente que as complexidades da posse da terra nem sempre eram os fatos mais importantes na vida de homens, mulheres e crianças; e não raro me atrevi a insinuar que as sutilezas que tão a fundo nos enlevam foram mais uma prova da negligência dos nossos ancestrais do que prova de seus extraordinários esforços. Pois que homem são do juízo, como já tive a audácia de observar, usaria seu tempo para complicar suas leis em proveito de meia dúzia de antiquários que haveriam de nascer cinco séculos depois de ele já estar na cova?

Não discutiremos aqui este argumento em defesa do qual já desferi e sofri muitos sagazes golpes; trago a questão à baila apenas para explicar por que optei por subordinar todas essas indagações a certos quadros da vida familiar que introduzi em meu texto; como se isso fosse a flor de todas as intrincadas raízes; a centelha das pedras de fuzil.

Ao leitor de minha obra intitulada *Os arquivos das herdades feudais* causarão agrado ou desprazer, de acordo com seu temperamento, certas digressões que lá se encontram.

Não hesitei em dedicar várias páginas em tipo grande a uma tentativa de mostrar, com o mesmo vigor de uma pintura, alguma cena da vida que então se levava; ora bato na porta do servo, para surpreendê-lo a assar coelhos que ele caçou de modo ilícito; ora apresento o Senhor da Herdade, que se prepara para partir em viagem, ou que chama seus cães para uma andança nos campos, ou que se instala na cadeira de alto espaldar para inscrever laboriosos números numa folha lustrosa de pergaminho. Noutro ambiente mostro dama Elinor em seus trabalhos de agulha; sua filha senta-se ao lado, num banquinho mais baixo e costurando também, mas não com tanta aplicação. "Menina, teu marido há de chegar antes que teu enxoval fique pronto", reprova a mãe.

Ah, mas para ler tudo isso em pormenores você tem de se debruçar em meu livro! Os críticos sempre me ameaçaram de reprovação em dois pontos; por um lado, segundo eles, tais digressões se justificam numa história da época, mas nada têm a ver com o sistema medieval de posse da terra; por outro, queixam-se de eu não ter materiais à mão para dar às minhas palavras, reforçando-as, uma aparência de verdade que seja. É bem sabido que o período que escolhi é mais desprovido que qualquer outro de registros particulares; se você não resolver tirar inspiração apenas das *Paston Letters*,[1] terá de dar-se por contente com sua simples imaginação, como qualquer contador de histórias. E isso, pelo que me dizem, é arte que, em seu lugar, é útil; mas não se deve permitir que ela tenha a pretensão de relacionar-se à arte mais rigorosa do historiador. Mas aqui já me aproximo de novo do famoso argumento que sustentei certa vez, com tanta veemência, no *Historian's Quarterly*. Ou bem abrimos logo caminho com nossa introdução, ou bem algum leitor voluntarioso pode deixar o livro de lado e declarar que já domina o seu conteúdo: Oh, é a velha história! Querelas de antiquários! Pois vou então traçar aqui uma linha, uma linha assim – e deixar para trás toda essa questão de certo e errado, de verdade e ficção.

Numa manhã de junho, há dois anos, indo de Norwich para East Harling, ocorreu-me passar pela estrada de Thetford. Havia estado numa expedição, uma busca tola e infrutífera, para reaver certos documentos que eu supunha enterrados nas ruínas da abadia de Caister. Se aplicássemos na escavação de nossas próprias ruínas uma ínfima parte do que gastamos anualmente para escavar cidades gregas, quantas coisas diferentes o historiador teria a contar!

Tal era o tema das minhas meditações; não obstante, um olho, meu olho arqueológico, mantinha-se ligado na paisagem pela qual nós passávamos. E obedecendo a um seu telegrama foi que lá pelas tantas pulei na carruagem e mandei o cocheiro dobrar repentinamente à esquerda. Descíamos então por uma aleia uniforme de antigos olmos; mas o que me atraiu foi uma estampa quadrada, pequena e delicadamente emoldurada por galhos verdes ao fundo, onde se distinguia, traçado por linhas de pedra branca entalhada, um antigo vão de porta.

Quando nos aproximamos, mostrou-se aquela entrada cingida por muros longos e baixos, com emboço cor de mostarda; por cima deles, e a não grande distância, ficava a cobertura avermelhada de telhas, e afinal pude ver à minha frente a pequena vivenda dignificada em seu todo, construída como uma letra E com o traço do meio ainda mais curto.

Ali estava, pois, um desses pequenos solares, tão antigos e despretensiosos, que sobrevivem quase intocados e praticamente ignorados por séculos, porque são insignificantes demais para serem demolidos ou reformados; sendo seus donos por demais pobres para ter ambição. Os descendentes do construtor continuam vivendo lá, com a curiosa inconsciência de que a casa, que serve para torná-los tão parte dela como a alta chaminé enegrecida na cozinha por gerações de fumaça, seja digna de atenção de algum modo. Claro que uma casa maior poderia ser preferível, e duvido que hesitassem muito em vender a velha, se viesse a ser feita por ela uma boa oferta. Mas tal é o espírito natural e inconsciente de si que prova de certa forma quão genuína é a coisa. Não se pode ser sentimental sobre uma casa na qual se vive há quinhentos anos. Este é o tipo do lugar, pensei, já de pé com a mão na sineta, cujos proprietários provavelmente possuem manuscritos raros, vendendo-os ao primeiro trapeiro que apareça com a mesma facilidade com que venderiam a lavagem dos porcos ou as madeiras do parque. Meu ponto de vista é o de uma excêntrica mórbida, afinal de contas, e estas são as pessoas de natureza realmente saudável, que me dirão: eles não sabem escrever? Ou: mas de que valem cartas velhas? As minhas eu sempre queimo – ou uso-as para vedar a boca dos potes de geleia.

Por fim surgiu uma criada que me olhou com ar meditativo, como se pudesse lembrar-se do meu rosto e intenção. "Quem mora aqui?", perguntei. "*Mr.* Martyn", boquiabriu-se ela, como se eu lhe tivesse indagado o nome do atual rei da Inglaterra. "Se ele for casado, e estando a senhora em casa, posso falar com ela um instante?" A rapariga indicou-me que a seguisse e conduziu-me em silêncio a uma pessoa que presumivelmente estaria apta a assumir a responsabilidade de responder minhas estranhas perguntas.

Depois de atravessar um salão com revestimento em carvalho, fui levada a um cômodo menor no qual uma mulher corada, da minha idade, costurava na máquina uma calça de homem. Parecia uma governanta, mas, como me sussurrou a criada, era a senhora Martyn.

Levantou-se a mesma com um gesto indicativo de não ser ela exatamente uma grande dama que recebesse visitas matinais, muito embora fosse pessoa de autoridade, a dona da casa; que tinha o direito de saber que assunto ali me levava.

Na caça às antiguidades, há certas regras, a primeira e mais simples das quais é que não devemos declarar nosso objetivo logo ao primeiro encontro. "Eu estava passando pela sua porta; e tomei a liberdade – devo dizer-lhe que tenho pelo pitoresco uma grande atração – de bater aqui, contando com a hipótese de me ser permitido dar uma olhada na casa. É, a meu ver, espécime de particular raridade."

"Se me permite a pergunta, a senhora quer alugá-la?", disse *mrs.* Martyn, com um agradável resquício de dialeto ao falar.

"A senhora aluga quartos?"

"Oh, não", respondeu *mrs.* Martyn, bem decidida: "Nós nunca alugamos quartos; pensei que talvez a senhora quisesse alugar a casa toda".

"Para mim é um pouco grande; mas mesmo assim, como eu tenho amigos..."

"Pois então muito bem", interrompeu alegremente *mrs.* Martyn, pondo de lado a questão do lucro e resolvida tão-só a fazer um ato de caridade; "Estou certa de que ficarei bem contente em lhe mostrar a casa – eu mesma não entendo muito de velharias, e nunca ouvi dizer que esta casa tivesse algo de tão particular assim. Seja como for, para quem vem de Londres – bem que é um lugar muito gostoso". E ela olhou com curiosidade para minha roupa e figura, a qual, confesso, se viu mais encurvada que de hábito sob sua mirada bem-disposta e um tanto quanto compassiva; e dei-lhe a informação que ela queria. Ao atravessarmos os longos corredores, agradavelmente rajados de faixas de carvalho no branco da caiação, e olharmos para os imaculados quartinhos com janelas verdes quadradas que abriam para o jardim, onde vi móveis modestos, porém decentes, trocamos com efeito um bom número de indagações e respostas. Seu marido era fazendeiro, com considerável volume de negócios; mas as terras tinham sofrido uma terrível desvalorização; e agora eles se viam forçados a residir no solar, que não se arrendava; embora fosse para eles uma casa grande demais, com essa praga que eram os ratos. Há muitos anos que o solar, observou com uma ponta de orgulho, pertencia à família do marido; não sabia exatamente há quanto tempo, mas dizia-se que antigamente os Martyn tinham sido gente de escol na região. Ela chamou minha atenção para o "y" de seu sobrenome. Falava no entanto com o orgulho abrandado e perspicaz de quem por dura experiência pessoal sabe quão pouco vale a nobreza de nascimento ante certas desvantagens materiais, como a pobreza da terra, por exemplo, os buracos no teto e a rapacidade dos ratos.

Embora o lugar, escrupulosamente limpo, fosse mantido em ordem, em todos os cômodos se notava uma acentuada nudez, uma proeminência de enormes mesas de carvalho e a ausência de outros adornos que não taças de estanho e pratos de porcelana lustrosos que ao meu olhar inquiridor se revelavam sinistros. Grande parte dessas pequenas coisas portáteis que dão a um quarto um ar de mobiliado já parecia ter sido vendida. A dignidade de minha anfitriã impedia-me de insinuar que sua casa houvesse tido algum dia uma aparência diversa. Entretanto não me pude furtar a presumir uma espécie de melancolia em seu modo de me levar pelos cômodos que estavam quase vazios, comparar a atual pobreza a dias de maior abastança e ter na ponta da língua, para dar-me, a informação de que "As coisas já tinham sido melhores". Ao passar comigo por uma sucessão de quartos, e por um ou dois ambientes que bem podiam ter servido como salas de estar, caso houvesse tempo livre para que ali as pessoas se quedassem, deu-me ela igualmente a impressão de desculpar-se em parte, como se quisesse mostrar que tinha plena consciência da discrepância entre tal casa e sua própria figura corpanzuda. Sendo tudo assim como era, eu nem sequer me animava a fazer a pergunta que mais me interessava – por acaso teriam livros? – e começava a sentir que já mantivera a boa senhora por demais afastada de sua máquina de costura, quando de repente ela olhou pela janela, ao ouvir um assobio lá fora, e gritou alguma coisa sobre vir jantar. Virou-se então para mim, não sem timidez, mas com uma expressão de hospitalidade, e convidou-me a "Ficar para jantar" com eles. "John, meu marido, entende muito mais dessas suas velharias que eu, e bem sei como gosta de ter com quem falar sobre isso. São coisas que ele traz no sangue, como eu lhe digo", disse ela rindo, e não vi razão plausível que me fizesse não aceitar o convite. Mas John não se encaixava assim tão facilmente, como sua esposa, em qualquer categoria reconhecível. De meia-idade, era um homem de mediana estatura; tinha pele e cabelo escuros, porém uma palidez que não parecia normal num fazendeiro e um bigode curvado que ele alisava lentamente com a mão bem-feita ao falar. Seus olhos castanho-avermelhados, que brilhavam, levavam-me a supor que insinuassem suspeita, quando se fixavam em mim. Seu sotaque de Norfolk, desde que começou a falar, era ainda mais acentuado que o da mulher; e sua voz e seu traje asseveravam ser ele na verdade, ainda que não de todo na aparência, um sólido fazendeiro de Norfolk.

Limitou-se a aprovar com um sinal de cabeça quando eu lhe disse que sua esposa havia tido a bondade de me mostrar sua casa. Depois, virando-se para ela, observou com um piscar de olhos: "Se ela agisse a seu modo, a velha casa estaria entregue aos ratos. Além de ser grande demais, está cheia de fantasmas, não é, Betty?". E ela apenas sorriu, como se a parte que lhe cabia nesta discussão já se tivesse resolvido de há muito.

Pensei agradá-lo ao me alongar sobre as belezas da casa e sua antiguidade; mas ele, parecendo pouco interessado em meus elogios, ruidosamente mastigava seus nacos de carne fria e acrescentava, com indiferença, "sins" e "nãos".

Um retrato pendurado por sobre sua cabeça, pintado talvez na época de Carlos I, tinha tanta semelhança com ele, trocando-se seu terno e colarinho por um gibão de seda e uma gola de rufos, que fiz a óbvia comparação.

"Ah, é", disse ele, sem grande demonstração de interesse, "este é o meu avô; ou o avô do meu avô. É com isso que nós mais lidamos aqui".

"Não foi este o Martyn que lutou em Bogne?", perguntou Betty negligentemente, enquanto insistia comigo para aceitar outra fatia de carne.

"Em Bogne", exclamou o marido, manifestando objeção e até mesmo irritação. "Ora essa, minha boa mulher, você está pensando é no tio Jasper. Este aí já estava na cova muito antes da campanha de Bogne. O nome dele é Willoughby", continuou falando para mim, como se desejoso de que eu compreendesse a fundo a questão; porque um erro sobre um fato assim tão simples era imperdoável, ainda que o fato em si pudesse não ser de grande interesse.

"Willoughby Martyn: nascido em 1625, morto em 1685: lutou em Marston Moor comandando um batalhão de homens de Norfolk. Nós sempre fomos monarquistas. Exilado durante o protetorado, foi para Amsterdã; lá ele comprou um cavalo baio do duque de Newcastle; ainda temos a raça; voltou para cá com a Restauração, casou-se com Sally Hampton – do solar, mas eles se extinguiram na última geração, e teve seis filhos, quatro homens e duas mulheres. Foi ele quem comprou o pasto de baixo, sabe, Betty", disse aos arrancos para a esposa, a fim de lhe acicatar a memória estranhamente lenta.

"Ah, agora me lembro bem", respondeu ela, com placidez.

"Morou aqui todo o restante da vida; morreu de varíola, ou do que então se chamava de varíola; e sua filha Joan pegou a doença dele. Os dois estão no mesmo túmulo, enterrados na igreja acolá." Indicou com o polegar, enquanto continuava jantando. Tudo isso foi dito de maneira espontânea, lacônica e até meio ríspida, como se no desempenho de uma tarefa obrigatória que, pela longa familiaridade, tornara-se totalmente desinteressante para ele; embora por alguma razão ainda tivesse de repeti-la.

Não pude deixar de demonstrar meu interesse pela história, apesar de estar consciente de que minhas perguntas não entretinham meu anfitrião.

"A senhora parece ter uma estranha queda por esses meus antepassados", comentou por fim, com um leve franzir de testa a indicar uma irritação meio cômica. "Depois do jantar, John, você deve mostrar-lhe os quadros", sugeriu a esposa; "e todas as antiguidades".

"Eu me interessaria muitíssimo", disse eu, "porém não devo tomar seu tempo".

"Oh, John sabe um monte de coisas sobre eles; é fantástico o conhecimento que tem desses retratos."

"Qualquer tolo conhece seus ancestrais, Betty", resmungou o marido; "mas, se desejar ver o que nós temos, madame, sentir-me-ei honrado em mostrar-lhe". A cortesia da frase e o ar com o qual ele manteve a porta aberta para mim fizeram-me lembrar do "y" em seu nome.

E assim rodamos pela casa, apontando-me ele, com o cabo de um chicote, uma tela após outra, todas escuras; e soltando sem nenhuma hesitação, a cada qual, duas ou três palavras descritivas; aparentemente os retratos estavam pendurados em ordem cronológica, sendo claro, apesar da escuridão e sujeira, que os mais recentes eram exemplos mais medíocres da arte e representavam cabeças de menor distinção por seu aspecto. Os capotes militares tornavam-se progressivamente menos comuns e os homens da família Martyn, no século XVIII, eram representados em trajes de uma cor desbotada e tosca confecção, sendo sumariamente descritos por seus descendentes como "fazendeiros" ou "quem tinha vendido o charco". Suas esposas e filhas, por fim, desapareciam de vez, como se um retrato, no decurso do tempo, passasse a ser visto mais como um complemento indispensável do chefe da casa do que como direito a que a beleza, por si mesma, poderia aspirar.

Ainda assim, eu não podia notar na voz do homem nenhum sinal de que ele apontasse, com seu chicote, o declínio de sua própria família, pois não havia em sua entonação lamentações nem orgulho; mantinha-se essa, com efeito, sempre no mesmo nível, como se fosse a entonação de alguém narrando um caso tão sabido que o sentido das palavras, gasto no tempo, se alisava.

"E aqui o último de todos – meu pai", disse ele afinal, quando já havia lentamente atravessado os quatro cantos da casa; olhei para uma tela grosseira, pintada no começo da década de 1860, pelo que vi, por algum pintor viajante com um pincel literal. A mão pouco habilidosa tinha talvez trazido à tona a rudeza das feições e a aspereza da pele; tinha achado mais fácil retratar o fazendeiro do que obter o equilíbrio sutil que, poder-se-ia inferir, tanto se unia ao pai quanto ao filho. O artista empalhara seu modelo no negror de um casaco, enrolando-lhe em torno do pescoço uma rija gravata branca; coisas nas quais o pobre cavalheiro nunca se sentira todavia à vontade.

"E agora, mr. Martyn", senti-me impelida a dizer, "só lhe posso agradecer, e à sua esposa, por...".

"Espere um momento", interrompeu ele, "ainda não acabamos. Faltam os livros".

Sua voz trazia uma obstinação meio cômica; como a de alguém que está decidido, malgrado a própria indiferença pela tarefa, a transformá-la num serviço completo.

Abrindo uma porta, fez-me ele entrar numa saleta, ou melhor, gabinete; pois o monte de papéis sobre a mesa e os livros de contabilidade alinhados pelas paredes lembravam o espaço onde o senhor de uma propriedade resolvia seus negócios. Por adornos, havia escovas e carimbos; e sobretudo havia animais mortos, que erguiam patas inânimes e arreganhavam os dentes, mas com línguas de gesso, em variadas caixas e suportes.

"Isto aqui é mais antigo que os quadros", disse ele, ao se abaixar e levantar com esforço um amontoado de papéis amarelos. Não estavam encadernados, nem nada os mantinha juntos, a não ser um grosso cordão de seda verde com travessas nas pontas; como os que se usam para atar maços de documentos gordurosos – sejam contas de açougueiro ou as receitas do ano. "Este é o primeiro monte", disse ele, revirando as folhas com os dedos, como um baralho; "é o número 1: de 1480 a 1500". Perdi o fôlego, como pode deduzir qualquer um: porém a comedida voz de Martyn lembrou-me de que o entusiasmo estaria deslocado ali; e o entusiasmo, de fato, começava a parecer um artigo muito barato, quando contrastado com a coisa autêntica.

"Ah, de fato; é mesmo bem interessante; posso dar uma olhada?", foi tudo o que eu disse, embora minha mão indisciplinada tenha tremido um pouco ao lhe ter displicentemente entregue o pacote. Mr. Martyn chegou a se oferecer para ir buscar um espanador antes de minha pele branca ser profanada; garanti-lhe porém que eu não me importava com isso, talvez já por demais ansiosa, pois temi que pudesse haver uma razão mais concreta para impedir-me de pegar nesses papéis preciosos.

Enquanto ele se abaixava diante de um armário de livros, olhei às pressas para a primeira inscrição no pergaminho. "Diário de *mistress* Joan Martyn", soletrei, "mantido pela mesma no Solar dos Martyn, no condado de Norfolk, no ano da graça de 1480".

"O diário de uma das minhas avós", interrompeu Martyn, fazendo uma viravolta com os braços cheios de livros. "Que velha senhora excêntrica ela deve ter sido! Eu mesmo nunca consegui manter um diário. Embora tentasse várias vezes, nunca escrevi em nenhum além de 10 de fevereiro. Mas aqui, olhe só", e ele se debruçou sobre mim, apontando com o dedo, "aqui estão janeiro, fevereiro, março – e assim por diante – doze meses ao todo".

"O senhor então já o leu?", perguntei, esperando, ou melhor, desejando que ele dissesse não.

"Oh, já li sim", disse ele sem refletir, como se isso não passasse de uma desimportante empreitada. "Levei algum tempo para me acostumar com a letra, e é esquisita a ortografia da nossa velha donzela. Mas há coisas bem singulares aí. Aprendi com ela, desse ou daquele modo, muitas coisas sobre a terra." E ele bateu na papelada de leve, meditabundo.

"O senhor conhece também a história dela?", perguntei.

"Joan Martyn", começou ele, com uma voz de ator em cena, "nasceu em 1495.[2] Era filha de Giles Martyn. A única filha. Ele porém teve três filhos; nós sempre temos filhos homens. Ela estava com 25 anos quando escreveu este diário. Viveu aqui a vida toda – nunca se casou. Na verdade morreu aos 30. Acho que a senhora poderia ir ver o túmulo dela, lá onde está junto com os outros".

"Já isto aqui", disse ele, tocando num livro grosso com capa de pergaminho, "é a meu ver mais interessante. São os registros domésticos de Jasper, relativos ao ano de 1583. Veja como este gentil-homem mantinha suas contas em ordem; o que eles comiam, o que bebiam; quanto custavam a carne e o pão e o vinho; quantos criados eles tinham – seus cavalos e carruagens, suas camas e móveis, tudo. Há uma disposição metódica, a seu dispor. Tenho uma série deles, dez ao todo". Seu orgulho, ao falar disso, era maior do que o já notado por mim ao ouvi-lo até então referir-se a qualquer de suas posses.

"Este também é uma boa leitura para uma noite de inverno", prosseguiu, "é o registro genealógico dos cavalos de Willoughby; a senhora se lembra de Willoughby".

"Aquele que comprou o cavalo do duque e morreu de varíola", repeti com desembaraço.

"Isso mesmo", ele assentiu. "Pois este realmente é da melhor qualidade", continuou, como um entendido que falasse de algum vinho do Porto que fosse o seu predileto. "Nem por 20 libras eu o venderia. Aqui estão os nomes, as linhagens, as vidas, os valores, os descendentes; tudo escrito em pormenores, como uma bíblia." E enrolou a língua ao recitar os velhos e estranhos nomes daqueles cavalos mortos, como se saboreasse o som como um vinho. "Pergunte à minha esposa se eu não sou capaz de dizer todos eles sem o livro", riu, fechando-o com cuidado para o repor na prateleira.

"Estes são os livros dos nossos bens de raiz; que vêm até o ano em curso; eis aqui o mais recente, com nosso histórico familiar." E abriu um extenso rolo de pergaminho, no qual havia sido inscrita uma elaborada árvore genealógica, com os muitos floreados e extravagâncias, já esmaecidos, de alguma pena medieval. Os galhos se estendiam progressivamente tão longe que eram podados sem piedade pelos limites da folha – pendendo deles um marido, por exemplo, com uma família de dez filhos, mas sem esposa. Na base de tudo, a tinta fresca, registravam-se os nomes de Jasper Martyn, meu hospedeiro, e de sua mulher Elizabeth Clay: um casal com três filhos. Seu dedo se movia sagazmente pela árvore abaixo, mostrando-se tão habituado à ocupação que já quase se podia confiar que ele a executasse por si. E a voz de Martyn murmurava incessante, como se repetisse numa prece monótona uma lista de santos ou virtudes.

"Pois é", concluiu ele, pondo de lado a folha que voltou a enrolar, "acho que gosto mais destes dois. Até de olhos fechados eu poderia dizer o que contêm. Cavalos ou ancestrais!".

"O senhor então tem-se dedicado muito a estudá-los?", perguntei, já meio intrigada pelo estranho homem.

"Para estudar não tenho tempo", replicou ele, não sem aspereza, como se à minha pergunta aflorasse em sua pessoa o fazendeiro. "Mas nas noites de inverno gosto de ler qualquer coisa fácil; e também de manhã, quando acordo cedo. Ponho-os em minha cabeceira, de vez em quando, e espero que me façam dormir. Não é difícil saber os nomes de nossa própria família, pois eles vêm naturalmente. Já para aprender em livros, é pena, mas nunca fui muito bom."

Pedindo-me licença, acendeu um cachimbo e começou a soltar grandes baforadas, enquanto à sua frente ia arrumando os volumes. Conservei porém em mãos o nº 1, a maçaroca de folhas de pergaminho, sem que ele parecesse dar por sua falta entre o resto.

"Creio que o senhor lamentaria se desfazer de algum deles, não é?", arrisquei-me afinal, disfarçando minha verdadeira ansiedade com uma tentativa de riso.

"Desfazer-me deles?", retrucou, "por que haveria eu de desfazer-me deles?". A ideia lhe era evidentemente tão remota que minha pergunta nem chegou, como eu temia, a despertar suas suspeitas.

"Não, não", persistiu, "considero-os de muita utilidade. Sabe, minha senhora, estas velhas papeladas já serviram para defender meus direitos num tribunal de justiça; apraz a um homem, além disso, ter sua família por perto; sem meus tios e tias, meus avôs e avós, por certo eu me sentiria – bem, meio sozinho, entende?". Era como se ele, tendo dito isso, confessasse uma fraqueza.

"Oh", disse eu, "claro que entendo...".

"Ouso dizer que a senhora é então capaz de compartilhar deste meu sentimento. Aqui, num lugar isolado como este, ter companhia significa bem mais do que a princípio se crê. Às vezes eu penso que nem saberia como passar o tempo, se não fosse por causa dos meus parentes."

Nenhuma palavra minha, nenhuma tentativa de relatar as dele, pode exprimir a curiosa impressão que me causou ao falar, qual seja, a de que todos esses "parentes", avôs do tempo de Elizabeth, ou avós do tempo de Eduardo IV, estavam, por assim dizer, ruminando ali pelos cantos; sua voz não continha o menor orgulho que fosse de "ancestralidade", mas simplesmente a afeição pessoal de um filho por seus predecessores. Todas as gerações pareciam banhar-se em sua mente na mesma luz clara e uniforme: não era exatamente a luz do dia atual, mas por certo também não era a que em geral nós tomamos por ser a luz do passado. Não sendo ademais romântica, era bem sóbria e muito ampla, e as figuras que nela se postavam, capazes e sólidas, traziam grande semelhança, suspeito eu, com o que haviam sido em vida.

Não era realmente preciso nenhum esforço de imaginação para perceber que Jasper Martyn, tendo vindo da fazenda e seus campos, podia sentar-se ali sozinho para uma conversa à vontade com seus "parentes"; quando bem lhe aprouvesse; e que as vozes dessas pessoas lhe eram quase tão audíveis quanto as dos trabalhadores no campo, que chegavam lá de baixo, pairando sobre a luz estável da tarde, pela janela aberta.

Minha intenção original, de perguntar-lhe se venderia os papéis, por pouco me fez corar, ao voltar-me agora à lembrança, de tão irrelevante e inoportuna que fora. Além disso, por estranho que possa parecer, eu perdera momentaneamente meu próprio zelo de antiquária; toda a minha atração por objetos de outrora e as mínimas marcas distintivas do tempo me deixaram, por parecerem fortuitas e triviais circunstâncias, de todo imateriais, de grandes coisas concretas. Para astúcias de antiquária, no caso dos ancestrais de mr. Martyn, não havia campo de fato, nem tampouco era preciso um antiquária para expor a história do próprio homem.

Todos eles são como eu sou, de carne e osso, ter-me-ia ele dito; e o fato de estarem mortos há quatro ou cinco séculos não faz para eles a menor diferença, assim como um vidro que se coloca sobre uma tela não modifica a pintura que está por baixo.

Porém, por outro lado, se parecia inoportuno comprar, parecia natural, mesmo que talvez um pouco simples demais, pedir por empréstimo.

"Bem, mr. Martyn", disse eu afinal, com menos ansiedade e menos perturbação do que poderia ter julgado possível nessas circunstâncias, "estou pensando em passar uma semana aqui pelas redondezas – de fato, no Swan, em Gartham – e lhe ficaria muito grata se o senhor pudesse emprestar-me esses papéis para eu vê-los durante a minha estada. Eis meu cartão. Mr. Lathom (o grande proprietário rural da região) lhe dirá tudo a meu respeito". Dizia-me o instinto que mr. Martyn não era homem de fiar-se nos benevolentes impulsos de seu coração.

"Oh, minha senhora, não é preciso se preocupar com isso", disse ele a um modo descuidoso, como se meu pedido não tivesse a necessária importância para requerer investigações de sua parte. "Se esses velhos papéis lhe agradam, sinta-se à vontade com eles." Demonstrava-se contudo algo surpreso, e eu assim acrescentei: "Tenho muito interesse por históricos de famílias, mesmo que não se trate da minha".

"É bem divertido, ouso dizer, quando se tem tempo", ele assentiu polidamente; mas em sua opinião sobre minha inteligência creio que houve um decréscimo.

"De qual gostaria?", perguntou-me, esticando a mão para os Registros Domésticos de Jasper e o Registro Genealógico dos Cavalos de Willoughby.

"Bem, acho que eu começaria por sua avó Joan", disse eu; "gosto de começar pelo começo".

"Muito bem", ele sorriu; "embora eu pense que nela a senhora não achará nada fora do comum; era muito parecida com todo o resto da família – pelo que eu posso ver, nada notável...".

De qualquer jeito, saí de lá levando embaixo do braço a vovó Joan; Betty insistiu em embrulhá-la em papel pardo, para disfarçar a singular natureza do pacote, pois recusei-me a deixar que o me mandassem, como eles queriam, pelo garoto que levava as cartas de bicicleta.

1

A situação em nossa época, pelo que me diz minha mãe, menos segura e ditosa do que em seus tempos de menina, impõe-nos por necessidade ficarmos muito em nossas terras. Depois que escurece, com efeito, e o sol se põe terrivelmente cedo em janeiro, temos de estar à salvaguarda por dentro dos portões do Solar; minha mãe sai de casa, tão logo o cair da noite não mais a deixa distinguir seu bordado, com as grandes chaves na mão. "Todos já entraram?", ela grita, e toca os sinos pela estrada, caso algum dos nossos homens ainda esteja a trabalhar nos campos. Ela então fecha os portões, encaixando as trancas, e o mundo todo é lá contido para separar-se de nós. Sinto-me às vezes muito impaciente e afoita quando a lua se ergue sobre a terra que brilha com a geada; e creio perceber a pressão deste lugar livre e belo – de toda a Inglaterra, do mar e até das terras d'além – a rolar como ondas contra os nossos portões de ferro, rebentando e refluindo – e voltando a rebentar – ao longo de toda a escuridão da noite. Certa vez pulei da cama e corri para o quarto de minha mãe, gritando: "Deixai que entrem, deixai que entrem! Nós estamos à míngua!". "São os soldados que estão lá, menina", ela gritou: "ou é a voz do teu pai?". E correu à janela, e juntas perscrutamos os campos prateados, e tudo estava em grande paz. Mas eu não conseguia explicar o que tinha ouvido; e ela mandou que eu me pusesse a dormir e que me desse por agradecida por haver entre mim e o mundo instransponíveis portões.

Noutras noites porém, quando é bravio o vento e a lua afunda sob nuvens ligeiras, apraz-me chegar bem junto ao fogo e pensar que todos os homens maus que se embrenham sorrateiros nas trilhas, e que a essa hora já se ocultam nas matas, não são capazes de irromper por nossos grandes portões, por mais que tentem. A noite passada foi assim; é comum que eles venham no inverno, quando meu pai se encontra em Londres e meus irmãos estão no exército, exceto Jeremy, o menorzinho, e minha mãe tem de cuidar da fazenda, dando ordens a todos e zelando pela manutenção dos nossos direitos. Não podemos acender velas depois de o sino da igreja ter batido oito vezes, por isso nos sentamos em roda, perto da lenha em brasa, com o padre John Sandys e um ou dois dos criados que dormem no Solar conosco. Minha mãe, que nem mesmo à luz do fogo é capaz de se manter inativa, põe-se então a esticar a lã para fazer seu tricô, instalando-se na grande cadeira que fica ao lado da lareira. Se a lã se embaraça, ela atiça o fogo com a vareta de ferro, lançando flamas e fagulhas, com uma grande mexida, a esguichar em jorros; na vermelhidão da luz, quando ali sua cabeça se inclina, vê-se o que há nela de nobreza; a despeito da idade – é mulher de mais de 40 anos – e dos sulcos que se lhe abrem na testa, de seu tanto pensar e desvelar-se em cuidados. Usa uma bela touca de linho, muito bem ajustada à conformação de seu crânio, seus olhos são profundos e graves e suas faces têm aquela cor saudável de uma maçã de inverno. Como é bom ser filha de uma mulher assim, com a esperança de que um dia essa força possa ser minha! Ela governa todos nós.

Sir John Sandys, o padre, é, malgrado todo o seu sacro ofício, um servidor de minha mãe; e lhe faz as vontades, de modo bem lamurioso e singelo, e quando ela lhe pede um conselho, ou ele recorre aos dela, fica contente como nunca. Ela no entanto ralharia comigo se jamais eu murmurasse tal coisa: pois é uma filha fiel da Igreja, que reverencia seu Padre. William e Anne são os criados que sempre ficam conosco, desejando minha mãe que eles compartilhem do fogo, por já serem muito idosos. William é porém tão velhusco, encurvou-se tanto de plantar e cavar, tanto o sol e o vento, fustigando-o, o escalavraram, que daria na mesma convidar um salgueiro desgalhado do brejo para sentar-se à lareira ou participar da conversa. Apesar disso, sua memória remonta a eras já tão distantes que, se pudesse falar-nos, como tenta, às vezes, começar, das coisas que ele viu em seu tempo, bem que seria curioso ouvi-lo. A velha Anne foi ama de minha mãe; e também minha; e ainda remenda as nossas roupas e é quem mais sabe de tudo da casa, depois da mãe. A história do que há por aqui, de cada mesa ou cadeira ou tapete, nos pode ser contada por ela; o que no entanto mais lhe agrada é conversar com minha mãe e *sir* John sobre os homens com os quais seria mais conveniente eu casar-me.

Enquanto a luz o permite, é meu dever ler em voz alta – porque eu sou a única que sabe ler, embora minha mãe seja capaz de escrever e hoje soletre as palavras melhor que à moda de seu tempo; meu pai mandou-me um manuscrito de Londres, intitulado *The Palace of Glass*, de *mr.* John Lydgate.[3] É um poema escrito sobre Helena e o cerco de Troia.

Na noite passada li a respeito de Helena, sua beleza, seus pretendentes e a próspera cidade de Troia, e todo mundo me ouviu em silêncio; pois, embora nenhum de nós saiba onde ficam tais lugares, vemos muito bem com o que hão de ter parecido; podemos chorar com os sofrimentos dos soldados e imaginar até mesmo a própria mulher soberba, que deve ter sido, penso eu, um pouco assim como mamãe. Pelo modo como seus olhos brilham, e ela sacode a cabeça, e bate com os pés no chão, sei que mamãe avista préstitos inteiros passando. "Deve ter sido na Cornualha", disse *sir* John, "onde o rei Artur viveu com seus cavaleiros. Sei de histórias de seus feitos que eu poderia contar-lhes, mas minha memória anda fraca".

"Ah, mas há também belas histórias dos nórdicos", interrompeu Anne, cuja mãe era dessas regiões; "cantei-as para o meu senhor muitas vezes, e também para você, *miss* Joan".

"Continue a ler, Joan, enquanto ainda temos luz", ordenou minha mãe. Era ela de fato quem mais prestava atenção, a meu ver, e quem mais se agastava quando o sino batia, dando o toque de recolher, na igreja próxima. Dizia-se entretanto uma velha tola por ficar ouvindo histórias quando ainda havia contas a fazer para prestar ao meu pai em Londres.

Quando a luz se extingue e meus olhos já não conseguem ler, dão-se eles às conversas sobre o estado da região; e contam casos terríveis das tramas e conflitos e sanguinolentas façanhas que o tempo todo acontecem pelas redondezas. Porém, pelo que vejo, a situação em que nós estamos agora não é pior do que sempre foi; e hoje somos em Norfolk mais ou menos o que éramos nos tempos de Helena, seja lá quando ela tenha vivido. Não mataram Jane Moryson, ainda no ano passado, bem na véspera do seu casamento?

Mas a história de Helena, seja como for, é antiga; diz minha mãe que ela ocorreu muito antes de seu tempo, ao passo que esses incêndios criminosos e saques estão sucedendo hoje. A conversa assim me faz tremer e pensar, e isso também se dá com Jeremy, que cada barulhada na porta seja a pressão de golpes desferidos por algum bandoleiro de passagem.

Muito pior ainda é a hora de ir para a cama, quando o fogo diminui e temos de achar nosso caminho, tateando pelas grandes escadas e ao longo dos corredores, onde as janelas mal se distinguem, para chegar aos quartos de dormir, tão frios. No meu quarto a janela está quebrada e as gretas foram enchidas de palha, mas mesmo assim o vento entra e levanta a tapeçaria da parede, fazendo-me pensar que há cavalos e homens de armadura a avançar contra mim. Meu pedido na prece, na noite passada, foi que os grandes portões resistam sempre e que todos os ladrões e assassinos só possam passar ao largo.

2

A madrugada, mesmo quando há melancolia e faz frio, nunca deixa de me varar pelos membros, como se me atirasse flechas de um gelo penetrante e rútilo. Descerro as grossas cortinas e busco o primeiro brilho do céu, que mostra que a vida está a irromper. Rosto colado na vidraça, gosto de imaginar que me comprimo o quanto posso contra a muralha espessa do tempo, que sempre se alteia e estira para permitir que outros espaços de vida venham de encontro a nós. Que a mim pois seja dado saborear o momento, antes que ele se propague pelo restante do mundo!

Que eu saboreie o que existe de mais viçoso e mais novo! De minha janela, olho para o cemitério da Igreja, onde estão enterrados tantos dos meus ancestrais, e em minha oração me compadeço desses pobres mortais que eternamente se debatem nas águas recorrentes de outrora; pois que é nos círculos e redemoinhos perpétuos de um lívido caudal que os vejo. E que assim possamos nós, nós que temos o presente por dádiva, dar-lhe uso e desfrutá-lo: isso é parte, confesso, da minha prece matinal.

Hoje, como choveu sem parar, tive de passar toda a manhã costurando. Mamãe escreveu para meu pai uma carta que John Ashe levará pessoalmente a Londres, na semana que vem. Meus pensamentos naturalmente se fixaram nessa viagem e na grande cidade que eu talvez nunca veja, muito embora sempre sonhe com ela. Parte-se ao raiar da aurora; pois é bom que se passe poucas noites na estrada. John viaja com três homens, todos com o mesmo destino; muitas vezes os vi nas despedidas – e como quis acompanhá-los! – quando eles se reúnem no pátio e ainda há estrelas no céu; moradores das vizinhanças acorrem, envoltos em capas e estranhas vestes, e minha mãe leva a cada viajante, dando-o da própria mão, um bom caneco de cerveja forte. Vão os cavalos sobrecarregados de coisas, na frente e atrás, mas não a ponto de impedi-los, se necessário for, de sair a galope; e os homens vão bem-armados, com roupas justas e forradas de peles, pois os dias de inverno são curtos e frios, e pode ser que eles tenham de dormir ao relento, sob sebes. A cena, na madrugada, enche os olhos; pois os cavalos se remoem, ralam-se de impaciência, querem partir; e as pessoas se aglomeram em torno. Invocam a proteção de Deus e mandam suas derradeiras mensagens para amigos em Londres; quando o relógio bate as quatro, os cavaleiros em volteios saúdam minha mãe e os demais, lançando-se com decisão para a estrada. Muitos rapazes, e até mulheres, seguem atrás por alguns passos, enquanto não se interpõe a bruma, pois é frequente que homens que assim se afastam na aurora nunca retornem cavalgando à casa.

Vislumbro-os a trotar o dia todo por paragens nevadas, tal como os vejo desmontar no santuário de Nossa Senhora para prestar-lhe homenagem, rezando a ela por uma boa viagem. Não há senão uma estrada, que atravessa vastidões onde não vive ninguém, exceto quem já matou e roubou; pois esses não podem morar com os outros, nas cidades, devendo passar a vida com as feras, que arrancam roupas do corpo e também matam. É uma viagem temerosa; mas realmente eu creio que gostaria de ir nesse rumo uma vez, cruzando as terras como um navio que passa pelo mar.

Ao meio-dia eles chegam a uma primeira estalagem – pois há várias em todas as etapas da jornada até Londres, e o viajante pode aí descansar em segurança. O patrão, além de lhes falar das condições da estrada, há de também perguntar pelas aventuras vividas, para que tenha indicações a dar a outros que viajam pelo mesmo caminho. Mas é preciso apressar-se, para alcançar-se o lugar no qual se vai dormir antes de a escuridão pôr à solta todas aquelas ferozes criaturas que, durante o dia, se mantinham ocultas. John já me contou muitas vezes como o silêncio envolve o grupo, quando o sol desaparece do céu: cada homem se garante, logo pondo sua arma ao alcance da mão, e até os cavalos aprumam bem as orelhas, sem que precisem ser instigados. Ao atingirem o ponto culminante da estrada, eles olham com apreensão para baixo. Se nada se move à sombra dos abetos que há pelas margens, então Robin, o animado Miller, entoa aos berros um trecho de canção, e todos também se animam e, afoitos, seguem ladeira abaixo, trocando entre si palavras para que o vento forte inalado, como quando suspira uma mulher a fundo, não lhes deite terror nos corações. Algum deles então, ao se erguer no estribo, divisa ao longe o luzir de uma pousada à beira. Se a misericórdia de Nossa Senhora agraciá-los, lá chegarão em segurança, enquanto nós, em casa, rezamos ajoelhados por eles.

3

Mamãe me fez largar meu livro, hoje pela manhã, para que eu fosse conversar com ela em seu quarto. Encontrei-a no pequeno vestíbulo onde meu pai costuma sentar-se, quando está em casa, com os Arquivos do Solar e outros documentos à frente. É ali também que ela se instala para cuidar dos seus afazeres, quando assume o controle. Fiz-lhe uma reverência profunda; achando que eu já adivinhava o motivo pelo qual ela me mandara chamar.

Tendo estendida à sua frente uma folha coberta por escrita cerrada, logo ela me pediu que a lesse; e logo, antes mesmo de eu apanhar o papel, exclamou porém: "Não – eu mesma vou lhe dizer".

"Minha filha", começou solenemente, "já era hora de você estar casada. De fato, só a confusa situação que vivemos", suspirou, "e nossas próprias dificuldades foi que adiaram por tanto tempo a questão".

E ela me olhou meio sorrindo:

"Você costuma pensar em casamento?"

"Não tenho a menor vontade de me separar da senhora", disse eu.

"Ora, filha, você fala que nem uma criança", ela riu, embora eu pense que ficasse contente com minha demonstração de afeto.

"Além do mais, se você se casasse como eu gostaria que fosse", e bateu com a mão no papel, "não iria para muito longe de mim. Poderia, por exemplo, ser senhora do domínio de Kirflings – suas terras se confrontariam com as nossas –, sendo assim uma excelente vizinha. Kirflings pertence a *sir* Amyas Bigod, que descende de uma antiga família".

Sempre com a folha à sua frente, ela se pôs a cogitar:

"A meu ver é um bom partido; tal qual poderia a mãe desejar para sua filha."

Como somente uma vez eu tinha visto *sir* Amyas, quando ele veio com meu pai à nossa casa, depois de reuniões em Norwich, e como tudo o que lhe disse, na ocasião, foi convidá-lo a tomar o vinho branco que ofereci com uma sóbria reverência, não me cabia a pretensão de acrescentar qualquer coisa ao que minha mãe já falara. Não sabia eu senão que ele tinha um rosto bem-feito, mas comum; que seu cabelo era grisalho, se bem não tanto quanto o de meu pai, e que suas terras se limitavam com as nossas, sendo assim provável que, vivendo juntos, fôssemos felizes os dois.

"O casamento, minha filha, como você deve saber", prosseguiu minha mãe, "é uma grande honra e uma responsabilidade tremenda. Casando-se com um homem como *sir* Amyas, você não só assume o comando do seu lar, o que já é uma grande coisa, como também e para sempre o comando de sua própria estirpe, o que é ainda muito mais. Não vamos falar de amor – como fala do amor, como se fosse uma paixão e um fogo e uma loucura, aquele seu cancionista".

"Oh, mamãe, ele é apenas um contador de histórias", disse eu, fazendo coro.

"Não se há, na vida real, de encontrar tais coisas; pelo menos, penso eu, não com muita frequência." Minha mãe estava acostumada, quando falava, a refletir sisudamente.

"Mas isso não vem ao caso. Tome aqui, minha filha", e estendeu-me o papel, "isto é uma carta de *sir* Amyas para o seu pai; ele pede a sua mão e deseja saber se há outras combinações para você e qual o dote que nós lhe iríamos dar. Diz também o que seria proporcionado por ele. Para que você mesma a leia é que eu lhe dou esta carta; para que considere se lhe parece justo este acerto".

Eu já sabia que parte me tocava de nossas terras e herança; e sabia que, como a única filha de meu pai, meu dote não era desprezível.

Assim, para poder permanecer nesta região que eu adoro, morando perto de minha mãe, eu ficaria com menos, quer em riqueza, quer em terras, do que o montante ao qual fazia jus. Mas tal era a importância do pacto que, quando mamãe me entregou o documento, tive a impressão de que vários anos se somavam então à minha idade. Desde os tempos de criança sempre ouvi meus pais falarem sobre o meu casamento; e, durante os dois ou três últimos anos, vim a saber de alguns contratos quase feitos, mas que afinal deram em nada. Enquanto isso eu perdia minha juventude, estando pois mais que na hora de levar um compromisso a bom termo.

Naturalmente refleti longo tempo, até o sino bater ao meio-dia, com efeito, chamando para o almoço, sobre a responsabilidade e a honra, como dissera minha mãe, do casamento. Nenhum outro acontecimento na vida de uma mulher acarreta uma mudança tão grande; pois que bruscamente o casamento a transforma, de sombra despercebida que era a esvoaçar na casa paterna, num corpo com peso e substância, que os outros são forçados a ver e ao qual cedem passagem. Isso, claro está, se for um casamento adequado. Toda donzela aguarda assim tal mudança com ansiedade e espanto; porque isso há de provar se ela será para sempre uma mulher com autoridade e honra, como minha mãe; ou então há de mostrar que ela não tem importância nem valor. Seja neste mundo ou no próximo.

Eu, se me casar bem, terei sobre mim a responsabilidade de um grande nome e extensas terras; muitos criados me chamarão de senhora; serei mãe de filhos; na ausência do meu marido, comandarei seu pessoal, supervisionando seus rebanhos e safras e mantendo-me em alerta quanto aos seus inimigos; em casa, hei de estocar bons panos, e meus armários estarão sempre cheios de especiarias e conservas; tudo o que se gastar pelo tempo e o uso há de ser consertado e renovado por meus trabalhos de agulha, de modo que minha filha, à minha morte, possa encontrar suas gavetas mais providas de boas roupas do que a mim mesma acontecera. E, quando eu morrer, os moradores da região virão passar pelo meu corpo em três dias, rezando e falando bem de mim, o padre celebrará missa pela minha alma, por vontade dos meus filhos, e velas estarão queimando na igreja, para sempre e sempre.

4

Foi o sino do almoço o que me interrompeu primeiro no meio de tais reflexões; e não convém se atrasar, para não atrapalhar a ação de graças de *sir* John, o que significa ter de ficar sem pudim; depois, quando eu já ia a me ver mais propriamente na condição de uma mulher casada, meu irmão Jeremy insistiu para que fôssemos dar uma volta com Anthony, que é – depois de minha mãe, é claro – o principal ajudante do meu pai.

É um homem bronco, mas gosto dele, porque é um fiel servidor e sabe tudo que se relaciona a carneiros e à terra, como é comum entre os de Norfolk. Aliás foi ele quem quebrou a cabeça de Lancelot, na última festa de São Miguel, por usar com minha mãe de uma linguagem imprópria. Está sempre a percorrer nossos campos, que conhece e ama, como lhe digo, mais do que qualquer ser humano. E está casado com seu próprio torrão, nele vendo as mil belezas e dons que outros homens normalmente veem nas próprias esposas. Algo de seu afeto, uma vez que nos habituamos a caminhar a seu lado desde que aprendemos a andar, tornou-se nosso também; Norfolk e a paróquia de Long Winton em Norfolk são para mim como uma avó; são um terno, querido, familiar e silencioso antepassado, ao qual hei de retornar com o tempo. Oh, que bênção seria não se casar jamais, nem jamais envelhecer, mas passar toda a vida, inocente e indiferentemente, junto às árvores e aos rios que só nos podem manter em calma e como que para sempre crianças em meio aos percalços do mundo! O casamento ou qualquer outra alegria perturbariam a clareza de visão que ainda possuo. Foi à ideia de perdê-la que gritei em meu íntimo: "Não, nunca hei de deixá-los por um amante ou um marido", pondo-me de imediato a caçar coelhos no mato, com os cachorros e Jeremy.

Era uma tarde fria, mas luminosa; como se o sol não fosse feito de fogo, e sim de gelo reluzente; como se seus raios fossem longuíssimos pingentes que se estendiam do céu à terra. Lascavam-se eles em nossos rostos, e lá se iam a rebrilhar pelo brejo. Tudo parecia deserto, a não ser pela presença de alguns coelhos velozes, tão puros, tão satisfeitos em sua solidão. Corríamos, para nos manter aquecidos, e ao correr também do sangue, que efervescia em nossos corpos, tornávamo-nos incomumente loquazes. Anthony se movia, resoluto e sem parar, como se suas próprias passadas fossem a melhor coisa do mundo para espantar o frio. Por certo, se chegássemos a uma cerca quebrada, ou a alguma armadilha posta para um coelho, ele tirava suas luvas e ali se abaixava para verificar o ocorrido, como se fosse um dia de meados do verão. Lá pelas tantas demos com um estranho que andava ao léu pela estrada, vestido de um verde ruço e com um ar de quem não sabia por qual direção seguir. Anthony me pegou firmemente pela mão; era um homem do Asilo, disse ele, que errava à cata de comida, fora de seu confinamento. Poderia ter matado ou roubado, se não fosse talvez mero devedor. Jeremy jurou que tinha visto sangue nas mãos dele: mas Jeremy é um garoto, que se poria de bom grado, com seu arco-e-flechas, a defender todos nós.

Anthony tinha coisas a tratar num dos casebres, e entramos com ele, fugindo ao frio. Mal suportei porém o calor e o cheiro. Ali moram Beatrice Somers, seu marido Peter e os filhos; só que aquilo mais parecia uma toca de coelho no mato do que uma casa de gente. O teto era de paus roliços e palha e o chão, de terra batida, sem flor nem grama; a lenha que queimava num canto soltava uma fumaçada que fazia os olhos arderem. Sentada num toco podre, o único que ali se via, a mulher amamentava uma criança de colo. Não foi com medo, mas sim com desconfiança e desagrado estampados claramente em seus olhos, que ela os ergueu para nós; e apertou a criança ainda mais contra si. Anthony lhe falou como teria falado a um animal de fortes garras e visão implacável: plantou-se por cima dela, como se a sua bota tão grande estivesse pronta a esmagá-la. Mas a mulher não se mexeu, nem disse nada; e eu me pergunto se seria capaz de articular palavras, ou se a sua linguagem resumia-se a gemer e grunhir.

Do lado de fora encontramos Peter, que voltava do brejo para casa. Embora tenha levado a mão à testa, para saudar-nos, não parecia haver nele, mais do que em sua esposa, algum vestígio de consciência humana. Ao olhar para nós, demonstrou-se fascinado pela capa colorida que eu usava; e logo se enfiou toca adentro, para jazer no chão, suponho, enrolado em folhas secas, até de manhã. Tais são as pessoas em quem nós temos de mandar; e espezinhá-las e oprimi-las para fazerem o único trabalho de que são capazes; capazes que elas são, com suas garras, de nos fazer em pedaços. Assim falou Anthony, ao levar-nos dali, logo cerrando os punhos e de lábios franzidos, como se ele já agarrasse, para jogar por terra, alguns dos pobres coitados. A visão daquela face tão feia estragou o restante da caminhada; uma vez que se tinha a impressão de até minha amada terra produzir pragas assim. Eu via olhos como aqueles a me fitar das moitas de tojo e do emaranhado matagal ao redor.

Foi como acordar de um pesadelo entrar no solar tão limpo, onde o revestimento de carvalho brilhava e toras bem-arrumadas queimavam em nossa grande lareira, enquanto mamãe descia pela escada, com seu rico vestido e a imaculada touca de linho. Mas parte das rugas de seu rosto e algo da aspereza em sua voz lá estavam, pensei eu de repente, porque ela mesma sempre vira, não distante de si, coisas como aquelas que eu tinha visto hoje.

5

Maio

A primavera, que acaba de nos chegar, não se resume ao mero crescimento da vegetação que agora brota e desponta; pois mais uma vez a corrente de vida que envolve toda a Inglaterra liberta-se de sua crosta invernal e, em nossa ilhota, sentimos as marés que se esfregam por nosso litoral a aquecê-lo. Há uma ou duas semanas têm sido vistos nas estradas uns viajantes estranhos, que ou bem são mascates, ou bem peregrinos, senão senhores que se deslocam em grupos para o Norte ou para Londres. A mente, nesta estação do ano, torna-se ativa e esperançosa, mesmo que o corpo tenha de se manter imóvel. Pois, à medida que se alongam as tardes e uma luz nova parece jorrar do oeste, pode-se imaginar que é mais forte, e de outra espécie, essa claridade recente que pela terra se espalha; pode-se senti-la ao andar, quando bate nas pálpebras, ou se nos sentamos bordando.

Em meio a tais rebuliços, numa radiante manhã de maio, vimos a figura de um homem a avançar pela estrada a passos largos, sacudindo, agitado, os braços, como se dialogasse com o vento. Levava nas costas uma grande sacola e notamos que tinha, numa das mãos, um livro de pergaminho, que de quando em quando ele olhava de relance: e o tempo todo soltava exclamações, como se em cadência com suas próprias passadas, ora alteando a voz, ora diminuindo-a, em [ameaça] ou em queixume. Jeremy e eu nos encolhemos bem contra a sebe, mas mesmo assim ele nos viu; e, tirando o chapéu da cabeça, fez uma grande curvatura, que não me furtei, com a correção que eu podia, a retribuir.

"Madame", disse ele, numa voz que estrondava como um trovão no verão, "permite-me perguntar-lhe se é esta a estrada de Long Winton?".

"É, e o senhor já está apenas a meia milha de lá", respondi eu, enquanto Jeremy apontava, com seu cajado, estrada abaixo.

"Neste caso", prosseguiu ele, fechando seu livro e demonstrando-se simultaneamente mais sóbrio e mais consciente do lugar e do tempo, "posso perguntar ainda onde se acha a casa na qual me seja fácil vender meus livros? Estou chegando da Cornualha, e desde lá venho cantando e tento vender os manuscritos que trago. Minha sacola ainda está cheia. A época não é propícia às canções".

De fato o homem, corado de rosto, saudável na constituição, não obstante estava tão mal vestido quanto qualquer campônio; e suas botas eram tão remendadas que andar lhe devia ser um castigo. Algo de cortesia e alegria o envolvia contudo, como se a boa música de suas próprias canções se lhe aderisse, levando-o acima dos pensamentos vulgares.

Puxei meu irmão pelo braço e disse: "Nós mesmos somos do Solar, meu senhor, e de bom grado eu lhe mostrarei o caminho. Dar uma olhada nos seus livros me deixará muito contente". A risonha aparência desfez-se de imediato em seus olhos; e foi a um modo quase grave que ele me perguntou: "A senhorita sabe ler?".

"Oh, Joan vive com a cara enfiada nos livros", exclamou Jeremy, começando a falar e me puxando também.

"Fale-nos de suas viagens, meu senhor. Já esteve em Londres? E qual o seu nome?"

"Chamam-me Richard, *sir*", disse o homem sorrindo. "Sem dúvida tenho outro nome, porém nunca o ouvi ser dito. Sou de Gwithian, na Cornualha; e posso cantar-lhe mais canções em córnico, madame, que qualquer outro do condado." Virou-se então para mim, com um floreado da mão na qual mantinha o livro: "Aqui, por exemplo, neste volumezinho, estão todas as histórias dos Cavaleiros da Távola Redonda; escritas da própria mão de mestre Anthony e ilustradas pelos monges de Cam Brea. Prezo mais isto aqui do que minha mulher e filhos, pois que aliás não os tenho; para mim isto é comida e bebida, pois que me dão morada e passadio por cantar as histórias que aqui estão; é meu cavalo e comitiva, pois que me fez cruzar muitas milhas de estafantes estradas; e a caminho é a melhor das companhias, pois que tem sempre algo de novo a embalar-me e se mantém em silêncio quando eu quero dormir. Nunca houve um livro que nem este!".

Era assim que ele falava, a um modo que nunca ouvi de outro homem. Não parecia dizer exatamente o que tinha em mente, nem se preocupar em ser entendido. Dava antes a impressão de que as próprias palavras é que lhe causavam estima, quer as pronunciasse a sério, quer caçoando. Ao chegarmos ao pátio de nossa casa, logo ele se empertigou, limpando as botas com um lenço; e, usando os dedos em muitos toques ligeiros, tentou pôr sua roupa um pouco mais em ordem do que ela estava. Limpou também a garganta, como alguém que se preparasse a cantar. Corri para chamar minha mãe, que veio vindo devagar e, de uma janela no alto, primeiro deu-lhe uma olhada, antes de prometer que ia ouvi-lo.

"Ele está com a sacola cheia de livros, mamãe", insisti; "tem todas as histórias do rei Artur e da Távola Redonda; creio que é capaz de dizer-nos o que aconteceu a Helena, quando o marido foi buscá-la. Oh, minha mãe, deixe-nos ouvi-lo!".

Diante de minha impaciência, ela riu; e me mandou chamar *sir* John, pois afinal era uma bela manhã.

Quando descemos, o estranho, Richard, andava de um lado para o outro, discorrendo sobre suas viagens a meu irmão; como acertara um homem na cabeça, como gritara a um outro "Vamos lá, patife!" e posto o bando todo a correr, quando então viu minha mãe e, tal qual era seu costume, descobriu a cabeça.

"Diz minha filha que o senhor vem de outras plagas e que sabe cantar. Temo que nós, gente do campo como somos, bem daqui, muito pouco saibamos de histórias vindas de longe. Estamos prontos a escutá-lo porém. Cante-nos algo de sua terra; depois, se lhe aprouver, o senhor há de sentar-se conosco para nos conhecermos, e de bom grado o ouviremos dar notícias de lá."

Mamãe sentou-se sob o carvalho; e *sir* John veio ofegante ficar de pé a seu lado. Como ela mandou que Jeremy abrisse os portões, para que entrassem todos os nossos empregados que quisessem ouvir, tímida e curiosamente eles se aproximaram para se embasbacar com mestre Richard, que uma vez mais acenou com seu chapéu, a saudá-los.

E ele começou a narrar, de pé sobre um montículo de grama e numa voz muito melodiosa, a história de Tristão e Isolda.

Despindo-se de seu jeito alegre, olhava além de todos nós, a um modo fixo e determinado, como se fosse extrair suas palavras de uma visão qualquer mais adiante. Ao tornar-se apaixonada a história, sua voz se alteou, cerraram-se os punhos, um pé se ergueu e os braços se estenderam à frente; aí, quando os amantes se separam, era como se ele estivesse vendo Isolda a subtrair-se do alcance de seus olhos, que a procuravam cada vez mais longe, até a visão se dissolver e o deixar de braços vazios. Depois ele é ferido na Bretanha; e ouve a princesa vindo, mar adentro, para encontrá-lo.

Porém não sou capaz de dizer como o espaço parecia repleto de cavaleiros e damas que, murmurando e de mãos dadas, passavam por nós e não nos viam; choupos e faias expediam figuras grises que, com suas joias prateadas, flutuavam pelo ar abaixo; inesperadamente a manhã se enchia de uma sucessão de sussurros, suspiros e lamentos de amor.

Mas por fim a voz se calou; e todas aquelas figuras se retiraram dali, esmaecendo gradualmente ao se arrastarem pelo céu para as plagas ocidentais onde vivem. E, quando abri os olhos, tanto o homem quanto o muro acinzentado e as pessoas que estavam ladeando os portões lentamente emergiram como se de alguma fundura, alçando-se à superfície para aí se postarem, claros e frios.

"Coitados!", exclamou minha mãe.

Richard, enquanto isso, dava a impressão de uma pessoa que, após deixar que algo lhe escape, não encontra a ampará-la senão o ar rarefeito. Como olhasse para nós, já quase eu me decidia a lhe estender minha mão, dizendo-lhe que estava a salvo. Mas logo ele se refez e sorriu, como se tivesse boas razões de estar contente.

Ao ver o ajuntamento nos portões, pôs-se a cantar uma toada animada sobre *A morena zureta e seu amante*; e todos, às gargalhadas, o acompanharam com batidas dos pés. Mamãe então nos convocou para o almoço, deixando que mestre Richard se sentasse à sua direita.

Ele comeu como um homem que só se alimentasse de frutinhas do mato e bebesse água de arroios. Depois, terminada a refeição e recolhidos os pratos, lépida e solenemente se apossou de sua sacola; e dela tirou diversas coisas que depositou sobre a mesa. Além de prendedores e broches e colares de contas, havia também entre as quinquilharias muitas folhas de pergaminho costuradas juntas; nenhum dos blocos era porém tão grande quanto seu livro. E ele então, percebendo meu desejo, colocou-me em mãos o precioso volume, instando-me a apreciar suas ilustrações.

Era de fato uma beleza de obra; com as letras maiúsculas a emoldurar mantos de ouro e radiosos céus azulados; e amplos espaços de cor, abertos em meio à escrita, nos quais princesas e príncipes eram vistos caminhando em cortejos, bem como burgos com igrejas sobre escarpadas colinas e o mar azul quebrando embaixo. Tais miniaturas eram como espelhinhos diante daquelas tantas miragens que eu tinha visto a perpassar pelo ar, mas que aqui eram captadas, quedando-se assim para sempre.

"E alguma vez o senhor já viu coisas como estas?", perguntei-lhe.

"Elas existem para ser vistas por quem olha", respondeu ele misteriosamente. A seguir, pegando seu manuscrito comigo, atou-lhe as capas com cuidado para o guardar contra o peito.

Estava, por fora, tão retorcido e amarelado quanto o missal de um padre devoto; mas por dentro se moviam, à incessante melodia das primorosas palavras, as esplêndidas damas e fidalgos, jamais ofuscados. Era um mundo encantado, na verdade, o que ele fechou dentro de seu casaco.

Oferecemos-lhe hospedagem por uma noite, ou mesmo mais, se ele quisesse ficar e cantar para nós de novo. Ele porém fez-se tão surdo aos nossos rogos quanto uma coruja escondida – dizendo apenas: "Tenho de seguir meu caminho". Ao raiar da aurora já estava fora de casa, deixando-nos a sensação de que uma ave bem rara, após ter pousado no telhado para um momentâneo descanso, logo retomara seu voo.

6

Meados do verão

Chega uma semana, ou talvez seja tão-só um dia, em que o ano parece conscientemente equilibrado no topo de seu ponto culminante; onde imóvel se mantém por um longo ou um breve período, como se em contemplação majestosa, antes de baixar lentamente, como um monarca que desce de seu trono, para circundar-se de trevas.

Mas como as figuras são coisas escorregadias!

Tenho neste momento o sentimento de alguém lançado para o alto às regiões tranquilas; sobre o reverso imenso do mundo. A nação em paz e a prosperidade do nosso rincão nela encravado – pois meu pai e os irmãos estão em casa – traçam um círculo completo de satisfação; pode-se passar da abóbada celeste tão lisa para o nosso próprio telhado, sem que se tenha de cruzar qualquer abismo.

A época parecia pois bem propícia à peregrinação que fazemos, em meados do verão, ao santuário de Nossa Senhora em Walsingham; eu, em especial, porque este ano tenho de agradecer muitas coisas e de rezar por muitas outras. Meu casamento com *sir* Amyas foi marcado para o dia 20 de dezembro; e as providências a tomar nos ocupam sempre. Parti assim ontem de madrugada, andando a pé para mostrar que era de espírito humilde que eu me aproximava do santuário. E uma boa caminhada é decerto o melhor dos preparos para orações!

Parta de espírito revigorado, como um cavalo nutrido a milho; deixe que ele se empine e dispare, arrastando-o para cá e acolá. Nada o há de manter na estrada; pelos prados orvalhados ele buscará distração, esmagando onde quer que pise mil florações delicadas.

O dia contudo esquenta; cabe-lhe conduzi-lo, ainda a passos saltitantes, de regresso ao bom caminho; e ele o transportará de um modo leve e veloz, até que o sol esteja a pino e lhe sugira um descanso. Na realidade, e sem metáforas, a mente se move às claras por todos os labirintos da estagnação de um espírito quando pernas desenvoltas a impelem; e a criatura, com o exercício, se torna ágil. Suponho assim ter eu pensado muito, após toda uma semana passada dentro de casa, durante aquelas três horas que levei caminhando pela estrada para chegar a Walsingham.

E meu cérebro, que a princípio, ligeiro e alegre, pulava que nem uma criança brincando, sossegou a tempo de dar-se a um trabalho sério, não obstante seu contentamento. Pois foi nas coisas sérias da vida que eu pensei – tais como a velhice, a pobreza, as doenças e a morte, considerando que seria parte inevitável do meu destino encontrá-las; e considerando também as alegrias e as dores que se encadeavam sem trégua pela minha vida. Tudo que fosse de somenos não iria mais me alegrar nem incomodar como outrora. Apesar de isso fazer eu me sentir circunspecta, senti também já ter chegado a um momento em que tais sentimentos são sinceros; e ademais, enquanto andava, parecia-me ser possível entrar nesses sentimentos e estudá-los por dentro, como de fato eu tinha andado por dentro das capas do manuscrito de mestre Richard, em um espaço bem amplo.

Vi-os como sólidos globos de cristal; trazendo inclusa a redondez de uma bola de terra e ar coloridos, onde se afadigavam, como que sob a própria abóbada celeste, homens e mulheres minúsculos.

Walsingham, como todo mundo sabe, é uma insignificante aldeola no topo de uma colina. Desde que nos aproximamos, pela planície tão cheia de verdes, vemos porém a elevação que se ergue, por algum tempo, antes de lá chegarmos, tão acima de nós. O sol a pino aclara e intensifica os suaves verdes e azuis da área do charco; e causa a impressão de que passamos pelo fausto e placidez de uma terra que rebrilha como um livro pintado, em direção à aspereza do cume, onde a luz batia em algo que apontava para cima e tinha o palor de um osso.

Alcancei enfim o topo da colina, unindo-me à torrente de outros peregrinos, e cumprimentamo-nos com apertos de mãos para mostrar que humildemente lá chegáramos como seres humanos que juntos haviam dado os últimos passos do caminho, cantando nosso *Miserere*.

Havia homens e mulheres, e aleijados e cegos; e alguns em farrapos, e outros que tinham ido a cavalo; confesso que havia curiosidade em meus olhos quando procurei por seus rostos, pensando desesperadamente, por um momento, como era terrível sermos nós separados pela carne e [o charco]. Todos ali teriam suas histórias, singulares, divertidas, para contar.

Mas a pálida cruz com a Imagem veio então a meus olhos; e a mente, ao reverenciá-la, se esvaziou por completo.

Não fingirei que aquele chamamento me tenha parecido outra coisa, que não severo; pois o sol e a chuva tornaram a figura branca e escabrosa;

mas o empenho em adorá-La, como outros ao meu redor faziam, me encheu a mente com uma imagem de tão grande brancura que nenhum outro pensamento podia lá ter espaço. Por um momento me entreguei a ela, como a homem ou mulher nunca me havia entregue, e meus lábios se magoaram na pedra áspera de suas vestes; quando o êxtase passou, a região lá embaixo, como bandeira subitamente desfraldada, ondulou ao vento.

7

Outono

Chega o outono; e o meu casamento já não está tão distante. *Sir* Amyas é uma boa pessoa, que me trata com grande cortesia e deseja me fazer feliz. Poeta algum poderia cantar nosso namoro; e devo confessar que, desde que me afeiçoei a ler sobre princesas, tenho às vezes lamentado que meu próprio destino seja tão pouco semelhante ao delas. Mas enfim elas não viveram em Norfolk, no tempo das guerras civis; e minha mãe me diz que a verdade é sempre o que há de melhor.

Para me preparar para as minhas obrigações de mulher casada, ela deixou que eu a ajudasse na administração da casa e das terras; e começo a compreender que boa parte do meu tempo será passada em pensamentos que nada têm a ver com a felicidade ou com homens. Há os carneiros, as madeiras, as colheitas, o pessoal, toda uma série de coisas que dependerão de minhas decisões e cuidados quando, como acontecerá tantas vezes, o meu Senhor estiver fora; e, se os tempos forem tão conflituosos como têm sido, deverei também agir como seu principal lugar-tenente na disposição de suas forças contra o inimigo. Além disso, haverá meu próprio trabalho de mulher a me ocupar dentro de casa. De fato, como diz minha mãe, pouco tempo há de sobrar para princesas e príncipes! Não se esquece ela de expor-me o que é, como também diz, sua teoria da propriedade privada; como a pessoa é, nestes tempos que correm, uma espécie de governante de uma ilhota circundada por águas turbulentas; como a tem de plantar e cultivar; de abrir estradas que a atravessem e de murá-la para se proteger das marés; pode bem ser que um dia se reduza a força das águas, e este rincão de terra ver-se-á então pronto para ser parte de um mundo novo. Tal é o sonho que ela tem sobre aquilo que o futuro pode trazer à Inglaterra; e a esperança de toda sua vida foi sempre organizar de tal modo sua própria província que essa possa ao menos ser um terreno firme de andar. Minha mãe me recomenda que eu deseje estar viva para ver a totalidade da Inglaterra assim solidamente estabelecida; se isso me acontecer, hei de agradecê-la, e a outras mulheres como ela.

Confesso porém que, por mais a fundo que eu honre minha mãe e lhe respeite as palavras, sou incapaz de aceitar sem suspirar sua sabedoria. O que de melhor ela tem em vista, ao que parece, é uma terra a se erguer solidamente para fora das brumas que no momento a enlaçam; e a mais bela perspectiva em que pensa, creio eu, é uma estrada larga a correr pela terra, sobre a qual ela divisa longas filas de cavaleiros que trotam muito à vontade, peregrinos desarmados a caminhar contentes e carroças que passam umas pelas outras, indo para o litoral carregadas ou de lá voltando cheias de bens que foram apanhar nos navios. Seu sonho incluiria além disso grandes casas, quedando abertas à visão, com seus fossos aterrados e seus torreões demolidos; com portões que generosamente se abrissem para admitir qualquer passante; e com animação e bons víveres, quer para hóspedes, quer para serviçais, na mesma mesa do patrão. A cavalo, passar-se-ia por lavouras transbordantes de milho, por pastos sempre repletos de animais em rebanhos e por moradias de pedra para os pobres. Vejo eu o quanto é bom, quando escrevo isto; e acertaríamos em desejá-lo.

Ao mesmo tempo porém, ao imaginar esse quadro pintado diante de mim, não consigo pensar que o contemplar cause agrado; e suponho que eu acharia difícil respirar por tais caminhos tão luzentes e uniformes.

Entretanto sou incapaz de dizer o que é que eu quero, apesar de ansiar pelo que espero de alguma forma secreta. Pois muitas vezes, e com frequência cada vez maior, à medida que o tempo passa, dou comigo de repente a interromper minha andança, como se eu fosse paralisada por um olhar estranho e novo sobre a superfície da terra que conheço tão bem. Um olhar que insinua alguma coisa; mas que se vai antes de eu perceber seu sentido. É como se um riso nunca visto furtivamente se estendesse num rosto bem conhecido; por um lado dá medo, no entanto por outro ele nos faz um sinal.

Últimas Páginas

Meu pai veio aqui ontem, quando eu estava sentada à mesa na qual escrevo estas folhas. Não lhe inspira nem um pingo de orgulho minha capacidade de ler e escrever, que de fato desenvolvi principalmente em seu colo.

Fiquei bastante confusa quando ele me perguntou o que eu estava escrevendo; e ao dizer que era um "Diário", gaguejando, cobri as páginas com as mãos.

"Ah", exclamou ele, "se o meu pai tivesse feito um diário! Mas ele, coitado, nem sabia assinar seu próprio nome. John e Pierce e Stephen, todos jazem ali na igreja, mas não restou sequer uma palavra para dizer se eles eram bons ou maus como homens". Assim falou ele, até que minha face se empalidecesse de novo.

"E é o que o meu neto há de dizer de mim", continuou. "Eu, se pudesse, bem que gostaria de escrever umas linhas, para dizer: 'Sou Giles Martyn; um homem de estatura média, pele morena, bigode e olhos castanhos; sei ler e escrever, mas não com muita facilidade. Vou a Londres montado numa égua baia que é das melhores que há pelo condado'. Bem, e o que mais eu deveria dizer? E iriam eles querer ouvir? E quem afinal seriam *eles*?", disse rindo; pois era de sua índole terminar suas frases com um sorriso, mesmo que as começasse a sério.

"O senhor gostaria de saber do seu pai", disse eu; "por que não iriam eles querer saber do senhor?".

"Meus antepassados foram bem como eu sou", disse ele; "viveram todos aqui; araram a mesma terra que eu aro; casaram-se com mulheres das redondezas. Se eles entrassem neste instante por aquela porta, eu logo os reconheceria, e nisso não veria nada de estranho. Mas o futuro", e estendeu as mãos espalmadas, "quem é que pode prever? Nós podemos ser varridos da face da Terra, Joan".

"Oh, não", gritei; "tenho certeza de que sempre viveremos aqui". Meu pai se satisfez com isso em seu íntimo; pois não há homem mais apegado à sua terra e ao seu nome do que ele; embora julgue que, se fôssemos uma estirpe mais orgulhosa, não deveríamos permanecer tanto tempo só com a mesma fortuna.

"Pois bem, Joan, você deve continuar escrevendo", disse ele; "quer dizer, continuar para você mesma. Pois irá deixar-nos – se bem não vá para tão longe", acrescentou com presteza, "e os nomes não importam muito. Mesmo assim eu gostaria de ter uma lembrança sua, quando de sua ausência; e os nossos descendentes terão motivo para respeitar pelo menos um de nós". Olhou com grande admiração para as linhas bem-feitas da minha caligrafia. "Agora, minha filha, venha comigo até a igreja, onde tenho de ver o túmulo do meu pai sendo esculpido."

Andando a seu lado, pensei em suas palavras e nas muitas folhas que jaziam escritas na minha mesa de carvalho. O inverno já chegara de novo desde que fiz, com tanto orgulho, meu primeiro traço de pena. Pensando que havia poucas mulheres capazes de fazer o mesmo em Norfolk; e, não fosse algo desse orgulho ter permanecido comigo, creio que minha escrita já teria sido interrompida de há muito. Pois que nada existe em verdade, no palor dos meus dias, que necessite ser contado; e a descrição se torna enfadonha. Ao caminhar pelo ar frio da manhã invernal, pensei ainda que, se eu voltasse alguma vez a escrever, não seria sobre Norfolk e mim mesma, mas sim sobre cavaleiros e damas, ou aventuras noutras terras estranhas. Até as nuvens, que se encorpam no poente para avançar pelo céu, tomam feição de capitães e tropas, mal cessando eu de moldar elmos e espadas, como também rostos bonitos e cabeleiras soberbas, a partir de suas ondas de vapor colorido.

Porém, como diria minha mãe, as melhores histórias são aquelas que junto ao fogo se conta; e eu hei de dar-me por contente se puder terminar meus dias como uma dessas mulheres idosas que conseguem manter a família em paz, numa noite de inverno, com a narrativa das cenas singulares que viu e de façanhas praticadas em seus tempos de jovem. Sempre pensei que tais histórias vêm em parte das nuvens; não sendo assim, por que nos comovem elas mais do que qualquer coisa que podemos ver por nós mesmos? O certo é que não há livro escrito que se lhes compare.

Dama Elsbeth Aske foi uma dessas mulheres; quando já estava muito velha para tricotar ou coser, e por demais enrijecida para se levantar da cadeira, sentava-se ela o dia todo à lareira, juntando as mãos entrelaçadas, e bastava alguém puxá-la pela manga para que seus olhos brilhassem e ela se pusesse a contar histórias de batalhas e reis, de grandes nobres ou também de gente pobre, até que o próprio ar parecesse murmurar e mover-se. Além disso, ainda cantava baladas, sentada lá como sempre. E homens e mulheres, jovens e velhos, vinham de longe para ouvi-la, a ela que, apesar de tudo isso, não sabia escrever nem ler. Atribuíam-lhe ademais a capacidade de prever o futuro.

Chegamos enfim à igreja onde estão enterrados meus ancestrais. O famoso entalhador Ralph de Norwich começou a esculpir recentemente o túmulo do meu avô, que agora está quase pronto, a cobrir-lhe o corpo; havia velas acesas, quando entramos, brilhando na obscuridade da igreja. Ajoelhados, rezamos pela alma dele; depois meu pai se afastou, conversando com *sir* John, para deixar-me entregue à minha ocupação predileta: a de soletrar os nomes e contemplar as feições dos meus parentes e antepassados mortos. Bem sei que em criança suas hirtas figuras brancas costumavam amedrontar-me; particularmente quando eu conseguia ler que tinham meu sobrenome; mas agora, sabendo que jamais se levantam, que mantêm para sempre as mãos cruzadas, compadeço-me deles; e de bom grado faria um gesto, por modesto que fosse, capaz de lhes dar prazer. Teria de ser alguma coisa impensada e íntima – um carinho ou um beijo, tal qual se dá numa pessoa viva.

[Um diálogo no monte Pentélico]

Aconteceu, e não há muitas semanas, que um grupo de turistas ingleses desceu a encosta do Pentélico. Eles porém teriam sido os primeiros a retificar esta frase e a assinalar o quanto de inexatidão e injustiça se continha nessa descrição de seu grupo. Porque chamar um homem de turista, quando o encontramos no exterior, é definir não apenas suas circunstâncias, mas também sua alma; e suas almas inglesas, teriam dito – mas os burros assim tropeçam nas pedras –, não estavam sujeitas a limitações desse tipo. Os alemães são turistas e os franceses são turistas, mas os ingleses são gregos. Tal era o sentido da conversa entre eles, e devemos ouvir suas palavras, que nisso, de fato, eram de muito bom senso.

O monte Pentélico, como sabemos nós que lemos o Baedeker, traz porém em seu flanco a nobre cicatriz dos ferimentos sofridos nas mãos dos canteiros gregos que o talhavam, recebendo de Fídias um sorriso, quando não um insulto, como recompensa por seu trabalho.[1] Assim, para fazer justiça ao monte, deve-se meditar sobre vários temas à parte e combiná-los da melhor maneira possível. Não se deve tomá-lo apenas por aquele contorno que passava por tantas janelas gregas – Platão erguia os olhos da página, nas manhãs ensolaradas –, mas também como oficina de trabalho e local de moradia onde inumeráveis escravos iam perder a vida. Para o grupo, quando ao meio-dia eles desmontaram, foi salutar ter de cambalear penosamente por entre os blocos de mármore em bruto que, por alguma razão, tinham sido esquecidos ou deixados de lado quando as carretas desciam para Atenas. Foi salutar porque na Grécia pode-se esquecer que as estátuas sejam feitas de mármore; foi benéfico ver como se opõe o mármore, sólido e fragoso e intratável, ao cinzel do escultor.

"Assim eram os gregos!" Quem ouvisse tal grito poderia supor que cada um dos falantes tinha alguma conquista pessoal a celebrar, sendo ele mesmo o generoso vencedor da pedra. Que outrora a forçara, com suas próprias mãos, a entregar seus Hermes, seus Apolos. Mas então os burros, cujos ancestrais tinham sido estabulados na gruta, deram fim à meditação e os cavaleiros, seis em fila, foram descendo gravemente pelo flanco do monte. Tinham visto Maratona e Salamina, e Atenas, se não houvesse uma nuvem que a acariciava, também teria sido deles; de alguma forma, sentiam-se municiados, de ambos os lados, por presenças tremendas. E, para mostrarem-se devidamente inspirados, não só repartiram sua garrafa de vinho com o séquito de jovens gregos do campo, imundos, mas até condescenderam em dirigir-se a eles na própria língua local, como a falaria Platão, se tivesse aprendido grego em Harrow. Que outros decidam se foram justos ou não; mas o fato de palavras gregas faladas em solo grego serem mal compreendidas por gregos destrói de um só golpe toda a população da Grécia, homens, mulheres e crianças. Uma palavra apropriada, em face da crise, lhes veio aos lábios; uma palavra que Sófocles poderia ter dito e que Platão teria sancionado; eles eram "bárbaros". Denunciá-los assim era não só desincumbir-se de um dever em relação aos mortos, mas também proclamar os legítimos herdeiros, e as pedreiras de mármore do Pentélico, por alguns minutos, estrondearam a notícia a todos que pudessem dormir debaixo dos seus calhaus ou ocupar as cavernas. O povo espúrio foi condenado; a raça escura e tagarela, de língua solta e instável de intenções, que por tanto tempo havia parodiado a fala e surrupiado o nome dos grandes, foi pega e condenada. Obediente ao grito do arrieiro ao descer aos locais de sua guarda – uma mula branca puxava a fila – com a boa vontade de alguém que livra as próprias costas a cada golpe que aplica sobre costas alheias. Pois o inglês, quando gritou, julgou que era melhor ir mais rápido. Não poderia ter-se mostrado mais feliz como crítico; o momento possuía sua própria palavra; poeta algum faria mais do que isso; e a um prosador seria fácil ter feito menos. Assim, com aquele simples grito, os ingleses saíram aos tropeções de seu clímax para descer a montanha em algazarra, tão despreocupados e jucundos como se a terra fosse deles.

Mas a descida do Pentélico a certa altura se aplaina numa chapada verde onde a natureza parece soerguer-se um momento antes de mergulhar novamente encosta abaixo. Há grandes plátanos de mãos benevolentes abertas, e há cômodas moitinhas, dispostas em estrita ordem caseira; há um riacho do qual se pode pensar que cante loas e as delícias do vinho e da canção. Poder-se-ia ouvir a voz de Teócrito, na queixa que fazia nas pedras, e alguns dos ingleses a ouviram mesmo, embora o texto, nas prateleiras em casa, andasse bem empoeirado. Aqui, seja como for, a natureza e o cantar do espírito clássico impulsionaram os seis amigos a desmontar e descansar um pouco. Seus guias se recolheram, mas não tão longe que não pudessem ser vistos em seus trejeitos de bárbaros, pulando e cantando, puxando-se uns aos outros pela manga e falando das uvas já maduras que pendiam nos campos. Mas se há coisa que sabemos dos gregos é que eram gente tranquila, muito expressiva ao gesticular e falar, e aqueles, ao sentarem-se à beira do riacho, sob um plátano, dispuseram-se como um pintor de vasos teria certamente gostado de retratá-los: o rosto escuro do velho, quando seu queixo caiu sobre o cajado, virou-se para cima do jovem estendido no gramado a seus pés. Mulheres sérias, caladas, passavam de roupa branca por trás, equilibrando ânforas nos ombros. Nenhum especialista da Europa poderia recompor esse quadro, nem convencer nossos amigos de que algum teria mais direito de construir tais visões do que eles mesmos.

Estenderam-se pois na sombra, e não foi culpa deles, nem dos antigos, se seu discurso não esteve à altura, na concepção pelo menos, de seu nobre modelo. Mas como, em se tratando de diálogos, escrever é ainda mais difícil do que falar, como é duvidoso se diálogos escritos foram jamais falados ou se diálogos falados jamais foram escritos, trataremos de salvar tão-somente fragmentos concernentes à nossa história. Não deixaremos de dizer todavia que a conversa entre eles era a melhor conversa do mundo.

Abrangeu muitos tópicos – de raposas e aves a se era bom pôr terebintina no vinho – como os antigos faziam queijos – a situação das mulheres no Estado grego – altamente eloquente! – os metros de Sófocles – o encilhamento de muares: e assim baixando e subindo como um voo de águia até bater afinal em pleno ar no velho e persistente enigma do grego moderno e sua situação no mundo de hoje. Reconheceram-lhe, os de natureza otimista, um presente; outros, menos crédulos, mas ainda assim esperançosos, concediam-lhe um futuro; outros ainda, com imaginação generosa, recordavam-lhe o passado; mas a um só restou opor-se a todas essas superstições batendo no toco de uma oliveira seca para demonstrar, com grandes choques de fala e de musculatura, o que é que os gregos tinham sido, e o que é que não eram mais.

Esse povo, ele disse – e o sol estava no céu, quando falou, e uma águia dourada pairava acima do monte –, era um povo instantâneo como a aurora e morreu como o dia morre aqui na Grécia, completamente. Ignorando tudo o que deveria ser ignorado – de caridade, religião, vida doméstica, ciência e cultura –, fixou seu espírito no belo e no bom, tomando-os por suficientes não só para este mundo mas também para um número infinito de mundos futuros. "Onde houve modéstia nos gregos...", mas ele, para terminar a citação, dado a ler como era o que ninguém agora poderia dizer, quis saber onde andava o seu Peacock, e o Peacock tinha ficado, com uma lata de tabaco, a mais terrível das perdas, e algumas guloseimas, nas ruínas de Olímpia, o que o obrigou a empreender seu esforço um pouco mais abaixo na escala, não obstante com seriedade não inferior à do início.[2] Disse então como os gregos, podando o supérfluo, finalmente revelaram a estátua perfeita, ou a estrofe consumada, tal como nós, agindo inversamente ao vesti-los com nossos trapos de imaginação e sentimentalismo, obscurecemos o contorno e destruímos a substância. Olhem para o Apolo em Olímpia, exclamou, ou para a cabeça de um rapaz em Atenas, leiam *Antígona*, andem pelas ruínas do Partenon e perguntem-se se haveria espaço, quer ao lado, quer aos pés, para qualquer forma posterior de beleza aí postar-se. Não é antes verdade, como sugere a fantasia, na escuridão e na pálida aurora, que flutuam no vago, para que o pensamento as persiga, tantas formas de beleza quantas foram circundadas de linguagem e pedra pelos gregos, e que nada nos resta a não ser adorar em silêncio ou, se preferirmos, agitar o ar vazio?

Respondeu-lhe um cujo caráter já estava marcado por perigosa heresia; pois que um ano atrás apenas ele dera um voto que então era grande novidade para afirmar que os gregos deveriam parar, tal como colocado por ele, "de chicotear garotos broncos para lhes dar um bom comportamento".[3] E ele era no entanto um erudito. Sua argumentação, mas com os diálogos temos de tomar cuidado, era mais ou menos assim, a não ser por certas interrupções que nenhuma rearrumação do alfabeto poderá transmitir.

"Quando você fala dos gregos", ele disse, "fala como um sentimental e um relapso, mesmo gostando como gosta de falar dos gregos. Não é de admirar que os ame tanto, pois eles representam, como você já disse tantas vezes, tudo que é nobre em arte e verdadeiro em filosofia e, como poderia ter acrescentado, tudo que em você mesmo há de melhor. Decerto nunca houve um povo como eles; e a razão pela qual você – que ficou em terceiro, não se esqueça, no exame de distinção – os chama de gregos é que lhe parece irreverente dizer que são os italianos ou os franceses ou os alemães, ou aplicar-lhes o nome de qualquer povo, de fato, capaz de construir esquadras maiores do que as nossas ou de falar uma língua que entendamos. Não, vamos dar a eles um nome que se possa escrever de diferentes maneiras, que possa ser dado a diferentes povos, que etimologistas possam definir, que arqueólogos possam contestar, que possa em suma significar tudo que não sabemos e, como em seu caso, tudo que sonhamos e desejamos. De fato não há razão para você ler os escritos deles, pois não os escreveu você mesmo? Aquelas páginas místicas e secretas preservam tudo que você já sentiu como belo em arte e verdadeiro em filosofia. Pois há uma alma de beleza que se ergue, não batizada, sobre as palavras de Milton, como se ergue sobre a baía de Maratona, lá longe; pode escapar-nos, porventura, e desvanecer-se, porque não confiamos em fantasmas. Mas você, não duvido, ocupa-se neste exato momento em batizá-la com um nome grego, envolvendo-a também em forma grega. Não é já 'aquela coisa no grego' que lá mesmo você não leu; e parte – a melhor parte – de Sófocles e Platão e todos aqueles livros tão escuros em casa? Assim, enquanto lê seu grego aí, nas encostas do Pentélico, você nega ao mesmo tempo que ainda existam seus filhos. Já para nós, especialistas...".

"Oh, ignorante e ilógico", interrompeu a resposta, e poderia ter continuado assim até o fim do parágrafo, não fosse ser concedida outra que no momento pareceu conclusiva, embora não procedesse do Céu, essa nova resposta, mas tão-somente do flanco da montanha. Curvando-se em rangidos os pequenos arbustos, deles irrompeu grande forma parda, de cabeça encoberta pelo feixe de lenha seca que era levado em seus ombros. Houve certa esperança, a princípio, de que fosse um bom espécime do urso europeu, mas um segundo olhar provou que era apenas um monge a desincumbir-se das humildes tarefas do mosteiro vizinho. Só viu os seis ingleses quando já estava bem perto, e a presença deles fê-lo postar-se ereto, olhando com espanto como se o tivessem tirado, contra a sua vontade, de meditações agradáveis. E eles assim puderam ver que tinha um corpanzil bem-feito, tinha o nariz e a testa de uma estátua grega. Mas na verdade também tinha barba e cabelos muito compridos, dando todas as razões para crer que fosse iletrado e sujo. Mas, com ele ali plantado, em suspensão, de olhos abertos, uma esperança fantástica – patética – passou pela mente de alguns que o viram, a de que fosse uma daquelas figuras originais que, embebidas na terra crua, resistiram ao tempo e relembram os primeiros dias e o tipo ainda não obliterado: que pudesse ter havido tal coisa, o Homem.

Porém a mente inglesa não tem mais o poder – talvez na Rússia se desfrute do dom – de ver pelos crescer de orelhas lisas e cascos fendidos onde há dez dedos. Em seu poder está ver uma coisa diferente disso, talvez, quem sabe?, alguma coisa melhor. Seja como for, os seis ingleses esticados sob o plátano sentiram-se impelidos, antes de mais nada, a recompor seus membros bambos para, firmemente sentados, logo devolverem o olhar do monge marrom, como um homem olha para outro. Tal era a força do olhar que os fitava, não só por ele ser aclarado pela brisa por entre as oliveiras em fila, mas também iluminado por um outro poder que sobrevive às árvores e até as planta. E certamente, interprete-o você como bem queira, quer o narre como um fato, quer o segrede como milagre, e pode ser as duas coisas, a luz era tanta que fazia ventar e sussurrar as árvores. E milhares de criaturas minúsculas se moviam na grama, tornando-se a terra sólida por milhas e milhas sob os pés. A atmosfera a rigor não começou e terminou com esse dia e esse horizonte, mas estendeu-se como um lúcido rio verde por todos os lados imensuravelmente e o mundo flutuou em seu cinturão de eternidade. Tal era a luz no olhar daquele monge, e pensar em morte, quando fixado por ele, pensar em pó ou destruição, era como jogar papel no fogo. Pois que era por demais penetrante e ia como uma flecha a desenhar uma cadeia dourada através de eras e raças até que as formas de homens e mulheres e o céu e as árvores se erguessem de ambos os lados de sua passagem, alongando-se numa sólida e contínua aleia de uma a outra extremidade do tempo.

E os ingleses não poderiam ter dito, naquele momento, em que ponto se achavam, pois essa aleia era tão lisa como um anel de ouro. Mas os gregos, ou seja, Platão e Sófocles e os demais, eram íntimos deles, tão íntimos quanto qualquer amigo ou um amante, e respiravam aquele mesmo ar que beijava as faces e a vinha, só que eles, como jovens que eram, ainda impeliam à frente e questionavam o futuro. Flama como aquela no olhar do monge, embora ela depois tenha vagado por obscuros lugares, embora tenha brilhado na encosta árida do monte, em meio às pedras e arvoretas raquíticas, acendeu-se outrora no fogo original; e sem dúvida continuará ainda queimando em cabeças de monge ou camponês quando se passarem mais eras do que é capaz o cérebro de enumerar.

Tudo o que o monge marrom disse porém foi χαλησπέρα, que é boa noite, sendo estranho que se dirigisse ao cavalheiro que havia sido o primeiro a proclamar a perdição de sua raça. E este, ao retribuir a saudação, levantando-se para fazê-lo e tirando o seu cachimbo da boca, teve a convicção de que falava a um grego como um grego e, se Cambridge não reconhecia o parentesco, as encostas do Pentélico e os olivais de Mendeli o confirmavam.

Mas já caía o crepúsculo, que encurta o dia grego, varando o céu como lâmina; e, ao cavalgarem para casa, pela estrada que vai por entre os vinhedos, nas ruas de Atenas já se acendiam luzes, e a conversa agora era de cama e comida.

Memórias de uma romancista

Quando *miss* Willatt morreu, em outubro de 1884, sentiu-se, como escreveu sua biógrafa, "que o mundo tinha o direito de saber mais sobre mulher tão admirável, embora tão recatada". Pela escolha de adjetivos fica claro que ela mesma não o desejaria, a não ser que alguém a pudesse convencer de que o mundo, com isso, sairia ganhando. Talvez, antes de ela morrer, *miss* Linsett a tenha convencido, pois os dois volumes de vida e cartas que esta senhora publicou foram produzidos com a sanção da família. Quem isolar a frase introdutória para moralizar sobre ela poderá encher uma página de interessantes perguntas. Que direito tem o mundo de saber sobre homens e mulheres? O que pode um biógrafo contar? e então, em que sentido poderia ser dito que o mundo lucra? A objeção a fazer a essas perguntas é não só que elas ocupam muito espaço, mas também que conduzem a uma incômoda vaguidão mental. Nossa concepção do mundo é a de uma bola redonda, colorida de verde onde há florestas e campos, encrespada de azul onde há mar, e com minúsculos picos puxados para o alto, onde há cadeias de montanhas. Quando nos pedem para imaginar a impressão de *miss* Willatt ou de uma outra a respeito desse objeto, a indagação é respeitosa, mas desanimada. Entretanto, se fosse perda de tempo começar do começo e perguntar por que se escrevem vidas, não seria de todo desprovido de interesse perguntar por que foi escrita a vida de *miss* Willatt, e responder assim à pergunta – quem foi ela?

Miss Linsett, embora encobrisse seus motivos sob frases longas, tinha por trás de si algum impulso mais forte. Quando *miss* Willatt morreu, "após quatorze anos de ininterrupta amizade", *miss* Linsett (se nos for lícito teorizar) sentiu-se muito desassossegada. Parecia-lhe que algo ia perder-se, caso ela não falasse logo. Ao mesmo tempo, sem dúvida, submeteu-se a outras ideias; quão agradável é o mero escrever, quão importantes e irreais as pessoas se tornam por impresso, sendo assim uma vantagem tê-las conhecido; como a própria figura de quem escreve pode decidir que se lhe faça justiça – mas o primeiro sentimento foi o mais genuíno. Quando ela olhou pela janela, na carruagem em que voltava do funeral, sentiu, primeiro, como era estranho e, depois, como era indecoroso que as pessoas continuassem a passar pela rua, umas até assobiando, e todas aparentemente indiferentes. Além disso, naturalmente, ela tinha cartas de "amigos em comum"; o editor de um jornal encomendou-lhe uma apreciação em mil palavras; e por fim ela sugeriu a *mr.* William Willatt que alguém deveria escrever a vida da irmã dele. Ele, que era um advogado, sem experiência literária, não se opunha contudo a que outros escrevessem, desde que não fosse para "demolir as barreiras"; em síntese, *miss* Linsett escreveu o livro que ainda se consegue comprar, com sorte, em Charing Cross Road.

Nada indica, a julgar pelas aparências, que o mundo já tenha feito uso de seu direito de saber sobre *miss* Willatt. Os volumes foram enfiados à força entre as *Belezas da natureza*, de Sturm[1] e o *Manual do cirurgião veterinário* na prateleira de fora, onde encardem com o gás que escapa e a poeira, só podendo as pessoas ler quando o menino deixa. Quase inconscientemente começamos a confundir *miss* Willatt com seus despojos e a condescender um pouco com a mixórdia desses volumes sebentos. Temos de nos repetir que ela de fato viveu em sua época, e seria mais pertinente se pudéssemos vê-la em sua aparência do que afirmar (embora seja verdade) que ela agora está ligeiramente ridícula.

Pois então quem foi *miss* Willatt? É provável que seu nome mal seja conhecido pela atual geração; só por mero acaso haverá alguém que tenha lido algum dos seus livros, que jazem, com os romances em três volumes das décadas de 1860 e 1870, nas prateleiras mais altas de pequenas bibliotecas à beira-mar, onde é preciso uma escada para alcançá-los, e um pano para tirar a poeira.

Ela nasceu em 1823, e era filha de um advogado do País de Gales. Viviam parte do ano perto de Tenby, onde seu pai tinha escritório, e ela debutou num baile dado pelos membros da Loja Maçônica local na Prefeitura, em Pembroke. *Miss* Linsett, embora use trinta e seis páginas para cobrir esses dezessete anos, mal chega a mencioná-los. É verdade que ela nos conta que os Willatts descendiam de um mercador do século XVI que escrevia o seu nome com V; e que Frances Ann, a romancista, tinha dois tios, um dos quais inventou um novo método de lavar ovelhas, enquanto o outro "por muito tempo será lembrado por seus paroquianos. Diz-se que até mesmo os mais pobres usaram alguma peça de luto... em memória do 'bom Pastor'". Mas tudo isso são artifícios de biógrafo – um modo de ir passando o tempo durante essas primeiras páginas frias em que o herói não fará nem dirá nada de muito "característico". Por alguma razão, pouco nos é dito sobre *mrs.* Willatt, filha de *mr.* Josiah Bond, respeitado comerciante de tecidos que, em data posterior, parece ter comprado "um lugar". Ela morreu quando sua única filha estava com 16 anos; teve dois filhos, Frederic, que morreu antes de sua irmã, e William, o advogado, que a ela sobreviveu. Vale a pena talvez dizer tais coisas, embora sejam desagradáveis e ninguém as guarde na lembrança, porque de certa forma elas nos ajudam a acreditar na juventude, a outros respeitos visionária, da nossa heroína. Quando *miss* Linsett é forçada a falar dela, e não dos tios dela, o resultado é este: "Frances, assim, com a idade de 16 anos, foi deixada sem a mãe que a cuidasse. Podemos imaginar como a menina solitária, pois nem mesmo a amável companhia de seu pai e irmãos era capaz de preencher *aquele* lugar [mas nada sabemos de *mrs.* Willatt],[2] procurado por consolo na solidão e, perambulando pelas charnecas e dunas onde os castelos de uma era anterior foram deixados para desabar em ruínas etc. etc.". A contribuição de *mr.* William Willatt é certamente mais objetiva. "Minha irmã era uma menina desajeitada e tímida, muito dada a 'andar no mundo da lua'. Era um gracejo corrente na família que ela um dia entrou no chiqueiro, pensando que fosse a lavanderia, e só descobriu onde se achava depois que Grunter (a velha porca preta) arrancou-lhe o livro das mãos para comer. Com referência a seus hábitos estudiosos, devo dizer que eram sempre muito pronunciados... Posso mencionar o fato de que qualquer ato de desobediência dela era punido eficazmente com o confisco de sua vela de cabeceira, à luz da qual tinha o hábito de ler na cama. Lembro-me, quando garoto, de ver a figura de minha irmã que se espichava para fora da cama, de livro nas mãos, para aproveitar a nesga de luz que entrava pela porta, vinda do quarto ao lado onde nossa ama estava costurando. Foi desse modo que ela leu toda *A história da Igreja* de Bright,[3] sempre um de seus livros prediletos. Mas temo que nem sempre tenhamos tratado seus estudos com respeito... Em geral não a achavam bonita, embora tivesse (na data de que falo) um braço quase perfeito." No tocante a esta última observação, que é importante, podemos consultar a aparência que um artista local atribuiu a *miss* Willatt aos 17 anos. Nem é preciso muita profundidade para afirmar não ser um rosto capaz de causar agrado nos salões da Prefeitura de Pembroke em 1840. Uma trança pesada (que o artista fez brilhar) enrola-se em sua testa; os olhos, embora grandes, são pouco proeminentes; os lábios são grossos, sem que sejam sensuais; e o traço que, quando seu rosto era comparado ao de amigas, em geral lhe dava coragem, era o nariz; talvez alguém tivesse dito, e ela ouvido, que era um belo nariz – para uma mulher, um nariz audacioso; seus retratos, seja como for, com apenas uma exceção, são todos de perfil.

Podemos imaginar (apropriando-nos da útil frase de *miss* Linsett) que aquela "menina desajeitada e tímida muito dada a andar no mundo da lua", que entrava pelos chiqueiros e lia história em vez de ficção, não tenha gostado do seu primeiro baile. As palavras de seus irmãos evidentemente sintetizam o que estava no ar, quando voltaram para casa. Ela encontrara um ângulo, no grande salão de baile, onde pôde esconder pela metade sua larga figura, e ali ficou à espera de que a convidassem para dançar. Fixou os olhos nas grinaldas que adornavam os braços da cidade e tentou imaginar que ela estava sentada numa pedra, cheia de abelhas que zumbiam em torno; considerou que ali talvez não haveria ninguém que soubesse tanto quanto ela o que queria dizer o Voto de Uniformidade; depois pensou como em sessenta anos, ou talvez menos, os vermes já teriam comido todos eles; perguntou-se ainda se de alguma forma, antes desse dia, os homens que agora estavam dançando não teriam razão de respeitá-la. Escreveu a *miss* Ellen Buckle, a quem são endereçadas todas as suas cartas mais antigas, que "a decepção se mistura aos nossos prazeres, e ainda bem, para não nos esquecermos etc. etc.". Entretanto, é bem provável que, dentre toda a sociedade que dançou nos salões da Prefeitura e hoje é pasto dos vermes, *miss* Willatt teria sido a melhor para conversar, mesmo que não se quisesse dançar com ela. Seu rosto é pesado, mas inteligente.

Tal impressão é, no todo, confirmada por suas cartas. "São dez horas agora, e subi para me pôr na cama; mas primeiro vou escrever para você... Foi um dia difícil, mas creio que não foi improdutivo. Ah, minha querida amiga, você que *é* a mais querida, como eu suportaria os segredos da minha alma e o peso do que o poeta chama este 'mundo ininteligível'[4] sem você com quem os compartilho?" É preciso deixar de lado uma grande parte de cumprimentos batidos para se entrar um pouco mais na mente de *miss* Willatt. Até fazer 18 anos, mais ou menos, ela não se dera conta de que tinha alguma relação com o mundo; com a autoconsciência veio a necessidade de resolver a questão e, consequentemente, uma terrível depressão. Sem mais informações além das que nos dá *miss* Willatt, não podemos senão supor como terá ela chegado às suas concepções de natureza humana e de certo e errado. Nos livros de história, adquiriu uma noção geral de orgulho, avareza e intolerância; nos romances de Waverley,[5] leu sobre o amor. Essas ideias a incomodavam vagamente. Em livros religiosos que lhe foram emprestados por *miss* Buckle, ela aprendeu, com alívio, que é possível alguém escapar deste mundo, conquistando ao mesmo tempo alegria eterna. Nunca haveria santa maior do que ela, graças ao simples estratagema de indagar, antes de falar ou de agir, isso está certo? O mundo então andava mesmo horroroso, pois quanto mais o achava feio, mais virtuosa ela se tornava. "A Morte mora nesta casa e o Inferno se abriu diante dela", escreveu ela ao ter passado, certa noite, por uma sala de janelas vermelhas dentro da qual ouviu vozes de dançarinos; mas as sensações com as quais escreveu não eram dolorosas de todo. Sua seriedade no entanto a protegia apenas em parte, deixando espaço a inumeráveis tormentos. "Serei eu a única mancha na face da natureza?", perguntou-se em maio de 1841. "Os pássaros gorjeiam perto das minhas janelas, os próprios insetos deitam fora os refugos do inverno." Ela era a única a estar "pesada como pão sem fermento". Uma terrível consciência a possuía, e ela escreve a *miss* Buckle como se observasse sua sombra tremendo pelo mundo todo, sob o olhar crítico dos anjos. Sendo uma sombra torta e corcunda que estava inchada de mal, pôs à prova o poder das duas moças para endireitá-la. "O que eu não daria para lhe *ajudar*?", escreve *miss* Buckle. Nossa dificuldade, quando agora lemos, é entender qual era o objetivo delas; pois está claro que imaginavam um estado no qual a alma fica tranquila e em beatitude, sendo perfeito quem o consegue atingir. Seria por beleza que ansiavam? Como nenhuma das duas agora tinha interesse por qualquer outra coisa que não virtude, é possível que um prazer estético disfarçado fizesse parte de sua religião. Quando entravam nesses transes, de qualquer modo, estavam fora de seus ambientes. Mas o único prazer que elas se permitiam sentir era o prazer da submissão.

Aqui, infelizmente, chegamos a um abismo. Ellen Buckle, como era de se esperar, pois ela estava menos desencantada com o mundo do que sua amiga e era mais capaz de jogar seus fardos sobre costas humanas, casou-se com um engenheiro por quem suas dúvidas foram tranquilizadas para sempre. Ao mesmo tempo, Frances teve uma estranha experiência, que é dissimulada por *miss* Linsett, da maneira mais provocante que se possa imaginar, na passagem que segue. "Ninguém que tenha lido o livro (*O crucifixo da vida*) pode duvidar de que o coração que concebeu os sofrimentos de Ethel Eden em sua infeliz ligação sofrera *em si mesmo* algumas das dores tão pungentemente descritas; mas isso é tudo, mais do que isso não podemos dizer." O fato mais interessante da vida de *miss* Willatt, devido à nervosa pudicícia e às enfadonhas convenções literárias de sua amiga, é assim um vazio. Naturalmente, acreditamos que ela amou, que teve esperanças e que as viu desfeitas, mas o que aconteceu e o que ela sentiu nós só podemos supor. Suas cartas dessa época são incuravelmente sem graça, mas isso em parte porque a palavra amor e passagens inteiras por ela poluídas foram reduzidas a asteriscos. Não se fala mais de indignidade e de "Oh, como eu me consideraria abençoada, se um refúgio deste mundo encontrasse"; a morte some de vez; ela parece ter entrado no segundo estágio de seu desenvolvimento, quando, teorias absorvidas ou rejeitadas, tentou apenas preservar-se. A morte de seu pai, em 1855, é posta para terminar um capítulo, e a mudança dela para Londres, onde manteve casa para seus irmãos numa Bloomsbury Square, dá início ao seguinte.

A essa altura não se pode mais ignorar o que tantas vezes já foi insinuado; é claro que convém abandonar de vez *miss* Linsett, ou tomar com seu texto as maiores liberdades. Frases como "um breve esboço da história de Bloomsbury pode não ser inoportuno", descrições de sociedades caritativas e seus heróis, um capítulo sobre visitas reais ao hospital, o elogio a Florence Nightingale na Crimeia, vemos apenas uma estátua de cera, como se fosse de *miss* Willatt preservada em vidro. Já estamos quase a ponto de fechar para sempre o livro, quando uma reflexão pede pausa; toda a questão, afinal de contas, é de absoluta estranheza. Parece incrível que seres humanos pensem que tais coisas de cada qual são verdade e, não sendo assim, que se deem o trabalho de dizê-las. "Ela era justamente estimada por sua benevolência e sua estrita retidão de caráter, o que porém nunca a tornou censurada por dureza de coração... Gostava de crianças, de animais e da primavera, e Wordsworth estava entre os seus 'poetas de cabeceira'... Embora sentisse a sua (de seu pai) morte com uma ternura de filha devotada, ela não deu vez a lamentações inúteis e portanto egoístas. Os pobres, poder-se-ia dizer, ocuparam para ela o lugar de seus próprios filhos." Destacar tais frases é um modo fácil de satirizá-las, mas não há como a invariável lengalenga do livro, no qual estão embutidas, não levar à ideia de sátira; é o fato de *miss* Linsett acreditar nessas coisas, e não o absurdo delas, que nos desalenta. Ela acreditava, fosse como fosse, que se deviam admirar tais virtudes e atribuí-las aos amigos, quer no interesse deles, quer no nosso; lê-la por conseguinte é deixar o mundo à luz do dia e entrar num quarto fechado, adornado com pelúcia cor de clarete e ilustrado com textos. Seria interessante descobrir o que inspirou essa curiosa visão da vida humana, mas já há dificuldade bastante em livrar *miss* Willatt dos disfarces de seus amigos sem investigar onde ela os terá encontrado. Felizmente há indícios de que *miss* Willatt não era o que parecia ser. Indícios que emanam das notas, das suas cartas e, com mais clareza ainda, dos seus retratos. A visão desse rosto largo e egoísta, com testa de bem-dotada e o olhar ríspido porém inteligente, desabona todas as banalidades da página ao lado; bem que ela dá mesmo a impressão de ter decepcionado *miss* Linsett.

Quando seu pai morreu (tendo sempre antipatizado com ele), ela se animou e decidiu ir buscar raio de ação para as "grandes forças de que estava consciente" em Londres. Vivendo num bairro pobre, a óbvia profissão para uma mulher, naqueles dias, era fazer o bem; e *miss* Willatt se devotou a isso, a princípio, com exemplar vigor. Por não ser casada, colocou a si mesma para representar o lado não sentimental da comunidade; se outras mulheres punham crianças no mundo, ela faria alguma coisa pela saúde delas. Tinha o hábito de verificar que progresso espiritual faziam, registrando suas avaliações nas páginas em branco no fim do seu diário, onde se nota seu peso e altura, bem como o número de seu relógio; e com frequência ela tem de repreender seu "espírito instável que está sempre tentando me distrair e pergunta: para onde?". Talvez então ela não estivesse tão contente assim com sua filantropia quanto *miss* Linsett gostaria que acreditássemos. "Sei o que é felicidade?", ela se pergunta em 1859, com rara franqueza, e responde após refletir: "Não". Imaginá-la pois como a mulher polida e sóbria que é pintada por sua amiga, exausta de fazer o bem mas com fé inabalável, em nada corresponde à verdade; pelo contrário, era uma mulher inquieta e descontente, buscando mais sua própria felicidade que a dos outros. Foi então que ela se decidiu pela literatura, tomando da pena, aos 36 anos de idade, mais para justificar seu complicado estado espiritual do que para dizer o que devia ser dito. Está claro que seu estado era complicado, ainda que hesitemos, distantes como estamos, em defini-lo. Seja como for, ela descobriu que não tinha "vocação" para a filantropia, e disse isso ao reverendo R. S. Rogers numa entrevista "que foi penosa e perturbadora para todos dois", em 14 de fevereiro de 1856. Mas, ao reconhecer isso, ela admitiu não ter certas virtudes, sendo necessário provar, pelo menos a si mesma, que tinha outras. Afinal, basta sentar de olhos abertos para ter o cérebro cheio, e alguém, quando o esvazia, pode talvez dar com algo que ilumine. George Eliot e Charlotte Brontë devem dividir entre elas a paternidade de muitos romances desse período, pois revelaram o segredo de que o precioso recheio de que os livros são feitos está em derredor, nas salas de visitas e cozinhas onde as mulheres vivem, e se acumula ao tique-taque do relógio.

Miss Willatt adotou a teoria de que não é necessário treinamento, mas julgou imoral descrever o que tinha visto, e assim, em vez de um retrato dos seus irmãos (e um deles teve uma vida aventurosa) ou uma memória do pai (pelos quais lhe ficaríamos gratos), ela inventou amantes árabes e colocou-os nas margens do Orinoco. Fê-los viver numa comunidade ideal, pois gostava de estabelecer leis, e o cenário era tropical, onde se obtêm efeitos mais rápidos do que aqui na Inglaterra. Era capaz de escrever páginas sobre "montanhas que se assemelhavam a muralhas de nuvem, a não ser pelas ravinas fundas e azuis que lhes rasgavam os flancos, e as cascatas diamantinas que caíam brilhando, ora em dourado, ora em púrpura, quando entravam na sombra dos pinheirais, passando depois ao sol para perder-se na miríade de arroios pelo pasto matizado de flores em sua base". Porém, quando ela tinha de encarar seus amantes e a conversa das mulheres nas tendas, ao crepúsculo, na hora em que as cabras vêm para ser ordenhadas, e a sabedoria de "um velho que tinha visto muitos nascimentos e mortes para alegrar-se com uns ou lamentar-se por outras", ela então gaguejava e corava perceptivelmente. Não podia dizer "Eu amo você", mas usava "lhe" e "vós", o que, em seu formalismo, parecia dar a entender que ela não se comprometia. A mesma autoconsciência fez com que lhe fosse impossível pensar-se como o árabe ou a noiva dele, ou qualquer um de fato, exceto a voz portentosa que unia os diálogos e explicava como as mesmas tentações nos assaltam, seja sob estrelas tropicais, seja embaixo dos umbrosos olmos da Inglaterra.

Por tais razões o livro agora mal suporta uma leitura na íntegra, e *miss* Willatt também tinha seus escrúpulos sobre escrever bem. Havia algo de esperteza, pensava ela, na escolha de nossas expressões; a maneira mais direta de escrever era a melhor, dizendo tudo que estiver na cabeça, como uma criança no colo de sua mãe, e confiando que, em recompensa, algum sentido virá a ser incluído. Não obstante, o livro dela teve duas edições, comparando-o um crítico aos romances de George Eliot, salvo o tom, que era "mais satisfatório", e proclamando outro que era "obra de *miss* Martineau[6] ou do Diabo".

Se *miss* Linsett ainda estivesse viva (ela porém morreu na Austrália, há alguns anos), daria vontade de perguntar-lhe por qual sistema ela dividiu em capítulos a vida de sua amiga. Eles parecem, quando possível, depender de mudanças de endereço, e confirmam-nos em nossa crença de que *miss* Linsett não teve outro guia além do caráter de *miss* Willatt. A grande mudança, sem dúvida, ocorreu após a publicação de *Lindamara: uma fantasia*. Quando *miss* Willatt viveu sua memorável "cena" com *mr.* Rogers, ficou tão agitada que deu duas voltas ao redor de Bedford Square, com lágrimas colando o véu em seu rosto. Parecia-lhe que toda aquela conversa sobre filantropia era um grande disparate, não dando à pessoa, como ela disse, a oportunidade de "uma vida individual". Teve ideias de emigrar e de fundar uma sociedade, na qual se viu, quando acabava de dar sua segunda volta, de cabelos brancos, a ler sábias palavras de um livro para um círculo de diligentes discípulos, que eram muito parecidos com as pessoas que ela conhecia, mas que a chamavam por um nome que era um eufemismo para "Mãe". Há passagens em *Lindamara* que insinuam isso e que aludem sutilmente a *mr.* Rogers – "o homem do qual a sabedoria se ausentou". Ela porém era indolente, e um elogio a fez plausível; tinha vindo da pessoa errada. O melhor de sua escrita – pois mergulhamos em vários livros, e os resultados parecem conformar-se à nossa teoria – foi feito para justificar-se, mas ela, tendo realizado isso, logo se pôs a profetizar para outros, atardando-se em regiões vagas com grande dano para seu sistema. Engordou enormemente, "um sintoma de doença", segundo *miss* Linsett, que adorava esse tema lúgubre – e para nós um sintoma das reuniões para o chá em sua sala de visitas pequena e quente, com papel estampado na parede e conversas íntimas sobre "a Alma". Tornou-se "a Alma" seu rincão, e ela abandonou as planícies sulinas por um estranho país envolto numa eterna penumbra, onde existem qualidades sem corpos. Assim, achando-se *miss* Linsett, na ocasião, em grande abatimento quanto à vida, "a morte de um parente adorado privara-me de toda minha esperança terrena", foi visitar *miss* Willatt; deixou-a enrubescida e trêmula, mas convencida de que ela sabia um segredo que explicava tudo. *Miss* Willatt era inteligente demais para crer que qualquer um pudesse responder qualquer coisa; mas a visão dessas mulheres estranhas, miúdas, trêmulas, que erguiam os olhos para ela, preparadas para um carinho ou uma surra, como cachorrinhas, apelava a uma massa de emoções, nem todas más. O que tais mulheres queriam, a seu ver, era que lhes dissessem que elas eram parte de um todo, como uma mosca numa jarra de leite busca o suporte de uma colher. Além disso ela sabia que, para trabalhar, é preciso ter um motivo; era suficientemente forte para convencer; e o poder, que deveria ter tido enquanto mãe, era bem de seu agrado, mesmo que lhe viesse por meios ilegítimos. Outro de seus dons, sem o qual os restantes seriam inúteis, eram os voos na obscuridade que podia dar. Às pessoas, após dizer-lhes o que fazer, dava a princípio num sussurro, depois numa voz cavernosa que tremia, algumas místicas razões por quê. Só espiando, por assim dizer, pela beira do mundo, ela era capaz de descobri-las; e, para começar, honestamente tentou dizer não mais do que viu. A situação atual, que nos deixa imobilizados como alvo para flechas de pigmeus, parecia-lhe quase sempre sombria e, às vezes, intolerável. Era de uma corrente de ar, vaga e doce como o clorofórmio, que confundisse os contornos e fizesse a vida diária dançar diante dos olhos com nesgas de uma vista além, que eles estavam precisando e ela podia dar-lhes, dotada que fora, para isso, pela natureza. "A vida foi uma dura escola", disse ela. "Como a suportaríamos, se não fosse..." e veio então uma rapsódia sobre flores e árvores e peixes no fundo e uma eterna harmonia, com a cabeça jogada para trás e os olhos semicerrados, para que ela visse melhor. "Achávamos às vezes que tínhamos uma sibila entre nós", escreve *miss* Haig; e, se as sibilas forem apenas semi-inspiradas, conscientes da doidice dos seus discípulos, se tiverem pena deles, se se envaidecerem com seus aplausos e se em seus próprios cérebros a confusão for total, tudo isso junto, então *miss* Willatt também era uma sibila. Porém a parte mais surpreendente do quadro é a malograda visão que ele propõe do estado espiritual de Bloomsbury nessa época – quando *miss* Willatt ruminava em Woburn Square como uma aranha empanturrada no centro de sua teia, ao longo de cujos fios vinham correndo mulheres infelizes, criaturas frágeis, que nem galinhas, com medo do sol e das carroças e do mundo horroroso e ansiosas para esconder-se de todo o panorama na sombra das saias de *miss* Willatt. Os Andrews, os Spaldings, o jovem *mr.* Charles Jenkinson, "que depois nos deixou", *lady* Battersby, tão idosa e que sofria de gota, *miss* Cecily Haig, Ebenezer Umphelby, que entendia mais de besouros que qualquer outro na Europa – todas essas pessoas que vinham para o chá e depois ficavam para a ceia de domingo e as conversas, voltavam então à vida, tentando-nos, de um modo quase insuportável, a saber mais sobre elas. Que aparência tinham, e o que faziam, o que queriam de *miss* Willatt e o que pensavam, em particular, a seu respeito? Porém nós nunca saberemos, nunca ouviremos falar deles de novo. Todos baixaram irremediavelmente à terra.

Na verdade só nos resta espaço para dar a essência do último e longo capítulo, intitulado por *miss* Linsett de "Consumação". É, por certo, um dos mais estranhos. *Miss* Linsett, sobre quem a ideia de morte exerce um poderoso fascínio, arrulha e apura-se ante sua presença, mal conseguindo levar-se a pôr seu ponto final. É mais fácil escrever sobre a morte, que é comum, do que sobre uma vida única; há declarações genéricas que gostamos de usar de vez em quando, como que para nós mesmos, como há algo em dizer adeus a uma pessoa que conduz a modos gentis e a sensações agradáveis. Ademais, *miss* Linsett tinha uma natural desconfiança da vida, que era ruidosa e vulgar e nunca a tratara muito bem, aproveitando todas as oportunidades para provar que os seres humanos morrem, como se estivesse ralhando com um escolar de maus modos. Quem quisesse poderia dar mais detalhes desses últimos meses da vida de *miss* Willatt do que de quaisquer outros transcorridos antes. Sabemos exatamente do que foi que ela morreu. A narrativa, a cada palavra sendo saboreada, reduz seu ritmo a um passo funéreo; mais é a pouco mais do que isso, na verdade, que chega. *Miss* Willatt tinha sofrido de uma dor interna por anos, só a mencionando porém às amigas íntimas. Aí, no outono de 1884, ela pegou um resfriado. "Foi o começo do fim, e a partir dessa data tivemos pouca esperança." Disseram-lhe, certa vez, que ela estava morrendo. Mas ela "parecia absorta numa esteira que tecia para o seu sobrinho". Quando caiu de cama, não pedia para ver ninguém, a não ser sua velha criada Emma Grice, que já estava com ela há trinta anos. Finalmente, na noite de 18 de outubro, "uma borrascosa noite de outono, com nuvens velozes e pancadas de chuva", *miss* Linsett foi chamada para dizer adeus. Meio na sombra, a cabeça de *miss* Willatt, que jazia de costas e de olhos fechados, parecia "muito grande". Assim ela ficou toda a noite, sem falar, sem abrir os olhos, sem se mexer. Uma vez levantou a mão esquerda, "na qual usava o anel de casamento de sua mãe", e deixou-a cair de novo; esperando algo mais, mas sem saber o que ela queria, ninguém fez nada, e meia hora depois a coberta da cama estava imóvel e todos saíram devagar de seus cantos, vendo que ela estava morta.

Depois de ler esta cena, com seu acompanhamento de inapropriados detalhes, seus floreios casuais incitando a um clímax – como ela mudou de cor, como esfregaram água-de-colônia na sua testa, como *mr.* Sully veio e depois se foi, como houve umas batidas furtivas na janela, a pálida luz que entrou no quarto ao raiar da aurora, como os pardais se alvoroçavam e as carroças começaram a chacoalhar pela praça em direção ao mercado –, vê-se que *miss* Linsett gostava da morte porque ela lhe dava uma emoção e a fazia sentir as coisas, por ora, como se significassem algo. No momento ela adorava *miss* Willatt; a morte de *miss* Willatt, no momento seguinte, a fez ainda mais feliz. Foi um fim não perturbado pelo acaso de um novo começo. Porém depois, quando ela foi para casa e tomou seu desjejum, sentiu-se sozinha, pois elas tinham o hábito, aos domingos, de irem juntas a Kew Gardens.

1917 – 1921

A marca na parede

Foi talvez em meados de janeiro deste ano que olhei pela primeira vez para cima e vi a marca na parede. Para fixar uma data é preciso lembrar o que se viu. Por isso eu penso agora no fogo; no inalterável véu de luz amarela sobre a página do meu livro; nos três crisântemos na jarra de vidro redonda na lareira. Sim, deve ter sido no inverno, e tínhamos acabado de terminar nosso chá, pois lembro que eu estava fumando quando olhei para cima e vi a marca na parede pela primeira vez. Olhei para cima, através da fumaça do cigarro, e meu olhar foi alojar-se por um momento nas brasas, e aquela velha fantasia da bandeira carmesim tremulando na torre de um castelo me veio à mente, e pensei no cortejo de cavaleiros vermelhos subindo pelo penhasco negro. Mas, para meu alívio, a fantasia foi interrompida pela visão da marca, porque é uma fantasia antiga, uma fantasia automática, constituída talvez na infância. A marca, negra na parede branca, era pequena e arredondada, a uns quinze centímetros acima do parapeito da lareira.

Quão de pronto nossos pensamentos se atiram a um novo objeto, erguendo-o por um pouco, assim como formigas que carregam febrilmente uma lasca de palha e depois a abandonam... Se a marca fosse de prego, não devia ter sido para quadro, só podia ser para miniatura – a miniatura de uma dama de cachos empoados de branco, faces empoadas de creme e lábios como cravos vermelhos. Uma fraude decerto, pois as pessoas que moraram nesta casa antes de nós teriam escolhido quadros assim – para um cômodo antigo, um quadro antigo. Eis o tipo de pessoas que eram – pessoas muito interessantes, e é tão frequente eu pensar nelas, nesses lugares tão estranhos, porque nunca voltaremos a vê-las, nunca saberemos o que aconteceu a seguir. Pretendiam sair desta casa porque queriam mudar o estilo dos móveis, assim disse ele, e estava em processo de dizer que em sua opinião a arte deveria ter ideias por trás quando fomos separados à força, como somos separados da velha senhora que está para servir o chá e do jovem que está para atingir a bola de tênis no quintal da casa suburbana quando passamos de trem.

Mas, quanto à marca, não estou certa; não creio, afinal, que tenha sido feita por um prego; é muito grande e redonda para ser de prego. Eu poderia levantar-me, mas se o fizesse, para a olhar, é quase certo que não saberia dizer exatamente o que é; porque, uma vez feita uma coisa, ninguém nunca sabe como aconteceu. Oh, meu Deus, o mistério da vida! A inexatidão do pensamento! A ignorância da humanidade! Para mostrar como é pouquíssimo o controle que temos sobre nossas posses – sendo questão acidental que este modo de vida seja afinal nossa civilização –, deixem-me enumerar apenas algumas das coisas perdidas em nosso tempo de vida, a começar por – que gato iria comer, que rato iria roer? – três caixas azuis de ferramentas para encadernação de livros, que sempre pareceu a mais misteriosa das perdas. Depois houve as gaiolas de pássaros, os aros de ferro, os patins de aço, a caixa de carvão Queen Anne, o quadro de bugigangas, o realejo – tudo se foi, e também joias. Opalas e esmeraldas jazem em torno das raízes de nabos. Como é preciso aparar e raspar para ter certeza! Espanta é que eu tenha roupas no corpo, que me sente rodeada, neste momento, de móveis sólidos. Porque, se quisermos comparar a vida a alguma coisa, temos de equipará-la a ser levada pelo metrô a oitenta quilômetros por hora – desembarcando no outro extremo sem um único grampo no cabelo! Lançada totalmente nua aos pés de Deus! De pernas para o ar nas campinas de asfódelos como embrulhos de papel pardo jogados, no correio, pela calha abaixo!

Com o cabelo voando para trás como o rabo de um cavalo de corrida. Sim, isso parece expressar a rapidez da vida, o gasto perpétuo e a perpétua recuperação; e tão por acaso, tão a esmo...

Mas após a vida. A queda lenta dos pedúnculos verdes e grossos para que o cálice da flor, à medida que vira, banhe-nos de luz vermelha e púrpura. Por que, afinal, não se há de nascer lá como se nasce aqui, sem defesa e sem fala, incapaz de focar os olhos, agarrando-se às raízes da grama, aos pés dos Gigantes? Quanto a dizer o que são árvores, o que são homens e mulheres, ou se existem tais coisas, isso não estaremos em condições de fazer por cinquenta anos ou mais. Não haverá nada a não ser espaços de luz e escuridão, cruzados por pedúnculos grossos, e talvez bem altos, traços em forma de roseta de uma cor indistinta – rosas pálidos e azuis – que se tornarão, com o passar do tempo, mais definidos, mais – não sei o quê...

E no entanto a marca na parede nem chega a ser um buraco. Pode até ter sido causada por alguma coisa arredondada e preta, como uma folhinha de roseira deixada pelo verão, e não sendo eu uma dona de casa muito atenta – vejam só, por exemplo, quanta poeira em cima da lareira, a poeira que, pelo que dizem, cobriu Troia por três vezes, apenas fragmentos de vasos negando-se obstinadamente à aniquilação, como se pode crer.[1]

A árvore perto da janela bate de leve na vidraça... Quero pensar com calma, em paz, espaçosamente, nunca ser interrompida, nunca ter de me levantar da cadeira, deslizar à vontade de uma coisa para outra, sem nenhuma sensação de hostilidade, nem obstáculo. Quero mergulhar cada vez mais fundo, longe da superfície, com seus fatos isolados, indisputáveis. Firmar-me bem, deixar-me agarrar a primeira ideia que passa... Shakespeare... Bem, tanto faz ele ou outro. Um homem que solidamente sentou-se numa poltrona e olhou para o fogo e assim... Uma chuva de ideias caiu perpetuamente de algum Céu muito alto para atingir sua mente. Ele, abaixando a cabeça, apoiou a testa na mão, e os outros, olhando pela porta aberta – pois supõe-se que esta cena aconteça numa noite de verão... Mas como é enfadonha esta ficção histórica! Não me interessa em nada. Bem que eu gostaria de dar com uma linha de pensamento agradável, uma linha que indiretamente refletisse crédito em mim, pois tais são os pensamentos mais agradáveis e muito frequentes até mesmo nas mentes de modestas pessoas cor de rato, que sinceramente acreditam que não gostam de receber elogios. Não são pensamentos diretamente autoelogiosos; e essa é que é a sua beleza; são pensamentos como este:

"E então entrei na sala. Eles estavam falando de botânica. Falei da flor que eu tinha visto crescendo num monte de lixo no quintal de uma casa velha em Kingsway. A semente, disse, deve ter sido plantada no reinado de Carlos I. Que flores ocorriam no reinado de Carlos I?", perguntei – (mas não me lembro da resposta). Flores altas com pendões roxos talvez. E por aí vai. O tempo todo estou vestindo a figura de mim mesma em minha própria mente, em namoro furtivo, não a adorando abertamente, pois, se o fizesse, eu deveria considerar-me em erro e esticar a mão de imediato para em autoproteção apanhar um livro. É curioso como instintivamente protegemos nossa própria imagem de idolatria ou de qualquer manipulação que a possa tornar ridícula, ou diferente demais do original para que ainda acreditem nela. Ou isso não é, afinal de contas, tão curioso assim? É uma questão de grande importância. Suponha-se que o espelho se despedace, que a imagem desapareça e que a figura romântica com o fundo verde da floresta a envolvê-la não esteja mais lá, mas apenas aquilo, a casca de uma pessoa que é vista por outras – que mundo raso, árido, proeminente e sem ar ela se torna! Não um mundo no qual viver. Quando nos encontramos face a face, nos ônibus e trens subterrâneos, é no espelho que nós estamos olhando; o que explica a vaguidão, o brilho de vidro, em nossos olhos. E os romancistas do futuro dar-se-ão cada vez mais conta da importância dessas reflexões, pois claro está que não há só um, mas sim um número quase infinito de reflexões; são essas profundidades que eles irão explorar, esses os fantasmas que perseguirão, deixando a descrição da realidade cada vez mais fora de suas histórias, já contando com um conhecimento dela, como fizeram os gregos e talvez

Shakespeare – mas essas generalizações são muito inúteis. Basta o timbre militar da palavra, que lembra editoriais, ministros de gabinete – toda uma categoria de coisas que em criança tomávamos pelo que podia haver de mais sério, de mais grave, de mais importante, e das quais não se podia escapar, a não ser sob risco de inominável danação. As generalizações trazem de volta, de alguma forma, o domingo em Londres, os passeios nas tardes de domingo, os almoços de domingo, e também modos de falar de mortos, roupas, hábitos – como o hábito de se sentarem todos juntos numa sala até certa hora, embora ninguém gostasse disso. Havia uma regra para tudo. A regra para toalhas de mesa, nessa época específica, é que deveriam ser feitas em tapeçaria, com pequenos compartimentos amarelos voltados para o lado de cima, como se pode ver em fotografias dos tapetes nos corredores dos palácios reais. As toalhas de outro tipo não eram verdadeiras. Quão chocante, no entanto quão maravilhoso, descobrir que essas coisas verdadeiras, os almoços de domingo, os passeios de domingo, as casas de campo e as toalhas de mesa, não eram afinal tão verdadeiras assim, sendo de fato meio fantasmais, e que a danação que se abatia sobre quem não acreditava nelas era apenas uma impressão de liberdade ilegítima. O que agora toma o lugar dessas coisas, pergunto-me, dessas coisas importantes e sérias? Talvez os homens, caso você seja mulher; o ponto de vista masculino que governa nossas vidas, que fixa o padrão, que estabelece a Ordem de Precedência de Whitaker,[2] a qual desde a guerra se tornou meio fantasma, suponho eu, para muitos homens e mulheres, e que em breve, é lícito esperar, será motivo de riso na lata de lixo para onde vão os fantasmas, os bufês de mogno e as gravuras de Landseer,[3] deuses e demônios, o Inferno e assim por diante, deixando-nos a todos uma impressão intoxicante de liberdade ilegítima – se existe liberdade...

Sob certas luzes essa marca na parede parece na verdade se projetar da parede. Não é perfeitamente circular. Não posso ter certeza, mas parece lançar uma sombra perceptível, sugerindo que, se eu corresse o dedo para baixo, naquela faixa da parede, a um certo ponto ele iria subir e descer por um montículo, liso como os de South Downs, que ou bem são túmulos, segundo dizem, ou bem, acampamentos. Dos dois, eu preferiria que fossem túmulos, desejando a melancolia, como a maioria dos ingleses, e achando natural, ao fim de uma caminhada, pensar nos ossos esticados que há embaixo da terra... Deve haver algum livro sobre isso. Algum antiquário deve ter escavado essas ossadas, dando-lhes depois um nome... Que espécie de homem, pergunto-me, é um antiquário? A maioria é de coronéis reformados, creio eu, guiando grupos de trabalhadores idosos até o cume, examinando torrões e pedras e correspondendo-se com o clero das redondezas, o qual lhes dá, já estando aberto à hora do desjejum, um sentimento de importância, e a comparação de pontas de flechas necessita de longas viagens às cidades da região, necessidade agradável tanto para eles quanto para suas velhas esposas, que querem fazer uma geleia de ameixa, ou uma faxina no escritório, e têm todas as razões para manter essa grande questão de acampamento ou túmulo em suspensão perpétua, enquanto o próprio coronel sente-se satisfatoriamente filosófico ao acumular evidências sobre os dois lados da questão. É verdade que ele finalmente se inclina a crer no acampamento; e, quando se opõem à sua hipótese, redige um panfleto que está a ponto de ler na reunião trimestral da sociedade local quando um infarto o derruba, e seus últimos pensamentos conscientes não se reportam a mulher nem aos filhos, mas ao acampamento e àquela ponta de flecha, que agora está na vitrine do museu da cidade, junto com o pé de uma assassina chinesa, um punhado de pregos elizabetanos, muitos cachimbos de barro Tudor, um fragmento de cerâmica romana e o copo em que Nelson bebeu vinho – provando realmente não sei o quê.

Não, não, nada é provado, nada é sabido. E se eu me levantasse, neste exato momento, e me certificasse de que a marca na parede é na verdade – como devo dizer? – a cabeça de um velho prego gigante, cravado ali há uns duzentos anos e que agora, devido ao paciente atrito causado por muitas gerações de faxineiras, apontou a cabeça por cima das camadas de tinta para dar sua primeira olhada na vida moderna, captando-a numa sala onde as paredes são brancas e a lareira está acesa, o que eu ganharia? Conhecimento? Tema para especulação posterior? Quer em pé, quer sentada sem me mexer, eu sou capaz de pensar. E o que é conhecimento? O que são nossos homens de saber senão descendentes de bruxas e eremitas que se acocoravam em grutas e nas matas preparando suas beberagens de ervas, interrogando musaranhos e anotando a linguagem das estrelas? E quanto menos os respeitamos, à medida que nossas superstições se reduzem e aumenta nosso respeito pela beleza e a saúde mental... Sim, poder-se-ia imaginar um mundo muito agradável. Um tranquilo mundo espaçoso, com flores bem azuis e vermelhas pelos descampados. Um mundo sem professores, sem especialistas, sem zeladores com perfis de polícia, um mundo que se pudesse cortar com o pensamento como um peixe corta a água com suas nadadeiras, roçando em talos de nenúfares que pendem suspensos sobre ninhos de ovos brancos do mar... Como é tranquilo aqui embaixo, enraizado no centro do mundo e olhando para cima pelo acinzentado das águas, com seus repentinos fachos de luz, com seus reflexos – ah, se não fosse o *Almanaque* de Whitaker – se não fosse a Ordem de Precedência!

Tenho de me levantar para ir ver em pessoa o que é realmente esta marca na parede – um prego, uma folha de roseira, uma racha na madeira?

Aqui está mais uma vez a Natureza em seu velho jogo de autopreservação. Esta linha de pensamento, percebe ela, ameaça tornar-se pura perda de energia, ameaça até mesmo colidir com a realidade, pois quem jamais será capaz de pôr um dedo em riste contra a Ordem de Precedência de Whitaker? O arcebispo de Canterbury é seguido pelo presidente da Câmara dos Pares; o presidente da Câmara dos Pares é seguido pelo arcebispo de York. Todo mundo segue alguém, tal é a filosofia de Whitaker; e a grande coisa é saber quem segue quem. Whitaker sabe, e você que se console com isso, como a Natureza aconselha, ao invés de enraivar-se; mas, se você não puder ser consolada, se tiver de estragar esta hora de paz, pense então na marca na parede.

Entendo o jogo da Natureza – sua prontidão para agir como modo de interromper qualquer pensamento que ameace agitar ou causar dor. Daí provém, suponho, nosso leve desprezo pelos homens de ação – homens, presumimos, que não pensam. Seja como for, não faz mal ficar olhando uma marca na parede para pôr um ponto final em nossos desagradáveis pensamentos.

De fato, agora que fixei o olhar nela, sinto que me agarrei a uma tábua de salvação; tenho uma satisfatória noção de realidade que de uma vez por todas transforma os dois arcebispos e o presidente da Câmara dos Pares em meras sombras. Eis aqui alguma coisa concreta, definida. Assim, despertando de um sonho de horror à meia-noite, logo a pessoa acende a luz e se mantém quiescente, adorando o gaveteiro, adorando a solidez, adorando a realidade, adorando o mundo impessoal que é prova de alguma existência que não a sua. É disso que queremos estar seguros... A madeira é uma boa coisa na qual pensar. Vem de uma árvore; e as árvores crescem, e não sabemos como crescem. Por anos e anos elas crescem, sem nos dar nenhuma atenção, em campinas, em florestas e à beira dos rios – coisas nas quais, sem exceção, nós gostamos de pensar. As vacas dão chicotadas com o rabo, à sombra delas, nas tardes quentes; elas pintam tão de verde os rios que, quando um frango-d'água mergulha, esperamos vê-lo com as penas todas verdes, quando volta à tona. Gosto de pensar nos peixes que balançam contra a correnteza como bandeiras ao vento; e nos besouros-d'água que lentamente vão erguendo domos de lama sobre o leito do rio. Gosto de pensar na árvore em si: primeiro na íntima e seca sensação de ser madeira; depois na trituração pela tempestade; depois na lenta, deliciosa penetração de seiva. Gosto de pensar nisso também nas noites de inverno, quando me ergo no campo vazio com as folhas todas dobradas, fechando-me sem nada expor de sensível aos projéteis de ferro que vêm da lua, um mastro nu na terra que não para, ao longo de toda a noite, de rodopiar. O canto dos passarinhos deve soar muito alto e estranho em junho; e que frio devem sentir nos pés os insetos, quando fazem seus laboriosos avanços, subindo pelas rugas da casca, ou tomam sol sobre o toldo verde e fino das folhas, olhando reto para a frente com seus olhos vermelhos, cortados em forma de diamante... Uma a uma as fibras estalam sob a imensa pressão fria da terra e vem então o temporal mais recente e os galhos mais altos, caindo, cravam-se na terra de novo, e fundo. Nem assim a vida acaba; para uma árvore, ainda há um milhão de vidas pacientes e atentas em todo o mundo, em quartos de dormir, em barcos, no assoalho, forrando salas onde homens e mulheres sentam-se depois do chá para fumar seus cigarros. Está cheia de pensamentos tranquilos, de pensamentos felizes, esta árvore. Bem que eu gostaria de pegar cada um deles separadamente – mas alguma coisa está atrapalhando. Onde é que eu estava? De que é mesmo que se tratava? Uma árvore? Um rio? A região dos Downs? O *Almanaque* de Whitaker? Os campos de asfódelos? Não consigo me lembrar de nada. Tudo está se movendo, caindo, deslizando, sumindo... Há uma vasta sublevação da matéria. Alguém está de pé, acima de mim, e diz:

"Vou sair um instante para comprar um jornal."

"Hein?"

"Se bem que nem adianta comprar jornais... Nunca acontece nada. Maldita guerra; que Deus maldiga esta guerra!... Seja como for, não vejo por que tínhamos de ter um caramujo na parede."

Ah, a marca na parede! Era um caramujo.

Kew Gardens

Do canteiro de flores em forma oval erguia-se talvez uma centena de talos que no meio da ascensão se alargavam em folhas em forma de coração ou de língua e se desfraldavam na ponta em pétalas vermelhas ou azuis ou amarelas com manchas de outra cor a marcá-las na superfície; e da obscuridade do colo, vermelha, azul ou amarela, emergia uma haste reta, coberta de pó dourado e ligeiramente rombuda na ponta. As pétalas eram suficientemente volumosas para serem sopradas pela brisa do verão e, quando se moviam, as luzes vermelhas, azuis e amarelas passavam umas sobre as outras, lançando em dois dedos da terra escura por baixo uma pequena mancha de coloração intrincada. Ou bem a luz caía no dorso liso e acinzentado de uma pedrinha, ou bem nas costas de um caracol, sobre sua concha de veios pardos circulares, ou ainda, caindo numa gota de chuva, expandia com tal intensidade de vermelho, azul e amarelo as paredes finas da água, que se esperava que fossem rebentar e sumir. Em vez disso, voltou a gota a receber um segundo cinza-prateado, e a luz foi concentrar-se agora na carne de uma folha, revelando, por baixo da superfície, a esgalhada trama de fibras, e de novo se moveu e estendeu sua iluminação aos vastos espaços verdes sob a abóbada de folhas em forma de coração e de língua. A brisa então soprou ligeiramente mais forte e a cor, sendo esbatida para cima, desapareceu pelo ar, pelos olhos dos homens e mulheres que andavam em julho por Kew Gardens.

As figuras desses homens e mulheres passaram desgarradas pelo canteiro de flores numa movimentação curiosamente irregular, não destituída de semelhança com a das borboletas brancas e azuis que cruzavam o gramado em voos em ziguezague de canteiro em canteiro. O homem ia a uns dois palmos na frente da mulher, vagando distraidamente, enquanto ela se demorava mais concentrada, só virando a cabeça de vez em quando para ver se as crianças não tinham ficado muito para trás. O homem mantinha aquela distância à frente da mulher de propósito, embora talvez inconscientemente, porque queria seguir com seus pensamentos.

"Faz quinze anos que estive aqui com Lily", pensava ele. "Sentamo-nos à beira de um lago por ali e eu, durante toda a tarde quente, pedi que ela se casasse comigo. Em torno de nós, circulando sem parar, um louva-a-deus: que agora eu vejo tão claramente como o sapato dela, com uma fivela quadrada prateada na ponta. O tempo todo em que eu falava, olhava para o sapato e, quando impacientemente ele se mexia, eu sabia sem olhar para cima o que ela iria dizer: toda ela parecia estar no sapato. Já meu amor, meu desejo estavam no louva-a-deus; por alguma razão eu pensava que, se ele pousasse lá, naquela folha, a folha larga com uma flor vermelha no meio, se o louva-a-deus pousasse ali ela iria dizer 'Sim' sem pestanejar. Mas o louva-a-deus voava sem parar, nunca pousou em canto algum – felizmente aliás, porque senão eu não estaria passeando por aqui com Eleanor e as crianças. – Você às vezes pensa no passado, Eleanor?"

"Por que a pergunta, Simon?"

"Porque eu andei pensando no passado. Lembrei de Lily, a mulher com quem eu poderia ter-me casado... Mas por que você ficou tão calada? Importa-lhe que eu pense no passado?"

"Mas por que importaria, Simon? Não pensamos todos nós no passado, num jardim com homens e mulheres sob as árvores? Não são eles o nosso próprio passado, tudo o que resta dele, esses homens e mulheres, esses fantasmas que jazem sob as árvores... nossa felicidade, nossa realidade?"

"Para mim, uma fivela de sapato, quadrada e prateada, e um louva-a-deus..."

"Para mim, um beijo. Imagine seis mocinhas sentadas diante de seus cavaletes, há vinte anos, na beira de um lago, pintando nenúfares, os primeiros nenúfares vermelhos que eu via. E de repente um beijo, bem na minha nuca. Não pude mais pintar, porque fiquei a tarde toda com a mão tremendo. Peguei meu relógio e marquei a hora em que me permitiria pensar no beijo por somente cinco minutos – era tão precioso –, o beijo de uma velha grisalha com uma verruga no nariz, a mãe de todos os meus beijos na vida. Venha, Caroline, venha, Hubert."

Passaram pelo canteiro de flores, andando agora os quatro lado a lado, e logo diminuíram de tamanho entre as árvores, dando a impressão de serem semitransparentes à medida que a luz e sombras boiavam nas suas costas em manchas trêmulas, grandes e irregulares.

No canteiro oval de flores o caracol, cuja concha fora tingida de vermelho, azul e amarelo por mais ou menos dois minutos, parecia mover-se agora muito lentamente na concha, para logo se esforçar sobre fragmentos de terra fofa que se despedaçavam rolando quando ele passava por cima. Dava a impressão de ter pela frente um objetivo definido, diferindo nesse aspecto do singular inseto verde e anguloso que com altas passadas tentou atravessar na sua frente e esperou por um segundo com as antenas tremendo, como que em deliberação, e depois pulou fora na direção oposta, tão rápida e estranhamente como tinha chegado. Íngremes e escuros rochedos com fundos lagos verdes nas cavidades, árvores lisas como lâminas que tremiam das raízes ao topo, pedregulhos redondos acinzentados, vastas superfícies enrugadas de uma rala textura quebradiça – todos esses obstáculos contrapunham-se ao avanço do caracol entre um talo e outro em direção ao seu destino. Antes de ele haver decidido se contornava a tenda arqueada de uma folha seca ou se a peitava, os pés de outros seres humanos passaram também pelo canteiro.

Ambos dessa vez eram homens. E a expressão do mais novo dos dois era de calma talvez inatural; ele erguia os olhos e os fixava com absoluta regularidade à frente enquanto seu companheiro falava e, tão logo o companheiro tinha acabado de falar, olhava para o chão novamente e às vezes abria os lábios, mas só depois de uma longa pausa, e às vezes nem sequer chegava a abri-los. O homem mais velho tinha um método curiosamente irregular e desengonçado de andar, esticando a mão para a frente e jogando a cabeça abruptamente para o alto, mais ou menos à maneira de um impaciente cavalo de carruagem cansado de esperar na frente de uma casa; mas no homem esses gestos eram irresolutos e despropositados. Ele quase não parava de falar; sorria para si mesmo e retomava a conversa, como se aquele seu sorriso tivesse sido uma resposta. Estava falando sobre espíritos – os espíritos dos mortos que, segundo ele, neste exato momento lhe contavam as mais variadas e estranhas coisas sobre suas experiências no Céu.

"O Céu era conhecido pelos antigos como Tessália, William, e agora, com esta guerra, os temas espirituais estão rolando entre as colinas como um trovão." Fez uma pausa, parecia escutar, sorriu, soergueu a cabeça e prosseguiu:

"Trata-se de uma pequena bateria elétrica, com uma capa de borracha para isolar o fio – isolar? – insular? – bem, vamos deixar de lado os detalhes, não adianta entrar em detalhes que não seriam entendidos –, e a maquininha, em suma, fica em qualquer lugar conveniente à cabeceira da cama, digamos, sobre uma mesinha de mogno, de bom gosto. Sendo todos os preparativos corretamente executados por trabalhadores dirigidos por mim, a viúva encosta o ouvido ali e convoca o espírito por sinal, como combinado. Mulheres! Viúvas! Mulheres de preto..."

A essa altura ele deu a impressão de ter avistado ao longe um vestido de mulher que parecia ser, na sombra, de um preto arroxeado. Tirou o chapéu, pôs a mão no coração e, com gestos e murmúrios febris, precipitou-se em seu encalço. Mas William pegou-o pela manga e, para distrair a atenção do velho, apontou com a ponta da bengala para uma flor. Depois de a olhar por um momento, meio confuso, o velho se dobrou e encostou o ouvido nela, como se ouvisse uma voz vindo dali, pois começou a falar sobre as florestas do Uruguai que ele tinha visitado centenas de anos antes em companhia das jovens mais bonitas da Europa. Podia ser ouvido murmurando sobre as florestas do Uruguai cobertas de pétalas brilhantes de rosas tropicais, rouxinóis, praias, sereias e mulheres afogadas no mar, enquanto condescendia em ser levado adiante por William, em cuja face a expressão de estoica paciência tornava-se pouco a pouco mais drástica.

Seguindo-lhe os passos com atenção, a ponto de ficarem ligeiramente intrigadas com seus gestos, vinham duas velhotas da classe média baixa, uma gorda e pesada, a outra lépida e de rosto corado. Como a maioria das pessoas de sua condição, elas eram francamente fascinadas por quaisquer sinais de excentricidade que denunciassem um cérebro em desordem, especialmente entre os ricos; mas estavam muito longe para saber ao certo se eram gestos meramente excêntricos ou autenticamente loucos aqueles. Depois de examinarem em silêncio, por um momento, as costas do velho, e de lançarem uma à outra o mesmo olhar zombeteiro, continuaram elas com a montagem, ambas cheias de energia, de seu muito complicado diálogo:

"Nell, Bert, Lot, Cess, Phil, Pa, ele diz, eu diz, ela diz, eu diz, eu diz, eu diz... "

"Meu Bert, Sis, Bill, Vovô, o velho, açúcar,

Açúcar, farinha, peixe seco, verduras,

Açúcar, açúcar, açúcar."[1]

Pelo padrão de palavras em cascata a mulher pesadona olhou com uma curiosa expressão para as flores que se mantinham na terra, serenas, firmes, erectas. Viu-as como alguém que ao acordar de um sono profundo vê um candelabro de bronze refletindo a luz de um modo estranho e fecha os olhos e volta a abri-los e, vendo o candelabro ali de novo, finalmente acorda de vez e o encara com toda a força que tem. A pesadona se deteve ao lado do canteiro oval de flores e cessou até de fingir que ouvia o que a outra mulher ia dizendo. Ficou ali, deixando que as palavras lhe caíssem por cima, balançando lentamente a parte superior de seu corpo para a frente e para trás, olhando as flores. Sugeriu então que elas sentassem nalgum canto para tomar seu chá.

O caracol a essa altura já havia considerado todas as possíveis maneiras de atingir seu objetivo sem contornar a folha seca nem subir por cima dela. Além do esforço necessário para escalar uma folha, restava-lhe a dúvida se a fina textura que vibrava com estalidos tão alarmantes, quando tocadas só pela ponta de seus chifres, aguentaria seu peso; por isso ele decidiu finalmente se arrastar por baixo dela, pois havia um ponto em que a folha se arqueava bem acima do solo para admiti-lo. Tinha acabado de enfiar a cabeça na abertura e já se estava acostumando, enquanto considerava a altura do telhado, à luz terrosa e fresca que através dele se filtrava, quando vieram duas outras pessoas passando no gramado lá fora. Dessa vez eram ambos jovens, um rapaz e uma moça. Ambos no vigor dos anos, ou mesmo nessa estação que precede o vigor dos anos, antes de as dobras cor-de-rosa e aveludadas da flor se livrarem do seu viscoso invólucro, quando as asas da borboleta, embora já crescidas, mantêm-se imóveis no sol.

"Que sorte que não é sexta-feira", observou ele.

"Por quê? Você acredita em sorte?"

"Na sexta eles cobram meio xelim."

"Mas o que é meio xelim? Isso não vale?"

"Isso o quê? O que você quer dizer com 'isso'"?

"Oh, qualquer coisa – quero dizer –, você sabe o que é que eu quero dizer."

Houve longas pausas entre cada uma dessas observações pronunciadas em vozes inexpressivas e monótonas. De pé na beira do canteiro de flores, o casal se mantinha imóvel, e juntos eles fizeram pressão para enfiar a ponta da sombrinha dela bem fundo na terra mole. Tal ação e o fato de ele ter a mão sobre a dela expressavam de um modo estranho seus respectivos sentimentos, como aquelas palavras curtas e insignificantes expressavam também alguma coisa, palavras com asas curtas para seu corpo tão prenhe de significado, inadequadas para levá-las longe e assim pousando desajeitadamente nos próprios objetos comuns que as circundavam e que a seu tato inexperiente eram tão maciças: mas quem sabe (desse modo pensaram eles, ao espetarem a sombrinha na terra) que precipícios não estão ocultos nelas, ou que encostas de gelo não estão brilhando ao sol do outro lado? Quem sabe? Quem já viu isso antes? Mesmo quando ela se perguntava que tipo de chá poderia ser servido em Kew, sentia ele que alguma coisa assomava por trás de suas palavras e por trás delas se mantinha, vasta e sólida; e muito lentamente a neblina se levantou revelando – oh, meu Deus –, que formas eram aquelas? – mesinhas brancas e também garçonetes que olharam primeiro para ela e depois para ele; e houve uma conta que ele pagaria com uma moeda real de dois xelins, real mesmo, totalmente real, garantia-se ele, pondo os dedos na moeda em seu bolso, real para todo mundo, a não ser para eles dois; aliás para ele já começava a parecer real; e aí – mas, sendo por demais excitante continuar de pé e pensando, ele puxou a sombrinha para fora da terra, com um safanão, e mostrou-se impaciente para achar o lugar em que se tomava chá em companhia dos outros, como os outros.

"Vamos, Trissie; está na hora do chá."

"Onde é que se *toma* chá por aqui?", perguntou ela, com o mais estranho frêmito de animação na voz, olhando vagamente ao redor, deixando-se arrastar e arrastando sua sombrinha pela trilha na grama, virando a cabeça para este lado ou aquele, esquecendo-se completamente do chá, querendo chegar lá embaixo e depois mais baixo ainda, lembrando-se de orquídeas e grous entre flores silvestres, um pagode chinês e uma ave de crista vermelha; e ele sempre a levá-la.

Assim um casal depois do outro passava pelo canteiro de flores, com muito da mesma movimentação irregular e sem objetivo, e era envolvido em camada após camada de vapor verde-azulado, no qual a princípio seus corpos tinham substância e um pouco de cor, embora cor e substância se dissolvessem mais tarde na atmosfera verde-azulada. Que calor fazia! Estava tão quente que até o tordo preferiu ir pular à sombra das flores, com longas pausas entre um movimento e o seguinte, como um passarinho mecânico; em vez de vagarem ao acaso, as borboletas brancas dançaram umas sobre as outras, formando com suas móveis camadas brancas o contorno de uma coluna de mármore despedaçada sobre as flores mais altas; os telhados de vidro da casa das palmeiras brilhava como se todo um mercado cheio de cintilantes sombrinhas verdes tivesse aberto no sol; e no zumbido do aeroplano a voz do céu de verão murmurava sua alma impetuosa. Amarelo e preto, rosa e branco-neve, formas de todas essas cores, homens, mulheres e crianças foram localizadas por um segundo no horizonte e aí, vendo a extensão de amarelo que se abria na grama, eles acenaram e foram à procura de sombra embaixo das árvores, dissolvendo-se como gotas d'água na atmosfera amarela e verde, tingindo-a levemente de vermelho e azul. Parecia que todos os corpos pesados e compactos tinham baixado imóveis no calor e jaziam amontoados no chão, mas suas vozes partiam deles tremulantes como se fossem chamas a espichar-se dos grossos corpos de cera das velas. Vozes, sim, vozes sem palavras, quebrando de repente o silêncio com um contentamento tão profundo, com paixão tão desejosa ou, nas vozes das crianças, com tal frescor de surpresa; quebrando o silêncio? Mas não havia silêncio; o tempo todo os ônibus motorizados viravam suas rodas e mudavam de marcha; como um imenso jogo de caixinhas chinesas, todas em aço trabalhado, dispondo-se incessantemente umas dentro das outras, a cidade murmurava; no topo, vozes gritavam alto e as pétalas de miríades de flores espoucavam suas cores no ar.

Noite de festa

Ah, mas vamos esperar um pouco! – A lua está no alto; o céu, aberto; e lá, erguendo-se numa elevação contra o céu, com árvores por cima, está a terra. As nuvens prateadas e fluidas contemplam ondas do Atlântico. Na esquina da rua, o vento sopra de leve e me levanta o casaco, estendendo-o delicadamente no ar antes de o deixar curvar-se e cair, como o mar que agora engrossa para rebentar nos rochedos e depois se afasta de novo. – A rua está quase vazia; as venezianas das janelas estão fechadas; as vidraças amarelas e vermelhas dos navios lançam por um momento um reflexo sobre o azul flutuante. Doce é o ar da noite. As criadas deixam-se ficar ao redor da caixa de correio ou namoram na sombra da parede onde a árvore derrama sua chuvarada escura de flores. Tal como na casca da macieira as mariposas tremem sugando açúcar pelo longo filamento negro da probóscide. Onde estamos? Que casa pode ser a casa da festa? Todas essas são pouco comunicativas, com suas janelas cor-de-rosa e amarelas. Ah – dobrando a esquina, ali no meio, lá onde a porta está aberta –, espere um momento. Vamos observar as pessoas, uma, duas, três, que se precipitam na luz como as mariposas vão de encontro ao vidro de uma lanterna que ficou no chão da floresta. Eis um táxi que passa depressa para o mesmo local. Dele desce uma dama volumosa e pálida, que entra na casa; um senhor vestido para a noite, em preto e branco, paga ao chofer e a segue, como se ele também estivesse muito apressado. Venha, porque senão nos atrasamos.

Sobre todas as cadeiras há almofadinhas macias; nesgas tênues de gaze enroscam-se por sobre sedas brilhantes; velas vertem chamas periformes nos dois lados do espelho oval; há escovas de fino casco de tartaruga; frascos talhados com lavores de prata. Pode isto ter sempre esta aparência – não é isto a essência – o espírito? Alguma coisa dissolveu meu rosto. Coisa que aliás mal aparece em meio à névoa prateada da luz das velas. Pessoas passam por mim sem me ver. Como têm rostos, as estrelas parecem cintilar em seus rostos, através da rósea coloração da carne. A sala está repleta de figuras vívidas, contudo insubstanciais, que se postam eretas à frente de prateleiras listadas por inumeráveis volumezinhos; cabeças e ombros maculam quinas de molduras quadradas com douração; e a massa de seus corpos, lisos como estátuas de pedra, conglutina-se contra uma coisa cinzenta, tumultuosa, brilhante também, como que tendo água dentro, além das janelas sem cortinas.

"Venha para o canto e vamos conversar."

"Maravilhosos! Maravilhosos seres humanos! Espiritualizados e maravilhosos!"

"Porém eles não existem. Você não está vendo o lago, pela cabeça do Professor? Não está vendo o cisne nadar, pela saia de Mary?"

"Posso imaginar umas rosinhas de fogo espalhadas em torno deles."

"As rosinhas de fogo não são senão como os vaga-lumes que vimos juntos em Florença dispersos pela glicínia, átomos flutuantes de fogo, que vão queimando enquanto voam – queimando, não pensando."

"Queimando, não pensando. E assim todos os livros por trás de nós. Aqui está Shelley – aqui está Blake. Basta jogá-los no ar para ver seus poemas descerem como para-quedas dourados que rodopiam e brilham e vão deixando cair sua chuva de florações em forma de estrelas."

"Quer que eu lhe cite Shelley? 'Vamos! faz escuro no matagal sob a lua...'"[1]

"Espere, espere! Não condense nossa atmosfera tão fina em gotas de chuva salpicando a calçada. Vamos respirar mais um pouco no pó de fogo."

"Vaga-lumes na glicínia."

"Bem cruel, reconheço; mas veja como as grandes floradas surgem diante de nós; vastos candelabros de ouro e roxo fosco pendentes dos céus. Você não sente como a bela douradura nos tinge as coxas, quando entramos, e como as paredes cor de ardósia oscilam pegajosamente sobre nós, quando nos arremessamos, cada vez mais fundo, pelas pétalas, ou então se esticam como tambores?"

"O professor se agiganta sobre nós."

"Diga-nos, Professor..."

"Madame?"

"Em sua opinião é necessário escrever gramáticas? E a pontuação? A questão das vírgulas de Shelley interessa-me profundamente."

"Vamos sentar. Para dizer a verdade abrir janelas após o pôr-do-sol – eu de pé com as minhas costas – conversa todavia agradável – Sua pergunta, sobre as vírgulas de Shelley. Questão de certa importância. Ali, um pouco para a sua direita. A edição da Oxford. Meus óculos! O castigo dos trajes de noite! Não me aventuro a ler... Além do mais vírgulas... O tipo moderno é execrável. Concebido para corresponder à ==exiguidade== moderna; pois eu confesso que encontro pouco de admirável nos modernos."

"Nisso eu concordo inteiramente com o senhor."

"Ah, é? Pois eu temia oposição. Na sua idade, nos seus – trajes."

"Professor, eu encontro pouco de admirável nos antigos. Estes clássicos – Shelley, Keats; Browne; Gibbon; haverá uma página que o senhor possa citar inteira, um parágrafo perfeito, uma frase mesmo que não se possa ver emendada pela pena de Deus ou do homem?"

"Xi, Madame! Sua objeção tem peso, mas falta-lhe sobriedade. Além do mais a sua escolha de nomes... Em que câmara do espírito pode a senhora consorciar Shelley e Gibbon? A não ser de fato pelo ateísmo de ambos – Mas vamos ao ponto. O parágrafo perfeito, a frase perfeita; hum! – minha memória – e depois meus óculos, que eu larguei lá por trás, no parapeito da lareira. Garanto. Mas a sua crítica aplica-se à própria vida."

"Certamente esta noite..."

"A pena do homem, imagino, poderia ter pouco trabalho para reescrever isso. A janela aberta – de pé na corrente de ar – e, permitam-me sussurrá-lo, a conversa destas senhoras, compenetradas e benevolentes, com opiniões exaltadas sobre o destino do negro que está neste momento mourejando sob chicote para extrair borracha para alguns dos nossos amigos envolvidos em amenas conversações aqui. Para desfrutar da perfeição da senhora..."

"Concordo com o senhor. Há que excluir."

"A maior parte de tudo."

"Mas, para demonstrar corretamente isso, temos de descer à raiz das coisas; pois temo que sua crença seja apenas um desses amores-perfeitos que são comprados e plantados para uma noite de festa e de manhã já estão murchos. O senhor mantém a exclusão de Shakespeare?"

"Madame, eu não mantenho nada. Estas senhoras me deixaram fora de mim."

"São mulheres benevolentes, que armaram seu acampamento à margem de um dos riachos tributários de onde, colhendo ali caniços para flechas e mergulhando-os bem em veneno, com o cabelo entrançado e a pele pintada de amarelo, elas saem de vez em quando para plantá-los nos flancos do conforto; tais são as mulheres benevolentes."

"Os dardos que elas atiram ardem. Isso, somado ao reumatismo..."

"O professor já se foi? Coitado do velho!"

"Mas, na idade dele, como ainda poderia ter o que, na nossa, nós já estamos perdendo? Quero dizer..."

"O quê?"

"Você não se lembra, bem na infância, quando, em conversa ou brincadeira, se a gente pisava no atoleiro ou alcançava uma janela ao cair, uma espécie de choque imperceptível congelava o universo numa sólida bola de cristal que se tinha um instante em mãos? Tenho certa crença mística de que todo o tempo passado e o futuro também, as lágrimas e cinzas das gerações, coagularam-se numa bola; éramos então absolutos e inteiros; nada então era excluído; e uma coisa era certa – felicidade. Mais tarde porém, quando a gente os segura, esses globos de cristal se dissolvem: há alguém falando sobre negros. Vê no que dá tentar dizer o que se tem em mente? Em contrassenso."

"Precisamente. Porém que coisa triste é o bom senso! Que vasta renúncia ele representa! Ouça um instante. Distinga uma das vozes. Agora. 'Tão frio deve parecer depois da Índia. Sete anos também. Mas o hábito é tudo.' Isso é bom senso. É acordo tácito. Todos fixaram os olhos em alguma coisa visível para cada um. Não tentam mais olhar para a centelha de luz, a pequena sombra roxa que pode ser terra fértil no horizonte, ou apenas um brilho esvoaçante na água. É tudo compromisso – tudo segurança, o modo mais comum de relações entre seres humanos. Por isso não descobrimos nada; nós paramos de explorar; paramos de acreditar que há alguma coisa para descobrir. 'Contrassenso', você diz; querendo dizer que eu não verei seu globo de cristal; e me envergonho um pouco de o tentar."

"A fala é uma rede velha e rasgada, pela qual os peixes escapam quando é jogada neles. O silêncio talvez seja melhor. Venha até a janela, vamos tentar."

"Coisa estranha é o silêncio. A mente se torna como uma noite sem estrelas; mas de repente um meteoro desliza, esplêndido, atravessando a escuridão, e se extingue. Por essa diversão, nunca dizemos suficientemente obrigado."

"Ah, somos uma raça ingrata! Quando olho para minha mão no peitoril da janela e penso no prazer que ela já me deu, como tocou em seda e cerâmica, em paredes quentes, como se espalmou na grama úmida ou banhada de sol, deixou o Atlântico esguichar por seus dedos, apoderou-se de jacintos e narcisos, colheu ameixas maduras, nunca por um segundo desde que eu nasci deixou de me falar de quente e frio, molhado ou seco, espanta-me que eu use esta maravilhosa composição de carne e nervos para escrever invectivas à vida. No entanto é isso o que fazemos. Pense bem a esse respeito, a literatura é o registro do nosso descontentamento."

"Nossa insígnia de superioridade; nossa ambição de honrarias. Você há de admitir que gosta mais das pessoas descontentes."

"Gosto do som melancólico do mar distante."

"Que história é essa de falar de melancolia em minha festa? É claro que, se vocês ficarem cochichando num canto... Mas venham e deixem-me apresentá-las. Este é *mr.* Nevill, que aprecia seus escritos."

"Nesse caso – boa noite."

"Nalgum lugar, esqueci o nome do jornal – qualquer coisa de sua autoria – esqueço agora o título do artigo – ou era um conto? Você escreve contos? Não é poesia que você escreve? São tantos os amigos da gente, e depois todo dia está saindo alguma coisa que... que..."

"Que a gente não lê."

"Bem, para ser honesto, por desagradável que possa parecer, ocupado como estou o dia todo com assuntos de natureza odiosa, ou melhor, fatigante – o tempo que eu tenho para a literatura eu dedico a..."

"Aos mortos."

"Detecto ironia na sua correção."[2]

"Inveja, não ironia. A morte é da maior importância. Como os franceses, os mortos escrevem muito bem, e, por alguma razão, podemos respeitá-los e sentir, enquanto iguais, que são mais velhos e sábios, como nossos pais; o relacionamento entre vivos e mortos é certamente dos mais nobres."

"Ah, se você pensa assim, vamos falar dos mortos. Lamb, Sófocles, de Quincey, *sir* Thomas Browne."

"*Sir* Walter Scott, Milton, Marlowe."

"Pater, Tennyson."

"Agora, agora, agora."

"Tennyson, Pater."

"Feche a porta; puxe as cortinas para que eu veja apenas seus olhos. Eu me ponho de joelhos. Cubro o rosto com as mãos. Adoro Pater. Venero Tennyson."

"Prossiga, filha."

"É fácil confessar nossos erros. Mas que escuridão é tão fechada para ocultar nossas virtudes? Eu amo, adoro – não, não consigo lhe dizer como minha alma é uma rosa de devoção por – o nome treme em meus lábios – Shakespeare."

"Concedo-lhe absolvição."

"No entanto, com que frequência se lê Shakespeare?"

"Com que frequência é a noite de verão impecável, a lua perfeita, os espaços entre as estrelas profundos como o Atlântico? Com que frequência as rosas mostram branco no escuro? A mente, antes de ler Shakespeare..."

"A noite de verão. Oh, isto sim é que é maneira de ler!"

"Rosas que ondulam..."

"Ondas quebrando..."

"Ares singulares da aurora vindos pelos campos afora para forçar as portas da casa sem surtir efeito..."

"Deitando então para dormir, a cama é... "

"Um barco! Um barco! A noite inteira no mar..."

"Com estrelas que se postam a prumo..."

"E lá no meio do oceano nosso barquinho flutuando sozinho, isolado mas sustentado, atraído pela compulsão das luzes nórdicas, seguro, cercado, dissipa-se onde a noite repousa sobre a água; lá diminui e desaparece, e nós, já submersos, lacrados na frieza das pedras lisas, abrimos nossos olhos de novo; traço, batida, ponto, salpico, mobília de quarto, e a barulhada da cortina no trilho. – Eu ganho a vida. – Apresente-me! Oh, ele conheceu o meu irmão em Oxford."

"E você também. Venha para o meio da sala. Tem alguém aqui que se lembra de você."

"Em criança, querida. Você usava um vestidinho cor-de-rosa."

"O cachorro me mordeu."

"Ficar jogando paus no mar, já pensou que perigo? Mas sua mãe..."

"Na praia, na barraca..."

"Sorria sentada. Ela adorava cachorros. – Você conhece a minha filha? Este é o marido dela. – Era Tray que ele chamava? o grande, o amarronzado, porque havia um outro, o menor, que mordeu o carteiro. Posso ver isso agora. Ah, as coisas de que a gente se lembra! Mas estou impedindo..."

"Oh, por favor (Sim, sim, eu escrevi, estou indo). Por favor, por favor. – Pro inferno, Helen, interrompendo! E lá vai ela, nunca mais – abrindo caminho entre as pessoas, ajeitando seu xale, descendo lentamente os degraus: foi-se! O passado! o passado! ..."

"Ah, mas ouça. Diga-me; estou com medo; tantos estranhos; alguns barbudos; outros tão bonitos; ela esbarrou na peônia; caíram todas as pétalas. E feroz – a mulher com aqueles olhos. Os armênios morreram. E os trabalhos forçados. Por quê? Tanta tagarelice também; a não ser agora – cochichos – todos nós devemos cochichar – nós estamos ouvindo – esperando – mas então o quê? A lanterna acender! Cuidado com sua gaze! Certa vez uma mulher morreu. Dizem que isso acordou o cisne."

"Helen está com medo. Essas lanternas de papel acendendo e as janelas abertas deixando a brisa entrar levantam nossos babados. Mas eu não estou com medo das chamas, sabe. É o jardim – quero dizer, o mundo. Que me assusta. Aquelas pequenas luzes lá longe, cada qual com um círculo de terra por baixo – cidades e morros; e depois as sombras; os movimentos do lilás. Não fique conversando. Vamos sair. Pelo jardim; sua mão na minha."

"Vamos. Faz escuro no matagal sob a lua. Vamos, haveremos de enfrentá-las, essas ondas de escuridão coroadas pelas árvores, que se erguem para sempre, solitárias, trevosas. As luzes se levantam e caem; a água é rala como o ar; por trás dela está a lua. Você afunda? Ou você se levanta? Você enxerga as ilhas? Sozinha comigo."

Objetos sólidos

A única coisa a se mover no vasto semicírculo da praia era um pontinho preto. Quando ele chegou mais perto das vértebras e espinha do barco de sardinhas na areia, tornou-se visível, por certa tenuidade em seu pretume, que o ponto tinha quatro pernas; e tornou-se mais claro, de momento a momento, que era composto pelas pessoas de dois jovens. Mesmo assim, em contorno contra a areia, havia neles uma vitalidade inconfundível; um vigor indescritível na aproximação e no retraimento dos corpos a indicar, malgrado sua insuficiência, alguma discussão violenta que saía das bocas diminutas das cabecinhas redondas. O que era confirmado, a uma inspeção mais atenta, pelas repetidas estocadas que uma bengala vinha dando pelo lado direito. "Você então quer me dizer... Você de fato acredita...", assim, do lado direito, perto das ondas, parecia sustentar a bengala, enquanto cortava pela areia tiras retas e longas.

"Que se dane a política!", adveio claramente do corpo à esquerda e, ao serem pronunciadas tais palavras, as bocas, narizes, queixos, bigodinhos, gorros de lã, botas grosseiras, capotes de caça e meias axadrezadas dos dois falantes tornaram-se cada vez mais distintos; a fumaça dos seus cachimbos subia pelo ar; nada era tão sólido, tão vivo, tão rijo, rubro, viril e hirsuto quanto esses corpos por quilômetros e mais quilômetros de mar e dunas de areia.

Lançaram-se os dois ao fundo das seis vértebras e espinha dorsal do barco negro de sardinhas. Sabe-se como o corpo parece sacudir-se para livrar-se de uma discussão e desculpar-se por uma exaltação de ânimo; lançando-se ao fundo e exprimindo em seu afrouxamento de atitude a presteza para se ocupar de algo novo – seja o que for que a seguir venha à mão. Assim Charles, cuja bengala estivera, por quase um quilômetro, a retalhar a praia, começou a atirar pedaços planos de lousa para ricochetear sobre a água; e John, que havia exclamado "Que se dane a política!", começou a meter seus dedos na areia, cada vez mais fundo. Quanto mais ele enfiava a mão, que ao chegar além do pulso forçou-o a puxar a manga um pouco mais para cima, mais seus olhos perdiam em intensidade, ou melhor, o substrato de pensamento e experiência que dá profundidade inescrutável aos olhos das pessoas adultas desaparecia, para deixar apenas a clara superfície transparente, nada expressando além do espanto que os olhos das crianças demonstram. Sem dúvida o ato de cavar na areia tinha alguma coisa a ver com isso. Lembrava-se ele como, depois de cavar um pouco, a água escorre pelas pontas dos dedos; o buraco então se torna um fosso; um poço; uma nascente; um canal secreto para o mar. Enquanto ele decidia qual dessas coisas fazer, seus dedos, ainda se movendo na água, enroscaram-se em torno de algo duro – toda uma gota de matéria sólida – para desentocar pouco a pouco, trazendo-o à superfície, um grande e irregular fragmento. Ao ser lavada a areia que o cobria, surgiu um verde desmaiado. Era um caco de vidro, tão grosso a ponto de se tornar opaco; tudo o que fosse forma ou gume já se gastara por completo com o alisamento do mar, sendo impossível dizer assim se havia sido de garrafa, vidraça ou copo; não era nada, a não ser vidro; era quase uma pedra preciosa. Bastaria circundá-lo de uma borda de ouro, ou perfurá-lo com um arame, para que se tornasse uma joia; parte de um colar, ou uma luz verde e fosca sobre um dedo. Afinal, talvez fosse realmente uma gema; alguma coisa usada por uma princesa negra que, sentada na popa da embarcação, ia arrastando o dedo pela água enquanto ouvia os escravos que cantavam ao conduzi-la a remo através da baía. Ou então as tábuas de carvalho de uma arca do tesouro elizabetana é que se haviam despregado, tendo suas esmeraldas, ao sabor das ondas, para cá e para lá, finalmente chegado à praia. John se pôs a revirá-lo nas mãos; e o ergueu na luz; ergueu-o de tal modo que sua massa irregular eclipsou o corpo e o braço direito esticado de seu amigo. O verde se atenuava e turvava ligeiramente ao ser mantido contra o céu ou o corpo. Causava-lhe prazer; intrigava-o; comparado ao vago mar e à costa tão imersa em brumas, era um objeto bem duro, bem concentrado, bem definido.

Uma visão o perturbava agora – decisiva e profunda, tornando-o consciente de que seu amigo Charles havia jogado todas as pedras planas ao alcance da mão, ou chegado à conclusão de que não valia a pena fazê-lo. Lado a lado eles comeram seus sanduíches. Tendo-o feito, já se punham de pé e sacudiam-se quando John pegou o caco de vidro para o olhar em silêncio. Charles olhou também. Mas imediatamente viu que ele não era achatado e, enchendo seu cachimbo, disse com a energia que rejeita um descabido esforço de pensamento:

"Para voltar ao que eu estava falando...".

Ele não tinha visto ou, se visse, mal teria notado que John, após examinar por um momento o vidro, como que em hesitação, o enfiara no bolso. Tal impulso poderia também ter sido o impulso que leva uma criança a apanhar uma pedrinha num caminho no qual elas se esparramam, prometendo-lhe uma vida em segurança e quentura sobre a lareira do quarto, deleitando-se com a sensação de poder e benignidade que uma ação como essa propicia e acreditando que o coração da pedra pula de alegria quando se vê escolhido, dentre um milhão de iguais, para gozar de tal felicidade, não de uma vida de umidade e frio na estrada. "Bem que poderia ter sido qualquer outra dos milhões de pedras, mas fui eu, eu, eu!"

Estivesse ou não essa ideia na cabeça de John, o fato é que o pedaço de vidro encontrou seu lugar em cima da lareira, onde solidamente se plantou sobre uma pequena pilha de cartas e contas, servindo não só como excelente peso de papéis, mas também como ponto natural de parada para o olhar do rapaz, quando ele se desviava do livro. Visto repetidas vezes e de modo semiconsciente por uma cabeça que pensa noutra coisa, qualquer objeto se mescla tão profundamente à substância do pensar que perde sua forma verdadeira e se recompõe com alguma diferença numa feição ideal que obseda o cérebro, quando menos se espera. John se via assim atraído, quando saía para andar, pelas vitrines das lojas de raridades, simplesmente por ter visto alguma coisa que o lembrava daquele caco de vidro. Qualquer coisa, desde que fosse algum tipo de objeto, mais ou menos redondo, talvez com uma chama agonizante imersa a fundo em sua massa, qualquer coisa – porcelana, vidro, âmbar, rocha, mármore – até mesmo o ovo liso e oval de uma ave pré-histórica serviria. Habituou-se ele também a andar de olhos no chão, especialmente nas adjacências dos terrenos baldios onde são jogados fora os refugos das casas. Tais objetos ocorriam lá com frequência – jogados fora, de nenhuma utilidade para ninguém, disformes, descartados. Em poucos meses ele fez uma coleção de quatro ou cinco espécimes que foram para o mesmo lugar, parando em cima da lareira. Eram úteis também, pois um homem que concorre ao parlamento, no limiar de uma brilhante carreira, tem uma boa quantidade de papéis para manter em ordem – comunicados a eleitores, plataformas políticas, apelos a subscrições, convites para jantares e assim por diante.

Um dia, saindo de seus aposentos no Temple para pegar um trem, a fim de falar aos eleitores, seus olhos bateram num objeto extraordinário que jazia semioculto numa dessas bordaduras de grama que orlam as bases dos grandes prédios forenses. Não podendo senão tocá-lo, através da cerca, com a ponta da bengala, ele podia ver no entanto que era um caco de porcelana de forma bem singular, quase tão parecido com uma estrela-do-mar como qualquer coisa formada – ou acidentalmente quebrada – em cinco pontas irregulares, não obstante inconfundíveis. Se em sua coloração predominava o azul, ao azul se sobrepunham faixas ou manchas verdes de algum tipo, enquanto linhas carmesins davam-lhe uma riqueza e um brilho da mais atraente espécie. John estava decidido a possuí-lo; quanto mais perseverava nisso, mais no entanto ele retrocedia. John por fim se viu forçado a voltar a seus aposentos para improvisar uma argola de arame presa na ponta de uma vara, com a qual, à força de grande habilidade e com muito cuidado, finalmente trouxe o pedaço de porcelana ao alcance das mãos. Ao apanhá-lo, soltou uma exclamação de triunfo. E o relógio bateu nesse momento. Já não lhe era mais possível cumprir seu compromisso. A reunião foi realizada sem ele. Mas como o caco de porcelana se partira daquele modo notável? Um exame cuidadoso deixou fora de dúvidas que a forma de estrela era acidental, o que tornava tudo ainda mais estranho, e parecia improvável que pudesse existir outro assim. Posto sobre a lareira, no lado contrário ao do caco de vidro que havia sido retirado da areia, dava ele a impressão de ser uma criatura de outro mundo – fantástica e extravagante como um arlequim. Parecia estar fazendo piruetas no espaço, tremeluzindo como uma estrela que pisca. Fascinado pelo contraste entre a porcelana, tão vívida e alerta, e o vidro, tão contemplativo e calado, ele se perguntou, pasmo e perplexo, como os dois tinham vindo a existir no mesmo mundo, para plantar-se, além do mais, no mesmo cômodo, na mesma estreita faixa de mármore. Mas a pergunta permaneceu sem resposta.

Ele então passou a frequentar os lugares em que os cacos de porcelana mais proliferam, como as nesgas de chão que sobram entre as linhas de trem, os terrenos de casas demolidas e as áreas públicas dos arredores de Londres. É porém muito raro, é um dos mais raros dentre os atos humanos, que se jogue porcelana de uma grande altura. É preciso achar em conjunção uma casa bem alta e uma mulher tão impulsiva e de prevenções tão coléricas que é capaz de atirar pela janela seu jarro ou pote, sem pensar em quem está embaixo. Encontravam-se em abundância cacos de porcelana, porém quebrados na trivialidade de um acidente doméstico, não de propósito, e sem caráter. Não obstante ele se admirava com frequência, quando veio a entrar mais a fundo na questão, da imensa variedade de formas a encontrar-se apenas em

Londres, havendo ainda mais motivos para especulação e espanto nas diferenças de padrões e qualidade. Os melhores espécimes ele levaria para casa e colocaria em cima da lareira, onde a função que lhes cabia era porém cada vez mais de natureza ornamental, já que os papéis que necessitavam de um peso para os manter sem voar tornavam-se progressivamente mais raros.

Descuidou-se de suas obrigações, talvez, ou as cumpria de um modo por demais desatento, ou então seus eleitores, quando o visitavam, viam-se desfavoravelmente impressionados pelo aspecto de sua lareira. Fosse como fosse, não foi eleito para os representar no parlamento, e seu amigo Charles, sentindo muito e se apressando a manifestar seu pesar, achou-o tão pouco abalado com a derrota que não pôde senão supor que a questão era grave demais para ele a entender de imediato.

Na verdade, John havia estado nesse dia nas áreas públicas de Barnes, onde achara, sob uma moita de tojo, um pedaço de ferro bem pouco comum. Era, na conformação, quase idêntico ao vidro, maciço e globuloso, mas tão frio e pesado, tão metálico e negro, que evidentemente era estranho à Terra, tendo sua origem numa das estrelas mortas, se não fosse em si mesmo escória de uma lua. Em seu bolso, pesava muito; e pesou muito em cima da lareira, irradiando frio. No entanto o meteorito ficou na mesma prateleira com o caco de vidro e a porcelana em forma de estrela.

Quando seus olhos passavam de um para o outro, a determinação de possuir objetos que chegassem a ultrapassar aqueles atormentava o rapaz. Resolutamente ele se consagrou cada vez mais à procura. Se não ardesse de ambição, se não estivesse convencido de ser recompensado algum dia por um monte de lixo recentemente descoberto, as decepções que sofreu, sem falar do cansaço e do ridículo, teriam-no feito desistir da empreitada. Munido de uma bolsa e de uma vara comprida na qual se adaptava um gancho, revolveu todos os monturos de terra; escarafunchou sob densos emaranhamentos de mato; buscou por todas as vielas e espaços entre paredes onde se habituara a esperar descobrir objetos desse tipo jogados fora. Tornando-se seus critérios mais rígidos e seu gosto mais exigente, as decepções eram inumeráveis, mas sempre um brilho de esperança, um caco de porcelana ou de vidro com alguma marca curiosa ou curiosamente quebrado, o enganava. Passou-se um dia após o outro. E ele já não era mais jovem. Sua carreira – isto é, sua carreira política – tornou-se coisa do passado. As pessoas deixaram de visitá-lo. Ele era muito calado para que valesse a pena convidá-lo para jantar. Nunca falava com ninguém sobre as ambições tão sérias que tinha; a falta de compreensão dos outros transparecia no seu comportamento.

Recostado em sua cadeira, ele agora observava Charles, que repetidas vezes erguia as pedras em cima da lareira e enfaticamente as repunha em seu lugar para marcar o que ele estava dizendo sobre a orientação do governo, sem nem sequer notar a existência delas.

"Qual é a verdade, John?", perguntou Charles de repente, virando-se para encará-lo. "O que o levou a desistir de tudo assim sem mais nem menos?"

"Eu não desisti", respondeu John.

"Mas agora você não tem mais chance nenhuma", disse Charles com aspereza.

"Nisso eu discordo de você", disse John convictamente. Charles, olhando-o, sentiu-se profundamente incomodado; foi possuído pelas dúvidas mais extraordinárias; teve uma impressão esquisita de que os dois estavam falando de coisas diferentes. Olhou em torno, a fim de encontrar algum alívio para sua horrorosa depressão, mas a aparência desordenada do quarto o deprimiu ainda mais. O que eram aquela vara e a velha bolsa de tapeçaria pendurada na parede? E aquelas pedras? Ao olhar para John, algo fixo e distante em sua expressão o alarmou. Ele sabia muito bem que a presença do amigo num palanque já estava fora de questão.

"Bonitas pedras", disse tão jovialmente quanto pôde; e foi dizendo que tinha um compromisso a cumprir que ele se despediu de John – para sempre.

Condolência

Hammond, Humphry, em 29 de abril, no Solar, High Wickham, Bucks. – O marido de Celia! Só pode ser o marido de Celia. Morto! Santo Deus! Humphry Hammond morto! Eu pretendia perguntar a eles – e me esqueci. Por que não fui no dia em que queriam que eu fosse? Havia um concerto no qual tocavam Mozart – por isso me esquivei ao convite. Na noite em que jantaram aqui, ele quase não falou. Sentou-se do outro lado na poltrona amarela: disse que era de "móveis" que gostava. A que estaria se referindo? Por que eu não disse nada para fazê-lo explicar? Por que deixei que ele se fosse sem dizer tudo o que poderia ter dito? Por que ficou ali sentado e calado tanto tempo, largando-nos a conversar, na entrada da sala, sobre os ônibus a motor? Com que clareza o vejo agora, como imagino a timidez, ou o sentimento de querer dizer alguma coisa que ele não podia dizer, que o induziu a parar quando ele disse aquilo, que "gostava de móveis". Agora mesmo é que eu não vou saber nunca. Agora o rosto avermelhado está lívido e os olhos, com aquele olhar de jovem, decidido e desafiador, estão fechados, ainda a desafiar por trás das pálpebras. Másculo e inflexivelmente hirto, ei-lo que jaz em sua cama, que eu vejo branca e alta; as janelas abertas, os passarinhos cantando, sem concessão à morte; sem lágrimas, sem sentimento, um punhado de lírios – da mãe dele ou de Celia – espalhados por onde o lençol se dobra talvez.

 Celia. Sim... Primeiro a vejo, depois não. Há um momento que não consigo imaginar: o momento da vida dos outros que deixamos sempre de lado; o momento do qual procede tudo que nós sabemos deles; acompanho-a até a porta do quarto; vejo-a girar a maçaneta; é aí que vem o momento às cegas e, quando minha imaginação abre de novo seus olhos, já a encontro vestida para o mundo – viúva; ou ela, nas primeiras horas da manhã, não está coberta de um véu branco da cabeça aos pés, como se a luz rachasse em sua testa, despedaçando-se? O sinal exterior vejo e verei para sempre; mas seu significado irei apenas supor. Com inveja hei de notar os silêncios e a austeridade de Celia; hei de observar os movimentos que ela faz entre nós sem confessar seu segredo; hei de imaginá-la ansiosa para que a noite venha com sua solitária viagem; hei de presumi-la desembarcando entre nós para um dia de trabalho, desdenhosa e tolerante em relação às nossas distrações. Hei de pensar, no meio da barulhada, que ela ouve mais; que o vazio tem para ela o seu fantasma. Por tudo isso hei de invejá-la. Hei de invejá-la pela segurança – pelo conhecimento. Mas o véu branco, à medida que o sol fica mais forte, desaparece de seu rosto e ela chega à janela. As carroças descem a estrada em polvorosa e os homens, que se põem bem em pé para guiá-las, assobiam ou cantam ou gritam uns para os outros.

Agora a vejo com maior nitidez. A cor voltou ao seu rosto; mas o viço se foi; dissipou-se nos olhos a veladura que fazia seus relances serem brandos e vagos; a agitação da vida soa-lhe desagradável, e ela se contrai, de pé à janela aberta, e se encolhe toda. Ali a sigo; não mais com inveja. Da mão que estendo, ela não se afasta? [Todos nós somos ladrões; todos cruéis; todos caímos numa torrente que passa a fluir indiferentemente por ela. A ela posso me arrojar, mas apenas para ser repelida e posta novamente a fluir no veloz caudal. A pena que me induz a estender minha mão para que ela agrida se transforma, ou se transformará, em impulso de compaixão que em sua generosidade lhe parece ser desdenhoso.][1] Imediatamente ela grita para a mulher que está sacudindo tapetes na casa ao lado: "Bela manhã!". A mulher se surpreende, dá-lhe uma olhada, faz que sim com a cabeça e corre para dentro. Ela contempla a floração das fruteiras que se esparrama pelo muro cor-de-rosa, abaixando a cabeça para ampará-la com a mão. Escorrem lágrimas; mas ela, com os nós dos dedos, enxuga os olhos. Está com 24 anos? – 25 no máximo. Podemos propor-lhe – um dia de passeio nos morros? Partindo da estrada principal, que as botas calcam com firmeza, lá vamos nós pular a cerca e atravessar o campo para subir pela mata. Lá ela se atira às anêmonas para colhê-las "para Humphry"; mas se refreia, dizendo que à tardinha elas estarão mais bonitas. Sentamo-nos para ver, pelo arco de ramos de amoreira que as separa de forma tão esquisita, a nesga triangular de campo verde-amarelado que está abaixo de nós.

"Você acredita em quê?", ela pergunta de repente, mascando (como imagino) a haste de uma flor. "Em nada – em nada", respondo eu, levada, contra minha intenção, a falar abruptamente. Ela franze as sobrancelhas, joga fora sua flor, pula em pé. Vai à frente a passos largos, por um ou dois metros, e impetuosamente se pendura depois num galho baixo para espiar um ninho de tordo numa forquilha de árvore.

"Cinco ovos!", grita. E é de novo abruptamente que eu retruco: "Que gozado!".

Mas tudo isso é imaginação. Não estou com ela no quarto, nem lá na mata. Estou em Londres, e de pé à janela, segurando *The Times*. A morte porém já mudou tudo! – assim como, num eclipse do sol, as cores somem, as árvores parecem finas como papel e lívidas, enquanto a sombra vai passando. Aqui é perceptível a brisa fria e suave, e através de um abismo é que estronda a barafunda do tráfego. Um instante depois, as distâncias se emendam, os sons se fundem; e eu, quando olho as árvores, todavia ainda turvas, torno-me sentinela e guardiã; o céu dispõe seu fundo terno; todo ele remoto, como que elevado ao cume de uma montanha na aurora. Foi a morte que fez isso; a morte por trás de folhas e casas e da fumaça que ondula, compondo-as numa coisa parada em sua tranquilidade antes de haver assumido algum disfarce da vida. Assim, de um trem expresso, olhei colinas e campos e vi o homem com a foice olhar da cerca-viva ao passarmos e namorados deitados no capinzal que me olharam sem fingimento como sem disfarçar os olhei. Algum fardo caiu; algum obstáculo foi removido. Livremente nesse ar puro meus amigos passam sombreados a cruzar o horizonte, todos eles desejando tudo de bom, ternamente se livrando de mim e saltando da borda do mundo para o navio que espera para os levar no temporal, ou à serenidade. Meu olhar não consegue acompanhá-los. Mas eles, um após outro, com beijos de despedida e risos mais doces do que antes, vão passando além de mim para zarpar para sempre; agrupam-se em ordem à beira d'água como se essa sempre fosse, enquanto vivíamos, a orientação recebida. Nossas pegadas se tornam evidentes agora, todas, desde a primeira, apartando-se e divergindo para se encontrarem aqui sob o solene sicômoro com o céu assim tão suave e as rodas e gritos que ressoam, ora alto, ora baixo, em harmonia.

O jovem simples que eu nem cheguei a conhecer direito tinha então oculto em si o imenso poder da morte. Ao se extinguir, removeu os limites e uniu os seres separados – naquele quarto com as janelas abertas e o canto dos passarinhos lá fora. Em silêncio ele se recolheu e, embora sua voz nada fosse, seu silêncio é profundo. Ele estendeu sua própria vida no chão como um casaco para nós passarmos por cima. Para onde nos guia? Chegados à beira, procuramos. Ele porém se foi além de nós; no céu distante ele se esvai; continua para nós a meiguice do verde e azul que há no céu; mas ele, transparente como é o mundo, nada disso terá; ele desaparece partindo a aurora em pedaços. Ele partiu. Nós então temos de voltar.

O sicômoro balança suas folhas agitando flocos de luz na poça funda de ar na qual se ergue; o sol passa direto entre as folhas para bater na grama; brilha na terra o vermelho dos gerânios. Um grito parte da minha esquerda e outro, abrupto, desunido, vem da direita. Rodas rolam em divergência; ônibus se conglomeram em conflito; e o relógio assevera, com doze badaladas distintas, que é meio-dia.[2]

Eu então devo voltar? Devo ver o horizonte fechar-se, a montanha afundar e as cores fortes e toscas de retorno? Não, não, Humphry Hammond morreu. Ele está morto – os lençóis brancos, o odor das flores – e aquela abelha que entra e sai do quarto zumbindo. Para onde ela irá depois? No sino de Canterbury há uma; que lá porém não acha mel e assim tenta a flor do muro amarelo; mas nesses velhos jardins de Londres, que esperança há de mel? A terra deve estar tão seca quanto grãos de sal espalhados sobre grandes tubos de drenagem, ou as curvas dos túneis. – Mas Humphry Hammond! Morto! Vou ler o nome no jornal novamente; quero voltar para os meus amigos; que tão cedo eu não os deixe; ele morreu na terça-feira, há três dias atrás, de repente, com dois dias de doença; e assim se acabou a grande operação da morte. Acabou-se; talvez já esteja embaixo da terra; e as pessoas modificaram um pouco suas rotinas de vida; se bem que algumas, não tendo ouvido dizer, ainda lhe enderecem cartas; mas os envelopes, na mesa da entrada da sala, já parece que estão fora de data. A mim parece que ele está morto há semanas, há anos; quando penso nele, mal vejo dele alguma coisa, e aquela sua frase sobre gostar de móveis não significa nada de nada. No entanto ele morreu; o máximo que poderia fazer, mal agora me causa uma sensação qualquer. É terrível! Terrível! Ser tão dura! Lá está a poltrona amarela na qual ele se sentou, meio capenga mas ainda de pé, sobrevivendo a todos nós; e o parapeito da lareira abarrotado de pratarias e vidros, sendo ele contudo tão efêmero como a luz empoeirada que risca o tapete e a parede. No dia em que eu morrer o sol assim irá brilhar sobre vidro e prata. O sol risca no futuro um milhão de anos; uma larga trilha amarela; indo a uma distância infinita desta casa e cidade; indo tão longe que nada a não ser o mar permanece, estendendo-se chapado, com sua infinidade de rugas, sob a luz do sol. Humphry Hammond – quem foi Humphry Hammond? – um som curioso, ora rumorejante, ora uniforme, como uma concha do mar.

A terrível frente de batalha! O correio! Esses quadradinhos brancos com retorcidos sinais pretos por cima. "Meu sogro... se você quiser jantar..." Será que ela está louca, falando do sogro? Ela ainda está usando o véu branco; a cama é branca e alta; os lírios – a janela aberta – a mulher do lado sacudindo tapetes. "Humphry está cuidando da firma". Humphry – quem morreu? – "acho que nós vamos mudar para a casa grande". A casa da morte? "aonde você deve vir e ficar. Tenho de ir a Londres para comprar papel de luto". Oh, não me diga que ele ainda está vivo! Oh, por que você me enganou?[3]

Um romance não escrito

Uma tal expressão de infelicidade era bastante em si mesma para fazer o olhar deslizar pela beira do papel até o rosto da pobre mulher – insignificante sem aquela expressão, quase um símbolo do destino humano com ela. A vida é o que você vê nos olhos dos outros; a vida é o que as pessoas aprendem e, tendo aprendido, nunca, embora o tentem esconder, deixam de estar conscientes de – do quê? De que a vida é assim, ao que parece. Cinco rostos opostos – cinco rostos maduros – e o conhecimento em cada um. Por estranho que seja, como as pessoas querem disfarçar isso! Em todos esses rostos há sinais de reticência: boca fechada, olhos sombrios, cada um dos cinco fazendo alguma coisa para ocultar ou estultificar seu conhecimento. Um fuma; outro lê; um terceiro confere anotações numa agenda; um quarto estuda o mapa da linha pendurado defronte; e o quinto – o que há de terrível em relação ao quinto é que ela não faz absolutamente nada. Fica vendo a vida. Ah, minha pobre, infeliz mulher, não deixe de entrar no jogo – e, em atenção a todos nós, disfarce bem!

    Ela olhou para cima, como se tivesse me ouvido, mexeu-se ligeiramente no assento e suspirou. Parecia desculpar-se e ao mesmo tempo dizer-me: "Ah, se você soubesse!". Depois voltou a olhar para a vida. "Bem que eu sei", respondi em silêncio, dando uma olhada no *Times* para manter as aparências: "Eu sei de tudo. 'Paz entre Alemanha e potências aliadas declarada oficialmente ontem em Paris[1] – *Signor* Nitti, o primeiro-ministro italiano – um trem de passageiros colidiu em Doncaster com um trem de carga...' Todos nós sabemos – *The Times* sabe – mas fingimos não saber". Meus olhos tinham se arrastado de novo pela beirada do papel. Ela estremeceu, virou um braço para trás que estranhamente levou até o meio das costas e balançou a cabeça. Mergulhei novamente no meu grande reservatório de vida. "Pegue o que você gosta", prossegui, "nascimentos, casamentos, mortes, notícias da corte, os hábitos das aves, Leonardo da Vinci, o crime de Sandhills, altos salários e o custo de vida – sim, o que você gosta", repeti, "está tudo aqui no *Times*!". De novo e com infinito cansaço ela moveu de lado a lado a cabeça, até que essa, como uma tampa que ao ser girada se exaure, fosse encaixar-se em seu pescoço.

The Times não era proteção adequada contra um tal sofrimento como o dela. Mas outros seres humanos impediam a comunicação. Contra a vida, nada melhor do que dobrar o jornal para fazê-lo um quadrado crespo, grosso, perfeito, impérvio até à própria vida. Feito isso, dei uma rápida olhada para cima, armada de meu escudo. Mas através do escudo ela me viu; ela me olhou nos olhos, como que procurando, bem lá no fundo, um sedimento de coragem que umedecia em barro. Sua simples postura negava toda esperança, desconsiderava ilusões.

Fomos assim aos solavancos por Surrey para depois da divisa entrar em Sussex. Mas eu, de olhos fitos na vida, não vi que os outros passageiros tinham saltado, um por um, até que, a não ser pelo homem que estava lendo, nós ficamos sozinhas. Chegamos à estação Three Bridges. Passamos lentamente pela plataforma e paramos. Iria ele descer? Rezei para que sim e que não – e finalmente pedi que ele ficasse. Nesse instante ele se levantou, embolou com desprezo seu jornal, como coisa já liquidada, abriu a porta de arranco e nos deixou a sós.

A infeliz mulher, inclinando-se um pouco para a frente, pálida e descoloridamente se dirigiu a mim – falou de estações e feriados, de irmãos em Eastbourne, da época do ano que, se era cedo ou tarde, já nem lembro. Mas olhando por fim pela janela e vendo, como eu sabia, somente a vida, ela tomou fôlego. "E o pior de tudo – é ficar fora de casa –". Ah, agora a catástrofe se aproximava, "Minha cunhada" – o azedume de seu tom era como limão em aço frio, e falando, não para mim, mas para si mesma, ela resmungou: "Ela diria que é bobagem – é isso que todos dizem", e enquanto ia falando se repuxava toda, como se a pele de suas costas fosse igual à de uma galinha depenada na vitrine do açougue.

"Oh, aquela vaca!", ela exclamou nervosamente, como se a grande vaca estatelada no pasto a tivesse chocado e livrado de alguma indiscrição. Depois ela tremeu, e depois de tremer fez o desajeitado movimento angular que eu já tinha visto, como se, após o espasmo, algum ponto entre os ombros lhe coçasse ou ardesse. Depois voltou a parecer a mais infeliz mulher do mundo, e eu, mais uma vez, a censurei, se bem que não com a mesma convicção, pois se houvesse uma razão, e se eu soubesse a razão, o estigma estaria removido da vida.

"Cunhadas", disse eu...

Seus lábios se contraíram, como se fossem cuspir veneno na palavra; e contraídos ficaram. Tudo o que ela fez foi apanhar sua luva para esfregá-la com força num ponto da vidraça. Esfregou-a como se quisesse fazer sumir para sempre alguma coisa – alguma mancha, alguma contaminação indelével. De fato, a mancha lá continuou, malgrado toda sua esfregação, e novamente ela afundou entortando o braço e tremendo, como eu já esperava. Algo impeliu-me a apanhar minha luva para esfregar na minha janela, onde também havia uma manchinha no vidro. A qual, malgrado minha esfregação, lá continuou. E o espasmo então veio por dentro de mim; curvei meu braço e cocei no meio das costas. Minha pele, também, era como a das galinhas, muito úmida, na vitrine do açougueiro; um ponto entre meus ombros coçava e irritava, parecia melado, parecia em carne viva. Será que eu conseguiria alcançá-lo? Tentei-o subrepticiamente. Ela me viu. Um sorriso de infinita ironia, de infinito sofrimento, perpassou-lhe pela face e sumiu. Mas ela havia comunicado, partilhado seu segredo, transmitido seu veneno; não iria mais falar. Recostando-me em meu canto, protegendo dos olhos dela os meus olhos, vendo somente as subidas e os vales, os cinza e os púrpuras, da paisagem de inverno, li sua mensagem, decifrei seu segredo, lendo-a sob seu olhar fixo.

A cunhada é Hilda. Hilda? Hilda? Hilda Marsh – a exuberante Hilda, a peituda, a matrona. Hilda já está à porta quando o cabriolé se aproxima, com dinheiro na mão. "Pobre Minnie, mais do que nunca está parecendo um gafanhoto – com a mesma capa que já estava no ano passado. Mas é isso, com dois filhos, nos tempos que correm, não se pode fazer mais. Não, Minnie. Eu entendo; o do senhor, seu cocheiro – não me venha com nenhuma das suas – aqui está. Vamos lá, Minnie. Oh, eu podia até carregar *você*, quanto mais a sua cesta!" Entram assim na sala de jantar. "Crianças, a tia Minnie."

Garfos e facas afundam lentamente na vertical. Descem os dois (Bob e Barbara), esticando bem as mãos; e voltam para suas cadeiras, olhando-se enquanto retomam as bocadas. [Isso porém vamos pular; adornos, cortinas, prato de porcelana em forma de trevo, retângulos amarelos de queijo, biscoitos brancos quadrados – vamos pular – mas espere aí! Bem no meio do almoço uma tremedeira daquelas; Bob olha para ela, de colher na boca. "Acabe logo a sobremesa, Bob"; mas Hilda desaprova. "Que *ideia* é esta de se coçar?" Vamos pular, pular, até chegarmos ao patamar do andar de cima; escada presa com latão; linóleo gasto; oh, sim! o quartinho que dá para os telhados de Eastbourne – telhados ziguezagueantes como as espinhas das lagartas, para lá e para cá, riscados de amarelo e vermelho, feitos de ardósia preta azulada.] Agora, Minnie, a porta está fechada; Hilda desce pesadamente ao porão; você desata as alças da cesta, estende na cama a magra camisola, põe lado a lado os chinelos peludos de feltro. O espelho – não, o espelho você evita. Certa metódica disposição dos grampos de chapéu. Talvez haja alguma coisa na caixinha de conchas. Você balança para ver; é o botão de madrepérola que no ano passado já estava lá – e é tudo. Depois, sentando perto da janela, suspirar e fungar. Três horas de uma tarde em dezembro; a chuva fina; uma luz baixa na claraboia de uma loja de tecidos; outra alta num quarto de empregada – a qual se apaga. Com isso ela não tem o que olhar. Um momento em branco – e depois, em que é que você está pensando? (Eu, do outro lado, vou poder espiá-la; ela está dormindo ou está fingindo que dorme; no que haveria então de pensar, sentando-se à janela às três da tarde? Em saúde, dinheiro, contas; em seu Deus?) Sim, sentando-se bem na beira da cadeira, a contemplar os telhados de Eastbourne, Minnie Marsh reza a Deus. E está tudo muito bem; e ela também pode esfregar a vidraça, como que para ver melhor a Deus; mas que Deus ela vê? Quem é o Deus de Minnie Marsh, o Deus das vielas de Eastbourne, o Deus das três horas da tarde? Eu também vejo telhados, vejo céu; mas esse modo de ver Deuses – mais como o presidente Kruger do que como o príncipe Albert[2] – é o que de melhor posso fazer por ele; vejo-o numa cadeira, de sobrecasaca negra, também não tão alta; posso até arranjar algumas nuvens que lhe sirvam de assento; arrastando-se entre elas, sua mão aí empunha um cajado, ou será um bastão de comando? – preto, grosso, espinhento – um velho e brutal tirano – o Deus de Minnie! Foi ele que mandou a coceira e a tremedeira e a mancha? É por isso que ela reza? É a mancha do pecado que ela limpa no vidro. Oh, ela cometeu algum crime!

Quanto aos crimes, posso escolher. Voam, passam arvoredos – campânulas florescem no verão; naquela clareira lá, quando chega a primavera, florescem prímulas. Foi num adeus, não foi, há vinte anos? Promessas quebradas? Não por Minnie!... Ela foi fiel. Como ela cuidou da mãe dela! Todas as suas economias em lápides – coroas em vidro – narcisos em jarras. Mas eu estou fugindo do assunto. Um crime... Eles diriam que ela segurou sua dor, reprimiu seu segredo – seu sexo, diriam eles – o pessoal da ciência. Mas que bobagem, botar *nesta mulher* os arreios do sexo. Não – mais do mesmo. Descendo pelas ruas de Croydon há vinte anos, voltas de fita violeta que cintilam à luz elétrica na vitrine da loja de tecidos vão atrair seu olhar. Ela se atarda – passa das seis. Correndo ainda pode chegar em casa. Ela entra pela porta de vaivém de vidro. É época de liquidação. Bandejas rasas transbordam de fitas.[3] Ela faz uma pausa, pega uma, passa os dedos por outra com rosas em relevo por cima – mas não tem de escolher, não precisa comprar, e cada bandeja traz suas surpresas. "Só fechamos às sete", e aí já *são* sete. Ela corre, vai correndo, chega em casa, mas é tarde demais. Vizinhos – o médico – irmão pequeno – a chaleira – queimado – hospital – morto – ou apenas o choque, a culpa? Ah, mas os detalhes não importam! O que importa é o que vai com ela; a mancha, o crime, a coisa a expiar, sempre lá entre os seus ombros. "Sim", ela parece me dizer com a cabeça, "é a coisa que eu fiz".

Se fez ou não fez, ou o que foi que você fez, não me interessa; não é isso que eu quero. As voltas de violeta na vitrine da loja – isso sim; um pouco fácil talvez, um pouco lugar-comum – quando se tem tal sortimento de crimes, se bem que muitos (deixem-me dar outra espiada – dormindo ainda, ou fingindo que dorme! branca, de boca fechada, exausta – com um toque de obstinação, mais do que se pensaria encontrar – e nenhum sinal de sexo) – muitos crimes porém não são o *seu*; o seu crime foi banal; só a punição é solene; pois que agora a porta da igreja se abre, o banco duro de madeira a recebe; nos ladrilhos do chão ela se ajoelha; e todos os dias, verão e inverno, bem de tarde e muito cedo (como agora), reza. Seus pecados caem todos, caem, caem para sempre. Mas a mancha os recebe. Vermelha, protuberante, ardente. Depois ela começa a se coçar. Criancinhas apontam. "Bob hoje no almoço" – Mas o pior são as velhas.

Você agora de fato não pode continuar aí rezando. Kruger afundou sob as nuvens – como que encoberto pelo cinza líquido de um pincel de pintor, ao que ele acrescenta um toque de preto – e até a ponta do bastão sumiu agora. É o que sempre acontece! Basta você o ver, basta senti-lo, para que venha alguém interromper. Agora é Hilda.

Como você a odeia! Ela é bem capaz de deixar a porta do banheiro trancada a noite toda, e o que você quer é só água fria, às vezes, quando era uma noite ruim, parece que adiantava lavar.[4] No café da manhã tem John – as crianças – o pior são as refeições, e há amigos às vezes – as samambaias não dão para escondê-los – eles adivinham também; você então sai andando pela beira-mar, onde as ondas são cinzentas, e os papéis voam, e o vento bate nas cabines verdes de vidro, e se alugam cadeiras por dois *pence* – é muito – pois deve haver pregadores pela praia. Ah, este é negro – este é um homem gozado – este é um homem com periquitos – coitados dos bichos! Não tem ninguém pensando em Deus por aqui? – bem ali, no cais flutuante, com seu bastão – mas não – não existe nada a não ser o cinza no céu ou, se o céu estiver azul, as nuvens brancas o ocultam, e a música – é música militar – e para que eles estão pescando? Pescam alguma coisa? Como as crianças olham! Bem, bem, então casa, caminho de volta – "Caminho de volta para casa". As palavras têm significado; poderiam ter sido ditas pelo velho barbudo – não, não, na realidade ele não falou; mas tudo tem significado – avisos pendurados na entrada das casas – nomes por cima de vitrines de lojas – fruta vermelha em cestas – cabeças de mulher em cabeleireiros – tudo diz "Minnie Marsh!". Mas aqui há uma contração. "Os ovos são mais baratos!" É o que sempre acontece! Lá ia eu a levá-la pela cachoeira, direto para a loucura, quando, como um bando de carneiros de sonho, ela se vira do outro lado e escorre entre os meus dedos. Ovos são mais baratos. Levada às últimas nas costas do mundo, nenhum dos crimes, padecimentos, rapsódias ou insanidades para Minnie Marsh; nunca atrasada para o almoço; nunca surpreendida por um temporal sem sua capa; nunca totalmente inconsciente da barateza dos ovos. E assim ela chega em casa – limpando as botas.

Eu a li direito? Mas a face humana – a face humana no topo da mais cheia folha de impressão contém mais, comporta mais. Agora, de olhos abertos, ela olha para fora; e no olho humano – como é mesmo que o definem? – há uma quebra – uma divisão – quando você vê o galho, assim, a borboleta já voou – a mariposa que paira à tardinha sobre a flor amarela – mova, levante sua mão, bem longe, bem alto. Pois não levantarei minha mão. Pare então e não pare de tremer, ó vida, alma, espírito, ó você qualquer coisa de Minnie Marsh – como eu em minha flor – o falcão na chapada – sozinha, ou de que valeria a vida? Pular da cama; ficar quieta de tardinha, ao meio-dia; ficar quieta na chapada. A mão que esvoaça – que vai, que sobe! e depois volta à indecisão. Sozinha sem ser vista; vendo tudo tão tranquilo lá em baixo, tão agradável. E ninguém vendo, ninguém ligando. Os olhos dos outros nossas prisões; seus pensamentos nossas gaiolas. Ar em cima, ar embaixo. E a lua e a imortalidade... Oh, mas eu dei um tropeço. E você aí no canto – mulher – como é mesmo seu nome, Minnie Marsh, um nome assim, não é? Você também levou um tombo? Lá está ela, agarrada à sua flor; abrindo sua bolsa de mão, da qual tira uma casca vazia – um ovo – quem estava dizendo que os ovos são mais baratos? Você ou eu? Oh, foi você que disse isso, a caminho de casa, lembra, quando o senhor idoso, abrindo de repente seu guarda-chuva – ou espirrando? Fosse como fosse, Kruger se foi, e você veio pelo "caminho de volta para casa" e limpou suas botas. E agora você estende nos joelhos um lenço no qual deixa cair pequenos e angulosos fragmentos de casca de ovo – fragmentos de um mapa – um quebra-cabeça. Bem que eu gostaria de conseguir juntá-los! Se ao menos você parasse quieta. Ela porém já afastou os joelhos – o mapa está de novo em pedaços. Pelas encostas dos Andes os blocos brancos de mármore vão saltando e ferindo, esmagando até a morte toda uma tropa de carregadores espanhóis, com sua escolta – o butim de Drake, ouro e prata. Mas, para voltar...

A quê? Aonde? Ela abriu a porta e, pendurando sua sombrinha na entrada – isso nem precisa dizer: nem, também, o cheiro de carne que subia do porão; ponto, ponto, ponto. Mas o que eu não posso eliminar assim, o que devo atacar e dispersar, cabeça baixa, olhos fechados, com a coragem de um batalhão e a cegueira de um touro, são, indubitavelmente, as figuras por trás das samambaias, os caixeiros-viajantes. Ali os deixei todo esse tempo ocultos, na esperança de que pudessem desaparecer, ou melhor, emergir ainda, como de fato deverão fazer, se o conto continuar acumulando rotundidade e riqueza, destino e tragédia, como cabe aos contos, arrastando consigo dois, senão três, caixeiros-viajantes e uma touceira de aspidistra. "As folhas da aspidistra só encobriam uma parte do caixeiro-viajante..." Os rododendros o encobririam todo, e me dê nessa troca minha dose de vermelho e branco, pela qual me empenho e defino; mas rododendros em Eastbourne – em dezembro – e na mesa dos Marshes – não, não, eu não me atrevo; tudo é uma questão de cascas e frascos, de samambaias e babados. Mais tarde talvez haja um momento à beira-mar. Sinto além disso, quando agradavelmente me empino pela treliça verde e por cima do glaciz de vidro cortado, um desejo de espiar e espreitar o homem do outro lado – sendo esse o único que eu consigo ver. É James Moggridge, que os Marshes chamam de Jimmy? [Espero que você prometa não se coçar, Minnie, enquanto eu não tiver resolvido isso.] James Moggridge viaja vendendo – botões, vamos dizer? – mas ainda não está na época de trazer de *todos* – os grandes, os pequenos em grandes cartelas, os de olho de pavão, os de ouro fosco; há uns que parecem montes de pedras, outros, espumas de coral – mas a época, como eu digo, ainda não chegou. Ele viaja e, na quinta-feira, que é o seu dia em Eastbourne, vai fazer suas refeições com os Marshes. Seu rosto vermelho, seus olhinhos sempre fixos – porém jamais vulgares de todo – seu enorme apetite (isso é certo; ele não olha para Minnie antes de o pão bem encharcado secar o molho), guardanapo dobrado em diamante no peito – mas isso é primitivo e, cause o que causar ao leitor, não creia em mim. Vamos seguir para a própria casa da família Moggridge, vamos pô-la na ação. Lá, as botas de todos são remendadas, aos domingos, pelo próprio James, que lê *Truth*. Mas qual é sua paixão? Rosas – e sua esposa, enfermeira de hospital aposentada – interessante – pelo amor de Deus, deixe-me ter uma mulher com um nome do qual eu goste! Mas não; ela é um dos filhos em gestação da mente, ilícito, nem por isso menos amado, como os meus rododendros. Em cada romance escrito, quantos morrem – os melhores, os mais queridos, enquanto Moggridge vive. Culpa da vida. Aqui está Minnie, comendo seu ovo no momento oposto[5] e na outra extremidade da linha – já passamos de Lewes? – Jimmy deve estar lá – ou por que ela se contorce?

Lá deve estar Moggridge – culpa da vida. A vida impõe suas leis; a vida barra a passagem; há vida por trás da samambaia; a vida é um tirano;

oh, mas não a dona do pedaço! Não, pois lhe garanto que vim por minha livre vontade; vim perseguida sabe Deus por qual compulsão por samambaias e frascos, mesa cheia de borrões e garrafas imundas. Vim irresistivelmente para alojar-me nalgum lugar da carne firme, da espinha rija, algum lugar em que eu possa penetrar ou tomar pé da pessoa, da alma, do homem Moggridge. A enorme estabilidade do arcabouço; a espinha como um osso de baleia, reta que nem um pé de carvalho; as costelas que são galhos lançados; a pele de lona muito bem esticada; as vermelhas reentrâncias; a sucção e regurgitação do coração; enquanto a carne cai do alto em cubos marrons e a cerveja escorre para espumar em sangue de novo – e assim chegamos aos olhos. Que estão vendo uma coisa, por trás da aspidistra: preta, branca, desalentadora; agora outra vez o prato; que por trás da aspidistra estão vendo uma mulher idosa; "A irmã de Marsh. Hilda é mais o meu tipo"; e a toalha da mesa agora. "Marsh saberia o que há de errado com os Morrises..." falam disso; chega o queijo; outra vez o prato; vira-o ao contrário – dedos enormes; agora a mulher do outro lado. "A irmã de Marsh – nem um pouco como Marsh; uma velha muito infeliz... Você devia era ir cuidar das galinhas... Em nome de Deus, por que é que ela está se contorcendo assim? Não foi o que *eu* disse? Meu Deus, meu Deus, essas velhotas! Santo Deus!"

[Sim, Minnie; sei que você teve uma contração, mas um momento – James Moggridge.]

"Meu Deus, meu Deus!" Que bonito é o som! como a pancada de um malho em madeira bem seca, como a batida do coração de um baleeiro antigo quando o mar engrossa e o verde se anuvia. "Meu Deus, meu Deus!" Que sino tangente para acalmar e consolar a alma dos que se irritam e colocá-los em linha, dizendo: "Adeus, amigos, boa sorte!" e depois: "Querem alguma coisa?" pois se bem que Moggridge fosse capaz de colher uma rosa para ela, isto está feito e acabado. E agora então o que é que vem? "Madame, vai perder seu trem", porque eles não perdem tempo.

Isto é o jeito de homem; isto é o som que reverbera; isto é a basílica de São Paulo e os ônibus a motor. E nós para limpar as migalhas.

Oh, Moggridge, você então não vai ficar? Tem de sair? Vai passar por Eastbourne hoje à tarde num desses coches apertados? É você que aí vai emparedado numa caixa de papelão verde, você que às vezes puxa a cortina, que às vezes se senta bem solene para olhar fixamente como uma esfinge, sempre com um toque sepulcral na aparência, com alguma coisa de agente funerário, de caixão, de lusco-fusco em cavalo e cavaleiro? Diga-me – mas as portas bateram. Nunca iremos nos encontrar novamente. Adeus, Moggridge!

Sim, sim, já estou indo. Subindo para o alto da casa. Vou ficar um momento lá. Como entra lama na cabeça e rola – que remoinho esses monstros deixam, as águas agitadas, as moitas que ondulam, aqui verdes, além negras, até baterem na areia, até que os átomos gradualmente se reagrupam, a jazida se depura e o que se vê pelos olhos vem claro e calmo de novo, vindo aos lábios uma espécie de prece pelos que partiram, de obséquias pelas almas das pessoas com as quais trocamos algum sinal de cabeça, e que nunca voltaremos a ver.

Agora James Moggridge está morto, foi-se para sempre. Pois bem, Minnie – "Não aguento mais isso". Se ela disse tal frase – (Deixem-me dar uma olhada nela, que varre a casca de ovo para os declives mais fundos). Com certeza que disse, encostada na parede do quarto e brincando com as bolinhas que orlam a cortina cor de clarete. Mas quando o eu fala com o eu, quem é que fala? – a alma sepulta, o espírito empurrado para dentro, cada vez mais para dentro da catacumba central; o eu que tomou véus e abandonou o mundo – um covarde talvez, contudo belo de algum modo, quando em seu desassossego perpassa de lampião na mão, a subir e descer nos corredores escuros. "Não consigo suportar mais isso", diz o espírito dela. "Aquele homem no almoço – Hilda – as crianças." Oh, céus, seu soluço! É o espírito a deplorar o próprio destino, o espírito impelido de um lado para o outro, que ora se aloja nos tapetes que encolhem – pontos de apoio instáveis – minguados frangalhos de todo o evanescente universo – amor, vida, fé, marido, filhos, não sei que pompas e esplendores reluziam na vida de menina. "Não para mim – não para mim."

Mas aí – os bolinhos, o cachorro velho e careca? Esteiras de contas, imagino eu, e a consolação da roupa de baixo. Se Minnie Marsh fosse atropelada e levada ao hospital, as enfermeiras e até os médicos exclamariam... Há a vista e a visão – há a distância – há no fim da alameda a mancha azul, ao passo que o chá, afinal de contas, é ótimo, o bolinho está quente e o cachorro – "Benny, já para a sua cesta, ouviu, e olhe o que a mamãe trouxe para você!". Assim, tirando a luva que está com o polegar puído, desafiando mais uma vez o espírito abusivo e maligno que a obriga a tapar furos, você renova as fortificações, cosendo com a lã cinzenta, passando-a para lá, para cá.

Passando-a para cá e para lá, de través e por cima, tecendo uma teia pela qual Deus em pessoa – não, não pense em Deus! Como os pontos estão firmes! Você deve estar orgulhosa da sua obra. Que nada a incomode. Que a luz caia mansamente, que as nuvens mostrem vestes íntimas da cor do primeiro verde das folhas. Que o pardal pouse no galho e derrube a gota de chuva pendurada no ponto em que o galho entorta... Por que olhar para cima? Foi um som, uma ideia? Oh, meu Deus! De novo à coisa que você fez, à bandeja com as fitas violeta? Mas Hilda virá. Ignomínias, humilhações, oh! Feche a brecha.

Tendo remendado sua luva, Minnie Marsh vai guardá-la na cômoda. Fecha com decisão a gaveta. Vejo-lhe o rosto de relance no espelho. O queixo está bem erguido. Os lábios, repuxados. Ela amarra, a seguir, os sapatos. Depois toca na garganta. Que broche usa? O de folha ou o em forquilha? E o que é que está acontecendo? A não ser que eu esteja muito enganada, o pulso se acelerou, o momento está chegando, as linhas disparam, Niágara à frente! É a crise! Que Deus lhe acompanhe! Lá vai ela descendo. Coragem, coragem! Não a deixe de enfrentar, torne-se nela! Pelo amor de Deus não fique esperando aí a passar mal agora! Olhe a porta! Eu estou do seu lado. Fale! Confronte-a, confunda-lhe a alma!

"Oh, desculpe-me! Sim, é aqui Eastbourne. Vou pegar para a senhora. Deixe que eu pego pela alça." [Mas, Minnie, apesar de mantermos as aparências, eu li você direitinho – e estou com você agora.]

"É toda sua bagagem?"

"Com certeza, obrigada."

(Mas por que você olha à sua volta? Hilda não virá à estação, nem John; e Moggridge está num coche pelos confins de Eastbourne.)

"Vou esperar junto da mala, madame, é mais seguro. Ele disse que vinha me esperar. Ah, olhe ele ali! É o meu filho."

E juntos lá se vão eles.

Bem, mas estou confusa. Sem dúvida, Minnie, você sabe melhor que eu! Um rapaz estranho... Pare! Eu mesma direi a ele – Minnie! *Miss Marsh!* – apesar de eu não saber. Tem uma coisa esquisita no casaco dela, quando o vento o levanta. Oh, não, não é verdade, mas que indecência... Veja como ela se inclina quando eles chegam ao portão de saída. Ela achou a passagem. Qual é a graça? E lado a lado eles vão descendo a estrada, depois que saem... Bem, meu mundo caiu! No que me apoio? Que é que eu sei? Esta aí não é Minnie. Nunca houve Moggridge. Quem sou eu? A vida nua, no osso.

No entanto uma última olhada neles – ele a descer do meio-fio e ela a segui-lo pela beira do grande prédio enchem-me de espanto – me inundam de novo. Desconhecidas figuras! Mãe e filho. Quem são vocês? Por que andam rua abaixo? Onde vão dormir esta noite, e depois, amanhã? Oh, como isso cresce e rola – me revigora, me faz flutuar! É deles que eu parto. As pessoas me levam por aqui ou por lá. A luz branca respinga, escorre. As janelas espelham. Cravos; crisântemos. Hera em jardins escuros. Leite entregue na porta. Aonde quer que eu vá, desconhecidas figuras, vejo vocês dobrando a esquina, mães e filhos; vocês, vocês, sempre vocês. Às pressas, vou atrás. Imagino que aqui já seja o mar. É cinzenta a paisagem; cinzenta e fosca como a cinza; a água mexe e murmura. Se eu cair de joelhos, se eu passar pelo ritual, com os antigos trejeitos, são vocês, ignotas figuras, são vocês que eu adoro; se abro os braços, são vocês que eu recebo, é você que eu puxo para mim – mundo adorável.

Casa assombrada

A qualquer hora que você acordasse havia alguma porta batendo. De quarto em quarto eles iam, e de mãos dadas, erguendo aqui, abrindo ali, certificando-se – um casal de fantasmas.

"Deixamos aqui", ela disse. E ele acrescentou: "Oh, mas aqui também!". "No andar de cima", murmurou ela. "E no jardim", sussurrou ele. "Silêncio", disseram ambos, "porque senão vamos acordá-los".

Mas não era que nos acordassem. Oh, não. "Eles estão procurando; estão abrindo a cortina", bem que eu poderia dizer, e assim ler ainda uma ou duas páginas. "Agora acharam", saberia então com certeza, parando o lápis na margem. E aí, cansada de ler, poderia me levantar para ir ver com meus olhos a casa toda vazia, as portas todas abertas, só as pombas da mata borbulhando de contentamento e a zoada da máquina de debulhar que vem da fazenda. "Por que foi que entrei aqui? O que era que eu queria encontrar?" Minhas mãos estão vazias. "Talvez lá em cima?" As maçãs estavam no sótão. E assim de novo para baixo, o jardim tranquilo como sempre, só o livro que escorregou para a grama.

Na sala de visitas o encontraram porém. Sem que alguém pudesse vê-los jamais. As vidraças refletiam maçãs, refletiam rosas; todas as folhas eram verdes no vidro. A maçã se limitava a virar seu lado amarelo, se as folhas se mexessem na sala. Entretanto, no momento seguinte, se a porta fosse aberta, estendia-se no chão, descia pelas paredes, pendia do teto – o quê? Minhas mãos estavam vazias. A sombra de um tordo atravessou o tapete; dos poços de silêncio mais fundos a pomba da mata extraiu sua bolha de som. "Em segurança, em segurança", suavemente bate o pulso da casa. "O tesouro enterrado; o quarto..." para o pulso de repente. Oh, então era o tesouro enterrado?

Um momento depois a luz se apaga. Talvez lá fora no jardim? Mas as árvores protelam a escuridão por causa de um peregrino raio de sol. Tão fino, tão raro, cravado tão friamente sob a superfície, o raio que eu sempre procurei queimava além da vidraça. A morte era o vidro; a morte estava entre nós dois; primeiro indo à mulher, há centenas de anos, deixando a casa, lacrando todas as janelas; os quartos se escureciam. Ele as deixava, mulher e casa, ia para o Norte, ou para o Leste, viu o giro das estrelas no céu do Sul; procurou pela casa, achou-a afundada na região dos Downs. "Em segurança, em segurança", batia alegremente o pulso da casa. "O tesouro é seu."

O vento ruge na alameda. As árvores encurvam, dobram-se de variadas maneiras. O luar se esparrama e respinga forte na chuva. Mas direto da janela vem o facho de luz. A vela queima tesa e quieta. Pervagando pela casa, abrindo as janelas, cochichando para não nos despertar, o casal de fantasmas procura sua alegria.

"Aqui nós dormimos", diz ela. E ele acrescenta: "Beijos sem conta". "Acordando de manhã..." "Com o prateado entre as árvores..." "Lá em cima..." "Lá no jardim..." "Quando o verão chegou..." "Na época de neve do inverno...". E bem ao longe as portas vão se fechando, batendo lentamente como um coração a pulsar.

Eles chegam mais perto; param na entrada. O vento sopra, a chuva escorre prateada no vidro. Nossos olhos se toldam; não ouvimos passos ao lado; não vemos mulher alguma abrindo sua fantasmal vestimenta. Já ele protege o lampião com as mãos. "Olhe só", sussurra. "Dormem a fundo. Com amor nos lábios."

Dobrando-se, mantendo acima de nós seu lampião de prata, longa e profundamente eles olham. Longa é a pausa que fazem. O vento impele certeiro; a flama enverga fragilmente. Fachos fortes de luar cruzam pelo chão e a parede e, ao se encontrarem, mancham as faces que se dobram; as faces que ponderam; as faces que revistam os dormentes e buscam sua oculta alegria.

"Em segurança, em segurança", bate orgulhoso o coração da casa. "Muitos anos...", suspira ele. "De novo você me achou." "Aqui", murmura ela, "dormindo; no jardim, lendo; rindo, rolando maçãs no sótão. Foi aqui que nós deixamos nosso tesouro...". Dobrando-se, sua luz ergue em meus olhos as pálpebras. "Em segurança! em segurança! em segurança!", bate descontrolado o pulso da casa. E eu, despertando, grito: "Oh, é isto o *seu* – tesouro enterrado? A luz no coração".

Uma sociedade

Eis aqui como tudo aconteceu. Sentadas um dia depois do chá, éramos cinco ou seis. Umas olhavam pela rua para as vitrines de uma chapelaria onde a luz ainda brilhava intensamente sobre plumas escarlates e chinelos dourados.

Outras estavam ociosamente ocupadas em construir pequenas torres de açúcar na borda da bandeja de chá. Passado um tempo, pelo que eu lembro, juntamo-nos em volta do fogo e começamos a elogiar os homens, como de hábito – tão fortes, tão nobres, tão brilhantes, tão corajosos, tão belos – como invejávamos as que por bem ou por mal deram um jeito de se ligar para sempre a um deles! – quando Poll, que não tinha dito nada, explodiu em lágrimas. Poll, devo dizer-lhes, sempre foi esquisita. A começar por seu pai, homem estranho. Deixou-lhe uma fortuna em testamento, mas com a condição de que ela lesse todos os livros da Biblioteca de Londres. Fizemos o possível para a consolar; embora soubéssemos, no íntimo, que era tudo inútil. Pois, apesar de nós gostarmos de Poll, ela não é lá essas coisas; anda de sapatos desamarrados; e devia estar pensando, quando elogiamos os homens, que nunca um deles iria querer casar com ela. Por fim enxugou as lágrimas. Mas nós, por algum tempo, não entendíamos nada do que ela estava dizendo. Em sã consciência era muito estranho. Disse-nos que, como sabíamos, ela passara a maior parte do seu tempo lendo, na Biblioteca de Londres. Contou-nos que tinha começado pela literatura inglesa, no andar de cima; e que avançava a passos firmes para chegar a *The Times*, no de baixo. Mas a meio caminho, ou talvez apenas a um quarto, aconteceu uma coisa horrível. Ela não conseguia mais ler. Os livros não eram o que nós pensávamos. "Os livros", gritou ela, pulando em pé e falando com uma intensidade de desolação que nunca hei de esquecer, "são em sua maior parte indescritivelmente ruins!".

E gritamos nós, naturalmente, que Shakespeare escreveu livros, e Milton, e Shelley.

"Ah, sim", ela interrompeu. "Estou vendo que foram bem ensinadas. Mas vocês não são leitoras da Biblioteca de Londres." Seus soluços aqui se renovaram. Por fim, melhorando um pouco, ela abriu um dos livros da pilha que sempre levava ao lado – intitulado "De uma Janela" ou "Num Jardim" ou mais ou menos assim e escrito por um homem chamado Benton ou Henson ou algo semelhante. E leu as primeiras páginas. Nós ouvimos em silêncio. "Mas isso aí não é um livro", alguém disse. Ela então escolheu outro. Dessa vez era um livro de história, mas esqueci o nome do autor. Nossa trepidação crescia à medida que ela avançava. Nem uma palavra ali parecia ser verdade, e o estilo no qual estava escrito era execrável.

"Poesia! Poesia!", gritamos impacientemente. "Leia poesia!" Não consigo descrever a desolação que se abateu sobre nós quando ela abriu um volumezinho e recitou a baboseira sentimental e verbosa que nele estava contida.

"Deve ter sido escrito por mulher", alegou uma de nós. Mas não. Ela nos disse que o autor era um jovem, um dos poetas mais famosos do momento. Que vocês mesmos imaginem o choque que essa descoberta causou. Apesar de gritarmos todas e de pedirmos todas que não lesse mais, ela insistiu e nos leu trechos das *Vidas dos Presidentes da Câmara dos Pares*. Quando acabou, Jane, a mais velha e sábia de nós, pôs-se de pé para se declarar não convencida.

"Por quê?", perguntou, "se os homens escrevem porcarias assim, deveriam nossas mães ter perdido sua juventude para trazê-los ao mundo?".

Ficamos todas em silêncio; e a pobre Poll, no silêncio, pôde ser ouvida aos soluços: "Por que, por que meu pai me ensinou a ler?".

Clorinda foi a primeira a demonstrar sensatez. "É tudo culpa nossa", disse. "Todas nós sabemos ler. Mas nenhuma, a não ser Poll, já se deu ao trabalho de o fazer. Eu, quanto a mim, sempre achei que o dever de uma mulher era passar sua juventude tendo filhos. Eu venerava minha mãe, que teve dez; e mais ainda minha avó, que teve quinze; minha própria ambição, confesso, era ter vinte. Passamos por todas essas épocas supondo que os homens fossem igualmente industriosos e que suas obras eram de igual mérito. Enquanto criávamos os filhos, eles, supúnhamos, criavam livros e quadros. Povoamos o mundo. E eles o civilizaram. Mas agora que nós sabemos ler, o que nos impede de julgar os resultados? Antes de trazermos outra criança ao mundo, temos de nos jurar que vamos descobrir como o mundo é."

Constituímo-nos assim numa sociedade de fazer perguntas. Uma de nós iria visitar um navio de guerra; outra iria se esconder no gabinete de um erudito; uma terceira assistiria a um encontro de homens de negócios; e todas deveríamos ler, ver quadros, ir a concertos, andar de olhos bem abertos nas ruas e fazer perpetuamente perguntas. Éramos muito jovens. Vocês podem calcular nossa ingenuidade se eu lhes disser que naquela noite, antes de nos despedirmos, concordamos que o objetivo da vida era formar boas pessoas e produzir bons livros. Nossas perguntas seriam direcionadas para saber até que ponto esse objetivo era atualmente alcançado pelos homens. Prometemo-nos solenemente que nenhuma de nós teria um filho antes de nos darmos, todas, por satisfeitas.

Lá então fomos nós, umas para o Museu Britânico; outras à Marinha de Guerra; umas a Oxford; outras a Cambridge; visitamos a Real Academia e a Tate; ouvimos música moderna em salas de concerto, fomos ao Tribunal de Justiça e vimos peças novas. Nenhuma de nós jantava fora sem fazer ao seu acompanhante certas perguntas, anotando cuidadosamente as respostas. De vez em quando nos encontrávamos para comparar nossas observações. Oh, esses encontros, que farra!

Nunca ri tanto quanto no dia em que Rose leu suas anotações sobre "Honra" e descreveu como ela tinha se vestido de Príncipe Etíope e entrado a bordo de um dos navios de Sua Majestade.[1] Descobrindo o embuste, o Capitão foi visitá-la (disfarçado agora de cavalheiro à paisana) e exigiu que a afronta à honra fosse reparada. "Mas como?", ela perguntou. "Como?", ele berrou. "Com a bengala, é claro!" Vendo que ele estava fora de si, de tanta raiva, e crendo que seu último momento havia chegado, ela se dobrou e ganhou, para seu espanto, seis tapinhas no traseiro. "A honra da Marinha Britânica está salva!", gritou ele, e ela, reerguendo-se, viu que o suor escorria por seu rosto e que sua mão direita estendida estava trêmula. "Calma lá", exclamou, assumindo uma atitude e imitando a ferocidade da própria expressão dele: "Falta salvar a minha!". "É como diz um cavalheiro", retrucou ele, e caiu em profundo pensamento. "Se seis palmadas vingam a honra da Marinha de Guerra de Sua Majestade", ele ponderou, "quantas vingarão a honra de um particular?". E disse que preferia levar o caso aos oficiais de sua arma. Ela respondeu altivamente que não podia esperar. Ele louvou sua suscetibilidade. "Deixe-me ver", exclamou de repente, "o seu pai tinha carruagem?". "Não", disse ela. "Ou um cavalo de raça?" "Tínhamos um burro", considerou, "que puxava a ceifadeira". A face dele então se iluminou. "O nome de minha mãe...", ela acrescentou. "Pelo amor de Deus, não mencione o nome de sua mãe!", gritou ele, trêmulo como uma vara verde e rubro até a raiz dos cabelos, e só depois de uns dez minutos ela o pôde induzir a prosseguir. Por fim ele decidiu que se ela lhe desse quatro palmadas e meia no meio das costas e num ponto indicado por ele mesmo (a meia concedida, disse, em reconhecimento ao fato de o tio de sua bisavó ter sido morto em Trafalgar), sua opinião era que a honra dela estaria nova em folha. E assim foi feito; retirando-se a um restaurante, eles beberam duas garrafas de vinho, pelas quais ele insistiu em pagar; e se despediram com protestos de eterna amizade.

Tivemos depois o relato de Fanny sobre sua ida ao Tribunal de Justiça. Na primeira visita ela já chegara à conclusão de que os juízes ou eram feitos de madeira ou personificados por grandes animais semelhantes ao homem que foram treinados para mover-se com extrema dignidade, resmungar e balançar a cabeça. Para testar sua teoria ela abriu um lenço cheio de moscas-varejeiras no momento crítico de um julgamento, mas não foi capaz de julgar se as criaturas davam sinais de humanidade, pois o zumbido das moscas induziu a um sono tão pesado que ela só acordou a tempo de ver os prisioneiros levados para as celas embaixo. Mas pelo seu depoimento decidimos por voto ser injusto supor que os juízes são homens.

Helen foi à Real Academia; porém, quando solicitada a fazer seu relato sobre os quadros, começou a recitar, lendo num volume azul claro: "Oh, o toque de mão que se esvaece, o tom de voz que apazigua.[2] É a casa à caça, a casa à espreita na colina.[3] Ele deu um puxão em suas rédeas.[4] Pouco dura o doce amor.[5] Primavera, meiga primavera, gentil rainha do ano.[6] Estar na Inglaterra, ó, quando lá é abril.[7] Aos homens a pugna, às mulheres o pranto.[8] A trilha do dever é o caminho da glória...".[9] Não podíamos mais ouvir tanto palavreado.

"Não queremos mais poesia!", gritamos.

"Filhas da Inglaterra!", ela começou, mas logo a puxamos para baixo, derramando-se nela, na refrega, uma jarra d'água.

"Por Deus!", ela exclamou, sacudindo-se como um cachorro. "Agora eu vou rolar no tapete e ver se consigo me livrar do que ainda resta da bandeira do Reino Unido. Depois talvez...", e nesse ponto, com toda a energia, rolou mesmo. Ao levantar-se, começava a nos explicar como são os quadros modernos quando Castalia a interrompeu.

"Qual o tamanho médio de um quadro?", perguntou. "Talvez uns setenta por uns noventa centímetros", ela disse. Castalia tomava notas enquanto Helen falava e, feito isso, quando tentávamos evitar uma o olhar da outra, levantou-se e disse: "Seguindo o que vocês me mandaram, fiquei a semana passada em Oxbridge, disfarçada de arrumadeira. Tive assim acesso aos quartos de vários professores e agora vou tentar lhes dar uma ideia – só que", interrompeu-se, "não sei como fazer.

É tudo tão esquisito. Esses professores", continuou, "vivem em grandes casas construídas no meio de terrenos gramados, cada qual numa espécie de cela à parte. No entanto eles têm todo o conforto, todas as comodidades. Basta apertar um botão ou acender uma lâmpada. Seus papéis estão sempre perfeitamente arquivados. Livros não faltam. Não há crianças nem animais, salvo uma meia dúzia de gatos errantes e um velho passarinho de canto – um macho. Lembro", contou ela, "de uma tia minha que morava em Dulwich e criava cactos. Chegava-se à estufa pela dupla sala de visitas, e lá, sobre os canos de água quente, eles se achavam às dúzias, feios, atarracados, miúdos, espinhentos, cada qual em seu vaso. O aloé só florescia uma vez em cem anos, disse minha tia. Mas ela morreu antes de isso acontecer...". Nós lhe pedimos que não fugisse do assunto. "Bem", retomou ela, "quando o professor Hobkin estava fora eu examinei o trabalho de sua vida, uma edição de Safo. É um livro de aparência muito estranha, com um meio palmo de grossura, nem tudo de Safo. Oh, não. A maior parte é uma defesa da castidade de Safo, que certos alemães haviam negado, e posso garantir-lhes qual não foi meu espanto ante o ardor com que esses dois cavalheiros discutiram, a erudição que demonstraram, a prodigiosa inocência com que se altercaram quanto ao uso de determinado implemento que para mim era em todos os respeitos semelhante a um grampo de cabelo; especialmente quando a porta se abriu e o próprio Professor Hobkin apareceu. Um senhor idoso, bondoso, afável, mas que podia *ele* saber de castidade?". Nós não a entendemos direito.

"Não, não", protestou ela, "ele é a honra em pessoa, tenho certeza – não se parece nem um pingo com o capitão de Rose. Eu estava pensando era nos cactos de minha tia. Que poderiam *eles* saber de castidade?".

De novo lhe dissemos para não se afastar do ponto – contribuíam os professores de Oxbridge para formar boas pessoas e produzir bons livros? – o objetivo da vida.

"E essa agora!", exclamou ela. "Nem lembrei de perguntar. Nunca me ocorreu que eles fossem capazes de formar ou produzir qualquer coisa."

"Creio", disse Sue, "que você cometeu um erro. Provavelmente o professor Hobkin era ginecologista. Um erudito é um tipo de homem muito diferente. O erudito transborda de inventividade e bom humor – talvez um pouco dependente do vinho, mas e daí? – um ótimo companheiro, generoso, sutil, imaginativo – como o bom senso indica. Pois ele passa sua vida na companhia dos melhores seres humanos que jamais existiram."

"Hum", disse Castalia. "Talvez fosse melhor eu voltar lá e tentar de novo."

Aconteceu de eu me achar sozinha, cerca de três meses depois, quando Castalia entrou. Não sei bem o que em sua aparência me impressionava; mas não pude refrear-me e, precipitando-me pelo quarto, apertei-a nos braços. Não somente ela estava muito bonita; parecia também irradiar alegria. "Que ar mais feliz!", exclamei enquanto se sentava.

"Estive em Oxbridge", ela disse.

"Fazendo perguntas?"

"Respondendo", retrucou.

"Não quebrou nosso voto, não é?", disse eu, ansiosa, notando algo em sua expressão.

"Oh, o voto", disse ela descuidadamente. "Eu vou ter um filho, se é isso que você quer saber. Você não pode imaginar", explodiu, "como é estimulante, como dá satisfação, como é bonito..."

"O quê?", perguntei.

"Ah – bem – responder perguntas", respondeu ela meio confusa. E aí me contou a história toda. Mas, no meio de uma narrativa que me interessava e excitava mais do que qualquer outra coisa que eu jamais tinha ouvido, deu ela o mais estranho dos gritos, mistura de oi e opa...

"Castidade! Castidade! Onde está minha castidade?", gritava. "Socorro, me acudam! A garrafa de cheiro!"

Não havia nada no quarto, a não ser um frasco com mostarda, que eu já estava a ponto de lhe administrar quando ela recuperou a calma.

"Você devia ter pensado nisso há três meses", disse eu severamente.

"É verdade", retrucou ela. "Não adianta muito pensar nisso agora. Por sinal, pôr em mim esse nome de Castalia foi uma ideia infeliz de minha mãe."

"Oh, Castalia, sua mãe..." Quando eu mal começava ela alcançou o pote de mostarda.

"Não, não, não", disse balançando a cabeça. "Se você fosse mesmo casta, teria soltado um berro ao me ver – não ia se atirar pelo quarto para me tomar em seus braços. Não, Cassandra. Nenhuma de nós duas é casta." E assim nós fomos conversando.

Enquanto isso o quarto foi se enchendo, pois era o dia marcado para discutirmos os resultados de nossas observações. Todas, parecia-me, sentiam-se como eu em relação a Castalia. Beijavam-na, diziam como estavam contentes por revê-la. Por fim, com o grupo completo, Jane se levantou, disse que era hora de começar. E começou por lembrar que já havia cinco anos que vínhamos fazendo perguntas e que, apesar de os resultados não serem conclusivos – aí Castalia me deu uma cotovelada, cochichando não estar assim tão certa disso. Depois se levantou, interrompeu Jane no meio de uma frase e disse:

"Antes de você falar mais, quero saber – posso ficar no quarto? Porque", acrescentou, "tenho de confessar que sou uma mulher impura".

Todas olharam para ela espantadas.

"Você vai ter um filho?", perguntou Jane.

Ela confirmou com a cabeça.

Foi extraordinário ver a expressão dos diferentes rostos. Uma espécie de zumbido percorreu o quarto, no qual eu pude distinguir palavras como "impura", "bebê", "Castalia", e assim por diante. Jane, ela mesma consideravelmente abalada, foi que nos colocou a questão:

"Ela deve sair? É impura?".

A barulhada que se fez pelo quarto poderia ter sido ouvida na rua.

"Não! Não! Não! Ela fica! Impura? Bobagem!" Mas percebi que algumas das mais novas, meninas de dezenove ou vinte, tinham ficado bem por trás, como se a timidez as dominasse. Todas nós a rodeamos, fazendo-lhe perguntas, e por fim vi uma das novas, até então lá no fundo, aproximar-se timidamente e dizer-lhe:

"Mas então o que é castidade? É uma coisa boa, é uma coisa ruim ou afinal não é nada?" E ela respondeu tão baixo que nem pude entender o que dizia.

"Fiquei chocada, sabe", disse outra, "mas só por uns dez minutos".

"Em minha opinião", disse Poll, que estava se tornando irritável de tanto ler na Biblioteca de Londres, "a castidade não é nada a não ser ignorância – um estado de espírito dos mais lamentáveis. Na nossa sociedade só deveríamos admitir as não castas. Proponho que Castalia seja a nossa Presidente".

O que causou profunda dissensão.

"É tão injusto marcar uma mulher por castidade como por não-castidade", disse Poll. "Muitas de nós nem têm a oportunidade. Além do mais, não creio que a própria Cassy sustente ter agido como agiu por um puro amor ao conhecimento."

"Ele só tem vinte e dois anos e é divinamente bonito", disse Cassy com um gesto exuberante.

"Proponho", disse Helen, "que a ninguém se permita falar de castidade ou não-castidade, a não ser às que estão amando".

"Nem vem", disse Judith, que havia pesquisado sobre questões científicas, "não estou amando e sim desejosa de explicar minhas medidas para a isenção de prostitutas e virgens fertilizadoras por Ato do Parlamento".

E foi em frente, falando-nos de um invento dela, para ser instalado em estações de metrô e outros lugares públicos, o qual, com o pagamento de uma modesta taxa, salvaguardaria a saúde da nação, atendendo a seus filhos, e aliviando ao mesmo tempo as filhas. Além disso ela concebera um método para preservar em tubos lacrados os embriões de futuros Presidentes da Câmara "ou de poetas ou pintores ou músicos", prosseguiu, "supondo-se, por assim dizer, que essas raças não estejam extintas e que as mulheres ainda queiram ter filhos...".

"Claro que queremos ter filhos!", gritou Castalia impacientemente. Jane bateu na mesa.

"Foi para discutir este ponto que nos reunimos", disse. "Há cinco anos tentamos descobrir se estamos justificadas em dar continuidade à raça humana. Castalia já antecipou nossa decisão. Faltam agora as conclusões de cada uma de nós."

Uma após outra, nossas enviadas se ergueram e apresentaram então seus relatórios. As maravilhas da civilização excediam em muito nossas expectativas e, ao saber pela primeira vez como o homem voa no ar, como fala através do espaço, como penetra no interior de um átomo, como abrange o universo inteiro em suas especulações, um murmúrio de admiração nos veio aos lábios.

"Dá-nos orgulho", exclamamos, "que nossas mães tenham sacrificado sua juventude por uma causa como essa!". Castalia, que a tudo ouvia com a maior atenção, parecia a mais orgulhosa de todas. Então Jane nos lembrou de que ainda tínhamos muito o que aprender, e Castalia pediu que nos apressássemos. Lá fomos pois por um vasto emaranhado de estatísticas. Soubemos que a Inglaterra tem uma população de tantos milhões, uma ou certa proporção da qual vive constantemente faminta e na prisão; qual o tamanho médio da família de um trabalhador e que uma grande porcentagem de mulheres morre de doenças decorrentes do parto. Foram lidos relatórios de visitas a fábricas, ao comércio, a bairros pobres e às docas. Foram feitas descrições da Bolsa de Valores, de uma gigantesca casa de negócios no centro de Londres e de uma repartição pública. Foram também discutidas as colônias britânicas, prestando-se informações sobre o domínio que exercemos na Índia, na África e na Irlanda. Eu, sentada ao lado de Castalia, notei seu desassossego.

"Nunca chegaremos a uma conclusão nesse ritmo", disse ela. "Como a civilização se mostra muito mais complexa do que imaginávamos, não seria melhor nos limitarmos à nossa indagação original? Concordamos que o objetivo da vida era formar boas pessoas e produzir bons livros. Mas esse tempo todo nós só falamos de fábricas, aeroplanos, dinheiro. Vamos falar dos próprios homens, e de suas artes, pois este é o cerne da questão."

Deram assim um passo à frente as que tinham jantado fora, com tiras de papel com as respostas às perguntas feitas, formuladas depois de muitas considerações. Um bom homem, concordáramos, ao menos deveria ser honesto, apaixonado e desinteresseiro. Mas só fazendo perguntas, e partindo em geral de uma distância bem remota do centro, era possível descobrir se determinado homem possuía ou não tais virtudes. Kensington é um bom lugar para se morar? Onde é que seu filho estuda – e sua filha? Agora me diga, por favor, quanto custam seus charutos? *Sir* Joseph, por falar nisso, é baronete ou apenas cavaleiro? Frequentemente parecia que aprendíamos mais com questões triviais desse tipo do que com as perguntas mais diretas. "Aceitei meu pariato", disse *lord* Bunkum, "porque minha mulher queria". Quantos títulos foram aceitos pela mesma razão, nem lembro mais. "Trabalhando quinze das vinte e quatro horas do dia, como eu...", assim começavam dez mil profissionais.

"Não, não, naturalmente o senhor não sabe ler nem escrever. Mas por que trabalha tanto?" "Minha senhora, com a família crescendo..." "Mas *por que* sua família cresce?" Suas esposas também queriam isso, ou talvez fosse o Império Britânico. Mais significativas do que as perguntas, porém, eram as negativas a responder. Bem poucos respondiam todas as perguntas sobre religião e moralidade, e as respostas que eram dadas, não eram sérias. Perguntas sobre o valor do dinheiro e do poder invariavelmente eram postas de lado, ou contrapostas, com extremo risco, à entrevistadora. "Estou certa de que", disse Jill, "se ele não estivesse cortando a costeleta quando eu lhe perguntei sobre o sistema capitalista, *sir* Harley Tightboots teria me cortado o pescoço. A única razão que nos fez escapar tantas vezes vivas é que os homens são, ao mesmo tempo, tão esfomeados e tão cavalheirescos. Eles nos desprezam demais para ligar para o que nós dizemos".

"Claro que nos desprezam", disse Eleanor. "Ao mesmo tempo, fiz pesquisa entre os artistas – como se explica isto: nunca houve uma mulher artista, não é mesmo, Poll?"

"Jane–Austen–Charlotte–Brontë–George–Eliot", gritou Poll, como um ambulante apregoando quitutes numa rua dos fundos.

"Maldita mulher!", exclamou alguém. "A mulher é uma chata."

"Desde Safo não se tem visto uma mulher de primeira grandeza...", começou Eleanor, lendo nas páginas de um semanário.

"Já é agora bem sabido que Safo foi invenção algo libidinosa do professor Hobkin", interrompeu Ruth.

"Seja como for, não há razão para supor que alguma mulher já foi capaz ou um dia será capaz de escrever", continuou Eleanor. "No entanto, quando estou entre autores, eles nunca deixam de me falar dos seus livros. Magistral! digo eu, ou: nem o próprio Shakespeare! (pois é preciso dizer alguma coisa), e garanto que eles acreditam em mim."

"Mas isso não prova nada", disse Jane. "Todos fazem o mesmo. O problema", suspirou, "é que isso não parece *nos* ajudar muito. Talvez fosse melhor examinarmos agora a literatura moderna. Liz, é a sua vez".

Elizabeth se levantou e disse que, para fazer sua pesquisa, teve de se vestir de homem e passar por resenhista de livros.

"Li livros novos praticamente sem parar durante os últimos cinco anos", disse ela. "Wells é o mais popular dentre os autores vivos; depois vem Arnold Bennett; depois é Compton Mackenzie; McKenna e Walpole podem ser postos juntos." E aí sentou-se.

"Mas você não nos disse nada", reclamamos. "Ou estará querendo dizer que esses senhores ultrapassaram em muito Jane–Eliot e que a ficção inglesa está – onde está mesmo aquela sua resenha? – Ah, sim, 'está bem entregue nas mãos deles'".

"Bem entregue, garantida", disse ela, mudando intranquilamente de pé. "E estou certa de que eles dão ainda mais do que recebem."

Disso estávamos todas certas. "Mas eles", pressionamo-la, "eles escrevem bons livros?".

"Bons livros?", disse ela, olhando para o teto. "Vocês devem se lembrar", continuou, falando com extrema rapidez, "de que a ficção é o espelho da vida. E não podem negar que a educação é da maior importância, e que seria imensamente desagradável achar-se você sozinha em Brighton, tarde da noite, sem saber qual a melhor pensão onde ficar e, supondo-se que fosse uma tarde chuvosa de domingo – não seria bom ir ao cinema?".

"Mas o que é que isto tem a ver com aquilo?", perguntamos.

"Nada – nada – nada de nada", respondeu ela.

"Diga-nos então a verdade", pedimos.

"A verdade? Pois não é uma maravilha?", ela se abriu: "Há trinta anos que *mr*. Chitter escreve um artigo semanal sobre o amor ou sobre torradas amanteigadas quentes e com isso mandou todos os filhos para Eton...".

"A verdade!", exigimos.

"Oh, a verdade", ela gaguejou, "a verdade não tem nada a ver com a literatura", e recusou-se, sentando-se, a dizer qualquer coisa mais.

Tudo era, a nosso ver, muito inconclusivo.

"Senhoras, temos de tentar resumir os resultados", ia dizendo Jane, quando um rumor, que há algum tempo já se ouvia pela janela aberta, abafou sua voz.

"Guerra! Guerra! Guerra! Declaração de guerra!", gritavam homens na rua embaixo.

Entreolhamo-nos horrorizadas.

"Que guerra?", gritamos. "Que guerra?" Lembramo-nos, mas tarde demais, de que nunca tínhamos pensado em mandar ninguém para a Câmara dos Comuns. A respeito disso, esquecêramos tudo. Viramo-nos então para Poll, que alcançara as prateleiras de história da Biblioteca de Londres, pedindo-lhe que nos esclarecesse.

"Por que", gritamos, "os homens entram em guerra?".

"Às vezes por uma razão, às vezes por outra", explicou ela calmamente. "Em 1760, por exemplo... " A berraria lá fora sobrepôs-se às suas palavras. "Novamente em 1797 – e em 1804 – em 1866 foram os austríacos – em 1870, os franco-prussianos – em 1900, por outro lado..."

"Mas já estamos em 1914", interrompemos.

"Ah, agora", ela admitiu, "não sei por que é que estão em guerra não".

* * *

A guerra tinha acabado e a paz já estava sendo assinada quando estive mais uma vez com Castalia no quarto onde costumeiramente ocorriam nossos encontros. Logo nos pusemos a revirar as páginas de nossos velhos cadernos de anotações. "É gozado", refleti, "ver o que nós pensávamos há cinco anos". "Concordamos", citou Castalia, lendo por cima do meu ombro, "que o objetivo da vida é formar boas pessoas e produzir bons livros". Não fizemos o menor comentário a *isso*. "Um bom homem deve ao menos ser honesto, apaixonado e desinteresseiro." "Que linguagem de mulher!", observei. "Oh, querida", exclamou Castalia, afastando o livro de si, "como éramos tolas! E tudo por culpa do pai de Poll", continuou. "Aquilo que ele fez de propósito – aquele testamento ridículo, aquela cláusula obrigando Poll a ler todos os livros da Biblioteca de Londres. Se não tivéssemos aprendido a ler", disse ela amargamente, "ainda poderíamos estar tendo filhos na ignorância, e afinal essa seria, creio eu, a mais feliz das vidas. Sei o que você há de dizer sobre a guerra", examinou-me, "e o horror que é ter filhos para os ver mortos, mas nossas mães passaram por isso, e as avós, e as bisavós, e *nenhuma* reclamou. Elas não sabiam ler. Eu mesma fiz o que pude", suspirou, "para impedir minha filhinha de aprender a ler, mas de que adianta? Ontem mesmo peguei Ann com um jornal na mão, e logo ela foi me perguntando se ele dizia 'a verdade'. Em breve me perguntará se *mr*. Lloyd George é um bom homem, depois se *mr*. Arnold Bennett é um bom romancista e finalmente se eu acredito em Deus. Como posso educar minha filha sem nada no que acreditar?", perguntou.

"Certamente você poderia ensiná-la a crer que o intelecto do homem é e será sempre fundamentalmente superior ao da mulher?", sugeri eu. Com isso ela se animou e voltou a revirar os nossos velhos cadernos. "Sim", disse, "pense nas descobertas, na matemática, na ciência, na filosofia, na erudição deles...", e aí começou a rir, "nunca vou me esquecer do velho Hobkin e o grampo de cabelo", acrescentou, e continuou lendo e rindo e eu já achava que estava muito feliz quando de repente ela jogou o livro de lado e exclamou: "Oh, Cassandra, por que você me atormenta? Você não sabe que nossa crença no intelecto do homem é a maior falácia de todas?". "O quê?", exclamei eu. "Pergunte a qualquer jornalista, mestre-escola, político ou dono de botequim do país e todos eles lhe dirão que os homens são muito mais inteligentes do que as mulheres." "Como se eu duvidasse disso", disse com escárnio. "Como ser de outro modo? Não fomos nós que os criamos e nutrimos e mantivemos em conforto desde o começo dos tempos para que eles pudessem ser inteligentes, mesmo que não sejam nada além disso? Foi feito por nós, o que aí está!", gritou. "Quisemos tanto ter intelecto, que agora temos de sobra. É o intelecto", continuou, "que está na base de tudo. O que há de mais encantador que um garoto, antes de começar a cultivar seu intelecto? É bonito de ver; não se dá ares de importância: compreende instintivamente o significado da arte e da literatura; anda por aí aproveitando sua vida e fazendo com que outros aproveitem também as suas. Mas aí lhe ensinam a cultivar seu intelecto. Ele se torna um advogado, um funcionário público, um general, um autor, um professor. Todos os dias vai para o escritório. Todos os anos produz um livro. Mantém toda uma família com as produções do seu cérebro – pobre coitado! Em breve não poderá entrar num quarto sem que nos sintamos todas incomodadas; ele se mostra condescendente com qualquer mulher que encontra, e nem sequer à própria esposa ousa dizer a verdade; se tivermos de tomá-lo nos braços, temos de fechar nossos olhos, não de alegrá-los. Na verdade eles se consolam com estrelas em todos os formatos, com faixas de todas as cores e com todos os montantes de renda – mas o que temos nós para nos consolar? Que dentro de dez anos seremos capazes de passar uma semana em Lahore? Ou que o menor inseto do Japão tem um nome que é o dobro da extensão de seu corpo? Oh, Cassandra, pelo amor de Deus, vamos inventar um método que permita aos homens terem filhos! É a nossa única esperança. Pois, a não ser que lhes propiciemos uma ocupação inocente, não teremos boas pessoas, nem sequer bons livros; pereceremos sob os frutos de sua desembestada atividade; e não sobreviverá nem mesmo um ser humano para saber que outrora existiu Shakespeare!".

"Já é tarde demais", repliquei. "Não podemos nem cuidar dos filhos que já temos."

"E você quer que eu acredite em intelecto?", ela disse.

Enquanto conversávamos, homens roucos e exaustos gritavam pela rua e, ouvindo-os, ficamos sabendo que o Tratado de Paz tinha sido assinado havia pouco. As vozes foram sumindo ao longe. A chuva caía e por certo interferia com a correta explosão dos fogos de artifício.

"Minha empregada já terá comprado o *Evening News*", disse Castalia, "que Ann deve estar soletrando enquanto toma seu chá. Tenho de ir para casa".

"Não adianta – não adianta nada", disse eu. "Depois que ela aprender a ler, somente numa coisa você poderá ensiná-la a acreditar – nela mesma."

"Bem, já seria uma mudança", disse Castalia.

Passamos pois a mão nos papéis da nossa Sociedade e, embora Ann estivesse brincando com a sua boneca na maior felicidade, solenemente a presenteamos com o monte, dizendo-lhe que a tínhamos escolhido para ser a Presidente da Sociedade do futuro – com o que a coitadinha caiu em prantos.

Segunda ou terça

Preguiçosa e indiferente, arredando espaço de suas asas com a maior facilidade, e sabendo o caminho, a garça passa embaixo do céu por sobre a igreja. Branco e distante, absorto em si mesmo, infinitamente o céu cobre e descobre, fica e se afasta. Um lago? Apague logo sua margem! A montanha? Oh, é perfeita – dourando ao sol sua encosta. Ora desce, descai. E depois samambaias, ou penas brancas, incessantemente...

Desejando a verdade, à espera dela, destilando laboriosamente algumas palavras, desejando sem parar – (parte um grito da esquerda, depois outro à direita. Movem-se rodas que divergem. Ônibus se conglomeram em conflito) – sem parar desejando – (o relógio assevera com doze badaladas distintas que é meio-dia;[1] escamas de ouro se desprendem da luz; crianças se embolam) – desejando eternamente a verdade. Vermelha é a cúpula; há moedas penduradas nas árvores; a fumaça se espicha pelas chaminés; clamam, berram, gritam "ferro à venda" – e a verdade?

Propagando-se até um ponto nos pés de homens e mulheres, com incrustações douradas ou negras – (Esse tempo nevoento – Açúcar? Não, obrigado – A comunidade do futuro) –, a luz do fogo se arremessa e avermelha toda a sala, exceto as figuras negras e seus brilhantes olhos, enquanto lá fora um carro descarrega, *miss* Thingummy toma chá à sua mesa e casacos de pele são preservados em vidro...

Agitada, folha-luz, levada pelas esquinas, soprada por entre as rodas, salpicada de prata, em casa ou fora de casa, juntada, espalhada, derramada em separadas escamas, varrida para lá e para cá, dilacerada, deprimida, reunida – e a verdade?

Agora refazer-se ao lado do fogo no quadrado branco de mármore. Vindas de ebúrneas profundidades, palavras soltam seu negrume ao se erguer, florescem, penetram. Caído o livro; na chama, na fumaça, nas fagulhas momentâneas – ou agora viajando, o quadrado de mármore pendente, por baixo minaretes e os mares da Índia, enquanto o espaço corre azul e as estrelas cintilam – a verdade? ou, agora, satisfação com a reclusão?

Preguiçosa e indiferente a garça retorna; o céu cobre com véu suas estrelas; depois desnuda-as.

O quarteto de cordas

Bem, cá estamos, e se você correr os olhos pela sala verá que bondes, metrôs e ônibus, não poucas carruagens particulares e até, ouso crer, landaus puxados por cavalos baios participaram de tudo, trançando fios de uma à outra extremidade de Londres. No entanto, começo a ter minhas dúvidas...

Se de fato for verdade, como estão dizendo, que a Regent Street está fervilhando, que o Tratado foi assinado,[1] que para a época do ano o tempo não está frio, que nem por muito de aluguel se arranja apartamento e que o pior da gripe são as consequências; se me ocorre pensar ter esquecido de escrever sobre a goteira na despensa, e que deixei minha luva no trem; se os laços de sangue mandam-me, a mim que me dobro à frente, aceitar cordialmente a mão que se oferece talvez com hesitação...

"Há sete anos não nos víamos."

"A última vez foi em Veneza."

"E onde você está morando agora?"

"Bem, para mim é melhor no fim da tarde, se bem que, se não fosse pedir muito..."

"Mas eu logo a reconheci."

"É, a guerra abriu uma brecha..."

Se é a mente varada por tais insignificantes flechinhas, e se – pois que a tanto compele a sociedade humana – assim que uma é disparada, já outra pressiona à frente; se isso gera calor e se, em acréscimo, acenderam a luz elétrica; se dizer uma coisa, em tantos casos, deixa por trás uma necessidade de rever, de melhorar, revolvendo além do mais nos lamentos, prazeres, vaidades, desejos – se são todos os fatos a que me refiro, os chapéus, os boás de pele, as casacas dos cavalheiros e os alfinetes de gravata de pérola que vêm à superfície – qual é a chance?

De quê? A cada minuto se torna mais difícil dizer por que, a despeito de tudo, sento-me aqui acreditando que agora eu não posso dizer de quê, nem mesmo me lembrar da última vez em que isso aconteceu.

"Você viu o desfile?"

"O rei parecia tão frio."

"Não, não, não. Mas o que era mesmo, hein?"

"Ela comprou uma casa em Malmesbury."

"Que sorte, achar uma!"

A mim, pelo contrário, parece mais que certo ela estar, seja ela quem for, é desgraçada, já que é tudo uma questão de casotas e chapéus e gaivotas, ou assim parece ser para a centena de pessoas bem-vestidas, emparedadas, empelicadas, repletas que aqui tomaram assento. Não que eu possa me gabar, pois também passivamente me sento numa poltrona dourada, e apenas reviro a terra, como fazemos todos nós, sobre uma memória sepulta, pois há sinais, se não me engano, de que todos estamos lembrando de uma coisa, furtivamente à procura de uma coisa. Por que se inquietar? Por que tanta ansiedade sobre o acerto das roupas; das luvas – desabotoá-las ou não? Observe a seguir o rosto idoso, em destaque na tela escura, há um momento cortês e enrubescendo; agora triste e taciturno, como que na sombra. Era o som do segundo violino a se afinar na antesala? Aí vêm eles; quatro negras figuras com instrumentos, que se sentam de frente para os quadrados brancos sob a torrente de luz; pousam as pontas de seus arcos na estante de música; com um movimento simultâneo os levantam; bem de leve os mantêm em suspensão e, olhando para o instrumentista à sua frente, o primeiro violino conta um, dois, três...

Que floresça a primavera, que o broto nasça! Há uma pereira no alto da montanha. Jorram fontes; caem gotas. O Ródano porém corre profundo e célere, precipita-se por sob as arcadas e arrasta as folhas que boiavam sobrando, lançando sombras nos peixes prateados, nos peixes malhados impelidos ao fundo pelas águas velozes e ora puxados por um redemoinho para – como é difícil isto – a conglomeração de todos num poço; peixes que saltam, que espadanam, que afiam suas nadadeiras cortantes; e tal a agitação da corrente que os seixos amarelos rolados vão se tornando cada vez mais redondos, roliços, rotundos – livres agora, quando se precipitam ao fundo, ou mesmo ascendem de algum modo no ar em espirais primorosas; que se enrolam, como aparas tiradas por uma plaina; e não param de subir... Como é bela a bondade em quem, pisando de leve, passa sorrindo pelo mundo! E também em velhas e animadas peixeiras que se agacham debaixo das arcadas, pândegas e obscenas velhotas que, ao andarem de um lado para outro, hum, ah!, riem às gargalhadas, sacudindo-se a mais não poder.

"Isto é do jovem Mozart, naturalmente..."

"Mas a melodia, como todas as melodias dele, leva ao desespero – ou melhor, à esperança. Que é que eu quero dizer? Que o pior da música é isto! Quero dançar, rir, comer bolos cor-de-rosa, bolos amarelos, beber vinho suave ou forte. Ou, agora mesmo, uma anedota indecente – bem que me agradaria. Quanto mais velha uma pessoa fica, mais gosta de imoralidades. Ra-ra-ra! eu estou rindo. De quê? Nem você, nem o senhor idoso do outro lado, nada disseram... Mas suponha que – suponha – Silêncio!"

O rio da melancolia nos leva. Quando a lua penetra por entre os ramos pendentes do salgueiro, vejo seu rosto, ouço sua voz e os passarinhos cantando ao passarmos pelo canteiro de vime. O que dizem seus murmúrios? Aflição, aflição. Alegria, alegria. Trançadas juntas, inextricavelmente mescladas, ligadas pela dor e juncadas de sofrimento – até se romper!

O barco afunda. Soerguendo-se, as figuras ascendem, mas finas como folhas agora, e gradualmente se reduzem a um nevoento espectro que, com as extremidades em fogo, arranca-me do coração sua paixão dobrada. Para mim ele canta, deslacra minha dor, induz à compaixão, inunda de amor o mundo sem sol, não reprime, cessando, sua ternura, mas ágil e sutilmente tece para dentro e para fora, até que neste padrão, nesta consumação, venha unificar as fendas; voar, soluçar, afundar em repouso, aflição e alegria.

Então, por que se atormentar? Pedir o quê? Continuar insatisfeita? Digo que tudo está resolvido; sim; posto para descansar debaixo de uma colcha de folhas de roseira caindo. Caindo. Ah, mas elas param. Uma folha de roseira, caindo de enorme altura, como um pequeno paraquedas lançado de um balão invisível, vira-se, adeja indecisamente. Não conseguirá alcançar-nos.[2]

"Não, não. Não notei nada. O pior da música é isto – estes sonhos absurdos. O segundo violino se atrasou, é?"

"É a velha *mrs*. Munro, sentindo que está no fim – cada ano mais cega, coitada – neste piso escorregadio."

Velhice sem olhos, esfinge de cabeça grisalha... Lá está ela na calçada, fazendo sinal, na maior austeridade, para o ônibus vermelho.

"Como foi bom! Como eles tocam bem! Como – como – como!"

A língua não passa de uma matraca. A própria simplicidade. As penas do chapéu a meu lado são reluzentes e deleitam como um matraquear de crianças. A folha do plátano cintila em verde pela fresta da cortina. Muito estranho, muito emocionante.

"Como – como – como!" Chega!

Estes aqui são os namorados na grama.

"Se aceitar minha mão, madame..."

"Bem que eu lhe confiaria, senhor, meu coração. Mas acontece que deixamos nossos corpos no salão de banquete. São as sombras de nossas almas que se estendem na grama."

"São nossas almas então que assim se acariciam." Os limoeiros acenam em concordância. O cisne se desloca da margem e, sonhador, vai nadando para o meio da água.

"Mas, para voltar. Ele me seguiu pelo corredor abaixo e, quando dobramos a esquina, pisou nas rendas da minha anágua. O que eu podia fazer senão gritar 'Ah!' e parar para ajeitá-las? Nisso ele desembainhou sua espada, deu alguns golpes como se a fosse cravar para matar e gritou: 'Louca! Louca! Louca!'. Tendo eu aí dado um berro, o Príncipe, que estava escrevendo no grande livro em velino à janela em sacada, saiu com seu gorro de veludo e seus chinelos forrados para arrancar da parede uma espada de dois gumes – presente do rei da Espanha, sabe – e foi nessa que escapei, me enrolando bem na capa para esconder os estragos na minha saia – para esconder... Mas ouça! as trompas!"

O cavalheiro responde com tal rapidez à dama, e ela sobe na escala com tão espirituosa troca de atenções, a culminar agora num apaixonado soluço, que as palavras são indistinguíveis, embora seu significado seja bastante claro – amor, riso, arroubo, perseguição, ventura celestial – tudo flutuando às claras no mais alegre encrespar-se de carinhosa estima – até que o som das trompas prateadas, a princípio muito distante, pouco a pouco adquire cada vez mais clareza, como se houvesse senescais saudando a aurora ou proclamando ominosamente a escapada dos amantes... O jardim verde, poça enluarada, os limoeiros, os namorados e os peixes estão todos dissolvidos no céu de opala, pelo qual, quando as trompas se juntam a trompetes e são acompanhadas por clarins, sobem arcadas brancas apoiadas firmemente em pilares de mármore... Caminhar e clarinar. Clangorar e clangor. Firme estabelecimento. Fixas fundações. Marcha de miríades. Confusão e caos postos por terra. A cidade para a qual viajamos não tem pedra nem mármore; mas paira duradoura; permanece inabalável; nenhum rosto, nenhuma bandeira para saudar ou dar as boas-vindas. Deixe então perecer sua esperança; e minha alegria esmorecer no deserto; avance nua. Há nudez nos pilares; jamais auspiciosos; jamais lançando sombras; resplandecentes; severos. Caio pois de regresso, não mais ansiosa, desejando apenas ir, achar a rua, marcar bem os prédios, cumprimentar a vendedora de maçãs, dizer para a empregada que vem abrir a porta: Uma noite estrelada.

"Boa noite, boa noite. Você vai para lá?"
"Ah, não! Vou para cá."

Azul e verde

Verde

Os dedos de vidro pendurados apontam para baixo. A luz, ao deslizar pelo vidro, derrama uma poça verde. O dia inteiro os dez dedos do lustre derramam verde no mármore. As penas dos periquitos – seus gritos dissonantes – cortantes lâminas de palmeiras – verdes também; verdes agulhas reluzindo no sol. Mas não para o duro vidro de gotejar sobre o mármore; sobre a areia do deserto as poças ficam suspensas; por elas cambaleiam camelos; as poças se assentam no mármore; juncos as margeiam; e ervas se grudam nelas; aqui e ali uma flor branca; o sapo salta por cima; de noite as estrelas são afixadas intactas. Aproxima-se a noite, e o verde, varrido pela sombra, vai para cima da lareira; a superfície enrugada do oceano. Não há navios chegando; as ondas a esmo balançam sob o céu vazio. A noite avança; das agulhas agora pingam traços de azul. O verde ficou de fora.

Azul

O monstro de nariz achatado surge na superfície e esguicha por suas rudes narinas duas colunas de água que, de um branco ardente no centro, ao redor se espalham numa orla de borrifos azuis. A tela preta do seu couro é riscada por pinceladas azuis. Enchendo-se de água pela boca e as narinas, pesado de tanta água ele afunda, e o azul se fecha sobre ele, a procurar por artes mágicas os seixos polidos dos seus olhos. Lançado à praia ei-lo que jaz, rude, obtuso, soltando escamas secas e azuis. O azul metálico delas mancha na praia o ferro enferrujado. São azuis as nervuras do barco a remo que afundou. Sob os sinos azuis rola uma onda. Mas é diferente o da catedral, frio, cheio de incenso, um azul desmaiado, com véus de madonas.

1922 – 1925

Uma escola de mulheres vista de fora

A lua, com seu branco plumoso, nunca deixava o céu ficar escuro; a noite inteira eram brancas contra o verde as flores do castanheiro, como indistinta pelos prados era a salsa-do-campo. Nem à Tartária nem à Arábia ia o vento dos pátios de Cambridge, mas mergulhava sonhador em meio a nuvens cinza-azuladas sobre os telhados de Newnham. Lá no jardim, se precisasse de espaço para andar, ela o encontraria entre as árvores; e, como apenas faces de mulheres poderiam encontrar sua face, tirando o véu ela seria capaz de a revelar apática, inexpressiva, e fixar o olhar nos quartos onde, àquela hora, apáticas, inexpressivas, pálpebras brancas sobre os olhos, mãos sem anéis sobre lençóis, dormiam numerosas mulheres. Mas aqui e ali ainda havia uma luz acesa.

No quarto de Angela, poder-se-ia imaginar uma luz dupla, tendo em vista quão luminosos eram não só a própria Angela, mas também seu reflexo que o espelho quadrado devolvia. Toda ela perfeitamente delineada – até a alma talvez. Pois o espelho apresentava uma imagem que era incapaz de tremer – branca e dourada, chinelos vermelhos, cabelo claro com pedrinhas azuis, e nunca uma ruga ou sombra para interromper o prolongado beijo de Angela e seu reflexo no espelho, como se ela estivesse radiosa de ser Angela. Radioso, fosse como fosse, era o momento – o quadro reluzente pendurado no coração da noite, o santuário escavado nas trevas. É estranho de fato ter essa prova visível da retidão das coisas; esse lírio a flutuar impecável, e sem medo, sobre as águas do Tempo, como se isto bastasse – este reflexo. Meditação que ela traiu ao virar-se, e o espelho já não exibia mais nada, ou somente a armação da cama, e ela, correndo de lá para cá, pisando de leve e disparando, tornou-se igual a uma mulher numa casa e mudou de novo: franziu os lábios por cima de um livro preto e com seu dedo marcou o que não seria decerto uma apreensão muito firme da ciência econômica. Somente Angela Williams estava em Newnham com o objetivo de ganhar a vida, não podendo se esquecer, nem mesmo em momentos de adoração apaixonada, dos cheques de seu pai em Swansea; de sua mãe lavando roupa no tanque: vestidos cor-de-rosa para estender no varal; sinais de que nem o lírio ainda flutua impecável sobre as águas, tendo sim, como qualquer um, um nome escrito num cartão.

A. Williams – pode-se ler à luz da lua; e a seguir alguma Eleanor ou Mary, Mildred, Sarah, Phoebe em cartões quadrados nas suas portas. Nada a não ser nomes, apenas nomes. A luz branca e fria os embranquecia e engomava até restar a impressão de que o único objetivo desses nomes todos era se pôr marcialmente em ordem caso houvesse um chamamento a que fossem apagar um incêndio, abafar uma insurreição ou submeter-se a um exame. Tal é o poder dos nomes escritos em cartões afixados nas portas. Tal também a semelhança, vejam-se as telhas, corredores, portas de quartos de dormir, com um convento ou um estábulo, um lugar de reclusão ou disciplina, onde a vasilha de leite se mantém fresca e pura e há muita lavação de roupa.

Neste exato momento partiu de trás de uma porta uma risadaria abafada. Um relógio de voz alambicada batia as horas – uma, duas. Mas, se o relógio estivesse dando ordens, essas eram desobedecidas. Incêndio, insurreição, exame, tudo se cobria de neve com as risadas, ou com jeito era extinto, dando o som a impressão de borbulhar das profundas para meigamente afastar, de um sopro, hora, regras, disciplina. A cama estava cheia de cartas de baralho espalhadas. Sally, no chão. Helena, na cadeira. Bertha, perto da lareira, esquentava as mãos juntas. A. Williams entrou bocejando.

"Porque é profunda e intoleravelmente irritante", disse Helena.

"Irritante", ecoou Bertha. E depois bocejou.

"Não somos eunucos."

"Eu vi quando ela ia escapulindo pelo portão dos fundos, com aquele chapéu velho. Eles não querem que a gente saiba."

"Eles?", disse Angela. "Ela."

Daí as risadas.

As cartas foram dadas, com suas faces vermelhas e amarelas a cair sobre a mesa, e às cartas se atiraram as mãos. Bertha, encostando a cabeça na cadeira, suspirou fundo. Bem que ela teria preferido dormir, mas, já que a noite é um pasto livre, um campo ilimitado, já que a noite é riqueza por moldar, convém abrir na sua escuridão um túnel. Convém cobri-la de joias. A noite era partilhada em segredo, de dia o rebanho todo pastava. A cortina estava aberta. Neblinava no jardim. Sentando-se no chão à janela (enquanto as outras jogavam), corpo, mente, os dois juntos pareciam levados pelo ar para arrastar-se através do arvoredo. Ah, mas ela queria era esticar-se na cama e dormir! Ninguém sentia como ela, acreditava, um tal desejo de sono; acreditava, humilde – e sonolentamente –, cabeceando e já quase arriando às vezes, que as outras estavam plenamente acordadas. Quando riram todas juntas, um passarinho que dormia pipilou no jardim, como se a risadaria...

Sim, como se a risadaria (pois ela agora cochilava) flutuasse também como a neblina e se amarrasse com tiras de suave elasticidade nos arbustos e nas plantas, tornando vaporoso e anuviado o jardim. A seguir, levados pelo vento, curvar-se-iam os arbustos, sendo o vapor branco soprado pelo mundo afora.

De todos os quartos onde as mulheres dormiam esse vapor emanava, aderindo como neblina às plantas para depois soltar-se livremente no ar. Dormiam mulheres velhas que de imediato empunhariam o bastão de marfim da ordem, se acordassem. Agora, no entanto, tão sem cor e serenas, em repouso profundo, elas jaziam rodeadas, jaziam sustentadas pelos corpos das jovens que ali se recostavam ou iam se agrupar à janela; derramando no jardim suas borbulhantes risadas, sua risadaria irresponsável: um riso de corpo e alma, que punha regras, horas, disciplina a voar para longe: imensamente fertilizador, contudo informe, caótico, arrastando-se erradio e recobrindo de tufos e nesgas de vapor as roseiras.

"Ah", suspirou Angela, plantada de camisola à janela. Havia dor em sua voz, com a cabeça curvada para fora. A neblina se fendeu como se sua voz a partisse. Enquanto as outras jogavam, ela estivera conversando com Alice Avery sobre o castelo de Bamborough; a cor da areia ao crepúsculo; ao que Alice dissera que ia escrever e anotar o dia, em agosto, e inclinando-se lhe deu um beijo, ou pelo menos tocou sua cabeça com a mão, e Angela, positivamente incapaz de sentar-se quieta, como se um mar encapelado batesse em seu coração, vagou de um lado para outro no quarto (a testemunha de tal cena), mantendo os braços bem abertos para aliviar a emoção, esse espanto ante o incrível abaixamento da árvore milagrosa coroada por um fruto de ouro – que não veio cair em suas mãos? Ela o abrigava junto ao seio, brilhando, coisa para não ser tocada, nem pensada ou comentada, mas para ficar lá em seu brilho. E então, lentamente pondo aqui suas meias, ali seus chinelos, dobrando por cima, com cuidado, a anágua, Angela, cujo sobrenome era Williams, deu-se conta de que – como poderia expressá-lo? – de que após a negra turbulência de uma infinidade de épocas aqui estava a luz no fim do túnel; a vida; o mundo. Embaixo dela – tudo ótimo; tudo adorável. Tal foi sua descoberta.

Como então sentir surpresa, com efeito, se, deitada na cama, ela não conseguia fechar os olhos de vez? – algo voltava irresistivelmente a abri-los – se na escuridão pouco profunda o gaveteiro e a cadeira pareciam tão majestosos, e tão precioso o espelho, quando cinéreo anunciava o dia? Chupando o polegar feito criança (com dezenove anos feitos em novembro passado), lá ficou ela pois nesse mundo bom, nesse mundo novo, nesse mundo no fim do túnel, até que um desejo de o ver ou de a ele antecipar-se a impeliu a jogar de lado as cobertas para se guiar à janela e lá, ao olhar para o jardim, onde se espalhava a neblina, todas as janelas abertas, com um azul afogueado, com algo murmurando ao longe, o mundo, é claro, e a manhã chegando, "Oh", gritou ela, como se sentisse uma dor.

No pomar

Miranda dormia no pomar, deitada numa espreguiçadeira sob o pé de maçã. Seu livro tinha caído na grama e seu dedo ainda parecia apontar para a frase *"Ce pays est vraiment un des coins du monde où le rire des filles éclate le mieux..."*, como se justamente aí ela houvesse começado a dormir. As opalas em seu dedo cambiavam de cor ao faiscar, ora em verde, ora em rosa, ora ainda em laranja, à medida que o sol vinha cobri-las, filtrado pelas macieiras. Depois, quando a brisa soprou, como uma flor presa na haste seu vestido roxo ondulou; dobrou-se a grama; e a borboleta branca, bem por cima do seu rosto, veio esvoaçando a esmo.

No ar, a mais de um metro sobre sua cabeça, as maçãs pendiam. De repente houve um barulho estridente, como se gongos de metal rachado fossem percutidos de um modo irregular, brutal, violento. Eram contudo apenas as crianças da escola recitando a tabuada em uníssono, interrompidas pelo professor, repreendidas, e começando a dizer a tabuada outra vez. Mas o alarido passou a mais de um metro sobre a cabeça de Miranda, enfiou-se nos galhos das macieiras e, ao ir de encontro ao filho do vaqueiro, que estava apanhando amoras na cerca, quando deveria estar na escola, levou-o a rasgar seu polegar no espinhal.

A seguir houve um grito solitário – triste, humano, brutal. O velho Parsley, que estava, de fato, torto de bêbado.

Aí as folhas mais do alto da macieira, planas como peixinhos contra o azul, a mais de três metros sobre a terra, vibraram com uma nota pensativa e lúgubre. Era o órgão da igreja que tocava um dos *Hinos antigos e modernos*. O som saía flutuando e era cortado em átomos por um bando de tordos que voava a enorme velocidade – fosse para onde fosse. Lá embaixo, a mais de três metros, Miranda continuava dormindo.

E aí acima de macieira e pereira, seiscentos metros acima de Miranda a dormitar no pomar, tocaram sinos, surdos, intermitentes, soturnos, didáticos, pois seis pobres mulheres da paróquia eram levadas nesse instante à igreja, dando o pastor graças a Deus por seus dízimos.

E acima disso, com um brusco rangido, a seta dourada da torre da igreja virou de Sul para Leste. O vento tinha mudado. Acima de tudo mais ele zunia, acima das matas, dos pastos, dos morros, quilômetros acima de Miranda que no pomar dormia. Varreu persistente, sem olhos, sem cérebro, nada encontrando para lhe opor resistência, até fazer meia-volta e rumar ao Sul novamente. Quilômetros abaixo, num espaço tão grande quanto um buraco de agulha, Miranda se pôs em pé e gritou: "Oh, vou me atrasar para o chá!".

Miranda dormia no pomar – ou talvez não dormisse, porque seus lábios se moviam muito de leve, como se estivessem dizendo *"Ce pays est vraiment un des coins du monde... où le rire des filles... éclate... éclate... éclate..."*, e ela sorria e deixava o corpo afundar com todo o peso na terra enorme que se ergue, pensou então, para me levar nas costas como se eu fosse uma folha, ou uma rainha (e aqui as crianças diziam a tabuada), ou, prosseguiu Miranda, eu poderia estar deitada no topo de um penhasco com os gritos das gaivotas por cima. Quanto mais alto elas voam, ocorreu-lhe a seguir, quando o professor ralhou com as crianças e bateu nos nós dos dedos de Jimmy até fazê-los sangrar, mais fundo olham para o mar – para o mar, repetiu, e seus dedos relaxaram e seus lábios se fecharam serenamente, como se ela estivesse flutuando nas ondas, e depois, quando acima da cabeça soou o berro do bêbado, ela respirou num êxtase extraordinário, pois pensou ter ouvido os próprios gritos da vida vindos de uma boca escarlate com sua língua grosseira, do vento, dos sinos, das folhas verdes e curvas dos repolhos.

Naturalmente ela estava se casando quando o órgão atacou a melodia dos Hinos Antigos e Modernos e, quando os sinos tocaram depois que as seis pobres mulheres foram levadas à igreja, a intermitência surda e soturna a fez pensar que a própria terra tremia sob os cascos do cavalo que galopava na sua direção ("Ah", suspirou, "eu só tenho de esperar!"), parecendo-lhe então que para ela e ao redor, até vará-la ao través, tudo havia começado a se mover e gritar, a voar e cavalgar, numa disposição em conjunto.

Mary está rachando lenha, pensou; Pearman está cuidando das vacas; as carroças estão vindo dos pastos; o cavaleiro – e ela traçou as linhas que os homens, as carroças, os pássaros e o cavaleiro faziam por essa parte do campo até parecer que eram repelidos todos, ao redor e ao través, pelo pulsar do seu próprio coração.

No ar, quilômetros acima, mudou o vento; a seta dourada da torre da igreja rangeu; e Miranda pulou em pé e gritou: "Oh, vou me atrasar para o chá!".

Miranda dormia no pomar, ou estava ou não estava dormindo? Seu vestido roxo se esticava entre os dois pés de maçã. Havia vinte e quatro macieiras no pomar, umas ligeiramente inclinadas, outras crescendo retas numa investida que ia tronco acima para alargar-se em galhos e formar gotas redondas, vermelhas ou amarelas. Cada macieira tinha bastante espaço. O céu se encaixava à perfeição nas folhas. Quando a brisa soprou, a linha dos ramos contra o muro inclinou-se um pouco, voltando logo depois ao normal. Uma rabirruiva voou em diagonal de um canto a outro. Em pulinhos cautelosos, um tordo se aproximou de uma maçã caída; e um pardal passou rente à grama, vindo do outro muro. A investida das árvores, para o alto, era amarrada, em baixo, por esses movimentos; sendo o todo compactado pelos muros do pomar. A terra, por quilômetros adentro, toda presa e apertada; e na superfície enrugada pelo ar tremulante; além, na extremidade do pomar, uma faixa roxa cortava o verde-azul. Mudando o vento, uma penca de maçãs foi atirada tão alto que eclipsou duas vacas no pasto ("Oh, vou me atrasar para o chá!" gritou Miranda), mas as maçãs logo voltaram a dependurar-se no muro.

Mrs. Dalloway em Bond Street

Mrs. Dalloway disse que ela mesma ia comprar as luvas.

Quando pisou na rua, o Big Ben estava batendo. Dava as onze, hora desocupada e fresca, como que enviada para crianças na praia. Mas na oscilação intencional das repetidas badaladas havia algo solene; algo que se refletia no murmúrio das rodas e no embaralhar das passadas.

Nem todas, sem dúvida, nos seus encargos, tinham a felicidade por fim. Há muito mais a se dizer sobre nós do que somente que andamos pelas ruas de Westminster. E também o Big Ben não é nada, senão varetas de aço que a ferrugem teria consumido, não fosse o zelo dos funcionários de Sua Majestade que o mantêm. Só para *mrs*. Dalloway o momento era completo; pois junho, para *mrs*. Dalloway, era um mês revigorante. Uma infância feliz – e não só às próprias filhas Justin Parry tinha parecido boa pessoa (fraco, é claro, no tribunal); flores no fim da tarde, fumaça subindo; o grasnar das gralhas, do alto, bem do alto, caindo cada vez mais pelo ar de outubro – nada ocupa o lugar da infância. Uma folha de hortelã a traz de volta: ou uma xícara com um círculo azul.

Coitadinhos, suspirou ela, e apressou-se à frente. Oh, bem debaixo das fuças dos cavalos, seu diabrete! e lá ficou, largada na beira da calçada a esticar sua mão, enquanto Jimmy Dawes, o mais longe possível, ria arreganhando os dentes.

Mulher charmosa, firme, cheia de vida, com o cabelo grisalho em estranho contraste com o rosto corado, assim a viu Scrope Purvis, cavaleiro da Ordem do Banho,[1] quando ia afobado para o seu escritório. Ela se retesou um pouco, esperando que o furgão de Durtnall passasse. O Big Ben bateu a décima; e a décima primeira badalada. Os círculos de chumbo se dissolveram no ar. A altivez a mantinha erecta, herdando, passando adiante a disciplina e o sofrimento que ela conhecia tão bem. Como as pessoas sofriam, como sofriam, pensava, pensando em *mrs*. Foxcroft ontem de noite na embaixada, coberta de joias mas sofrendo em silêncio porque aquele belo rapaz tinha morrido e a velha casa da propriedade agora (passou o furgão de Durtnall) ficaria com um primo.

"Muito bom dia!", disse Hugh Whitbread, erguendo-lhe o chapéu, perto da loja de louças, não sem certa extravagância, já que desde crianças eles se conheciam. "Para onde está indo?"

"Adoro andar a pé por Londres", disse *mrs*. Dalloway. "É melhor realmente do que caminhar pelo campo."

"Nós acabamos de chegar", disse Hugh Whitbread. "Infelizmente, para ir a médicos."

"Milly?", disse *mrs*. Dalloway, instantaneamente compadecida.

"Não anda bem", disse Hugh Whitbread. "É aquela coisa. E Dick, como vai?"

"Está ótimo!", disse Clarissa.

Claro, pensava ela, voltando a andar, Milly é mais ou menos da minha idade – cinquenta – cinquenta e dois. Assim então era provavelmente *isso*, sim, foi o que Hugh quis dizer, disse-o perfeitamente – seu velho e prezado Hugh, pensou *mrs*. Dalloway, se lembrando com prazer, com gratidão, com emoção, como ele sempre tinha sido tão tímido, como um irmão – seria preferível morrer do que falar com um irmão – quando Hugh estava em Oxford, e veio de lá, e havia uma delas (a tal da coisa!) que talvez nem soubesse se sentar num cavalo. Como então as mulheres tomariam assento no Parlamento? Como poderiam fazer coisas com os homens? Porque existe esse instinto extraordinariamente profundo, algo dentro da gente; não se pode passar por cima disso; não adianta nem tentar; e homens como Hugh o respeitam, sem que o digamos, e é disso que eu gosto, pensou Clarissa, no velho, prezado Hugh.

Ela havia passado pelo Arco do Almirantado e viu no fim da rua vazia com suas árvores finas o monumento branco à Vitória, a encapelada maternalidade, a amplitude e domesticidade de Vitória, sempre ridículas, porém tão sublimes, pensou mrs. Dalloway, lembrando-se dos jardins de Kensington e da velha senhora com óculos de tartaruga e de Nanny dizendo para parar de se mexer e inclinar-se para saudar a rainha. A bandeira estava hasteada no palácio. O rei e a rainha então estavam de volta. Não fazia muito que Dick a encontrara no almoço – mulher absolutamente distinta. Isso é muito importante para os pobres, pensou Clarissa, e os soldados. À sua esquerda, erguiam-se heroicamente sobre um pedestal um homem de bronze e seu fuzil – a guerra sul-africana. É importante, pensava mrs. Dalloway, andando para o palácio de Buckingham. Lá estava ele, quadrado e firme, banhado de sol, simples, inflexível. Era porém uma questão de caráter, pensava ainda; alguma coisa inata à raça; o que os hindus respeitavam. A rainha visitava hospitais, inaugurava bazares – a rainha da Inglaterra, pensava Clarissa, olhando para o palácio. Tão cedo ainda e um automóvel já saía pelos portões; soldados saudaram; e os portões se fecharam. Clarissa, atravessando a rua, sempre se mantendo aprumada, entrou no parque.

Nem sequer uma folha junho deixara de arrancar das árvores. As mães de Westminster, com seios sarapintados, davam de mamar aos bebês. Garotas em tudo respeitáveis se espichavam na grama. Um homem idoso, abaixando-se com plena firmeza, pegou no chão um papel que desdobrou, que desamassou e abriu completamente para jogar no chão outra vez. Que horror! Ontem de noite, na embaixada, sir Dighton tinha dito: "Basta eu erguer a mão, se precisar de alguém para segurar meu cavalo". Mas a questão religiosa é muito mais grave do que a econômica, tinha dito sir Dighton, e ela pensou que isso, partindo de um homem como sir Dighton, era extraordinariamente interessante. "Oh, o país nunca saberá o quanto perdeu", dissera ele, falando por espontânea vontade sobre o querido Jack Stewart.

Pouco a pouco ela subiu a pequena elevação. Agitava-se vigorosamente o ar. Mensagens eram mandadas da esquadra para o Almirantado. Piccadilly e Arlington Street e o Mall pareciam até mesmo esquentar o ar do parque e suspender suas folhas, com calor e brilho, nas ondas daquela divina vitalidade de que Clarissa tanto gostava. Andar a cavalo; dançar; tinha adorado tudo aquilo. Ou participar de longas caminhadas no campo, falando de livros, ou do que fazer da vida, pois os jovens eram incrivelmente presunçosos – oh, as coisas que eles diziam! Mas tinham convicção. A desgraça é a meia-idade. Pessoas como Jack nunca saberão disso, pensou ela; porque nem uma vez ele pensou na morte, nunca ele soube, pelo que disseram, que estava morrendo. E agora nunca pode lamentar – como era mesmo? – uma cabeça que encanece... pelo lento contágio das manchas do mundo[2] ... uma ou duas vezes antes já beberam seu trago.[3] ... Pelo lento contágio das manchas do mundo! Ela se mantinha aprumada.

Mas que algazarra faria Jack! Citando Shelley em Piccadilly! "Você precisa é de um alfinete", diria ele, que detestava mulheres desmazeladas. "Meu Deus, Clarissa! Meu Deus, Clarissa!" – podia ouvi-lo agora na festa em Devonshire House, falando da pobre Sylvia Hunt com seu colar de âmbar e aquele vestido velho e desalinhado de seda. Clarissa se mantinha aprumada porque falara em voz alta e agora estava em Piccadilly, passando pela casa de elegantes colunas verdes e com sacadas; passando por janelas de clubes cheias de jornais; passando pela casa da velha *lady* Burdett-Coutts, onde já houve um papagaio branco de louça pendurado; e por Devonshire House, com seus leopardos dourados; e pelo Claridge's, onde tinha de se lembrar que Dick queria que ela deixasse um cartão para *mrs.* Jepson antes de sua partida. Podem ser muito simpáticos esses americanos ricos. Lá estava St. James's Palace; como um brinquedo de criança com tijolinhos; e agora – ela tinha passado por Bond Street – estava diante da livraria Hatchard's. O fluxo era incessante – infinito – perpétuo. Lords, Ascot, Hurlingham – que era aquilo? Que jeito estranho, pensou, olhando o frontispício de um livro de memórias que se abria esparramado na vitrine em arcada, *sir* Joshua talvez, ou Romney; brilhante, esperto e reservado; o tipo de garota – como sua própria Elizabeth – o único *verdadeiro* tipo de garota. E lá estava aquele livro absurdo, Soapey Sponge,[4] que Jim costumava citar no pátio; e os sonetos de Shakespeare, que ela sabia de cor. Phil e ela tinham discutido o dia todo sobre a Bela Morena, e Dick, no jantar dessa noite, foi logo dizendo que nunca ouvira falar a seu respeito. Realmente, por isso ela se casara com ele! Porque ele nunca tinha lido Shakespeare! Devia haver algum livrinho barato que ela pudesse comprar para Milly – *Cranford*,[5] é claro! Já houve coisa mais deliciosa no mundo do que a vaca de saia? Se ao menos as pessoas tivessem aquele tipo de humor, aquela espécie de respeito por si mesmas agora, pensou Clarissa, pois lembrava-se das linhas gerais; de como as frases terminavam; dos personagens – de como conversavam sobre eles como se fossem reais. Para todas as coisas grandiosas é preciso ir ao passado, pensou. Pelo lento contágio das manchas do mundo... Não mais temas o calor do sol.[6] ... E agora nunca pode lamentar, nunca pode lamentar, repetiu, desviando os olhos para o alto da vitrine; pois um pingo de chuva lhe caiu na cabeça; o teste da grande poesia; os modernos nunca escreveram nada que eu quisesse ler sobre a morte, pensou; e se virou.

Ônibus junto de automóveis; automóveis furgões; furgões carros de aluguel, carros de aluguel automóveis – e ali vinha um automóvel aberto com uma moça sozinha. De pé até as quatro, eu sei, pensou Clarissa, e com os pés que nem se aguentam, pois a garota parecia aos pedaços, quase dormindo no cantinho do carro, após o baile. E mais um carro; e mais outro. Não! Não! Não! Clarissa sorriu complacentemente. De nada se esquecera a obesa senhora, mas essa não! diamantes e orquídeas a esta hora da manhã! Não! Não! Não! Quando fosse para atravessar, o guarda, excelente, levantaria a mão. Mais um carro ia passando. Quanta falta de encanto! Mas também por que uma moça dessa idade se pintava de preto ao redor dos olhos? E o rapaz com uma menina, neste momento, quando o país – O guarda admirável ergueu a mão e Clarissa, reconhecendo-lhe, sem se apressar, a autoridade, atravessou e andou para a Bond Street; viu a rua estreita e tortuosa, as bandeirolas amarelas; os fios telegráficos, com seus grossos encaixes, se esticavam no céu.

Há cem anos seu tataravô, Seymour Parry, que fugiu com a filha de Conway, descia a pé pela Bond Street. Durante um século os Parrys tinham descido a pé pela Bond Street e poderiam ter encontrado os Dalloways (Leighs pelo lado materno) indo em sentido contrário. Seu pai já comprava roupas no Hill's. Havia uma peça de fazenda na vitrine e, aqui, apenas uma jarra sobre uma mesa preta, incrivelmente cara; como o salmão cor-de-rosa e gordo sobre pedras de gelo, na peixaria. As joias eram requintadas – estrelas cor-de-rosa e laranja, imitações de pedras preciosas, espanholas, pensou, e correntes de ouro velho; fivelas estreladas, pequenos broches que mulheres de grandes penteados já haviam usado sobre cetim verde-mar. Mas nem adiantava olhar! Ela tinha de fazer economia. Tinha de passar pela galeria onde estava pendurado um dos estranhos quadros franceses, como se tivessem jogado confete nele – cor-de-rosa e azul – para fazer graça. Quem sempre viveu com quadros (ou com livros e música, dá no mesmo), pensou Clarissa, não se deixa levar por graça feita.

A Bond Street era um rio entupido. Em relevo real, como uma rainha num torneio, lá estava *lady* Bexborough. Sozinha em sua carruagem, toda empoada, olhando através dos óculos. A luva branca em seu pulso estava um pouco folgada. E a roupa preta, apesar de bem surrada, pensou Clarissa, foge ao comum pelo que mostra, de educação, de autoestima, de nunca dizer uma palavra demais nem dar margem a mexericos alheios; uma excelente amiga; ninguém podia, depois de todos esses anos, achar um defeito nela, que agora aí vai, pensou Clarissa ao passar pela condessa que, completamente imóvel e empoada, se mantinha à espera, e Clarissa daria qualquer coisa para também ser assim, a amante de Clarefield, discutindo política, como um homem. Mas ela nunca vai a nada, é inútil convidá-la, pensou Clarissa, e a carruagem foi em frente e *lady* Bexborough passou, levada como rainha em torneio, embora não tenha do que viver e o velho esteja alquebrado e digam que ela já está cansada de tudo, pensou Clarissa, já com lágrimas nos olhos, de fato, quando entrou na loja.

"Bom dia", disse em sua voz charmosa. Com sua grande cordialidade, pediu luvas, pôs a bolsa no balcão e passou, muito lentamente, a abrir o fecho. "Luvas brancas", disse. "Acima do cotovelo", e olhou a balconista bem no rosto – será que era a mesma da qual se lembrava? Parecia um pouco velha. "Estas realmente não dão", disse Clarissa. A moça deu uma olhada. "Madame usa braceletes?" Clarissa esticou os dedos. "Talvez por causa dos meus anéis." E a moça pegou as luvas cinzentas, levando-as consigo para o fim do balcão.

Se é a mesma da qual me lembro, pensou Clarissa, está vinte anos mais velha... Havia apenas uma outra freguesa, sentada ao lado do balcão, cotovelo apoiado, mão direita sem luva a cair desocupada; como uma figura num leque japonês, talvez desocupada demais, contudo capaz de suscitar a adoração de alguns homens, pensou Clarissa. Tristemente a senhora balançou a cabeça. As luvas tinham ficado muito grandes de novo. Ela se virou para o espelho. "Acima do pulso", reclamou com a mulher grisalha; que olhou e concordou.

Elas esperaram; tiquetaqueava um relógio; Bond Street zumbia, embaciada, distante; a mulher se retirou carregando luvas. "Acima do pulso", disse a freguesa, lamentosamente, elevando a voz. E ela teria de encomendar cadeiras, gelo, flores, tíquetes para a guarda dos casacos, pensava Clarissa. As pessoas que ela não queria, viriam; as outras, não. Mas ela ficaria na porta. Ali também vendiam meias – meias de seda. Conhece-se uma mulher por seus sapatos e luvas, costumava dizer tio William. E através do prateado tremulante das meias de seda penduradas ela olhou para a senhora que tinha os ombros tão altos, a mão caída, uma bolsa que ia deslizando e os olhos desocupados no chão. Seria intolerável se mulheres mal-vestidas fossem à festa dela! Poderia alguém gostar de Keats, se ele tivesse usado meias vermelhas? Oh, enfim – ela se encostou no balcão e isto lhe veio à cabeça:

"Lembra-se que antes da guerra vocês tinham luvas com botões de pérola?".

"Luvas francesas, madame?"

"Sim, eram francesas", disse Clarissa. A outra senhora se levantou muito triste e apanhou sua bolsa e olhou as luvas que estavam no balcão. Mas todas ficavam muito grandes – sempre grandes demais no pulso.

"Com botões de pérola", disse a balconista que, ao abrir sobre o balcão as folhinhas de papel de seda, parecia mesmo bem mais velha. Com botões de pérola, pensou Clarissa, tão simples – tão francês!

"Madame tem as mãos tão finas", disse a balconista, puxando a luva com delicadeza e firmeza para a enfiar por cima dos anéis. E Clarissa olhou para o seu braço no espelho. A luva mal chegava ao cotovelo. Será que havia outras com um centímetro a mais? Mas que maçada seria incomodá-la por isso – talvez bem naquele dia do mês, pensou Clarissa, em que ficar em pé é uma agonia. "Oh, não se incomode", ela disse. Mas as luvas foram compradas.

"Você não fica terrivelmente cansada", disse em sua voz charmosa, "de estar sempre em pé? Quando tira suas férias?".

"Em setembro, madame, quando o movimento é menor."

Quando nós estamos no campo, pensou Clarissa. Ou na temporada de caça. Mas para ela duas semanas em Brighton. Nalgum quarto de pensão sufocante. A dona esconde o açúcar. Nada seria mais fácil do que mandá-la para ficar com *mrs.* Lumley no campo (e já estava com isso bem na ponta da língua). Mas aí ela se lembrou de que em sua lua-de-mel Dick lhe mostrara a loucura que é dar impulsivamente. Muito mais importante, ele tinha dito, era estabelecer comércio com a China. Claro que estava certo. E ela podia perceber que aquela moça não iria gostar de receber coisas dadas. Ali ela estava em seu lugar. Como Dick, no dele. Seu negócio era vender luvas. Tinha seus próprios sofrimentos à parte "e agora nunca pode lamentar, nunca pode lamentar", corriam-lhe pela cabeça as palavras. "Do lento contágio das manchas do mundo", pensou Clarissa, mantendo bem firme o braço, pois há momentos em que parece fútil demais (a luva foi retirada, deixando-lhe o braço salpicado de pó) – simplesmente não se pode mais, pensou Clarissa, acreditar em Deus.

De repente o rugir do trânsito; o brilho das meias de seda acentuou-se. Era uma freguesa que entrava.

"Luvas brancas", disse ela, com algo em seu tom de voz que Clarissa reconhecia.

Antes, pensou Clarissa, era tão simples. O grasnar das gralhas descendo cada vez mais pelo ar. Ao morrer Sylvia, centenas de anos atrás, como ficaram lindas as cercas-vivas de teixos com os diamantes das teias orvalhadas, antes da primeira hora na igreja. Mas, quanto a isso de acreditar em Deus, se Dick fosse morrer amanhã – oh, não, ela deixaria que os filhos decidissem, mas quanto a ela, como *lady* Bexborough, que diziam ter inaugurado o bazar de telegrama na mão – com Roden, seu favorito, morto –, ela iria em frente. Mas por que, se ela não acreditava? Por causa dos outros, pensou, pegando a luva na mão. A moça, se ela não acreditasse, ficaria muito mais infeliz.

"Trinta xelins", disse a mulher da loja. "Não, perdão, madame, trinta e cinco. As luvas francesas são mais caras."

Pois ninguém vive para si, pensou Clarissa.

E a outra freguesa apanhou então uma luva, enfiou-a de um puxão e a luva não aguentou.

"Viu? Rasgou!", exclamou ela.

"É defeito no couro", apressou-se em dizer a mulher grisalha. "Às vezes é uma gota de ácido, sabe, no curtimento. Experimente este par, madame."

"Mas pedir duas libras e dez é uma ladroeira horrorosa!"

Clarissa olhou para a madame; a madame olhou para Clarissa.

"Desde a guerra que as luvas já não são tão confiáveis", disse a balconista, desculpando-se, para Clarissa.

Mas onde ela tinha visto a outra senhora? – idosa, com um flácido ressalto no queixo; com uma fita preta usada em óculos de ouro; sensual, inteligente, como um desenho de Sargent.⁷ Como reconhecer alguém pela voz, quando as pessoas têm o hábito, pensou Clarissa, de fazer os outros – "Está um pouquinho apertada", ela disse – obedecerem? A mulher da loja foi lá dentro de novo. Clarissa continuava esperando. Não mais temas, repetia, brincando com o dedo no balcão. Não mais temas o calor do sol. Não mais temas, repetia. Havia no seu braço umas manchinhas marrons. E a moça se arrastava feito uma lesma. Tu, tu cumpriste com a tua missão terrena. Para que as coisas pudessem continuar como estão, milhares de rapazes tinham morrido. Enfim! Um centímetro acima do cotovelo; botões de pérola; cinco e um quarto. Meu caro e lento cocheiro, pensou Clarissa, você acha que eu posso ficar sentada aqui a manhã toda? E agora você vai levar vinte e cinco minutos para me dar meu troco!

Houve uma violenta explosão lá fora na rua. As mulheres da loja encolheram-se por trás dos balcões. Mas Clarissa, sentando-se bem erecta, sorriu para a outra senhora. "*Miss* Anstruther!", exclamou.

A cortina da babá Lugton

Babá Lugton estava dormindo. Tinha roncado alto. Deixando despencar a cabeça, tinha empurrado os óculos para a testa; sentada ali tão perto da lareira, com o dedal no dedo ainda esticado para cima; e a linha de algodão, enfiada na agulha, caindo solta; ela roncando, roncando; e no seu colo, cobrindo todo o avental, um grande pedaço de pano azul com figuras.

Os animais dos quais se cobria o pano não se moveram senão quando Babá Lugton roncou pela quinta vez. Uma, duas, três, quatro, cinco – ah, a velha enfim pegou no sono. O antílope fez um sinal para a zebra; e a girafa abocanhou uma folha na extremidade da árvore; todos os animais começaram a se mexer e aprumar-se. Pois o desenho que enfeitava o pano azul era constituído por bandos de animais selvagens, abaixo dos quais havia um lago e uma ponte e uma aldeia de telhados redondos, com homens e mulheres minúsculos que olhavam pela janela e passavam pela ponte a cavalo. Mas, assim que a velha babá roncou pela quinta vez, o pano azul tornou-se ar puro; agitaram-se as árvores; podia-se ouvir o rumor da água do lago; e ver as pessoas se movimentando na ponte e acenando das janelas com a mão.

Os animais então começaram a se mexer. Primeiro, o elefante e a zebra; depois, a girafa e o tigre; seguiram-se o avestruz, o mandril, doze marmotas e uma porção de mangustos; os pinguins e os pelicanos, uns ao lado dos outros, desengonçados e lentos, de vez em quando iam trocando bicadas. Sobre eles ardia como um sol o dourado dedal da babá Lugton; e, quando ela roncava, era o vento rugindo na floresta que os animais ouviam. Todos desciam para beber e, nisso que andavam, a cortina azul (pois babá Lugton estava fazendo uma cortina para a janela da sala de visitas de *mrs.* John Jasper Gingham) tornava-se feita de capim, margaridas e rosas; pontilhada de pedras brancas e pretas; com poças lamacentas, com marcas de carroças por cima, e com sapinhos que pulavam ligeiros para não serem esmagados pelos elefantes. Desciam pois do alto do morro para ir ao lago beber. E sem demora estavam todos na beira, uns se curvando, outros levantando a cabeça. Era uma cena realmente bela – e pensar que isso tudo repousava no colo da velha babá adormecida, à luz do lampião, em sua cadeira Windsor – pensar no seu avental coberto de capim e rosas, calcado pelas andanças daqueles bichos ferozes, quando até mesmo cutucá-los com a sombrinha por entre as grades do zoológico já lhe dava um medo mortal! Bastava um besourinho preto qualquer para deixá-la aos pulos. Babá Lugton porém estava dormindo; babá Lugton não via nada de nada.

Os elefantes saciaram a sede; e as girafas arrancaram as folhas dos tulipeiros mais altos; e as pessoas que atravessavam as pontes jogavam bananas para elas e atiravam para o ar abacaxis e pãezinhos, redondos, dourados, apetitosos, recheados de marmelo e folhas de roseira, que os macacos adoravam. A velha Rainha surgiu em seu palanquim; passou o general do exército; passou o Primeiro-ministro; o Almirante, o Carrasco; e grandes dignitários a negócios no burgo, que era um lugar muito bonito chamado Millamarchmantopolis. Aos lindos bichos, ninguém fazia mal; e a muitos eles enchiam de pena; pois sabia-se muito bem que até o menor dos macacos era encantado. Pois uma grande ogra, sim, as pessoas sabiam, os tinha ali em suas malhas; e a grande ogra se chamava Lugton. Podiam vê-la, de suas janelas, a sobranceiro. Tinha a face como um flanco de montanha com grandes precipícios e avalanches, com fendas que lhe faziam os olhos e a cabeleira e os dentes e o nariz. Todos os animais que vagavam pelos seus territórios ela congelava vivos, e assim o dia inteiro eles ficavam imóveis como um cepo em seu colo, libertando-se porém, quando ela pegava no sono, para descer e beber, ao cair da tarde, em Millamarchmantopolis.

Bruscamente a velha babá Lugton deu um puxão na cortina, enrugando-a toda.

Pois uma grande mosca-varejeira, zumbindo em volta do lampião, acordou-a. E ela, já aprumada, enfiou a agulha no pano.

Os animais deram para trás num segundo. O ar se tornou tecido azul. O pano não se mexia mais em seu colo. Babá Lugton, segurando bem sua agulha, continuava a costurar a cortina para a sala de visitas de *mrs.* Gingham.

A viúva e o papagaio:
uma história verídica

Há uns cinquenta anos, mrs. Gage, viúva já idosa, achava-se em sua modesta casa numa aldeia chamada Spilsby, em Yorkshire. Apesar de coxa e da vista fraca, fazia o que podia para remendar um par de tamancos, pois só dispunha de uns xelins por semana para se manter. Enquanto ela martelava o tamanco, o carteiro abriu a porta e foi logo atirando uma carta em seu colo.

Tinha o endereço do remetente: "Messrs Stagg & Beetle, 67 High Street, Lewes, Sussex".

Mrs. Gage abriu-a e leu:

"Prezada madame; temos a honra de participar-lhe a morte de seu irmão mr. Joseph Brand".

"Que Deus o tenha!", disse mrs. Gage. "Meu velho irmão enfim se foi!"

"Ele lhe deixou toda a sua propriedade", continuava a carta, "que consiste de uma casa de moradia, estábulo, pepineiras, calandras, carrinhos de mão etc. etc. na aldeia de Rodmell, perto de Lewes. Legou-lhe também toda a sua fortuna; a saber: 3.000 (três mil libras) esterlinas".

Mrs. Gage, de tanta alegria, quase caiu no fogo. Não via o irmão há muitos anos e, como ele nem sequer agradecia o cartão de Natal que sempre lhe mandava, achava que sua sovinice, que desde a infância ela conhecia tão bem, o levava a se abster até mesmo de pagar por um selo para responder. Mas agora tudo revertia em seu benefício. Com três mil libras, para não falar da casa etc. etc., ela e sua família poderiam viver para sempre em grande luxo.

Decidiu-se pois a visitar Rodmell de imediato. O pastor da aldeia, o reverendo Samuel Tallboys, emprestou-lhe duas libras e dez, para pagar sua passagem, e no dia seguinte todos os preparativos para a viagem já estavam completos. O mais importante era pedir que alguém cuidasse, durante sua ausência, de seu cachorro Shag, pois ela, apesar da pobreza, era dedicada aos animais e às vezes preferia passar por certos apertos do que ter de privar o cão de seu osso.

Tarde da noite, na terça-feira, ela chegou a Lewes. Devo dizer-lhes que naquele tempo não havia ponte sobre o rio, em Southease, e que a estrada para Newhaven ainda nem tinha sido aberta. Para alcançar Rodmell era preciso atravessar a vau o rio Ouse, numa passagem da qual ainda restam vestígios, mas isso só podia ser feito quando as águas baixavam e as pedras do leito surgiam na superfície. *Mr.* Stacey, o fazendeiro, estava indo para Rodmell em sua carroça e gentilmente se ofereceu para levar *mrs.* Gage. Chegaram a Rodmell por volta das nove horas de uma noite de novembro, e *mr.* Stacey, muito obsequioso, apontou-lhe a casa no final da aldeia que lhe fora deixada por seu irmão. *Mrs.* Gage bateu na porta. Não houve resposta e ela bateu outra vez. Uma voz muito estranha, alta e estridente, gritou de lá: "Não na casa". Seu espanto foi tal que ela seria capaz de sair correndo dali, se não tivesse ouvido o barulho de passos que se aproximavam. A porta então foi aberta por uma velha aldeã chamada *mrs.* Ford.

"Quem foi que gritou 'Não na casa'?", perguntou *mrs.* Gage.

"O danado do bicho!", disse com irritação *mrs.* Ford, apontando para um grande papagaio cinza. "Ele quase me deixa louca com esses gritos. Fica ali que nem estátua, montado o dia inteiro em seu poleiro, e sempre faz essa barulheira, berrando 'Não na casa', cada vez que alguém chega perto." Era uma ave muito bonita, como pôde ver *mrs.* Gage; mas com a plumagem em deplorável estado de abandono. "Talvez ele esteja triste ou, quem sabe, com fome", disse ela. Mas *mrs.* Ford garantiu que era pura pirraça daquele papagaio de marujo que aprendera a falar lá no Oriente. Contudo, acrescentou, *mr.* Joseph gostava muito dele; pôs-lhe o nome de James e, segundo se dizia, conversava com o bicho como se fosse um ser racional. *Mrs.* Ford foi logo embora. E *mrs.* Gage, de imediato, foi buscar em seu baú um pouco de açúcar que trouxera consigo e ofereceu ao papagaio, dizendo-lhe em tom muito bondoso que não lhe faria mal, que era a irmã de seu velho dono, vinda para tomar posse da casa, e que cuidaria de tudo para torná-lo tão feliz quanto podia ser uma ave. Pegando um lampião, a seguir ela rodou pela casa, para ver que tal a propriedade que o irmão lhe deixara. Sua decepção foi amarga. Os tapetes estavam todos furados. Nas cadeiras, faltava o fundo. Ratos corriam por cima da lareira e grandes cogumelos cresciam pelo chão da cozinha. Não havia sequer um móvel que pudesse valer alguma coisa; e *mrs.* Gage só se sentiu consolada porque pensava nas três mil libras bem guardadas e em ordem no banco em Lewes.

Resolveu então ir a Lewes, no dia seguinte, para pleitear seu dinheiro junto a Messrs Stagg & Beetle, os advogados, e depois voltar para casa o mais rápido possível. *Mr.* Stacey, que ia à feira com alguns porcos, ótimos porcos do condado de Berks, ofereceu-se outra vez para levá-la e, a caminho, contou-lhe umas histórias terríveis sobre jovens que tinham se afogado quando tentavam atravessar o rio cheio. Um grande desapontamento já estava reservado para a pobre velha, tão logo ela entrou no escritório de *mr.* Stagg.

"Por favor, madame, queira sentar-se", disse ele num ligeiro grunhido e com ar muito solene. "O fato é que", prosseguiu, "convém a senhora se preparar para enfrentar notícias bem desagradáveis. Depois que lhe escrevi, pude examinar com atenção os papéis de *mr.* Brand. E lamento dizer que não encontro o menor vestígio que seja das três mil libras. Meu sócio, *mr.* Beetle, foi pessoalmente a Rodmell e empreendeu cuidadosa busca pela propriedade. Mas não achou absolutamente nada – nem ouro nem prata, nem nenhum objeto de valor – a não ser um belo papagaio cinza que eu lhe aconselha a vender pelo que conseguir. No tocante à fala", disse Benjamin Beetle, "ele é o máximo. Mas isso não vem ao caso. Temo é que a senhora tenha feito sua viagem por nada. A propriedade está dilapidada; e nossos gastos, naturalmente, são consideráveis". A essa altura, quando ele se calou, *mrs.* Gage percebeu com clareza seu desejo de que ela se fosse. A decepção quase a enlouquecia. Não só estava devendo duas libras e dez ao reverendo Samuel Tallboys, mas também voltaria para casa de mãos completamente vazias, pois teria de vender o papagaio James para comprar sua passagem. Chovia forte, porém *mr.* Stagg não insistiu para retê-la, e o sofrimento a deixara muito fora de si para se preocupar com o que fazia. Apesar da chuva, ela se pôs a andar a pé pelos pastos para voltar a Rodmell.

Mrs. Gage, como eu já disse, mancava da perna direita. Mesmo nos melhores momentos, andava bem devagar, e agora, com aquela decepção e a lama pelo caminho, seu avanço de fato era muito lento. Enquanto ela se arrastava, tornou-se o dia cada vez mais escuro, até já não lhe ser mais possível senão continuar pela trilha que se elevava à beira-rio. Eram audíveis seus resmungos, na caminhada, e as queixas que externava de seu astuto irmão Joseph, que a pusera em todo esse embaraço. "Expressamente", disse ela, "para me atormentar. Quando éramos crianças", prosseguiu, "ele sempre foi um menino cruel. Gostava de atazanar os pobres insetos e uma vez, me lembro bem, tosquiou com uma tesoura, diante dos meus olhos, uma lagarta peluda. Era também um sórdido pão-duro. Costumava esconder numa árvore o dinheirinho que tinha e, se alguém lhe desse, na hora do chá, uma fatia de bolo confeitado, ele raspava e guardava o açúcar para comer de noite. Não tenho dúvida nenhuma de que neste exato momento ele está nas chamas do inferno, mas que consolo há nisso para mim?", perguntou, e havia mesmo muito pouco consolo, pois de repente ela deu de encontro com uma vaca bem grande que vinha vindo pela margem e a derrubou e fez rolar na lama.

Ela se recompôs, da melhor forma que pôde, e recomeçou sua andança. Parecia-lhe vir caminhando há horas. Já estava escuro como breu agora, mal lhe sendo possível ver sua própria mão adiante. Lembrou-se então subitamente do que o fazendeiro Stacey dissera sobre a travessia do rio. "Meu Deus do céu", exclamou ela, "como hei de encontrar o lugar certo? Se o rio estiver cheio, posso pisar na água funda e ser levada aos trambolhões para o mar! Mais de um casal já se afogou ali; isso para não falar dos cavalos, carroças, rebanhos de animais e montões de feno".

Com a escuridão e a lama, ela havia se metido de fato numa grande enrascada. Não conseguindo nem mesmo enxergar o rio direito, era incapaz de se dizer se já chegara ou não ao vau. Em parte alguma havia luzes visíveis, pois, como vocês devem saber, desse lado do rio não há casa nem casebre mais próximos do que Asheham House, posteriormente vivenda de *mr.* Leonard Woolf. Tudo indicava que não havia nada a fazer, a não ser sentar e esperar pela manhã. Mas, naquela idade, e com o corpo tomado pelo reumatismo, bem que ela poderia morrer de frio. Por outro lado, se tentasse atravessar o rio, era quase certo que se afogaria. Tão lamentável era seu estado, que de bom grado ela trocaria de lugar com uma das vacas do pasto. Em todo o condado de Sussex, nenhuma velha mais desditosa haveria para ser encontrada; em pé na margem do rio, sem saber se sentava ou nadava, ou se apenas se esticava na grama, a despeito de essa estar tão molhada, para dormir ou congelar-se e morrer, como lhe decretasse o destino.

Nesse momento aconteceu uma coisa extraordinária. Um enorme clarão brilhou no céu, como uma tocha gigantesca, iluminando cada folha de grama e mostrando-lhe o ponto de passagem a menos de vinte metros dali. As águas estavam baixas e a travessia seria muito fácil, desde que a luz não se extinguisse antes de ela chegar do outro lado.

"Deve ser um cometa ou alguma monstruosidade assim assombrosa", disse ela ao passar mancando a vau. À sua frente, já podia avistar, brilhando muito, a aldeia de Rodmell.

"Que bênção, que salvação!", exclamou. "É uma casa pegando fogo – graças a Deus" – pois calculou que o incêndio levaria alguns minutos ao menos para pôr toda a construção abaixo, tempo que lhe seria bastante para estar, e bem adiantada no caminho da aldeia.

"Esse vento nefasto não traz nada de bom a ninguém", disse ela, manquejando agora pela estrada romana. Com perfeita nitidez, era capaz de enxergar cada centímetro à frente, e já se achava quase na rua da aldeia quando pela primeira vez lhe ocorreu pensar: "Quem sabe é a minha própria casa que diante dos meus olhos se reduz a cinzas!".

Ela estava totalmente certa.

Um garotinho em camisão de dormir veio pulando em sua direção e gritou: "Vem ver, é a casa do velho Joseph Brand em chamas!".

De pé num círculo em torno da casa, todos os homens da aldeia passavam de mão em mão baldes d'água que eram enchidos no poço da cozinha de Monks House e jogados nas labaredas. O fogo já tinha se alastrado porém e, bem na hora em que *mrs.* Gage chegava, desabou o telhado.

"Alguém salvou o papagaio?", gritou ela.

"Dê graças a Deus por não estar lá dentro a senhora, madame", disse o pastor, o reverendo James Hawkesford. "Não ligue para os seres irracionais. Não tenho dúvida de que o papagaio foi misericordiosamente sufocado em seu poleiro."

Mas *mrs.* Gage, decidida a ir ver por si mesma, teve de ser contida pelos aldeões, que notaram que ela devia estar doida para querer arriscar a vida por uma ave.

"Pobre velhinha", disse *mrs.* Ford, "ela perdeu tudo o que tinha, menos o baú de madeira, tão usado, com suas coisas de dormir. Qualquer um de nós, em seu lugar, decerto enlouqueceria também".

Dito isso, *mrs.* Ford pegou *mrs.* Gage pela mão e levou-a para seu próprio casebre, onde ela passaria a noite. Agora o fogo já estava apagado e todos foram para casa dormir.

A pobre *mrs.* Gage não conseguia porém pegar no sono. Virava e revirava inquieta, pensando em seu estado deplorável e se perguntando como conseguiria voltar para Yorkshire e pagar ao reverendo Samuel Tallboys o dinheiro que lhe devia. Ao mesmo tempo, pensar na sina do papagaio James, coitado, a afligia ainda mais. Ela tinha se afeiçoado ao bicho, tomando-o por um bom coração por se aprofundar em lamentos pela morte do velho Joseph Brand, que nunca foi benevolente com nenhum ser humano. Era uma morte horrorosa para uma ave inocente, pensava ela; e, caso houvesse chegado a tempo, teria mesmo corrido o risco de ir salvá-lo.

Lá estava ela esticada com esses pensamentos na cama quando uma leve batida na janela a sobressaltou. O toque se repetiu três vezes. Mrs. Gage se levantou, com a rapidez com que podia, para ir ver o que era. Para sua enorme surpresa, bem no ressalto da janela havia um grande papagaio pousado. Tinha parado de chover, era uma bela noite enluarada agora. Muito alarmada a princípio, logo porém ela reconheceu o papagaio cinza, James, enchendo-se de alegria por ele ter escapado. Abriu a janela, fez-lhe vários afagos na cabeça e mandou-o entrar. A reação do papagaio foi balançar delicadamente de lado a lado a cabeça e depois voar para o chão, dar alguns passos se afastando, olhar para trás, como que para ver se ela o seguia, e por fim retornar ao peitoril da janela, onde mrs. Gage permanecia em seu pasmo.

"Há mais sentido nos atos dessa criatura do que nós humanos sabemos", disse a si mesma. "Está bem, James", disse então em voz alta, falando-lhe como se fosse a um ser humano, "vou acreditar em você. Espere só um momento para eu me arrumar um pouquinho".

Dito isso, vestiu um grande avental, desceu a escada bem na ponta dos pés e conseguiu sair sem acordar mrs. Ford.

O papagaio James ficou visivelmente satisfeito, pondo-se agora, animado, aos pulos, poucos metros adiante dela, em direção à casa queimada. Mrs. Gage o acompanhava, correndo o mais que podia. Sempre aos pulos, como se conhecesse perfeitamente o caminho, o papagaio rodeou pela casa até os fundos, onde se localizava originalmente a cozinha. Nada restava dela agora a não ser o chão de tijolos, ainda todo molhado pela água que tinha sido jogada para apagar o fogo. Mrs. Gage se mantinha quieta e pasma enquanto James saracoteava ao redor, bicando aqui e acolá, como se examinasse com o próprio bico os tijolos. Era uma cena inusitada e, não tivesse mrs. Gage o hábito de conviver com animais, bem poderia ter perdido a cabeça e regressado claudicante a casa. Coisas ainda mais estranhas estavam contudo para acontecer a seguir. O papagaio, durante todo esse tempo, não dissera uma palavra sequer. Mas de repente ele entrou num estado de agitação tão intensa, batendo as asas, batendo com o bico repetidas vezes no chão e gritando com uma tal estridência "Não na casa! Não na casa!", que mrs. Gage temeu que a aldeia toda acordasse.

"Pare com isso, James; você vai acabar se machucando", disse ela para tentar acalmá-lo. Mas ele já renovava seu ataque aos tijolos, com mais violência ainda.

"O que será que isso quer dizer?", disse mrs. Gage, olhando com atenção o chão da cozinha. O luar era tão claro que lhe permitiu perceber ligeira desigualdade na disposição de uns tijolos, como se ali eles tivessem sido arrancados e repostos depois, sem se assentar porém de todo com os outros. Tendo prendido seu avental com um alfinete de segurança, ela agora o usou para enfiar por entre esses tijolos e constatar que, embora arrumados juntos, eles estavam bem soltos. Logo pôde tomar nas mãos um deles. E logo que ela fez isso o papagaio pulou sobre o tijolo do lado e, bicando-o com resoluta energia, gritou "Não na casa!", o que levou mrs. Gage a entender que devia removê-lo também. E assim foram eles, arrancando tijolos ao luar, até abrirem um claro num espaço de cerca de dois metros por um pouco mais de um. O papagaio parecia pensar que isso já dava. Mas, depois, o que haveria por fazer ainda?

Mrs. Gage descansou um momento, decidida a ser guiada somente pelo comportamento do papagaio James. Não lhe foi permitido descansar muito. Depois de revolver por minutos a camada de areia, como faz uma galinha, e vocês já devem ter visto, a esgaravatar o chão com os dedos, ele desenterrou o que parecia a princípio um caco redondo de pedra amarelada. Tornando-se sua agitação mais intensa, mrs. Gage se pôs então a ajudá-lo. Cheia de espanto ela verificou que todo o espaço descoberto por eles estava entulhado de grandes pilhas daquelas pedras redondas e amarelas, tão bem arrumadas juntas que era um trabalho e tanto removê-las. Mas afinal o que seriam? E com que intenção teriam sido escondidas ali? Não foi senão depois de retirarem toda a camada de cima, e a seguir um pedaço de encerado que estava posto por baixo, que uma visão das mais miraculosas se estendeu a seus olhos – ali, numa pilha atrás da outra, lindamente polidas e brilhando fortemente ao luar, estavam milhares de moedas de libra, de soberanos novos em folha!!!

Esse era então o esconderijo do avarento; e, para certificar-se de que ninguém o encontraria, ele havia tomado duas precauções extraordinárias. Primeiro, como mais tarde se provou, fez uma área externa da cozinha sobre o lugar no qual estava seu tesouro enterrado, de modo que, a não ser que o fogo o destruísse, ninguém poderia suspeitar de sua existência; depois, passou na camada superior de moedas uma substância grudenta, polvilhando-as em seguida de terra, de modo que, se uma delas por acaso viesse a ficar a descoberto, ninguém desconfiaria de que fosse algo mais além de uma pedrinha banal, dessas que a qualquer dia podem ser vistas no jardim. Foi assim somente pela extraordinária conjunção entre o incêndio e a sagacidade do papagaio que a esperteza do velho Joseph pôde sofrer um revés.

Mrs. Gage e o papagaio trabalharam então duro para apanhar todo o pecúlio – que montava a três mil moedas, nem mais nem menos –, colocando-as no avental que ela estendera no chão. Quando no topo da pilha a última moeda foi posta, o papagaio voou alto em triunfo, para delicadamente ir pousar no topo da cabeça de *mrs.* Gage. E de tal modo eles voltaram à casa de *mrs.* Ford, andando bem devagar, pois *mrs.* Gage, como eu já disse, era manca, e agora, sob o peso do conteúdo do avental, quase dobrava no chão. Mas ela alcançou seu quarto sem que ninguém ficasse sabendo da visita que fizera àquela casa arruinada.

No dia seguinte voltou para Yorkshire. *Mr.* Stacey levou-a mais uma vez até Lewes, meio surpreso ao constatar como o baú de madeira de *mrs.* Gage tinha se tornado pesado. Mas, homem tranquilo que ele era, limitou-se a deduzir que as pessoas bondosas de Rodmell lhe haviam dado umas miudezas quaisquer para a consolar pela perda de tudo o que ela possuía no fogo. Foi também por pura bondade que mr. Stacey se dispôs a comprar seu papagaio, oferecendo-lhe meia coroa por ele; mas mrs. Gage recusou a oferta com tanta indignação, dizendo que nem por todas as riquezas da Índia era capaz de vender a ave, que ele concluiu que a velhota tinha enlouquecido por seus problemas.

Agora resta apenas dizer que mrs. Gage chegou de volta em segurança a Spilsby; levou ao banco seu baú preto; e viveu com o papagaio James e com seu cachorro Shag, em grande felicidade e conforto, até uma idade muito avançada.

Não foi senão ao jazer no leito de morte que ela contou ao pastor (o filho do reverendo Samuel Tallboys) toda a história, acrescentando estar segura de que a casa fora queimada de propósito pelo papagaio James, que, ciente do perigo que ela corria à beira do rio, voara até a cozinha para derrubar o fogareiro a querosene no qual uns restos de comida eram mantidos quentes para o seu jantar. Assim fazendo, não só ele a livrara de afogar-se, como também trouxera à luz as três mil libras, que de outro modo não poderiam ser descobertas. Tal é a recompensa, disse ela, pela bondade para com os animais.

O pastor achou que ela já estava caduca, que sua mente variava. Mas o certo é que, no exato momento em que seu corpo parou de respirar, James, o papagaio, gritou "Não na casa! Não na casa!" e despencou do poleiro, hirto, morto. Alguns anos antes tinha morrido o cachorro Shag.

Quem visita Rodmell ainda encontra as ruínas da casa, que o fogo lambeu completamente há cinquenta anos, sendo comum dizer-se que, se for uma visita ao luar, pode-se ouvir um papagaio batendo com o bico pelo chão de tijolos, onde uma velha sentada, de avental branco, já foi vista por outros.

O vestido novo

Mabel teve sua primeira grave suspeita de que alguma coisa estava errada quando tirou a capa e *mrs*. Barnet, enquanto lhe passava o espelho, apanhava as escovas e assim chamava sua atenção, de modo um pouco exagerado talvez, para todos os utensílios de arrumar e melhorar o cabelo, a pele, as roupas, que havia no toucador, confirmou a suspeita – de que não estava bom, não muito bom, a qual, tornando-se mais forte quando ela subiu pela escada e assomando-lhe como convicção quando cumprimentou Clarissa Dalloway, a fez ir diretamente até o fundo da sala, a um canto sombreado onde havia um espelho de parede, e olhar. Não! Não estava *nada bom*. E de imediato a angústia que sempre ela tentava esconder, a profunda insatisfação – a impressão que tinha, desde criança, de ser inferior às outras pessoas – dominou-a impiedosa e implacavelmente, com uma intensidade que ela não podia afastar, como o faria, quando acordava à noite em casa, lendo Borrow ou Scott; porque esses homens, oh, e essas mulheres, oh, estavam todos pensando – "O que Mabel resolveu usar? Ficou que nem um espantalho! Que vestido novo horroroso!" – com aquelas pálpebras tremelicantes que se apertavam depois para fechar-se, quando avançavam para ela. Era sua própria e estarrecedora inadaptação; sua covardia; seu reles sangue borrifado de água que a deprimiam. E de imediato todo o quarto onde, por tantas, tantas horas, ela planejara com a costureirinha como deveria ficar, pareceu sórdido, repulsivo; e sua própria sala de visitas, tão bolorenta, e ela mesma, saindo, inchou de vaidade ao tocar nas cartas sobre a mesa da entrada e disse: "Que chato!" para se mostrar – tudo isso agora parecia indizivelmente tolo, provinciano e desprezível. Tudo isso se tornou evidente, acabado, consumado, no momento em que ela entrou na sala de visitas de mrs. Dalloway.

Naquela tarde, quando, sentada à mesa do chá, recebera o convite de mrs. Dalloway, a ideia que lhe tinha ocorrido foi que, naturalmente, ela não podia estar na moda. Ter uma tal pretensão era até mesmo absurdo – moda era corte, era elegância, era um gasto de pelo menos trinta guinéus – mas por que não ser original? Por que não ser ela mesma, fosse lá como fosse? E, levantando-se, ela apanhara o velho figurino de sua mãe, um figurino parisiense da época do Império, e, pensando como elas eram mais bonitas então, mais dignas e femininas, resolvera – oh, mas que bobagem – tentar ser daquele jeito, gabando-se de fato de ser modesta e antiquada, mas muito charmosa, dando-se, sem dúvida alguma, a uma orgia de amor-próprio que merecia ser castigada, e assim se enfarpelara toda.

Mas não ousou se olhar no espelho. Não conseguia encarar tanto horror – o vestido amarelo-claro de seda, insensatamente em desuso, com a saia comprida e as mangas altas e a cintura e tudo o mais que parecia tão lindo no figurino, mas não enfiado nela, não no meio de tanta gente tão comum. Sentia-se ali em pé como um manequim de modista no qual pessoas jovens poderiam espetar alfinetes.

"Mas está uma beleza, querida!", disse Rose Shaw, olhando-a de alto a baixo, como ela já esperava, com um leve e sarcástico franzir dos beiços – uma vez que a própria Rose sempre se vestia pela última moda, exatamente, de resto, como todo mundo.

Somos todas como moscas tentando se arrastar pela beirada do pires, pensou Mabel, e repetiu a frase como se estivesse fazendo o sinal da cruz, como se procurasse alguma fórmula mágica para anular essa dor, para tornar suportável a agonia. Citações de Shakespeare, linhas de livros que lera tempos atrás vinham-lhe bruscamente quando, ao se achar numa dessas agonias, punha-se sem parar a repeti-las. "Moscas tentando se arrastar", disse de novo.¹ Se ela o dissesse tantas vezes até por fim levar-se a ver as moscas, tornar-se-ia indiferente e gélida, entorpecida e muda. Agora de fato já podia ver moscas que lentamente se arrastavam para fora de um pires de leite com as asas muito grudadas; e ela se esforçava ao máximo (em pé diante do espelho, dando atenção a Rose Shaw) para levar-se a ver Rose Shaw e as outras pessoas ali como moscas, tentando içar-se para fora ou então lançar-se dentro de uma coisa qualquer, pobres, insignificantes, laboriosas moscas. Não conseguia porém vê-las assim, as demais pessoas. Era a si mesma que assim via – e, sendo ela mosca, os outros eram borboletas, libélulas, belos insetos adejando, deslizando, dançando, enquanto apenas ela se arrastava para fora do pires. (A inveja e o despeito, os mais detestáveis dos vícios, eram seus maiores defeitos.)

"Sinto-me como uma mosca velha e decrépita, suja, terrivelmente asquerosa", disse ela, fazendo com que Robert Haydon parasse só para ouvi-la dizer isso, só para reanimar a si mesma ao polir uma pobre frase irresoluta e assim mostrar-se tão desprendida, tão espirituosa, que em absoluto não se sentia fora de nada. E Robert Haydon, claro está, respondeu algo bem cortês, bem insincero, que instantaneamente ela viu não ser aquilo, e disse com seus botões (citando de novo um livro), assim que ele se afastou: "Mentiras, mentiras, mentiras!".² Pois que uma festa torna as coisas, pensou, ou muito mais ou muito menos reais; ela viu, num relance, o que estava no fundo do coração de Robert; via tudo o que havia por trás. Via a verdade. A verdade era *isto*, esta sala de visitas, esta pessoa, sendo a outra falsa. Era de fato terrivelmente abafado, quente, sórdido, o quartinho de trabalho de *miss* Milan. Cheirava a roupas e a repolho cozido; no entanto, quando *miss* Milan lhe deu o espelho na mão e ela se olhou com o vestido acabado, uma extraordinária alegria se manifestou em seu íntimo. Banhada em luz ela tomou existência. Livre de preocupações e rugas, ali se achava tal qual se havia sonhado – uma bela mulher. Apenas por um segundo (não ousou olhar por mais tempo e *miss* Milan quis saber sobre o comprimento da saia), uma garota encantadora, de misterioso sorriso, de cabelos nevados, o cerne de si mesma, a alma de sua própria pessoa, emoldurada nos arabescos de mogno, deu-lhe de lá uma olhada; e não foi só a vaidade nem foi somente o amor-próprio que a fizeram achar aquilo bom, terno e verdadeiro. *Miss* Milan disse que a saia não ficaria bem mais comprida; de todo modo a saia, disse *miss* Milan, franzindo a testa, examinando-a com todo seu bom senso e atenção, deveria ser mais curta; e ela, súbita e sinceramente, sentiu-se cheia de amor por *miss* Milan, gostando mais, muito mais de *miss* Milan que de qualquer outra pessoa no mundo, e poderia ter clamado por compaixão ao vê-la rastejando no assoalho com a boca cheia de alfinetes, o rosto vermelho, os olhos saltados – por ter um ser humano de fazer isso por outro, quando a todos ela via meramente como seres humanos, e ela saindo dali para sua festa, e *miss* Milan pondo a capa na gaiola do canário, ou deixando-o pegar de entre seus lábios uma semente de cânhamo, e a ideia disso, desse lado da natureza humana e sua paciência e resignação, seu contentamento com prazeres tão ínfimos, minguados, reles, sórdidos, lhe encheu os olhos de lágrimas.

E agora tudo tinha sumido. O vestido, o quarto, o amor, a compaixão, o espelho cheio de arabescos, a gaiola do canário – tudo tinha sumido e eis que ali se achava ela, num canto da sala de visitas de *mrs.* Dalloway, submetida a torturas e desperta, plenamente desperta para a realidade.

Mas quão indigno aquilo, quanta futilidade e fraqueza preocupar-se tanto assim, na idade dela, com dois filhos, depender tão profundamente da opinião alheia e não ter convicções nem princípios, não ser capaz de dizer, como outras pessoas faziam: "Há Shakespeare! E a morte! Nenhum de nós é mais que mofo em pão guardado" – ou fosse lá o que fosse que as pessoas diziam.

Ela então se encarou no espelho, sem mais rodeios; ela deu uma ajeitada em seu ombro esquerdo; e dali ela saiu pela sala como se lanças estivessem sendo atiradas, de todos os lados, em seu vestido amarelo. Porém, em vez de se mostrar impetuosa ou trágica, como faria Rose Shaw – Rose assumiria a aparência de uma Boadiceia[3] –, mostrou-se acanhada e tola, sorriu sem graça como uma menina de escola e com ar desleixado e expressamente furtivo atravessou a sala, como se fosse um vira-lata chutado, para ir olhar um quadro, uma gravura. Como se alguém fosse a uma festa para olhar para um quadro! Todos sabiam por que tinha feito aquilo – foi por vergonha, por humilhação.

"A mosca agora está no pires", disse ela consigo mesma, "bem no meio, e não consegue sair e o leite", pensou, olhando rigidamente para o quadro, "deixou suas asas grudadas".

"É tão antiquado", disse ela a Charles Butt, fazendo-o parar (o que aliás ele odiava) quando ia falar com outra pessoa.

Queria dizer, ou tentava se convencer de que queria dizer, que era o quadro e não seu próprio vestido que estava fora de moda. Uma palavra de elogio, uma palavra de afeição partida de Charles faria enorme diferença para ela na hora. Se ao menos ele tivesse dito "Como você está charmosa hoje, Mabel", tal frase poderia modificar sua vida. Mas então ela deveria ter sido bem direta e sincera. Charles, é claro, não disse nada nessa linha. Ele era a própria malícia. Via por trás de qualquer um, sobretudo quando a pessoa se sentia particularmente fraca, apatetada, insignificante.

"Mabel está de vestido novo!", disse ele, e a pobre mosca foi de uma vez por todas empurrada para o meio do pires. Bem que ele gostaria, acreditou ela, que logo o inseto se afogasse. Não tinha coração, não era fundamentalmente bom, tinha tão-só um verniz de amistosidade. Muito mais real e bondosa era *miss* Milan. Se ao menos fosse possível sentir assim e ater-se sempre a isso! "Por que", ela se perguntou – respondendo com excesso de atrevimento a Charles, deixando-o ver que estava descontrolada, ou "encrespada", como ele mesmo afirmou ("Um tanto encrespada?", disse ele e foi em frente, para rir dela com outra mulher adiante) – "por que", ela se perguntou, "não consigo sentir sempre a mesma coisa, ter certeza absoluta de que *miss* Milan está certa, Charles, errado, e apegar-me a isso, ter certeza quanto ao canário, a compaixão, o amor, e não ficar levando lambadas que vêm de todos os lados, assim que entro numa sala cheia de gente?". Era de novo seu caráter fraco, vacilante, odioso, sempre dando no momento crítico e não se interessando seriamente por concologia, etimologia, botânica, arqueologia, nem por cortar batatas em pedaços e vê-las frutificando, como Mary Dennis, como Violet Searle.

Foi então que *mrs.* Holman, vendo-a ali em pé, abriu caminho até ela para importuná-la. Claro que algo como um vestido se punha abaixo da capacidade de observação de *mrs.* Holman, cuja família estava sempre descendo aos trambolhões pela escada ou pegando escarlatina. Saberia Mabel dizer-lhe se Elmthorpe já tinha sido alugado para agosto e setembro? Oh, era uma conversa que a aborrecia além da conta! – e ela ficou furiosa por ser tratada como um corretor de imóveis ou um mensageiro, por ser usada assim. Não ter valor, era isso, pensou, tentando apegar-se a alguma coisa real, alguma coisa sólida, enquanto se esforçava para dar respostas sensatas sobre o banheiro e a vista para o Sul e a água quente na parte alta da casa; e o tempo todo ela podia ver pedacinhos de seu vestido amarelo no espelho redondo que reduzia ao tamanho de botões de bota ou girinos os que ali se encontravam; era espantoso pensar o quanto de humilhação e agonia e aversão por si e esforço e apaixonados altos e baixos sentimentais se continham numa coisa do tamanho de uma moedinha irrisória. E o que era ainda mais esquisito é que essa coisa, essa Mabel Waring, estava à parte, desconectada de todo; e, apesar de *mrs.* Holman (o botão preto) se inclinar para a frente e lhe contar que seu menino mais velho tinha forçado demais o coração correndo, ela também podia vê-la, no espelho, bem separada, e ao ponto preto, inclinado para a frente, gesticulando, era impossível fazer o ponto amarelo, sentado solitário, autocentrado, sentir o que ele próprio sentia, embora os dois fingissem isso.

"É impossível manter garotos quietos" – eis o tipo de coisa que era dito.

E *mrs.* Holman, que nunca conseguia despertar muita simpatia e se agarrava com avidez ao pouco mesmo que houvesse, como se fosse seu direito (mas ela merecia muito mais, pois ainda havia sua garotinha que tinha aparecido com um inchaço no joelho hoje cedo), aceitou a mísera oferta e a examinou suspeitosa, relutante, como se fosse meio pêni, quando deveria ser uma libra, para guardá-la então na bolsa, tendo de conformar-se com ela, mesmo mísera e reles como era, por ser difícil, tão difícil, a época; e *mrs*. Holman, prejudicada e chiando, não parava de falar da garota que tinha as juntas inchadas. Ah, que trágica essa ganância, esse clamor de seres humanos que, como um bando de cormorões, batem asas e berram a pedir simpatia – era trágica, caso se pudesse realmente sentir, e não apenas fingir que se sentia tal coisa!

Mas essa noite ela não podia espremer nem uma gota de seu vestido amarelo; queria tudo, tudo para si. Sabia (continuando a olhar no espelho, mergulhava na poça azul de exibições enfadonhas) que estava condenada, que a desprezavam, que fora deixada assim num remanso por ser assim como era, uma criatura vacilante e frágil; e tinha a impressão de que o vestido amarelo era uma penitência merecida e que, se estivesse vestida como Rose Shaw, num belo verde colante com uma pala de algodão preogueada, teria merecido isso também; e pensou não ter saída – nenhuma saída mesmo. Mas não era de todo culpa dela, afinal de contas. Era por ser mais uma de uma família de dez; porque o dinheiro, sempre escasso, raspado, nunca foi suficiente; e sua mãe a carregar grandes latas e nas quinas da escada o linóleo gasto e pequenas e sórdidas tragédias domésticas em sucessão contínua – nada de catastrófico, a fazenda de criação de carneiros fracassando, mas não completamente; seu irmão mais velho se casando abaixo, mas não tão abaixo assim, de seu próprio nível – não havia romantismo, nada de excessivo, em relação a eles. Respeitavelmente iam todos à exaustão nas praias; cada balneário tinha ainda agora uma de suas tias dormindo numa pensão qualquer onde as janelas da frente não davam bem para o mar. Isso aliás combinava muito com eles – que sempre tinham de olhar as coisas de esguelha. E ela fizera o mesmo – era tal e qual suas tias. Pois todos os seus sonhos de viver na Índia, casada com algum herói como *sir* Henry Lawrence, com algum construtor de império (a visão de um nativo de turbante a enchia de romantismo ainda), tinham dado em nada. Ela se casara com Hubert, com seu emprego de subalterno, seguro e permanente, no Tribunal de Justiça, e eles se arranjavam razoavelmente numa casa muito apertada, sem boas empregadas, e em grande confusão quando ela estava sozinha, ou só no pão com manteiga, mas de vez em quando – *mrs.* Holman, agora ao longe, tomava-a pela magricela mais seca e antipática que jamais conhecera, vestida além disso de maneira ridícula, e falaria a todos da fantástica aparência de Mabel – de vez em quando, pensou Mabel Waring, deixada sozinha no sofá azul, mexendo na almofada para parecer ocupada, pois não iria juntar-se a Charles Burt e Rose Shaw, que tagarelavam como gralhas, rindo dela talvez perto da lareira – de vez em quando lhe vinham, sim, uns deliciosos momentos, ao ler de noite na cama, por exemplo, ou na areia e ao sol, à beira-mar, na Páscoa – que ela o recorde pois – um grande tufo de vegetação praiana a erguer-se todo retorcido como um embate de lanças contra o céu, que era azul e liso como um ovo de porcelana, tão firme, tão duro, e ademais a melodia das ondas – "Silêncio, silêncio!", eles diziam, e a gritaria das crianças que se divertiam na água – sim, esse era um momento divino, e ela ali se achava então, sentia, nas mãos da Deusa que era o mundo; uma Deusa de coração meio duro, mas belíssima, um cordeirinho posto no altar (a gente pensava essas bobagens, mas não tinha importância, desde que as não dissesse nunca). E também com Hubert ela às vezes e inesperadamente vivia – ao cortar a carne do almoço de domingo, ou sem razão, ao abrir uma carta, ao entrar num quarto – seus momentos divinos, quando disse a si mesma (pois jamais o diria a outra pessoa): "É isso aí. Foi o que aconteceu. É isso mesmo!". E era igualmente surpreendente o contrário disso – ou seja, quando tudo estava em ordem – música, tempo, férias, quando havia razões de sobra para ser feliz – nada de nada acontecia. A felicidade não vinha. Tudo era chato, apenas chato, e pronto.

De novo sua deplorável pessoa, sem dúvida! Ela sempre tinha sido uma mãe rabugenta, fraca, insatisfatória, uma esposa vacilante, que se recostava indolentemente numa espécie de crepuscular existência com nada de muito claro ou de ousado, ou de mais isso que aquilo, como seus irmãos e irmãs, à exceção talvez de Herbert – todos eles eram as mesmas e pobres criaturas que tinham água nas veias e que nada faziam. Porém em meio àquela vida rastejante e lenta subitamente ela se achava na crista de uma onda. A desditosa mosca – onde foi que lera o conto, que insistia em lhe voltar à lembrança, sobre a mosca e o pires? – se debatia para fora. Sim, ela tinha tais momentos. Mas, agora que estava com quarenta anos, eles poderiam se tornar cada vez mais raros. E ela cessaria pouco a pouco de continuar seu esforço. Só que isso era deplorável! Não era para ser aguentado! Isso a fazia sentir-se envergonhada de si!

Amanhã ela iria à Biblioteca de Londres. E encontraria algum livro proveitoso, maravilhoso, surpreendente, por mero acaso, um livro escrito por um clérigo, por um americano de quem ninguém jamais ouvira falar; ou andaria pela Strand, para também por acaso entrar num auditório onde um trabalhador falava sobre a vida nas minas, e de repente haveria de tornar-se uma nova pessoa. Ela seria completamente transformada. Ela usaria um uniforme; ela pertenceria a uma irmandade qualquer; não voltaria nunca mais a pensar em roupas. Depois disso nunca lhe faltaria uma perfeita clareza no tocante a Charles Burt e a *miss* Milan, a esta sala e àquele quarto; e seria assim para sempre, dia após dia, tal qual se cortasse a carne ou estivesse deitada ao sol relaxando. Assim seria!

Assim ela se levantou do sofá azul onde estava, e o botão amarelo, no espelho, levantou-se também, e dali acenou para Charles e Rose, para mostrar que não dependia deles em nada, e o botão amarelo saiu do espelho e as lanças todas se juntaram para cravar-se em seu peito quando ela andou em direção a *mrs.* Dalloway e disse: "Boa noite".

"Mas ainda é tão cedo", disse *mrs.* Dalloway, que era sempre a delicadeza em pessoa.

"Tenho mesmo de ir", disse Mabel Waring. "Mas lamento", acrescentou em sua voz vacilante e fraca, que só soava ridícula quando ela tentava reforçá-la, "porque eu tive um imenso prazer".

"Tive um imenso prazer", disse a *mr.* Dalloway, quando cruzou com ele na escada.

"Mentiras, mentiras, mentiras!", disse a si mesma, nisso que continuou a descer, e "Bem no meio do pires!", disse ainda consigo, ao agradecer a ajuda que *mrs.* Barnet lhe dava, para então enrolar-se toda, e mais, e mais, naquela capa chinesa que ela usava há vinte anos.

Felicidade

Quando Stuart Elton se dobrou para tirar de sua calça, com um peteleco, um fio branco, o gesto banal, seguido como foi por um deslizamento e avalanche de sensação, assemelhou-se a uma pétala de rosa caindo, e Stuart Elton, ao se endireitar para retomar a conversa com mrs. Sutton, sentiu-se constituído de pétalas, muitas, firme e compactamente sobrepostas umas às outras, e todas avermelhadas, todas de lado a lado aquecidas, todas colorizadas por esse inexplicável brilho. Caiu pois uma pétala, assim que ele se dobrou. Nunca havia sentido isso – não – quando era jovem, e agora, aos quarenta e cinco anos, bastou ele se dobrar para tirar um fio da calça para que impetuosamente isso descesse a vará-lo, essa bela e ordeira percepção de vida, esse deslizamento, essa avalanche de sensação, estar em sintonia com o todo, quando voltou a se aprumar recomposto – mas o que era que ela estava dizendo?

Mrs. Sutton (arrastada pelos cabelos ainda por cima dos restolhos e pelos altos e baixos da terra lavrada da meia-idade em princípio) estava dizendo que empresários lhe haviam escrito e até marcado encontros com ela, mas que nada dera em nada. Tudo para ela se tornava assim tão difícil porque não tinha ligações normais com o teatro, já que seu pai e toda a sua família eram pessoas simples do interior. (Foi então que Stuart Elton tirou o fio da calça.) Ela parou; sentiu-se reprovada. Mas Stuart Elton, sentiu também, quando o viu dobrar-se, tinha o que ela queria. E, quando ele se reergueu, procurou desculpar-se – dizendo que falava muito de si – e acrescentou:

"Você me parece ser, de longe, a pessoa mais feliz que eu conheço".

O que soava em curiosa harmonia com o que ele tinha pensado e com a impressão de suave deslizamento de vida seguido de reajuste ordeiro, a impressão da pétala caindo e de uma rosa completa. Mas seria isso "felicidade"? Não. A palavra tão grande não parecia encaixar-se, não parecia referir-se àquele estado de ser que espiralava em lâminas rosadas em torno de uma luz refulgente. Fosse como fosse, disse mrs. Sutton, de todos os seus amigos ele era o que ela mais invejava. Ele parecia ter tudo; ela, nada. Ambos contaram – cada qual tinha dinheiro bastante; ela, um marido e filhos; ele, sua solteirice; ela estava com trinta e cinco anos; ele, com quarenta e cinco; ela nunca adoecera na vida e ele, como disse, era efetivamente mártir de alguma complicação interna – sonhava o dia todo em comer lagosta, mas não podia nem tocar em lagosta. Ora essa!, ela exclamou, como se enfiasse os dedos nalguma. Para ele, até sua própria doença era motivo de riso. Seria isso contrabalançar as coisas, ela perguntou? Seria senso de proporção, seria? Seria o quê, perguntou ele, sabendo muito bem o que ela queria dizer, mas acautelando-se diante dessa mulher insensata e destrutiva com seus modos estouvados, seu vigor e seus dissabores, que gostava de um rolo e travava escaramuças, que era capaz de abater e desfazer essa própria fruição tão valiosa, essa percepção do existir – duas imagens lhe vieram de relance e simultaneamente à cabeça – uma bandeira ao vento, uma truta num rio – equilibradas, balançadas, num fluxo de sensação límpida fresca clara luminosa lúcida tilintante invasiva que como o ar ou o rio o mantinha de tal modo aprumado que, caso ele movesse a mão, caso se dobrasse ou dissesse qualquer coisa, desalojaria a pressão dos inumeráveis átomos de felicidade que se uniam para suspendê-lo de novo.

"Você não liga para nada", disse mrs. Sutton. "Não se altera com nada", ela disse desajeitadamente, lambuzando-o à volta de respingos e sobras como um homem que aqui e ali bota massa tentando assentar tijolos, enquanto ele permanecia lá bem calado, bem reservado, bem secreto; tentando extrair alguma coisa dele, uma pista, uma chave, uma orientação, invejando-o, indignando-se com ele e sentindo que, se ela, com seu alcance emocional, sua paixão, sua capacidade, suas prendas, tivesse isso acrescido a si, poderia ser de imediato a própria rival de mrs. Siddons.[1] Ele não lhe diria; ele devia dizer-lhe.

"Hoje à tarde fui a Kew", ele disse, dobrando o joelho para dar-lhe um peteleco de novo, não porque ali houvesse um fio branco, mas para certificar-se, ao repetir o gesto, de que sua máquina, tal como estava, estava em ordem.

Assim alguém, perseguido numa floresta por lobos, rasgaria pedaços da própria roupa e quebraria uns biscoitos para atirá-los às infelizes feras, sentindo-se quase mas não de todo seguro em seu alto e veloz e protegido trenó.

Acossado pela esfomeada alcateia que lhe vinha no encalço, preocupando-se agora com o pedacinho de biscoito que lhes tinha jogado – com aquelas palavras "Hoje à tarde fui a Kew" – Stuart Elton se lançou diante dos lobos em desabalada carreira para um regresso a Kew, ao pé de magnólia, ao lago, ao rio, levantando bem a mão para espantá-los. Em meio às feras (pois o mundo parecia repleto de uivantes lobos agora), lembrou-se de pessoas que lhe faziam convites para almoçar ou jantar, ora aceitos, ora não, e da impressão que lá tivera, na faixa ensolarada de grama em Kew, de completo domínio, de ser tão simples manejar a bengala quanto escolher isso ou aquilo, ir ali ou acolá, quebrar biscoitos em pedaços e arremessá-los às feras, ler tal coisa, olhar tal outra, encontrar qualquer um ou uma, alojar-se em aposentos de algum bom companheiro – "A Kew sozinho?", repetiu mrs. Sutton. "Só você mesmo?"

Ah!, a loba gritou no seu ouvido. Ah!, suspirou ele, enquanto por um instante pensava no ah suspirado nessa tarde à beira do lago, perto de uma mulher que bordava um pano branco debaixo de uma árvore e gansos que bamboleavam passando, pois ele tinha suspirado ao ver a cena de sempre, namorados de braços dados, lá onde havia agora essa paz, a saúde que tinha sido uma vez lá ruína temporal desespero; assim de novo essa loba *mrs.* Sutton o fazia lembrar-se; sozinho sim; totalmente sozinho; mas ele se refez, como havia então se refeito quando os jovens passaram, agarrando-se a isso, a isso, fosse lá o que isso era, e apertando-o contra si para seguir em frente, com pena deles.

"Totalmente sozinho", repetiu *mrs.* Sutton. E disse que era isso que ela não podia entender, num desesperado arremesso de sua cabeça coroada por cabelo escuro brilhante – ser feliz estando totalmente só.

"Sim", ele disse.

Na felicidade há sempre essa exaltação espantosa. Não é animação; nem arroubo; nem louvor, celebridade ou saúde (ele não conseguia andar três quilômetros sem se sentir estafado), é um estado místico, um transe, um êxtase que, embora ele fosse ateu, cético, não batizado e tudo mais, tinha, suspeitava, certa afinidade com o êxtase que transformava homens em padres, que levava mulheres no vigor da mocidade a se arrastar pelas ruas com rufos engomados que mais pareciam ciclames rodeando seus rostos e lhes empedrava os olhos e os lábios; mas com uma diferença; àqueles, isso aprisionava; a ele punha em liberdade. Deixava-o livre de toda dependência de qualquer um e qualquer coisa.

Mrs. Sutton também sentia isso, enquanto esperava que ele falasse.

Sim ele iria parar o seu trenó e saltar, deixar que os lobos se ajuntassem todos em volta, fazer afagos nos seus pobres e rapaces focinhos.

"Kew estava uma beleza – cheio de flores – magnólias azaleias", ele nunca conseguia se lembrar dos nomes e disse assim para ela.

Não era nada que eles pudessem destruir. Não; mas se era algo que vinha de modo tão inexplicável assim, assim poderia ir-se, como ele havia sentido ao sair de Kew, ao subir a pé beirando o rio até Richmond. Um galho, por que não?, poderia cair; poderia a cor se alterar; o verde tornar-se azul; ou uma folha estremecer; e isso já seria bastante; sim; já seria bastante destroçar-se, despedaçar-se, destruir a fundo essa espantosa coisa o milagre, esse tesouro que foi dele tinha sido dele era dele deveria ser sempre dele, pensou ficando impaciente e ansioso e sem pensar em *mrs.* Sutton deixou-a bruscamente e andou atravessando a sala para apanhar um cortador de papel. Sim; tudo bem. Ele ainda o tinha.

Antepassados

Mrs. Vallance, quando Jack Renshaw observou, de um modo tolo e algo presunçoso, que não gostava de assistir a jogos de críquete, sentiu que tinha, fosse lá como fosse, de lhe chamar a atenção, de fazê-lo compreender, sim, e a todos os demais jovens que ela via, o que o seu pai teria dito; quão diferentes eram seu pai, sua mãe, sim, e ela também, de tudo aquilo; e como, em comparação com homens e mulheres simples e realmente dignos como seu pai, como sua querida mãe, tudo *aquilo* lhe parecia tão banal.

"Estamos todos aqui", disse ela bruscamente, "engaiolados nesta sala abafada, enquanto no campo, lá em casa – na Escócia" (era obrigada a fazer esses rapazes tolos, mas afinal tão simpáticos, embora um pouco baixos demais, tinha de fazê-los compreender o que o seu pai, a sua mãe e ela própria também, pois no fundo era igual a eles, sentiam).

"Você é escocesa?", ele perguntou.

Ele então não sabia, ele não sabia quem era o pai dela; que o pai dela era John Ellis Rattray; e a mãe, Catherine Macdonald.

Certa vez ele tinha parado uma noite em Edimburgo, disse *mr*. Renshaw.

Uma noite em Edimburgo! E ela que passara lá todos aqueles maravilhosos anos – lá e em Elliotshaw, nos limites da Nortúmbria. Onde por entre as groselheiras ela corria livre; onde os amigos do seu pai se juntavam, e ela, garota ainda como era, ouvia as conversas mais maravilhosas da época. Podia vê-los ainda, seu pai, *sir* Duncan Clements, *mr.* Rogers (o velho *mr.* Rogers era o seu ideal de um sábio grego), sentados embaixo do pé de cedro; à luz das estrelas; depois do jantar. Parecia-lhe agora que eles falavam de tudo que havia no mundo; que eram abertos, muito abertos, até para rir dos outros. Tinham-lhe ensinado a reverenciar a beleza. E o que havia de belo nesta sufocante sala de Londres?

"Coitada da flor", exclamou ela, pois pétalas de flores, de um cravo ou dois, pisoteadas, estavam sendo esmigalhadas no chão; mas achou que se importava talvez demais com as flores. Sua mãe gostava de flores: e a ela, desde criança, tinham ensinado que causar dano a uma flor era agredir o que há de mais raro na natureza. A natureza sempre fora uma paixão para ela; as montanhas, o mar. Aqui em Londres olhava pela janela e via apenas mais casas – seres humanos empilhados uns sobre os outros dentro de pequenos caixotes. Era uma atmosfera em que ela não conseguiria em absoluto viver; ela não. Ela não aguentava andar em Londres e ver crianças brincando pelas ruas. Era talvez muito sensível; a vida seria impossível se todos fossem como ela, mas quando se lembrava da infância, do seu pai, da sua mãe, da beleza e atenção que eram prodigalizadas sobre sua família...

"Que vestido bonito!", disse Jack Renshaw; e *isso* lhe pareceu totalmente errado – que um rapaz fizesse uma observação que fosse sobre a roupa de uma mulher.

Seu pai, que era cheio de reverência pelas mulheres, nunca pensou em comentar como elas se vestiam. E não havia uma só moça, de todas aquelas, que se pudesse considerar bonita – como ela lembrava ser sua mãe – sua querida, magnífica mãe, que nunca parecia se vestir diferente, fosse inverno ou verão, houvesse ou não gente de fora em casa, que era sempre *ela mesma*, de espartilho e, ao ficar mais velha, com uma touca discreta. Na viuvez, passava horas sentada entre suas flores, como se estivesse mais com fantasmas do que em companhia dos outros, sonhando com o passado, que de certo modo, pensou mrs. Vallance, é muito mais real que o presente. Mas por quê? É no passado, com aqueles homens e mulheres maravilhosos, pensou ela, que eu realmente vivo: são eles que me conhecem; são somente aquelas pessoas (e ela pensou no jardim à luz de estrelas e nas árvores e no velho mr. Rogers e em seu pai, em seu casaco de linho branco, fumando) que me compreendem. Sentiu que seus olhos, como se as lágrimas se aproximassem, tornavam-se mais fundos e moles, ali em pé na sala de visitas de mrs. Dalloway, não olhando para essas pessoas, essas flores, esse ajuntamento de tagarelas, mas sim para ela mesma, a garotinha que iria viajar tanto, pegando a Doce Alice para ficar sentada em sua cama no sótão, que cheirava a pinho, lendo ficção e poesia. Tinha lido todo Shelley entre as idades de doze e quinze anos e costumava recitá-lo para o pai, de mãos cruzadas nas costas, enquanto ele se barbeava. As lágrimas começaram a lhe subir por trás da cabeça quando ela olhou para essa imagem de si e acrescentou o sofrimento de uma vida toda (ela tinha sofrido abominavelmente) – a vida passou por cima dela como uma roda – a vida não era o que parecia então ser – era como essa festa – à criança plantada lá, recitando Shelley; com seus singelos olhos negros. Mas o que foi que eles não viram depois! E somente aquelas pessoas, mortas agora, que jaziam longe na tranquila Escócia, a tinham conhecido, sabiam o que ela tinha tudo para ser – e as lágrimas agora se tornaram mais fortes, quando pensou na garota em seu vestido de algodão; nos seus olhos tão negros, tão grandes; em como ela ficava bonita declamando a "Ode ao vento oeste"; no orgulho que o pai sentia dela e em que ótimo pai ele era, que ótima sua mãe e como, quando ela estava com eles, era tão pura tão boa tão prendada que tinha tudo para ser qualquer coisa. Que, se eles tivessem vivido mais, e estando ela sempre com eles nesse jardim (que agora lhe parecia o lugar em que passara toda a infância, onde era sempre verão à luz de estrelas, com todos sentados sempre sob o cedro fumando, exceto a mãe, que de algum modo sonhava à parte, com sua touca de viúva entre suas flores – e como eram bons e gentis e respeitosos os velhos empregados, o jardineiro

Andrewes, a cozinheira Jersy; e o velho Sultan, o cachorro terra-nova; e o vinhedo, o açude, a bomba-d'água – e *mrs*. Vallance, com ar arrebatado e orgulhoso e satírico, comparava sua vida à das outras pessoas), e se aquela vida tivesse continuado eternamente, *mrs*. Vallance não sentiria nada disso – e ela olhou para Jack Renshaw e a moça cujas roupas ele elogiara – poderia ter tido outra existência qualquer e haveria de ser Oh! perfeitamente feliz, perfeitamente boa, em vez de estar sendo forçada aqui a ouvir um jovem dizer – e ela riu quase com desdém, mas em seus olhos havia lágrimas – que ele não suportava assistir a jogos de críquete!

A apresentação

Ao ver que *mrs*. Dalloway a espiava com ar reprovador lá do outro lado da sala, Lily Everit quase chegou a rezar para que ela não viesse incomodá-la; no entanto, quando *mrs*. Dalloway se aproximou com a mão direita levantada e um sorriso que Lily sabia (embora fosse sua primeira festa) que queria dizer: "Mas você tem de sair aí do seu canto para conversar", um sorriso ao mesmo tempo benevolente e enérgico, imperioso, ela sentiu a mais estranha mistura de excitação e medo, do desejo de ser deixada sozinha com o anseio de que a tirassem dali para ser lançada ao fundo dos escaldantes abismos. *Mrs*. Dalloway porém foi interceptada; abordada por um idoso senhor de bigode branco e dando assim um prazo de dois minutos para Lily Everit se apertar bem nos braços, como um mastro no mar, e saborear, como um copo de vinho, a lembrança do seu trabalho sobre o caráter do deão Swift, ao que o professor Miller tinha dado, na manhã desse dia, três estrelas vermelhas; primeiro lugar. Primeiro lugar; repetia-se isso, mas a bebida agora estava muito mais fraca do que diante do grande copo esvaziado aos poucos (um gole aqui, outro ali), quando ela estivera com sua irmã e Mildred, a empregada. Ao moverem-se à sua volta as mãos das duas, sentiu que se punham em deleitável animação na superfície, mas que por baixo jazia intacto, como um bloco de metal reluzente, seu ensaio sobre o caráter do deão Swift, e todos os elogios feitos, quando ela desceu pela escada e ficou na entrada à espera de um carro de aluguel – Rupert tinha saído de seu quarto e dito que ela estava ótima –, agitaram-se na superfície, passaram como brisa entre fitas, mas não mais que isso. Dividia-se a vida (ela tinha certeza) em fato, aquele trabalho, e ficção, a saída de agora, em pedra e em onda, pensou ela já rolando a caminho e vendo as coisas com tal intensidade que haveria para sempre de ver a verdade e a si, branco reflexo inextricavelmente mesclado ao negrume das costas do chofer: o momento de visão. Depois, quando ela entrou na casa, assim que viu tanta gente, uns a subir, outros descendo escadas, aquele duro fragmento (seu trabalho sobre o caráter de Swift) começou a perder a consistência, a derreter, não havia mais como segurá-lo e toda a sua pessoa (não mais cortante como um diamante partindo o coração da vida em pedaços) transformou-se numa névoa de alarme, apreensão e defensiva, quando acuada ela ficou em seu canto. Este então era o mundo, o famoso lugar: a sociedade.

Olhando em volta, Lily Everit instintivamente escondeu seu ensaio, de tão envergonhada que estava agora, e também tão confusa, e na ponta dos pés não obstante para ajustar seu foco e manter nas devidas proporções (pois que as anteriores eram vergonhosamente indevidas) aquelas coisas em constante diminuição e expansão (como chamá-las? – de pessoas – de impressões das vidas das pessoas?) que pareciam ameaçá-la e sobrepor-se a ela, transformando tudo em água, deixando-lhe apenas – pois disso ela não abdicaria – o poder de estar acuada.

Agora *mrs.* Dalloway, que nunca tinha arriado o braço de vez, dando a entender pelo modo como o movia que não se esquecera dela, fora apenas interrompida pelo velho soldado de bigode branco, esticou-o decididamente para partir em sua direção e dizer à moça tão encantadora e tímida, de pele clara, brilho nos olhos, cabelo preto poeticamente encaracolado na cabeça e o corpo magro num vestido que parecia estar deslizando:

"Venha que eu vou lhe apresentar", e nisso *mrs.* Dalloway hesitou, e lembrou-se então de que Lily era a inteligente, a que lia poesia, e olhou em volta procurando algum jovem, um rapaz que tivesse acabado de sair de Oxford, que tivesse lido tudo e pudesse conversar sobre Shelley. E, pegando-a pela mão, levou Lily Everit para um grupo onde havia rapazes conversando, entre os quais Bob Brinsley.

Lily Everit se retraiu um pouco, poderia ter sido o barco a vela, instável e reverente, na esteira de um vapor, e sentiu, enquanto era conduzida por *mrs*. Dalloway, que agora isso ia acontecer; que nada o poderia impedir agora; nem livrá-la (e só pedia que acabasse logo) de ser lançada num redemoinho onde ela iria perecer ou salvar-se. Mas o que era esse redemoinho?

Oh, era feito de um milhão de coisas, todas diferentes dela; a abadia de Westminster; a sensação de que eram enormemente altos e solenes os prédios em derredor; e a de ser mulher. Era essa talvez a que se tornava evidente, a que permanecia, e era em parte o vestido, mas todos os pequenos gestos de cavalheirismo e respeito da sala de visitas – tudo a fazia crer que ela saía então da crisálida para ser proclamada o que na confortável escuridão de sua infância nunca tinha sido – essa frágil e bela criatura diante da qual os homens se curvavam, essa criatura limitada e circunscrita que não podia fazer o que bem quisesse, essa borboleta com milhares de facetas nos olhos e uma delicada e fina plumagem, com dificuldades e suscetibilidades e tristezas inúmeras; uma mulher.

Ao andar com *mrs*. Dalloway, atravessando a sala, ela aceitou o papel que lhe era imposto agora e, naturalmente, excedeu-se um pouco nele, como um soldado, orgulhoso das tradições de um uniforme antigo e famoso, é capaz de exceder-se, sentindo-se consciente, enquanto andava, de seus adereços; de seus sapatos apertados; de seu cabelo cacheado e enrolado; e de que, se deixasse cair um lenço (o que já tinha acontecido), um homem se abaixaria às pressas para o apanhar para ela; acentuando assim a fragilidade, a artificialidade de seu porte antinatural, já que afinal não eram dela essas coisas.

Dela, isto sim, era a inclinação a correr, a meditar em longos passeios solitários, pulando portões, pisando na lama, para através da névoa, do sonho, do êxtase da solidão ver os volteios da tarambola, espantar os coelhos, entrar no coração das matas ou de vastos e ermos matagais com pequenas cerimônias a que ninguém assistia, ritos privados, pura beleza oferecida por besouros, por lírios-do-vale, por folhas secas, por águas paradas, que não ligavam a mínima para o que os seres humanos pensavam a seu respeito e lhe enchiam o espírito de entusiasmo e espanto e a mantinham por lá, até que ela viesse a tocar, para se refazer, no pilar do portão – tudo isso, até essa noite, era o comum em sua vida, por isso ela se conhecia, por isso gostava de si mesma e conquistava a afeição dos seus, de pai e mãe, de irmãos e irmãs; já esta outra era uma flor que tinha desabrochado há dez minutos. Ao abrir-se a flor também se abria, irreversivelmente, o mundo da flor, tão diferente, tão estranho; as torres de Westminster; os prédios altos e formais; conversas; esta civilização, sentia ela, um pouco para trás, mas puxada por *mrs.* Dalloway, este modo ordeiro de vida, que lhe caía dos céus como uma canga no pescoço, lenta e inflexivelmente, numa evidência sem contestação. Ao contemplar seu ensaio, obscureceram-se, mas pacífica e pensativamente, as três estrelas vermelhas, como que cedendo à pressão do inquestionável poder, ou melhor, à convicção de não ser dela, de não lhe tocar, nem dominar nem se fazer valer; cabia-lhe, isto sim, ventilar e embelezar a vida ordeira, onde tudo já estava feito; torres altas, sinos solenes, apartamentos construídos de tijolo em tijolo pelo trabalho dos homens, igrejas construídas pelo trabalho dos homens, parlamentos também; e até mesmo o entrelaçado dos fios do telégrafo, pensou ela, olhando pela janela enquanto andava. O que tinha para opor a essas grandes realizações masculinas? Um ensaio sobre o caráter do deão Swift! Quando afinal chegou ao grupo, que era dominado por Bob Brinsley (de calcanhar no guarda-fogo da lareira, cabeça jogada para trás), com sua testa grande e honesta, sua autoconfiança e finura, sua honra e pujante bem-estar físico, seu bronzeado, seu desembaraço, sua direta descendência de Shakespeare, o que podia ela fazer senão pegar seu ensaio e oh! toda sua própria pessoa e estendê-los no chão como um casaco para ele pisar em cima, como uma rosa na qual ele atirar? O que ela fez, de modo enfático, quando mrs. Dalloway, ainda a segurá-la pela mão, como para a impedir de fugir desta suprema prova, apresentou um ao outro: "*Mr.* Brinsley – *miss* Everit. Dois que têm amor por Shelley". Mas o dela, comparado ao dele, nem era amor.

Ao dizer isso, mrs. Dalloway se sentiu, como sempre se sentia ao se lembrar da sua mocidade, absurdamente comovida; o brilho de um encontro entre jovens, por suas mãos, a atiçar como o da concussão de aço em sílex (ambos perceptivelmente endurecidos pelo seu sentimento) o mais belo e o mais antigo dos fogos, tal como o viu na mudança de expressão de Bob Brinsley, da indiferença à aquiescência, ao formalismo para o aperto de mãos, que pressagiava, pensou Clarissa, a ternura, a bondade, a solicitude de mulher latentes em todos os homens, visão que era para ela de trazer lágrimas aos olhos, assim como se comovia ainda mais intimamente ao ver em Lily o próprio olhar da timidez, o olhar assustado, decerto o mais bonito de todos no rosto de uma garota; e um homem sentindo isso por uma mulher, e uma mulher, por um homem, para derivar de tal contato toda essa profusão de casas, provações, sofrimentos, profunda alegria e vedação definitiva em face da catástrofe, doce era o coração da humanidade, pensou Clarissa, e sua própria vida (apresentar um casal a fazia lembrar de seu primeiro encontro com Richard!), infinitamente abençoada. E assim ela foi em frente.

Mas, pensou Lily Everit. Mas – mas – mas o quê?

Oh, nada, pensou às pressas, abafando suavemente seu instinto aguçado.[1] Sim, ela disse. Ela gostava de ler.

"Então também deve escrever?", disse ele, "Talvez poemas?".

"Ensaios", ela disse. E não deixaria aquele horror se apossar de sua pessoa. Igrejas e parlamentos, apartamentos e até os fios do telégrafo – tudo, disse a si mesma, feito pelo trabalho dos homens, e este rapaz, disse a si mesma, descendia de Shakespeare em linha direta, e ela assim não deixaria esse terror, essa suspeita de alguma coisa diferente, apropriar-se dela e contrair-lhe as asas e a impelir para longe, na solidão.

Mas, quando disse isso, ela o viu – de que outro modo poderia descrevê-lo? – matar uma mosca. Ele arrancou as asas de uma mosca, pé apoiado no guarda-fogo, cabeça jogada para trás, enquanto falava insolentemente, arrogantemente de si; porém ela nem ligava para o grau de arrogância ou insolência que ele lhe demonstrava, lamentando apenas ser cruel com as moscas.

Mas, disse ela, inquietando-se ao abafar essa ideia, por que não, já que ele é o maior dos objetos mundanos? E adorar, adornar, embelezar era tarefa sua, como também ser adorada, para o quê tinha asas. Mas ele falava; mas ele olhava; mas ele ria; ele arrancou as asas de uma mosca. Puxou-as das costas com suas mãos ágeis e fortes, e ela o viu fazendo isso; e não podia ocultar a si mesma essa lembrança. Mas é necessário que seja assim, argumentou, pensando nas igrejas, nos parlamentos, nos blocos de apartamentos, e assim tentou dobrar suas asas nas costas, depois de as ter completamente abaixadas. Mas – mas, o que era isso, por que era assim? Apesar de tudo ela podia tornar seu ensaio sobre o caráter de Swift cada vez mais importuno e fazer as três estrelas luzirem novamente, só que não mais tão claras, tão brilhantes, e sim perturbadas e manchadas de sangue como se este homem, este ilustre *mr.* Brinsley, apenas por arrancar as asas de uma mosca enquanto falava (de seu próprio ensaio, de si mesmo e, uma vez, rindo, de uma garota que lá se achava), sobrecarregasse de nuvens sua leve existência e a deixasse confusa para o resto da vida e contraísse suas asas nas costas, fazendo-a pensar com horror, quando ele se afastou dela, na civilização e nas torres, e a canga que havia caído dos céus em seu pescoço esmagou-a, e ela se sentiu na infeliz situação de uma pessoa nua que, indo à procura de refúgio nalgum jardim sombreado, de lá é expulsa e lhe é dito – não, não há santuários, nem borboletas, neste mundo, e esta civilização, igrejas, parlamentos e apartamentos – esta civilização, disse Lily Everit a si mesma, ao agradecer os gentis elogios da velha *mrs.* Bromley à sua aparência, depende de mim, e *mrs.* Bromley disse depois que Lily, como todos os Everits, parecia "ter o peso do mundo em suas costas".

Juntos e à parte

Mrs. Dalloway apresentou-os, dizendo você vai gostar dele. A conversa começou minutos antes de qualquer coisa ser dita, pois tanto mr. Serle quanto miss Anning olharam para o céu, e o céu, na cabeça de ambos, prosseguiu a verter seus significados, embora de um modo bem diferente, até que a presença de mr. Serle a seu lado tornou-se tão perceptível para miss Anning que ela nem pôde mais ver simplesmente o céu em si mesmo, céu que lá se foi a espraiar pelo corpo alto, olhos negros, cabelo grisalho, mãos entrelaçadas, pela grave e melancólica (mas já lhe haviam dito "falsamente melancólica") face de Roderick Serle, e ela, sabendo que tolice era aquilo, sentiu-se no entanto compelida a dizer:

"Que noite linda!".

Pura bobagem! Pura idiotice! Mas qualquer tolice, aos quarenta anos, era perdoável em presença do céu, que transforma os mais sábios em imbecis – meros fiapos de palha – e ela e mr. Serle em átomos, em grãos de poeira, ali plantados à janela de mrs. Dalloway, fazendo suas vidas, vistas ao luar, tão longas quanto e não mais importantes que a de um inseto.

"Bem!", disse miss Anning, alisando enfaticamente a almofada do sofá. E ele se sentando a seu lado. Seria mesmo "falsamente melancólico", como os outros diziam? Premida pelo céu, que parecia tornar tudo aquilo um pouco fútil – o que os outros diziam, o que os outros faziam –, ela disse novamente outra coisa completamente banal:

"Havia uma *miss* Serle que morava em Canterbury nos meus tempos de criança lá".

Com o céu na cabeça, todos os túmulos de seus antepassados surgiram de imediato a *mr*. Serle numa luz azul e romântica, e foi com olhos que se expandiam e escureciam simultaneamente que ele disse: "Sim".

"Somos na origem uma família normanda, que veio com o Conquistador. Há um Richard Serle enterrado na catedral. Foi cavaleiro da Ordem da Jarreteira."[1]

Miss Anning sentiu ter chegado por acaso ao homem verdadeiro, sobre o qual foi montado o homem falso. Sob a influência da lua (a lua que para ela simbolizava o homem, podia vê-la por uma fresta da cortina, e tomava banhos de lua, goles de lua), era capaz de dizer quase qualquer coisa, e assim se pôs a exumar o homem verdadeiro que jazia enterrado sob o falso ao dizer a si mesma: "À frente, Stanley, à frente"[2] – que para ela era um lema, um secreto incentivo, quando não um açoite, como pessoas de meia-idade costumam ter para se flagelarem por algum vício inveterado, sendo o dela uma timidez deplorável, ou melhor, indolência, pois não era tanto que lhe faltasse coragem, faltava-lhe, isto sim, energia, especialmente para falar com homens, que a assustavam um pouco, e assim frequentemente suas conversas descambavam para puras banalidades e ela tinha pouquíssimos amigos homens – pouquíssimos amigos íntimos em geral, pensou, mas, pensando bem, ela os queria? Já tinha Sarah, Arthur, o chalé, o cachorro chinês e, naturalmente, *aquilo*, pensou mergulhando, encharcando-se, mesmo estando sentada no sofá ao lado de *mr*. Serle, *naquilo*, na impressão que lhe vinha ao chegar em casa de algo recolhido ali, uma agregação de milagres, que não podia acreditar que outras pessoas tivessem (pois era a única a ter Arthur, Sarah, o chalé e o cachorro chinês), e mais ainda se encharcando na fruição satisfatória e profunda, sentindo que por ter aquilo e a lua (a lua que era música) ela podia se permitir deixar este homem e o grande orgulho que ele tinha dos Serles enterrados. Não! Este era o perigo – não lhe convinha, na sua idade – afundar na letargia. "À frente, Stanley, à frente", disse a si mesma e perguntou para ele:

"Conhece Canterbury?".

Se ele conhecia Canterbury! *Mr.* Serle sorriu, pensando como a pergunta era absurda – como ela sabia tão pouco, essa mulherzinha calada que tocava algum instrumento e parecia inteligente e tinha uns olhos bonitos e estava usando um interessante colar antigo – bem que ela sabia o significado disso. Ser perguntado se conhecia Canterbury – quando os melhores anos de sua vida, suas memórias todas, coisas que ele nunca tinha sido capaz de contar a ninguém, mas que tentara escrever – ah, tinha tentado escrever (e suspirou), estavam todas centradas em Canterbury: isso o fez rir.

Seu suspiro e depois sua risada, sua melancolia e seu senso de humor tornavam-no estimado por todos, e ele sabia disso, no entanto o fato de ser benquisto não compensava as decepções e, se dependia dessa estima que os outros tinham por ele (fazendo longas, longas, longas visitas a simpáticas damas), não era porém sem amargor, pois nunca fizera uma décima parte do que poderia ter feito e sonhou em fazer quando garoto em Canterbury. Com uma estranha sentiu uma renovada esperança, porque não poderiam dizer que ia deixar de cumprir o prometido, e a capitulação a seu charme dar-lhe-ia um novo começo – aos cinquenta! Ela tocou na fonte. Campos e flores e prédios cinzentos formaram gotas prateadas que escorriam pelas paredes desoladas e negras de sua mente. Seus poemas frequentemente começavam com uma imagem assim. E ele, sentado ao lado dessa mulher tão quieta, sentiu o desejo de fazer imagens agora.

"Sim, eu conheço Canterbury", disse, sentimental e reminiscentemente, dando margem, sentiu *miss* Anning, a perguntas discretas, e era isso o que o fazia interessante a tantas pessoas, mas essa receptividade e extraordinária facilidade para conversar de sua parte é que foram sua ruína, como não raro ele pensava, tirando as abotoaduras e pondo suas chaves e moedas no toucador depois de uma daquelas festas (durante a temporada ele às vezes saía quase todas as noites), e ao descer para o café tornando-se muito diferente, ranzinza, desagradável à mesa com sua esposa, que era inválida e não saía nunca de casa, mas tinha velhos amigos, em geral velhas amigas, que a vinham ver de vez em quando, interessadas em filosofia hindu e diferentes curas e diferentes médicos, que Roderick Serle mandava às favas com alguma observação cáustica e inteligente demais para ela, que se limitava a responder com gentis reclamações e uma ou duas lágrimas – tinha fracassado, como tantas vezes pensava, porque não conseguia se desligar totalmente da sociedade e da companhia das mulheres, que lhe era tão necessária, para escrever. Envolvera-se muito a fundo com a vida – e a essa altura ele cruzaria as pernas (seus movimentos eram sempre um pouco anticonvencionais e distintos) e, para não se culpar, punha a culpa na exuberância de sua natureza, que comparava favoravelmente com a de Wordsworth, por exemplo, e, posto que ele já dera tanto aos outros, sentia, deixando repousar nas mãos a cabeça, que os outros deveriam por sua vez ajudá-lo, sendo isso o prelúdio, trêmulo, fascinante, estimulante, da conversa a manter; e em sua mente borbulhavam imagens.

"Ela parece uma árvore frutífera – uma cerejeira em flor", disse ele, olhando para uma mulher ainda moça com um belo cabelo branco. Era uma imagem de tipo primoroso, pensou Ruth Anning – sim, um primor, porém ela não tinha certeza de estar gostando desse homem distinto, melancólico, com seus gestos; e é curioso, pensou ela, como os nossos sentimentos são influenciados. Não gostava *dele*, mas reconhecia ter gostado da comparação da mulher com a cerejeira que foi feita por ele. Fibras dela, sem rumo fixo, em flutuação caprichosa, como os tentáculos de uma anêmona-do-mar, ora vibravam, ora se repuxavam, e o seu cérebro, a quilômetros dali, frio e distante, suspenso no ar, recebia mensagens que processaria a tempo de, quando as pessoas falassem de Roderick Serle (e ele era uma figura e tanto), ela poder dizer sem hesitar: "Gosto dele", ou "Não gosto dele", e assim ter definida sua opinião para sempre. Uma ideia estranha; uma ideia solene; lançando uma luz insólita sobre a composição da sociabilidade humana.

"É estranho que a senhora tenha conhecido Canterbury", disse *mr*. Serle. "É sempre um choque", prosseguiu (tendo a dama de cabelo branco passado), "quando se encontra alguém" (nunca eles tinham se encontrado antes), "por acaso, por assim dizer, que toca nas fímbrias do que significa tanto para a própria pessoa, e o faz fortuitamente, pois suponho que Canterbury não lhe tenha sido senão uma cidade antiga e bonita. Pois então a senhora passou um verão lá com uma tia?". (Isso era tudo que Ruth Anning ia dizer a ele sobre a visita que ela fizera a Canterbury.) "E viu o que havia lá para ver e foi-se embora e nunca pensou nisso de novo."

Deixe ele pensar assim; não gostando dele, queria mais é que sumisse às carreiras com uma ideia absurda a seu respeito. Pois seus três meses em Canterbury, na realidade, tinham sido incríveis. Lembrava-se nos menores detalhes, embora fosse tão-só uma visita casual, da ida à casa de *miss* Charlotte Serle, uma conhecida de sua tia. Era capaz de repetir ainda agora as próprias palavras de *miss* Serle sobre o trovão: "Sempre que acordo e ouço um trovão de noite, penso que alguém foi morto". E via o tapete de pelos duros, com desenhos em forma de diamante, e os olhos castanhos, impregnados de brilho, da idosa senhora, segurando sua xícara de chá pelo meio enquanto falava aquilo sobre o trovão. E via sempre Canterbury, com suas nuvens de trovoada, a lívida floração das macieiras e os longos, cinzentos fundos de seus prédios.

O trovão despertou-a de sua pletórica síncope de indiferença, que é típica da meia-idade; "À frente, Stanley, à frente", disse a si mesma; ou seja, esse homem não há de me escapar, como todos os outros, com essa falsa suposição; vou dizer-lhe a verdade.

"Adorei Canterbury", ela disse.

Instantaneamente ele se animou. Era seu dom, seu defeito, seu destino.

"Adorou", repetiu. "Bem se vê que adorou."

Seus olhos se encontraram; ou melhor, colidiram, pois ambos sentiram que por trás dos olhos a pessoa apartada, que se senta no escuro enquanto seu companheiro superficial e ágil faz todas as piruetas e acenos, sem deixar parar o espetáculo, bruscamente se ergueu; tirou a capa; confrontou-se com a outra. Foi alarmante; foi terrível. Mas ambos, brunidos pela idade, tinham sua reluzente lisura, e Roderick Serle sairia assim para talvez umas dez festas ou mais na temporada sem sentir nada fora do comum, ou apenas remorsos sentimentais e o desejo de belas imagens – como aquela da cerejeira em flor – estagnando-se nele o tempo todo, sem a menor alteração, uma espécie de superioridade em relação ao circunstante, uma impressão de recursos inexplorados, que o mandava de volta para casa insatisfeito com sua vida, consigo mesmo, bocejando, vazio, volúvel. Mas agora, e não mais que de repente, como um raio branco no nevoeiro (imagem que assomava forjada pela inevitabilidade da luz), aquilo tinha acontecido ali; o velho êxtase da vida; sua invencível investida; pois, se não era agradável, ao mesmo tempo alegrava e rejuvenescia, enchendo nervos e veias de filamentos de fogo e gelo; era aterrador.

"Canterbury há vinte anos", disse *miss* Anning, como alguém põe uma sombra numa luz intensa ou cobre um pêssego em brasa, por estar muito maduro, muito forte, muito pleno, com uma folha verde.

Às vezes ela sentia vontade de ter casado. Às vezes a tíbia paz da meia-idade, com seus mecanismos automáticos para evitar que o corpo e a mente se magoassem, parecia-lhe, comparada ao trovão e à lívida floração das macieiras de Canterbury, torpe. Podia imaginar uma coisa diferente, mais como um relâmpago, mais intensa. Podia imaginar uma sensação física. Podia imaginar...

E, por estranho que fosse, pois ela nunca o tinha visto, seus sentidos, aqueles tentáculos que vibravam e eram repuxados antes, agora não mandavam mais mensagens, jaziam quiescentes, como se ela e *mr.* Serle se conhecessem à perfeição, como se estivessem de fato tão unidos que lhes bastava flutuar lado a lado descendo pela corrente.

De tudo que existe, nada é tão estranho como as relações humanas, pensou ela, com suas mudanças, sua extraordinária irracionalidade, pois o desagrado que ela havia sentido já era agora quase amor intenso e arrebatado, mas, tão logo essa palavra "amor" lhe ocorreu, ela a rejeitou, pensando novamente quão obscura era a mente, com suas pouquíssimas palavras para todas essas percepções surpreendentes, essas alternâncias de prazer e dor. Pois que nome se dava àquilo? Era o que ela agora sentia, o retraimento da afeição humana, o desaparecimento de Serle e a necessidade instantânea sob a qual se achavam ambos de encobrir o que era tão desolador, tão degradante para a natureza humana, que todos tentavam enterrá-lo em recato para eximir-se à visão – esse retraimento, essa violação da confiança e, procurando uma fórmula decorosa, reconhecida e aceita, de funeral, ela disse:

"Por mais que façam, não conseguirão, é claro, estragar Canterbury".

Ele sorriu; aceitou a frase; cruzou as pernas ao contrário. Ela fez seu papel; ele, o dele. E assim as coisas terminaram. Veio logo sobre ambos essa paralisante cessação de sentimento, quando nada irrompe da mente, quando suas paredes parecem de ardósia; quando o vazio quase dói, e os olhos petrificados e fixos veem o mesmo ponto – uma forma, um balde de carvão – com uma exatidão que é aterradora, pois nenhuma emoção, nenhuma ideia, nenhuma impressão de qualquer tipo surge para alterá-la, modificá-la, embelezá-la, uma vez que as fontes do sentir parecem lacradas e, enrijecendo-se a mente, enrijece-se também o corpo; fortemente estatuesco, sem deixar que *mr.* Serle ou *miss* Anning pudessem se mexer ou falar, e sentindo-se eles como se um encantador os tivesse salvo, e a fonte fez a vida correr por todas as veias, quando Mira Cartwright, dando um malicioso tapinha no ombro de *mr.* Serle, disse:

"Eu o vi nos *Meistersinger*, passando bem na minha frente. Seu malvado", disse *miss* Cartwright, "não merece que eu volte a lhe dirigir a palavra".

E eles puderam separar-se.

O homem que amava sua espécie

Indo às pressas por Deans Yard essa tarde, Prickett Ellis deu de cara com Richard Dalloway, ou melhor, nisso que eles iam passando, o encoberto olhar de relance que cada qual lançou ao outro, por baixo do chapéu e por cima do ombro, alargou-se numa explosão de reconhecimento; há vinte anos que eles não se encontravam. Na escola, tinham sido colegas. E Ellis, o que andava fazendo? Advocacia? Ah, sim, é claro – acompanhara pelos jornais o caso. Mas era impossível conversar ali. Que tal aparecer logo mais lá em casa? (Eles moravam no mesmo lugar de sempre – na primeira transversal.) Viriam uma ou duas pessoas. Talvez Joynson. "Um figurão agora", disse Richard.

"Está bem – então até logo à noite", disse Richard e seguiu seu caminho, "feliz da vida" (o que era pura verdade) por haver encontrado aquele camarada engraçado, que não mudara nem um pingo desde os tempos de escola – o mesmo garotinho gorducho e baixote, saturado de preconceitos, mas incomumente brilhante – ganhou o Newscastle. Pois bem – e lá se foi ele.

Prickett Ellis, contudo, ao se virar e ver Dalloway sumindo, preferia agora não o ter encontrado ou, pelo menos, pois pessoalmente sempre gostara dele, não ter prometido que iria à reunião. Dalloway era casado, dava festas; não era da mesma espécie que ele, que teria de se vestir. Entretanto, chegando a noite, supôs que, como havia prometido, e não querendo ser grosseiro, tinha mesmo de ir.

Mas que entretenimento mais pavoroso! Joynson estava lá; e eles não tinham nada o que dizer um ao outro. Em criança, era um garoto presunçoso; crescido, parecia dar mais importância a si mesmo – e isso era tudo; não havia na sala outra simples alma que Prickett Ellis conhecesse. Nenhuma mesmo. Assim, não podendo ir-se embora logo, sem dizer uma palavra a Dalloway, que parecia sobrecarregado de obrigações, num colete branco, indo e vindo em azáfama, o jeito era aguentar e esperar. Era o tipo de coisa que o deixava indignado. Pensar em homens e mulheres adultos, responsáveis, fazendo isso a vida inteira, toda noite! Os traços de seu rosto barbeado, azul e vermelho, acentuaram-se quando ele se encostou na parede, em completo silêncio; embora trabalhasse como um cavalo, mantinha-se em boa forma com exercícios; e se mostrava ameaçador e duro, como se tivesse o bigode enregelado. Ele se eriçou, ele se irritou. As roupas pobres que usava faziam-no parecer desleixado, insignificante, anguloso.

Ociosos, tagarelas, com roupas demais e sem ideias, sem uma que fosse, na cabeça, os elegantes cavalheiros e damas seguiam conversando e rindo; Prickett Ellis observava-os e comparou-os aos Brunners que, quando ganharam a causa contra a Cervejaria Fenners' e receberam duzentas libras de indenização (nem a metade do que deveriam ter ganho), logo gastaram cinco num relógio para ele. Bem o tipo de comportamento adequado; o tipo de coisa que o comovia, e olhou com mais severidade ainda para aquelas pessoas, supervestidas, cínicas, prósperas, e comparou o que estava sentindo agora com o que sentira às onze horas da manhã em que o velho Brunner e esposa, em suas melhores roupas, pessoas idosas, com o ar mais limpo e respeitoso possível, foram vê-lo para dar-lhe essa pequena lembrança, como disse o velho, perfeitamente aprumado para fazer seu discurso de gratidão e apreço pela maneira tão capaz de conduzir nossa causa e como, aparteou *mrs*. Brunner, eles sabiam que tudo se devia a ele. E estavam profundamente gratos por sua generosidade – porque ele, é claro, não tinha cobrado nada.

Quando ele apanhou o relógio e colocou-o em cima da lareira, bem no meio, sentiu estar com vontade de que ninguém visse seu rosto. Para isso é que trabalhava – era essa sua recompensa; e olhou para as pessoas que na realidade estavam diante de seus olhos como se elas dançassem por cima da cena em seu escritório e por ela fossem expostas e, quando tudo sumia – quando os Brunners sumiam –, só restava ele mesmo, como que deixado daquela cena e a confrontar-se com esta população hostil, um homem completamente simples, sem nenhuma sofisticação, um homem do povo (ele se endireitou), muito mal vestido, chamando a atenção, sem nenhum ar, nenhum encanto especial, homem pouco calejado em disfarçar seus sentimentos, um homem comum, um ser humano como outro qualquer, lançado contra o mal, a corrupção, a impiedade da sociedade. Mas ele não ia continuar olhando. Pôs os óculos e já se punha a examinar os quadros agora. Leu os títulos de uma fileira de livros; quase todos de poesia. Bem que ele gostaria de reler alguns de seus velhos favoritos – Shakespeare, Dickens –, bem que gostaria de ter tempo para ir um dia à National Gallery, mas não podia – não podia mesmo. Com o mundo na situação em que estava – era realmente impossível. O dia inteiro havia gente querendo sua ajuda, clamando, a bem dizer, por ajuda. Não era uma época para se ter luxo. E ele olhava as poltronas e os cortadores de papel e os livros bem encadernados e balançava a cabeça, sabendo que nunca teria tempo, nunca teria coragem, e alegrava-se ao pensar assim, de se permitir tais luxos. Aqui, as pessoas ficariam chocadas se soubessem quanto ele pagava por seu tabaco; e que a roupa que vestia tinha sido emprestada. Sua única extravagância era um barquinho a vela na lagoa de Norfolk. Isso ele se permitia. Gostava de uma vez por ano sumir da vista de todos para se pôr de costas num campo. Pensou como se espantariam – essas pessoas tão finas – se soubessem quanto prazer ele extraía do amor à natureza, termo que usava por ser tão antiquado; desde garoto ele conhecera campos e árvores.

Ficariam chocadas essas finas pessoas. E ele de fato, ali em pé, pondo seus óculos no bolso, a cada instante se sentia mais chocante. Sentimento dos mais desagradáveis. Não sentira aquilo – que amava a humanidade, que pagava cinco *pence* pela onça de tabaco, que amava a natureza – natural e tranquilamente. Cada um desses prazeres tinha se transformado num protesto. Sentia que essas pessoas que ele desprezava faziam-no aguentar e pronunciar-se e justificar-se. Não parava de dizer: "Eu sou um homem comum". E o que disse a seguir, envergonhou-se de fato de o ter feito, mas disse: "Eu já fiz mais por minha espécie num só dia do que o resto de vocês em suas vidas". Realmente era mais forte do que ele; vivia a se lembrar de cena após cena, como a de quando os Brunners tinham lhe dado o relógio – vivia a se lembrar das belas coisas que já haviam dito de sua generosidade, seu humanitarismo, de como já ajudara a tantos. Estava sempre a se ver como sábio e tolerante servidor da humanidade. E desejou que pudesse repetir em voz alta seus louvores. Era desagradável que a sensação de sua bondade o afligisse por dentro. E ainda mais desagradável que não pudesse contar a ninguém o que haviam dito a seu respeito. Graças a Deus, dizia-se a toda hora, volto a trabalhar amanhã; entretanto já não ficaria mais satisfeito em apenas se esgueirar pela porta e ir para casa. Tinha de ficar, tinha de ficar até se justificar. Mas como poderia fazê-lo? Naquela sala cheia de gente, não conhecia vivalma a quem falar.

Finalmente Richard Dalloway apareceu.

"Quero lhe apresentar *miss* O'Keefe", disse ele. *Miss* O'Keefe olhou-o em cheio nos olhos. Era uma mulher meio arrogante, de maneiras abruptas, na casa dos trinta.

Miss O'Keefe quis um sorvete ou algo para beber. E a razão de o ter pedido a Prickett Ellis, de um modo que lhe pareceu soberbo e injustificável, foi que ela tinha visto uma mulher e duas crianças, paupérrimos, exaustos, agarrados nas grades de uma praça, de olhos compridos para dentro, naquela tarde tão quente. Não podem deixar que entrem?, tinha pensado, subindo sua compaixão como onda; e sua indignação fervendo. Não; no momento seguinte ela se reprovou com aspereza, como se se enfrentasse no boxe. Nem toda a força do mundo é capaz disso. Ela assim apanhou e devolveu a bola de tênis. Nem toda a força do mundo é capaz disso, disse furiosa da vida, e foi por isso que disse tão imperiosamente ao homem desconhecido:

"Dê-me um sorvete".

Muito antes de ela o ter acabado, Prickett Ellis, de pé a seu lado sem tomar nada, disse-lhe que há quinze anos ele não vinha a uma festa; disse-lhe que o terno que estava usando fora emprestado por seu cunhado; disse-lhe que não gostava desse tipo de coisa e teria sentido grande alívio se continuasse e dissesse que era um homem comum, com marcada preferência por pessoas bem simples, quando então lhe falaria (para envergonhar-se disso depois) dos Brunners e do relógio, mas ela disse:

"O senhor viu *A tempestade?*".

Ou então (pois *A tempestade* ele não tinha visto) leu algum livro? De novo não, e então, nisso que ela punha seu sorvete de lado, costumava ler poesia?

E Prickett Ellis, sentindo subir-lhe algo por dentro que acabaria por decapitar esta moça, transformá-la em vítima, massacrá-la, fê-la sentar-se lá, onde ninguém os interromperia, em duas cadeiras, no jardim vazio, pois todos estavam no andar de cima, podendo-se ouvir apenas um incessante zumbido e a falação e um trintlim, como o louco acompanhamento de uma orquestra fantasma a um gato ou dois atravessando o gramado, e a ondulação das folhas e as lanternas chinesas vermelhas e amarelas balançando como frutas penduradas no ar – a conversa parecia uma frenética dança musical de esqueletos relacionada a algo muito real, e cheia de sofrimento.

"Que beleza!", disse *miss* O'Keefe.

Oh, essa nesga de grama, com a massa negra e alta das torres de Westminster em torno, era bela mesmo, depois da sala de visitas; depois da barulheira, era silenciosa. E eles, afinal de contas, tinham aquilo – a mulher cansada, as crianças.

Prickett Ellis acendeu seu cachimbo. Isso a deixaria chocada; enchera-o de fumo vagabundo – cinco *pence* e meio a onça. Pensou como estaria em seu barco, fumando deitado, pôde ver-se sozinho, à noite, fumando sob as estrelas. Pois durante essa noite ele estivera sempre pensando que aparência teria, se as pessoas ali o olhassem. Ali, disse a *miss* O'Keefe, riscando um fósforo na sola da bota, não conseguia ver nada de particularmente bonito.

"Talvez", disse *miss* O'Keefe, "o senhor não ligue para a beleza". (Ele dissera não ter visto *A tempestade*; não ter lido nenhum livro; seu bigode, seu queixo, a corrente de relógio de prata, tudo nele exalava um ar de penúria.) Mas para isso, pensou ela, ninguém precisava gastar nada; os museus e a National Gallery eram grátis; e o campo também. Decerto sabia das objeções – lavar, cozinhar, crianças; mas a essência da coisa, o que eles todos tinham medo de dizer, era que a felicidade é barata à beça. Pode até sair de graça. A beleza.

Prickett Ellis deu-lhe então o que ela merecia – essa mulher abrupta, arrogante e pálida. Disse-lhe, com uma baforada de seu fumo barato, o que havia feito esse dia. De pé às seis; ouvindo gente; suportando o cheiro de esgoto de uma área sórdida; e depois no tribunal.

Nisso hesitou, querendo dizer-lhe algo de si, dos seus afazeres pessoais. Porém, por reprimir isso, tornou-se ainda mais sarcástico. Disse que já se sentia mal só de ouvir mulheres bem-vestidas e bem-alimentadas (ela encolheu os lábios, pois era magra e sua roupa não estava assim tão na moda) falando de beleza.

"A beleza!", disse ele. Temia não entender a beleza tomada à parte dos seres humanos.

Olharam assim para o jardim vazio, onde oscilavam luzes e, bem lá no meio, com uma pata no ar, hesitava um gato.

A beleza à parte dos seres humanos? O que ele queria dizer com isso?, perguntou ela de repente.

Pois bem, isto: entrando cada vez em mais pormenores, contou-lhe a história dos Brunners e do relógio, sem disfarçar seu orgulho. Isso era belo, disse ele.

Já ela não teve palavras para especificar o horror que a história lhe causou. Primeiro, sua vaidade; depois, sua falta de pudor em falar de sentimentos humanos; era uma blasfêmia; ninguém no mundo devia contar um caso para provar que amava sua espécie. Entretanto quando ele contou o dele – como o velho tinha se posto de pé para fazer seu discurso – ela quase foi às lágrimas; ah, se algum dia alguém lhe tivesse falado assim! Mas aí de novo ela sentiu que fora justamente isso que condenara para sempre a humanidade; nunca eles iriam mais longe do que deixar-se comover por cenas com relógios; os Brunners fazendo discursos para os Prickett Ellises, e esses sempre dizendo que amavam sua espécie; seriam sempre preguiçosos, transigentes, temerosos diante da beleza. Daí surgiam revoluções; da preguiça e do medo e desse amor por cenas impressionáveis. Ainda assim esse homem teve prazer com seus Brunners; e ela estava condenada a sofrer eternamente por causa de suas pobres mulheres impedidas de entrar nas praças. Sentavam-se assim em silêncio. Ambos muito infelizes. Pois Prickett Ellis não se aliviou nem um pouco com o que tinha dito; em vez de arrancar o espinho dela, enfiara-o ainda mais para o fundo; sua felicidade da manhã fora arruinada. *Miss* O'Keefe estava confusa e aborrecida; estava turva, e não clara.

"Temo ser uma dessas pessoas muito comuns", disse ele, levantando-se, "que amam sua espécie".

Ao que *miss* O'Keefe quase gritou: "Eu também".

E assim odiando-se, odiando a casa cheia de gente que lhes proporcionara essa noite desilusiva e dolorosa, esses dois amantes de sua espécie se levantaram e, sem uma palavra, se despediram para sempre.

Uma simples melodia

Quanto ao quadro em si, era uma dessas paisagens que os incultos creem ter sido pintada quando a rainha Vitória era bem jovem, estando em moda, para senhoritas, o uso de chapéus de palha em forma de balde de carvão. Como o tempo aplainara todos os pontos de junção e irregularidades da tinta, a tela parecia coberta por uma fina e homogênea camada, aqui o mais tênue azul, além a mais acastanhada das sombras, de um verniz semelhante à laca. O quadro representava um matagal; e era muito bonito.

Mr. Carslake, pelo menos, o achava muito bonito porque, quando ia para o canto onde podia vê-lo, via nele o poder de organizar e apaziguar sua mente. Parecia-lhe que o que restava de suas emoções – tão dispersas e embaralhadas numa festa daquelas! – era posto pelo quadro nas proporções devidas. Era como se houvesse um rabequista tocando uma velha canção inglesa totalmente tranquila, com gente à roda que jogava e xingava e fazia acrobacias, que pilhava o bolso alheio, salvava afogados e realizava espantosas – porém completamente desnecessárias – demonstrações de habilidade. Já ele não conseguia se dar em espetáculo. O mais que pôde foi dizer que em Wembley estava cansativo à beça; que ele não acreditava que o sucesso lá fosse grande; e coisas assim.[1] *Miss* Merewether não ouviu; por que, afinal de contas, deveria ouvir? Desempenhando seu papel, deu um ou dois saltos mortais não muito exímios; ou seja, pulou de Wembley para o caráter da rainha Mary,[2] que ela achava sublime. É claro que não era o que pensava no fundo. *Mr.* Carslake teve certeza disso ao olhar para o quadro do matagal. Todos os seres humanos, sentiu, eram muito simples por baixo. Caso se pusesse a rainha Mary, *miss* Merewether e ele mesmo naquele matagal; já na boca da noite; depois do pôr-do-sol; tendo de encontrar o caminho de volta para Norwich, em pouco tempo os três estariam conversando na maior naturalidade. Não tinha dúvida nenhuma.

Quanto à natureza, poucos a amavam mais que ele. Se tivesse de andar com a rainha Mary e *miss* Merewether, manter-se-ia quase sempre calado; e elas também, tinha certeza; a flutuar serenamente; e olhou o quadro de novo; naquele mundo feliz e tão mais duro e elevado, que era também muito mais simples que este.

Justamente quando pensava assim, viu Mabel Waring[3] indo embora, em seu bonito vestido amarelo. Parecia agitada, com uma expressão tensa, os olhos tristes e fixos, malgrado seu esforço para se mostrar animada.

Qual seria a causa de sua infelicidade? Mais uma vez ele contemplou o quadro. O sol tinha se posto, mas todas as cores ainda brilhavam, e não sumira então de há muito, tinha acabado de passar para além da elevação terrosa do matagal. A luz era bastante adequada: e ele supôs que Mabel Waring estava andando com ele e a rainha e *miss* Merewether, de volta para Norwich. Falariam sobre o caminho; de como era longe; e se aquele era o tipo de região de que gostavam; também, se estavam com fome; e o que teriam para jantar. Era uma conversa espontânea. O próprio Stuart Elton[4] – *mr.* Carslake o viu sozinho, em pé, erguendo nas mãos um cortador de papel para o qual olhava de um modo muito estranho –, o próprio Stuart, se estivesse no matagal, largaria aquilo, jogaria logo aquilo fora. Pois por baixo, embora quem só o visse por alto nunca fosse capaz de acreditar, ele era a mais simples, a mais gentil das criaturas, contente de passar seus dias perambulando com gente sem a menor distinção, como ele mesmo, e essa estranheza – parecia afetação pôr-se no meio de uma sala de visitas com um cortador de papel em casco de tartaruga na mão – era apenas hábito adquirido. Desde que estivessem no matagal e começassem a caminhar para Norwich, diriam coisas assim: As solas de borracha, para mim, fazem a maior diferença. Mas será que não apertam os pés? Sim – e não. Agora, para andar no capim, são ótimas. No calçamento eu já não sei. E também as meias e as ligas de meias; roupas de homens, roupas de mulheres. Claro, muito provavelmente falariam de seus hábitos durante toda uma hora; e sempre da maneira mais livre, mais fácil: supondo-se que ele, ou Mabel Waring, ou Stuart, ou aquele cidadão mal-encarado com seu bigode de escova de dentes que parecia não conhecer ninguém[5] – quisesse explicar Einstein, ou fazer uma declaração – algo muito particular talvez – (o que ele sabia acontecer) – a coisa viria com naturalidade.

Era belíssima a pintura. Como todas as paisagens, deixava a gente triste, porque aquele matagal duraria muito mais que qualquer pessoa; mas a tristeza tão sublime – virando-se de *miss* Merewether, George Carslake deu uma olhada no quadro – emanava claramente da ideia de ser sereno e belo esse quadro, de que merecia durar. Mas não consigo explicar isso direito, pensou ele. Não gostava nem um pouco de igrejas; com efeito, se ele dissesse o que sentia sobre a perenidade do matagal e a impermanência de todos eles e que no entanto assim como era estava certo e não havia nada de triste em relação a isso – acabaria rindo; logo logo aliás acabaria com essa tagarelice sentimental e tola. Pois assim seria ela, falada: porém não, ele sentia, pensada. Não, ele não desistiria da crença de que andar pelo mato ao cair da noite era talvez o melhor modo de alguém passar o tempo.

Cruzava-se com vagabundos, é claro, com pessoas bem estranhas. Ali, uma fazendola abandonada; acolá, um homem com uma carroça; de vez em quando – o que talvez já fosse um pouco romântico demais – um homem a cavalo. Seria quase certo haver pastores: um moinho de vento: ou, à falta desses, algum arbusto contra o céu, alguma marca de carroça no chão, que tinham este poder – ele voltou a tremer com as tolas palavras – "de reconciliar as diferenças – de fazer acreditar em Deus". Essa última afirmação quase chegava a ofendê-lo! Ora essa, acreditar em Deus, quando todas as forças racionais protestavam contra a idiotice insana e pusilânime de uma tal assertiva! Parecia-lhe ter caído numa armadilha de palavras. "Acreditar em Deus." Numa conversinha bem simples com pessoas como Mabel Waring, Stuart Elton, a rainha da Inglaterra, num matagal – nisso sim é que ele acreditava. Pelo menos encontrara grande consolo no fato de terem tanto em comum – as botas, o cansaço, a fome. Mas ei-lo então que já podia imaginar Stuart Elton, por exemplo, parando, ou caindo em silêncio. Se você lhe perguntasse: no que está pensando?, talvez ele não dissesse nada, ou dissesse alguma coisa que não era verdade. Talvez ele não fosse capaz de falar a verdade.

Mr. Carslake olhou novamente o quadro. A impressão de algo remoto perturbou-o. As pessoas, de fato, pensavam em coisas, pintavam coisas. E essas caminhadas pelo mato, de fato, não anulam as diferenças, pensou ele; porém mantinha, porém acreditava – que as únicas diferenças que permanecem (lá ao ar livre, com a linha do matagal ao longe e nem uma casa para barrar a vista) são as diferenças fundamentais – como esta: o que pensava o homem que pintou o quadro, no que pensava Stuart Elton – sobre o quê? Provavelmente, uma crença de algum tipo.

De qualquer modo, foram em frente; pois a grande questão nas caminhadas é que ninguém consegue parar por muito tempo; todos logo se levantam para andar até se cansar de novo, e o desejo de acabar com o cansaço dá aos mais filosóficos, ou mesmo aos distraídos pelo amor e seus tormentos, uma sobrepujante razão para só ter um objetivo em mente, chegar em casa.

Cada frase que ele usava retinia em seus ouvidos com um falso quê religioso. "Chegar em casa" – os religiosos se apropriaram disso. Significava ir para o Céu. Seus pensamentos não encontravam palavras puras e novas, nunca amassadas, nunca enrugadas, nunca sem a goma por uso alheio.

Somente quando ele estava andando, com Mabel Waring, Stuart Elton, a rainha da Inglaterra e aquele homem lá, de ar tão desgarrado e intratável, a velha e melodiosa canção se interrompia. Talvez o ar livre embrutecesse um pouco as pessoas. A sede embrutecia; uma bolha no calcanhar. Para ele, quando andava, em tudo havia consistência e frescor: nenhuma confusão; nenhuma vacilação; pelo menos a divisão entre o conhecido e o desconhecido era tão clara quanto a beira de um açude – aqui era terra seca, já ali havia água. Ocorreu-lhe agora uma curiosa ideia – a de que a água exercia atração sobre quem estava na terra. Foi porque todos eles queriam pular na água que Stuart Elton pegou seu cortador de papel, que Mabel Waring olhou à sua volta para explodir em lágrimas e que o homem de bigode de escova de dentes assumiu ar feroz. Mas o que era enfim a água? Compreensão, talvez. Devia existir alguém tão milagrosamente dotado, com todas as partes da natureza humana tão bem postas, para poder compreender corretamente todos esses silêncios e infelicidades, que resultam da incapacidade de ajustar a própria mente à dos outros. Stuart Elton mergulhou; Mabel também. Alguns foram ao fundo e deram-se por satisfeitos; outros vieram resfolegantes à tona. Ele sentiu alívio, ao ver que já pensava na morte como um mergulho no açude; pois se alarmava porque sua mente, quando desprotegida, dava-se ao instinto de ir às nuvens e ao Céu e adornar a figura velha e cômoda, com as mesmas vestes flutuantes, os olhos meigos, o manto esgarçado.

No açude, por outro lado, havia peixes e lama e salamandras. A questão aqui é que cada um tinha de criar seu próprio açude; novo, novo em folha. Ninguém mais queria se deixar arrebatar pelo Céu, para lá ficar cantando e encontrar os mortos. Queria-se alguma coisa aqui e agora. Compreensão significava um aumento de vida; o poder de dizer o que não se podia dizer; de fazer vãs tentativas como a de Mabel Waring – ele sabia que seu jeito de fazer bruscamente alguma coisa surpreendente e ousada, muito contrária ao caráter dela, acabaria dando certo – em vez de fracassar para afundá-la ainda mais na depressão.

Assim o velho rabequista tocava sua canção, enquanto George Carslake olhava do quadro para as pessoas, voltando depois ao quadro. Seu rosto redondo, seu corpo solidamente construído expressavam uma calma filosófica que lhe dava, mesmo no meio de todas essas pessoas, um ar de distanciamento, de serenidade, de sossego, que porém era de alerta, e não lento. Mal ele se sentou, *miss* Merewether, que poderia ter passado à deriva, sentou-se ao lado. Dizia-se que ele fazia em jantares discursos muito brilhantes. Dizia-se que não tinha se casado por fazer falta à mãe. Ninguém pensava nele, contudo, como um personagem heroico – nada de trágico ele trazia em si. Era advogado. Distrações, [preferências], aptidões muito acima de sua mente capaz, não tinha nenhuma em particular – a não ser que andava. As pessoas o toleravam, gostavam dele, ou dele zombavam, porque em nada do que fazia se podia pôr a mão, e ele tinha um mordomo que era como um irmão mais velho.

Mas *mr.* Carslake não esquentava a cabeça. As pessoas eram muito simples – tanto os homens quanto as mulheres; brigar com quem quer que fosse era uma lástima; e ele nunca brigava. O que não quer dizer que às vezes seus sentimentos não ficassem magoados; sem mais nem menos. Morando perto de Gloucester, era absurdamente suscetível quanto à catedral; lutara por ela, sentia as críticas que lhe fizessem como se a catedral fosse um parente consanguíneo. Mas deixaria qualquer um dizer o que bem quisesse sobre o seu próprio irmão. Também não ligava se caçoassem dele, pelo hábito das caminhadas. Sua natureza, embora não fosse mole, era toda lisa por cima; não obstante se eriçasse às vezes em bruscas farpas de aspereza – no tocante à catedral ou alguma escandalosa injustiça.

Era com este objetivo que o velho rabequista tocava sua simples melodia: não estamos aqui, mas num matagal, andando de volta a Norwich. *Miss* Merewether, afiada e autoafirmativa, que dissera que a rainha era "sublime", juntou-se ao grupo sob condição de não falar mais bobagens nas quais nem ela mesma acreditava. "Da escola de Crome?", disse ela, olhando para o quadro.[6]

Muito bem. Resolvido isso, lá se foram eles, sendo talvez questão de uns dez quilômetros. Frequentemente isso acontecia a George Carslake; nada de estranho havia nisso – nessa impressão de estar ao mesmo tempo em dois lugares, com um corpo aqui, numa sala de visitas em Londres, mas tão apartado que a paz do campo, seu despojamento e dureza e [espírito] afetavam tal corpo. Ele esticou as pernas. Sentiu a brisa no rosto. Sentiu, acima de tudo, que todos nós, tão diferentes na superfície, agora estamos unidos; podemos nos extraviar; ou ir procurando a água; mas a pura verdade é que estamos todos calmos, amáveis, fisicamente bem.

Tire fora essas roupas, querida, pensou ao olhar para Mabel Waring. Ponha tudo numa trouxa. Depois pensou: não se preocupe, meu caro Stuart, com sua alma, sua extrema dessemelhança das demais. O homem de olhar vidrado parecia-lhe realmente espantoso.

Pôr isso em palavras, além de ser desnecessário, era impossível. Havia sempre um fundo reservatório por baixo da inquieta tremulação desses pequenos seres: e a simples melodia, sem o expressar, fazia-lhe algo extravagante – encrespava a massa líquida, acionava-a para girar e tremer bem lá no fundo da gente, de modo a haver ideias que o tempo todo se elevavam da água para ir borbulhar no cérebro. Ideias que eram semi-sentimentos; que tinham um timbre emocional assim desse tipo. Era impossível analisá-las – dizer se eram, no todo, alegres ou tristes, felizes ou infelizes.

Seu desejo era ter certeza de que todas as pessoas eram a mesma. Sentia que, se o pudesse provar, teria resolvido um grande problema. Mas seria mesmo verdade? Ele não parava de olhar o quadro. Não estaria tentando impor aos seres humanos, que por sua própria natureza se opõem, são diferentes, guerreiam, uma característica talvez incongruente – uma simplicidade não correspondente à sua índole? Há disso na arte; num quadro; mas os homens não o sentem. Tais estados de espírito, durante uma caminhada no mato, em grupo, causam uma impressão de similaridade. Por outro lado, o convívio social, quando cada um quer brilhar e impor seu ponto de vista, causa dissimilaridade; e qual é a mais profunda?

Tentou analisar esse tema, um de seus favoritos – a andada, a caminhada de diferentes pessoas até Norwich. Logo pensou na cotovia, no céu, nos panoramas. Os pensamentos e emoções de um caminhante são constituídos em grande parte por essas influências externas. Pensamentos de quem vai a pé vêm meio do céu; se pudessem ser submetidos à análise química, verificar-se-ia que eles contêm grãos de cor, que estão ligados a galões ou quartos ou quartilhos de ar. Era isso que logo os fazia mais rarefeitos, mais impessoais. Ali naquela sala porém os pensamentos se apertavam grudados, debatendo-se como peixes na rede, raspando escamas uns dos outros, transformando-se no esforço de escapar – pois toda a atividade mental era um esforço para fazer o pensamento escapar da mente do pensador transpondo ao máximo possível todos os obstáculos: toda sociedade é uma tentativa de apreender e influenciar e coagir cada pensamento, tão logo surge, e forçá-lo a ceder a um outro.

Ele assim via todos muito ativos agora. Mas não era, em sentido estrito, o pensar; era o ser, a própria pessoa, que aqui se achava em conflito com outras personalidades e vidas. Não havia uma mistura impessoal dando cor: aqui as paredes, as luzes, as casas lá fora, tudo reforçava a humanidade, sendo eles próprios a expressão da humanidade. Pressionavam-se as pessoas umas às outras; o atrito desgastava seu viço; mas também, pois funcionava de ambos os modos, provocava e estimulava uma animação assombrosa, fazendo todo mundo brilhar.

Se o prazer ou a dor predominava, ele não sabia dizer. No matagal, quanto a isso, não havia dúvida. À medida que andavam – Merewether, a rainha, Elton, Mabel Waring e ele mesmo –, o rabequista tocava; ninguém chegava a ponto de raspar escamas alheias, todos deslizavam lado a lado no maior sossego.

Era um belo quadro, um belíssimo quadro.

O desejo que ele sentia de estar lá no matagal de Norfolk era de fato cada vez mais forte.

Contou então a *miss* Merewether um caso sobre um menino, seu sobrinho, em Wembley; ela sentiu, quando o fazia, como os amigos dele sempre sentiam, que George Carslake, apesar de ser uma das mais amáveis pessoas que ela já conhecera, era um poço de surpresas, um esquisitão. Não havia como saber do que andava atrás. Teria alguma ligação afetiva? perguntou-se ela. E sorriu, lembrando-se de seu mordomo. Ele por sua vez foi-se embora, [isso era tudo,] disse – e no dia seguinte voltou para Wittering.

Uma recapitulação

Como dentro de casa estava quente e com gente demais amontoada, como a umidade não constituía perigo numa noite assim como essa, como as lanternas chinesas pareciam frutas verdes e vermelhas pendendo ao fundo de uma floresta encantada, *mr.* Bertram Pritchard conduziu *mrs.* Latham ao jardim.

O ar livre e a sensação de estar fora de casa desorientaram Sasha Latham, a mulher bonita e alta, com jeito um tanto quanto indolente, cuja majestosa presença se impunha porém de tal maneira que ninguém nunca a tomava por sentir-se de todo inadaptada e tímida quando tinha de dizer numa festa alguma coisa. Mas assim era; e era agradável para ela estar com Bertram, em quem se podia confiar, mesmo ao ar livre, para conversar sem parar. Por escrito, o que ele dizia seria inacreditável – não só cada coisa dita era insignificante em si mesma, como também não havia ligação entre as diferentes observações. De fato, se alguém tomasse um lápis para anotar suas palavras – só uma noite de conversa com ele já daria para encher todo um livro –, ninguém teria dúvida, ao lê-las, de que o pobre coitado era intelectualmente deficiente. O que estava longe de ser o caso, pois *mr.* Pritchard era um respeitado funcionário público e cavaleiro da Ordem do Banho, sendo quase invariavelmente benquisto, por mais estranho que isso fosse. Havia algo em seu tom de voz, certa inflexão ou ênfase, certo brilho na incongruência de suas ideias, certa emanação provinda de seu rosto moreno, redondo, rechonchudo e do seu efeito de pássaro, algo imaterial, inapreensível, que existia e florescia e se fazia sentir independentemente de suas palavras, quando não em contradição com elas. Assim Sasha Latham ficaria pensando enquanto ele matraqueava sobre sua viagem por Devonshire, sobre hospedagens e donas de hospedagens, sobre Eddie e Freddie, sobre vacas e viajar à noite, sobre cremes e estrelas, sobre as ferrovias continentais e Bradshaw, sobre pescar bacalhau, pegar resfriado, gripe, reumatismo e Keats – e ela pensando nele, em abstrato, como uma pessoa cuja existência era boa, criando-o, enquanto o ouvia, de uma forma divergente do que era dito por ele, e que por certo seria o verdadeiro Bertram Pritchard, mesmo que ninguém pudesse prová-lo. Como provar que era um amigo leal e muito simpático e – e aqui, como acontecia tantas vezes ao conversar com Bertram Pritchard, ela se esqueceu de sua existência e começou a pensar em outra coisa.

    Era na noite que pensava, dando uma olhada para o céu e, de certo modo, se recompondo em seu todo. Era o cheiro de roça que a invadia, a sombria quietude dos campos sob estrelas, se bem que aqui, no jardim de *mrs.* Dalloway em Westminster, a beleza, nascida e criada na roça como ela era, presumivelmente a comovia pelo contraste; lá, no ar, o cheiro de feno; aqui, por trás dela, as salas cheias de gente. Foi andando com Bertram; um pouco como anda uma corça, com um ligeiro tremor nos tornozelos, e abanando-se com o leque, majestosa, silenciosa, com todos os sentidos despertos, as orelhas atentas, farejando o ar, como se fosse uma criatura selvagem, mas sob perfeito controle, em seu prazer sentido à noite.

    Esta, pensou ela, é a maior das maravilhas; a suprema realização da raça humana. Onde houver vime plantado e caiaques que patinham para atravessar um brejal, também há isto; e pensou na casa bem-construída, seca e grossa, cheia de objetos de valor e do alarido de pessoas que se chegavam umas às outras, ou separavam-se umas das outras nas despedidas, trocando opiniões, estimulando-se. Clarissa Dalloway a fizera abrir-se para as plagas da noite, tinha posto pedras de calçamento sobre o lamaçal, e, alcançado por eles o fim do jardim (que na verdade era extremamente pequeno), quando ambos se sentaram em cadeiras de armar, ela olhou para a casa com veneração, com entusiasmo, como se uma flecha de ouro a varasse e lágrimas se formassem na própria flecha e caíssem, em profunda manifestação de gratidão. Tímida como era e quase incapaz de dizer alguma coisa quando subitamente apresentada a alguém, ela, basicamente humilde, nutria grande admiração pelos outros. Ser os outros seria uma maravilha, mas ela estava condenada a ser ela, podia apenas, desse modo silencioso e entusiástico, sentada num jardim ao ar livre, aplaudir a sociedade humana da qual fora excluída. Em seu louvor vinham-lhe aos lábios uns fragmentos de poesia; os outros eram bons e adoráveis, acima de tudo corajosos, os que triunfavam sobre a noite e os charcos, os sobreviventes, a legião de aventureiros que, se arrojando aos perigos, velejavam sem parar.

Não pôde ela, por malícia do destino, juntar-se aos outros, mas podia estar sentada em louvor enquanto Bertram palreava, estando ele entre os viajantes, como taifeiro ou um marujo comum – alguém que subia pelos mastros à toda, a assobiar alegremente. Pensando assim, à sua frente um galho de árvore embebeu-se e deixou-se impregnar da admiração que ela sentia pelas pessoas da casa; ou vertia ouro; ou mantinha-se ereto, de sentinela. Era parte da legião galante e avinhada – um mastro no qual se desfraldava a bandeira. Havia ainda, contra o muro, um barril de qualquer coisa, e isso ela também registrou.

De repente Bertram, que era fisicamente inquieto, resolveu explorar a área e, subindo numa pilha de tijolos, pôs-se a espiar por cima do muro do jardim. Sasha, espiando também, viu um balde ou talvez uma bota. Mas num segundo a ilusão se desfez. Lá estava Londres de novo; o vasto mundo impessoal inatento; ônibus a motor; negócios; bares iluminados; e policiais bocejando.

Satisfeita sua curiosidade, e tendo ele restaurado, por um momento de silêncio, seu borbulhante manancial de conversa, Bertram convidou um casal para sentar-se com eles, armando mais duas cadeiras. Lá estavam de novo, sentados, olhando para a mesma casa, a mesma árvore, o mesmo barril; só que Sasha, tendo entrevisto pelo muro o balde, ou melhor, a indiferente Londres a seguir seus caminhos, já não podia esparzir sobre o mundo aquela nuvem de ouro. Bertram falava e o tal casal – pelo resto da vida ela seria incapaz de se lembrar se se chamavam Wallace ou Freeman – respondia, passando suas palavras todas por uma rala névoa dourada para cair na prosaica luz do dia. Ela olhou para a casa, seca, grossa, em estilo rainha Anne; fez o que pôde para se recordar do que havia lido na escola sobre a ilha de Thorney e os homens em caiaques, as ostras, os patos selvagens e os nevoeiros, mas nela prevaleceu a impressão de uma lógica questão de drenos e carpinteiros, e esta festa – nada senão pessoas, em trajes para a noite.

Ela então se perguntou: que visão é a verdadeira? Podia ver o balde e a casa, meio apagada, meio acesa.

Fez tal pergunta àquele alguém que a seu modo humilde ela havia composto com a sabedoria e poder de outras pessoas. A resposta vinha não raro por acaso – de seu velho cachorro, como ela bem sabia, recebia respostas por abanos do rabo.

Foi agora a árvore, desnudada da áurea majestade, que pareceu fornecer-lhe uma resposta; tornou-se uma árvore do campo – a única num brejal. Muitas vezes ela a tinha visto; vendo, entre seus galhos, ora nuvens avermelhadas, ora a lua fendida a dardejar brilhos irregulares de prata. Mas qual era a resposta? Bem, que a alma – pois ela estava consciente de uma movimentação em seu íntimo de alguma criatura que abria seu caminho por ela e tentava escapar, chamando-a momentaneamente de alma – não se acasala por natureza, é uma ave viúva; uma ave que se empoleira à parte naquela árvore.

Mas aí Bertram, dando-lhe o braço a seu modo familiar, pois de longa data, a vida toda a conhecia, observou que eles não estavam cumprindo sua obrigação e que deviam entrar.

Neste momento, nalguma viela ou nalgum bar, fez-se ouvir a costumeira e terrível voz desarticulada e sem sexo; um grito, um berro. E a ave viúva, espantada, voou para longe, descrevendo círculos cada vez mais largos até tornar-se (o que ela chamou de sua alma) distante como um corvo que se espanta e foge ar acima ao lhe ser jogada uma pedra.

Transparecia agora que, durante a conversa à qual Sasha dera tão pouca atenção, Bertram tinha chegado à conclusão de que gostava de mr. Wallace, mas não de sua esposa – que era "muito esperta, sem dúvida".

1926 – 1941

Momentos de ser:
"pinos de telha não têm pontas"

"Pinos de telha não têm pontas – você não nota isso sempre?", disse *miss* Craye, virando-se pelo meio quando a rosa caiu do vestido de Fanny Wilmot, que por sua vez se dobrou, com os ouvidos cheios de música, para procurar o pino no chão.

Tais palavras, que *miss* Craye disse ao tocar o último acorde de uma fuga de Bach, deram-lhe um choque extraordinário. Então *miss* Craye ia de fato ao Telhador comprar pinos?, perguntou-se Fanny Wilmot, paralisada um momento. Pois então ficava lá no balcão, como qualquer um, esperando, e lhe davam moedas embrulhadas na conta, moedas que ela fazia deslizar para a bolsa da qual, uma hora mais tarde, já em pé ao toucador tirava os pinos? Que necessidade tinha de pinos, se em vez de se vestir se encasulava, como um besouro compactado na couraça, de azul no inverno e verde no verão? Que necessidade tinha ela de pinos – Julia Craye –, que vivia, ao que tudo indicava, no mundo frio e vítreo das fugas de Bach, tocando para si o que lhe dava prazer e só consentindo em aceitar um ou dois alunos do conservatório de música da Archer Street (assim dissera a diretora, *miss* Kingston) por especial deferência a ela, que nutria "a maior admiração possível" por *miss* Craye. *Miss* Craye ficou em maus lençóis, temia *miss* Kingston, com a morte do irmão. Oh, eles tinham coisas tão lindas, quando moravam em Salisbury e o irmão, Julius, era então, decerto, um homem muito conhecido: um famoso arqueólogo. Foi um grande privilégio hospedar-se com eles, disse *miss* Kingston ("Minha família os conheceu desde sempre – era tradicional em Salisbury", *miss* Kingston disse), mas um pouco assustador para uma criança; todo cuidado era pouco para não bater com a porta nem entrar no quarto às carreiras. *Miss* Kingston, que fez breves descrições de caráter como essa no primeiro dia de aula, enquanto recebia cheques e assinava recibos, deu aqui um sorriso. Sim, em menina ela era mesmo levada; tinha corrido pela casa, pondo os vidros verdes romanos e todas aquelas coisas para pular nas vitrines. Nenhum dos Crayes era casado. Os Crayes não estavam acostumados com crianças. Criavam gatos. Os gatos, percebia-se, sabiam tanto sobre as urnas romanas e outras coisas como qualquer um.

"Muito mais do que eu!", disse alegremente *miss* Kingston, assinando seu nome na estampilha com a caligrafia cheia, impetuosa e bem-disposta que tinha, pois sempre havia sido prática.

Talvez então foi ao acaso, pensou Fanny Wilmot, procurando o pino, que *miss* Craye disse aquela frase, "Pinos de telha não têm pontas". Nenhum dos Crayes tinha se casado. Ela não entendia nada de pinos – nada mesmo. Mas queria quebrar o encantamento que se abatera sobre a casa; quebrar a placa de vidro que os separava das demais pessoas. Quando Polly Kingston, aquela garotinha espevitada, fez os vasos romanos balançarem ao bater com a porta, Julius, vendo que não havia estragos (sua primeira reação instintiva), acompanhou-a com os olhos, pois a vitrine ficava bem na janela, enquanto Polly escapulia de casa pelos campos afora; olhou-a com o mesmo olhar que às vezes sua irmã também tinha, prolongado, desejoso.

"Estrelas, lua, sol", parecia dizer aquele olhar, "margarida na grama, fogos, geada na vidraça, meu coração vai logo atrás de você. Mas você", parecia acrescentar sempre, "você escapa, você passa e some". E cobria simultaneamente a intensidade desses dois estados de espírito com um "Eu não consigo lhe alcançar – não consigo chegar até você", dito sôfrega e frustradamente. Desapareciam as estrelas, e a criança também.

Era esse o encantamento, era essa a superfície de vidro que *miss* Craye queria quebrar quando mostrava, após tocar Bach com tal mestria para brindar a uma aluna favorita (Fanny Wilmot sabia ser a aluna favorita de *miss* Craye), que ela sentia o mesmo que os outros em relação aos pinos. Os pinos de telha não tinham pontas.

Sim, o "famoso arqueólogo" também era assim. "O famoso arqueólogo" – ao dizer isso assinando cheques, certificando-se do dia do mês, falando com tal vivacidade e franqueza, *miss* Kingston punha sua voz num tom indescritível, que dava a entender alguma coisa estranha, alguma coisa excêntrica, em Julius Craye. A mesmíssima singularidade que talvez houvesse em Julia também. Eu podia até jurar, pensou Fanny Wilmot, enquanto procurava o tal pino, que em festas, em cultos (o pai de *miss* Kingston era pastor), ela captou partes de algum boato, ou quem sabe apenas um sorriso, um certo tom, ao ser mencionado o nome dele, e que isso a deixou com "uma desconfiança" sobre Julius Craye. Desnecessário dizer que ela nunca falara disso a ninguém. Provavelmente mal sabia o que queria dizer com isso. Porém, sempre que se referia a Julius, ou que ouvia menções a ele, era esta a primeira ideia que lhe vinha à cabeça: havia alguma coisa esquisita sobre Julius Craye.

Era assim que Julia olhava também, sentada no banquinho de música, virada pelo meio, sorrindo. Ei-la no campo, na vidraça, no céu – a beleza; e eu não consigo chegar até ela; não a posso ter – eu, parecia acrescentar, com seu jeito ríspido, e tão característico, de ter a mão pronta a pegar, que a adoro com tal paixão, que daria o mundo inteiro para possuí-la! E ela apanhou o cravo que caíra no chão enquanto Fanny procurava o pino. Apanhou-o e voluptuosamente amassou-o, sentiu Fanny, em suas mãos macias e de veias saltadas, cheias de anéis da cor da água e com pérolas. A pressão de seus dedos parecia aumentar na flor o que ela de mais brilhante continha; realçá-lo; torná-lo mais fresco, franzido, imaculado. O que havia de estranho nela, e também em seu irmão, é que essa atividade dos dedos, agarrando e esmagando, combinava-se a uma frustração perpétua. Assim era ainda agora com o cravo. Ela o tinha nas mãos; apertava-o; mas não chegava a possuí-lo, não o desfrutava de todo.

Nenhum dos Crayes se casou, recordou-se Fanny Wilmot. Tinha em mente uma noite, quando a aula durou mais que de hábito e já estava escuro, em que Julia havia dito: "Os homens servem para nos proteger, sem dúvida", dando-lhe aquele mesmo estranho sorriso, quando a ajudava, de pé, a amarrar a capa, o que a tornava, como a flor, consciente até a ponta dos dedos de juventude e brilho, mas, também como a flor, suspeitava Fanny, inibida.

"Oh, mas eu não quero proteção", disse Fanny rindo e, quando Julia Craye, nela fixando seu extraordinário olhar, disse não estar assim tão certa disso, Fanny decididamente corou sob a admiração que ela estampava nos olhos.

Os homens só serviam para isso, dissera ela. Foi então por essa razão, perguntava-se Fanny, de olhos no chão, que ela nunca se casou? Afinal, não tinha passado a vida toda em Salisbury. "De longe a melhor parte de Londres", comentara certa vez, "(mas estou falando de quinze ou vinte anos atrás) é Kensington. A dez minutos dos jardins – como que em pleno campo. Podíamos jantar ao ar livre de chinelos, sem pegar resfriado. Kensington – era então como uma aldeia, sabe", dissera ela.

Nisso se interrompeu, para denunciar acerbamente as correntes de ar nos túneis do metrô.

"Os homens serviam para isso", dissera ela, com uma espúria e aberrante aspereza. Por acaso isso lançava alguma luz sobre o problema de ter ficado solteira? Era possível imaginar cenas de todo tipo em sua juventude, quando ela, com seus bondosos olhos azuis, o nariz firme e reto, as músicas ao piano e as rosas que em casta paixão desabrochavam no peito de seu vestido de musselina, tinha atraído primeiramente os rapazes para quem essas coisas, somadas às xícaras de porcelana, aos candelabros de prata e às mesas de marchetaria (pois os Craigs possuíam tais raridades), eram maravilhosas; rapazes não suficientemente distintos; rapazes da cidade-catedral com ambições. Primeiramente os atraíra e, depois, aos amigos dos seus irmãos de Oxford ou Cambridge. Esses, que viriam no verão, levavam-na pelo rio a remo, prosseguiam por carta a discussão sobre Browning e combinavam talvez, nas raras ocasiões em que ela passava tempos em Londres, de lhe mostrar – os jardins de Kensington?

"De longe a melhor parte de Londres – Kensington. Estou falando de quinze ou vinte anos atrás", ela dissera certa vez. "A dez minutos dos jardins – como que em pleno campo." Disso eu poderia extrair o que bem quisesse, pensou Fanny Wilmot; fixar-me por exemplo em mr. Sherman, o pintor, velho amigo dela; levá-lo a bater em sua casa, com hora marcada, num dia ensolarado de junho; para levá-la a tomar chá embaixo das árvores. (Encontravam-se também nas festas às quais se ia de chinelos, saltitando e sem medo de pegar resfriado.) A tia ou outra parente idosa ficaria esperando enquanto eles fossem olhar o Serpentine. Deram mesmo uma olhada lá. Podem ter inclusive atravessado de barco o Serpentine, com ele nos remos. Compararam-no ao Avon. Comparação que ela tomaria muito a sério, porque dava importância às considerações sobre rios. Em parte angulosa, em parte arqueada, não obstante graciosa, sentava-se no comando. No momento crítico, pois ele havia decidido que devia falar agora – era sua única chance de estar a sós com ela – já estava falando, com a cabeça virada num ângulo ridículo, em seu grande nervosismo, por cima do ombro – momento exato em que ela o interrompeu com energia. Gritou que ele os levasse até a Ponte. Foi um momento de horror, de desilusão, de revelação para os dois. Não a posso ter, não a consigo possuir, pensava ela. E ele não entenderia por que então tinha vindo. Mas virou o barco, batendo o remo com toda força na água. Apenas para rejeitá-lo? Levou-a de volta e disse adeus.

A locação desta cena poderia variar à vontade, refletiu Fanny Wilmot. (Onde tinha caído o tal do pino?) Tanto fazia ser Ravena – ou Edimburgo, onde ela cuidara da casa para o irmão. Podiam variar a própria cena e o rapaz e a exata maneira como tudo ocorreu; mas uma coisa era constante – sua recusa, seu ar carrancudo, sua raiva de si mesma depois e seus raciocínios e o alívio – sim, certamente seu imenso alívio. No dia seguinte talvez ela se levantasse às seis horas para colocar sua capa e caminhar de Kensington até o rio. Sentia-se agradecida por não haver sacrificado seu direito de ir olhar as coisas no melhor momento – ou seja, antes que se levantem os outros. Ela, se quisesse, poderia ter seu café na cama. Não havia sacrificado sua independência.

Sim, sorriu Fanny Wilmot, Julia não havia posto em risco seus hábitos. Hábitos que permaneciam a salvo e iriam sofrer reveses, caso se casasse. "São ogros", disse ela ao cair de uma noite, meio sorrindo, quando outra aluna, jovem recém-casada, de repente se lembrou de que tinha de encontrar seu marido e saiu às carreiras.

"São ogros", dissera ela, com um riso sinistro. Um ogro talvez interferisse com o café na cama; com caminhadas matinais até o rio. O que teria acontecido (o que mal se podia conceber) se ela tivesse tido filhos? Tomava surpreendentes precauções contra friagem, fadiga, comida muito temperada, a comida errada, correntes de ar, quartos quentes, viagens de metrô, pois nunca conseguia determinar qual dessas era exatamente a causa das terríveis dores de cabeça que transformavam sua vida num verdadeiro campo de batalha. Estava sempre empenhada em ludibriar o inimigo, até lhe parecer que a própria perseguição tinha lá algum interesse; ela acharia a vida um pouco monótona, se pudesse derrotar de vez o inimigo. Tal como era, o esforço de guerra era perpétuo – de um lado, o rouxinol ou a vista que lhe inspiravam paixão –, não era menos que paixão, de fato, o que sentia por panoramas e pássaros; e de outro a trilha úmida ou a lenta e horrível subida de uma ladeira íngreme que por certo não lhe faria bem no dia seguinte, trazendo-lhe uma dor de cabeça. Quando, por conseguinte, de tempos em tempos, ela reunia com acerto suas forças e empreendia uma visita a Hampton Court, na semana em que os açafrões (essas flores tão brilhantes eram as suas prediletas) estavam no máximo esplendor, obtinha uma vitória. Era algo que durava; algo que importava para sempre. Punha a tarde em questão no seu colar de dias memoráveis, que por não ser muito extenso a tornava capaz de recordar-se de alguns; de tal vista, de tal cidade; de tatear, sentir e saborear, suspirando, a qualidade que a tornava única.

"Estava tão bonito na sexta-feira passada", disse ela, "que resolvi ir até lá". Saíra assim para Waterloo a fim de realizar sua façanha – visitar Hampton Court – sozinha. De um modo natural, se bem que tolo, compadeciam-se dela por algo pelo que ela própria nunca pedira compaixão (de hábito, era de fato reticente, só falando de sua saúde como um guerreiro pode falar do adversário) – compadeciam-se dela por sempre fazer tudo sozinha. Seu irmão tinha morrido. Sua irmã, que era asmática, achava bom para si o clima de Edimburgo. Para Julia, era muito frio. Talvez também ela achasse as associações penosas, pois seu irmão, o famoso arqueólogo, tinha morrido lá; e ela adorava aquele irmão. Vivia totalmente só numa casinha perto de Brompton Road.

Fanny Wilmot, vendo o pino no tapete, apanhou-o. E olhou para *miss* Craye. Era *miss* Craye assim tão solitária? Não, *miss* Craye era firme e bem-aventuradamente, ainda que só por um momento, uma mulher feliz. Fanny a surpreendera num instante de êxtase. Sentava-se ao piano, virada para trás até o meio, e mantinha o cravo erguido entre as mãos cruzadas no colo, tendo por trás de si o abrupto quadrado da janela, sem cortinas e roxo no começo da noite, intensamente roxo depois que o brilho das lâmpadas elétricas se esparziu sem sombras pela despojada sala de música. Julia Craye, sentando-se arqueada e compacta a segurar sua flor, parecia emergir da noite londrina, que a envolvia por trás como uma capa. E aquilo parecia ser, pela nudez e intensidade, a efluência de seu espírito, algo que a rodeava e ela tinha feito, algo que era ela mesma. Fanny olhou.

Por um momento tudo pareceu transparente ao olhar de Fanny Wilmot, como se, olhando através de *miss* Craye, ela visse a própria fonte de sua vida a jorrar em puras gotas de prata. Viu além dela, muito além, recuando cada vez mais em seu passado. Viu os vasos verdes romanos em suas caixas de vidro; ouviu os coristas jogando críquete; viu a tranquilidade de Julia ao descer para o gramado pelos degraus em curva; viu-a servindo o chá, embaixo do pé de cedro; meigamente encerrando as mãos do velho nas suas; viu-a de um lado para outro pelos corredores da residência da antiga catedral com toalhas na mão para marcá-las; lamentando ao passar a banalidade da vida cotidiana; e envelhecendo lentamente, desfazendo-se de certas roupas, quando o verão chegava, porque, para se usar na sua idade, eram brilhantes demais; e cuidando da doença do pai; e abrindo seu caminho de um modo cada vez mais decidido à medida que seu desejo a impelia, fortificado, à sua meta solitária; viajando só de vez em quando; calculando gastos, avaliando cada quantia que teria de sair de sua bolsa apertada para pagar tal viagem, ou comprar um espelho velho; agarrando-se obstinadamente, dissessem o que dissessem os outros, à escolha de seus próprios prazeres. Ela viu Julia...

Ela viu Julia abrir os braços; viu-a abrasar-se; viu-a crepitar. Vinda da noite ela ardeu como uma estrela branca e morta. Julia a beijou. Julia a possuiu.

"Pinos de telha não têm pontas", disse *miss* Craye, rindo de um modo singular e relaxando seus braços, enquanto Fanny Wilmot, com dedos trêmulos, prendia a flor no seu seio.

A dama no espelho: reflexo e reflexão

Ninguém deveria deixar espelhos pendurados em casa, assim como não se devem deixar abertos talões de cheques ou cartas que confessem algum crime horroroso. Era impossível não olhar, naquela tarde de verão, no grande espelho que havia no vestíbulo, pendurado para fora. Pura combinação do acaso. Da profundeza do sofá na sala de visitas, podiam-se ver não só, refletidos no espelho italiano, a mesa de tampo de mármore que estava em frente, mas também uma nesga do jardim além. Podia-se ver uma longa trilha de grama que se estendia entre moitas de flores altas até ser cortada em ângulo pela moldura dourada.

Estando a casa vazia, sentia-se alguém, sendo esse alguém a única pessoa na sala de visitas, como um desses naturalistas que, cobertos de capim e folhas, deitam para observar os animais mais tímidos – texugos, lontras, martins-pescadores – e, por não serem vistos, podem se mover à vontade. Nessa tarde a sala estava cheia de tais criaturas tímidas, luzes e sombras, cortinas ao vento, pétalas caindo – coisas que nunca acontecem, ao que parece, se alguém estiver olhando. A velha e calma sala campestre, com seus rústicos tapetes e a lareira de pedra, suas estantes afundadas e os armários de laca, em vermelho e ouro, estava cheia dessas criaturas noturnas. Vinham elas em piruetas pelo assoalho, pisando delicadamente com pés bem levantados, caudas bem abertas e bicos alusivos bicando como se fossem grous ou garças ou grupos de elegantes flamingos cuja cor desbotou, ou leques de pavões raiados de prata. E havia também uns pontos negros e jatos obscuros, como se repentinamente uma siba impregnasse o ar de sépia; e a sala tinha suas paixões e invejas e raivas e mágoas a sobrepujá-la e encobri-la, como um ser humano. Nada continuava o mesmo em dois segundos juntos.

Mas, pelo lado de fora, o espelho refletia a mesa da entrada, os girassóis e a trilha do jardim com tanta fixidez e exatidão, que tais coisas pareciam mesmo estar lá, em sua inescapável realidade. Era um contraste estranho – aqui tudo mudando e, lá, tudo parado. Era impossível não olhar de um para o outro. Enquanto isso, como todas as portas e janelas estavam abertas com o calor, havia um perpétuo som de suspirar e parar, a voz dos transientes, ao que parecia, e dos que se extinguem, indo e vindo como o fôlego humano, ao passo que no espelho as coisas tinham parado de respirar e jaziam imóveis no transe da imortalidade.

Meia hora antes a dona da casa, Isabella Tyson, tinha descido pela trilha de grama, com uma cesta, em seu leve vestido de verão, e sumiu, cortada pela moldura do espelho. Provavelmente fora ao jardim colher flores; ou, como parecia mais natural supor, colher alguma coisa leve e fantástica e rastejante e folhuda, uma clematite ou uma dessas elegantes ramagens de ipomeia que se enroscam em muros desgraciosos para aqui e ali desabrocharem em flores roxas e brancas. Sugeria ela a fantástica e trêmula ipomeia, mais do que o aprumado áster, a engomada zínia ou suas próprias e ardentes rosas, que se acendiam como lâmpadas nos postes retilíneos das roseiras. A comparação mostra quão pouco se sabia a respeito dela, depois de todos esses anos; pois é impossível qualquer mulher de carne e osso, de cinquenta e cinco ou sessenta anos, ser tomada realmente por ramalhete ou gavinha. Tais comparações não são apenas vãs e superficiais – pior que isso, chegam até a ser cruéis por virem a se interpor tremendo, como a própria ipomeia, à verdade e aos olhos. Deve haver uma verdade; deve existir um muro. No entanto era estranho que, conhecendo-a depois de tantos anos, ninguém pudesse dizer qual a verdade referente a Isabella; frases como essas, sobre a ipomeia e a clematite, ainda tinham de ser feitas. No tocante aos fatos, tome-se por fato que ela era rica; que era uma solteirona; que comprara essa casa e com as próprias mãos juntara – não raro nos cantos mais remotos do mundo e a grande risco de picadas venenosas e doenças orientais – os tapetes, as cadeiras, os armários que agora levavam sua vida noturna diante dos olhos do observador. Parecia às vezes que os móveis sabiam mais sobre ela do que a nós, que aí nos sentávamos, que aí escrevíamos e que aí pisávamos com tanto cuidado, era permitido saber. Em cada um desses armários havia muitas gavetinhas, todas, com quase toda a certeza, contendo cartas em maços amarrados com elástico e perfumadas por ramos de lavanda ou folhas de rosa. Pois outro fato – se eram fatos que se queria – é que Isabella conhecera muitas pessoas, tinha tido muitos amigos; assim, alguém que tivesse a audácia de abrir uma gaveta para ler suas cartas encontraria vestígios de agitações sem conta, de compromissos a manter, de exprobrações por o não ter feito, longas cartas de intimidade e afeição, cartas violentas de ciúme e censura, terríveis palavras finais de despedida – pois nenhum daqueles encontros e combinações de encontros levara a nada – ou seja, ela nunca se casara e no entanto, a julgar pela indiferença de máscara que lhe cobria o rosto, passara por um acúmulo de experiência e paixão vinte vezes maior do que o daqueles cujos amores são trombeteados para o mundo inteiro ouvir. Sob a tensão de pensar sobre Isabella, sua sala se tornava mais sombria e simbólica; os cantos pareciam mais escuros, as pernas das cadeiras e mesas, mais espichadas e hieroglíficas.

De súbito essas reflexões, sem que houvesse nenhum som, foram violentamente encerradas. Assomou ao espelho uma forma grande e negra que eclipsou tudo o mais; que espalhou sobre a mesa um monte de plaquinhas de mármore, raiadas de rosa e cinza, e se foi. Mas o quadro se alterou por completo. No primeiro momento, era irreconhecível, irracional e inteiramente desfocado. Não havia como relacionar tais plaquinhas a qualquer objetivo humano. Porém, depois, certo processo lógico começava pouco a pouco a entrar em ação a seu respeito, para ordená-las e arrumá-las e trazê-las ao âmbito da experiência comum. Por fim se perceberia que não eram senão cartas. O homem tinha trazido o correio.

Sobre a mesa de tampo de mármore, lá estavam elas, todas a princípio pingando luz e cor, não digeridas nem assimiladas. E era estranho então ver como se contraíam, se harmonizavam, se compunham e se tornavam parte do quadro, recebendo aquela quietude e imortalidade que o espelho conferia. Jaziam investidas de uma nova realidade, de uma nova significação e também de mais peso, como se fosse necessário um formão para desalojá-las da mesa. E, quer isso fosse ou não fantasia, pareciam ter se tornado, não simplesmente um punhado de cartas eventuais, mas sim plaquinhas gravadas com a verdade eterna – sendo possível lê-las, saber-se-ia tudo que havia para ser sabido sobre Isabella, sim, e também sobre a vida. Dentro daqueles envelopes de aparência marmórea, as folhas deviam ser cortadas a fundo e densamente eivadas de sentido. Isabella viria para os apanhar um a um, bem devagar, abri-los para ler com atenção, palavra por palavra, e depois, com um profundo suspiro de compreensão, como se ela já tivesse visto a essência de tudo, rasgar os envelopes em pedacinhos, amarrar as cartas juntas e fechar a chave a gaveta do armário, em sua determinação de ocultar o que não desejava que se tornasse notório.

Tal ideia servia como um desafio. Isabella não queria ser conhecida – mas não conseguiria mais escapar. Era absurdo, era monstruoso. Se ela sabia tanto e ocultava tanto, a alternativa que restava era abri-la à força com a primeira ferramenta de que se dispunha – a imaginação. Nesse exato momento, era preciso fixar a atenção nela. Era preciso retê-la, segurá-la ali onde estava. Recusar-se a continuar a ser descartado por dizeres e afazeres que a ocasião produzia – por jantares e visitas e conversas polidas. Era preciso pôr-se em sua pele, saber onde lhe apertava o sapato. A se tomar literalmente a frase, seria fácil ver os sapatos nos quais estava metida, lá embaixo no jardim, nesse momento. Eram muito estreitos e compridos e à moda – feitos do mais macio e flexível couro. Como tudo que ela usava, eram refinadíssimos. E ela haveria de estar na ponta dos pés, sob a alta cerca-viva na parte mais baixa do jardim, erguendo a tesoura que trazia presa à cintura para cortar uma flor seca ou um galho que crescera demais. O sol lhe bateria em cheio no rosto, nos olhos; mas não, no momento crítico um véu de nuvem cobriria o sol, tornando duvidosa a expressão de seus olhos – seria essa de ternura ou de troça, de fulgor ou de enfado? Podia-se ver apenas o indeterminado contorno de seu rosto fino e definhado a olhar para o céu. Ela estava pensando, talvez, que tinha de encomendar uma nova proteção para os morangueiros; que tinha de mandar flores à viúva de Johnson; que já era tempo de ir fazer uma visita aos Hippesleys em sua nova casa. Dessas coisas, com certeza, é que falava no jantar. Mas as coisas das quais ela falava no jantar eram cansativas. Seu modo mais profundo de ser é que se queria captar e converter em palavras, o modo que para o espírito é o que é a respiração para o corpo, o que se chama de felicidade ou infelicidade. À menção dessas palavras se tornava óbvio, decerto, que ela devia ser feliz. Era rica; era distinta; tinha muitos amigos; viajava – comprava tapetes na Turquia e vasos azuis na Pérsia. Aleias de prazer por aqui e ali se aclaravam onde ela erguia a tesoura para podar ramos trêmulos, enquanto as nuvens rendadas lhe velavam a face.

Então, com um brusco manejo da tesoura ela cortou o ramalhete de clematite, que caiu no chão. Ao cair, trouxe junto sem dúvida um pouco de luz também, permitindo penetrar ainda mais em sua vida e pessoa. Ternura e remorso enchiam-lhe a essa altura o espírito... Podar um ramo que crescera demais a entristecia, porque nele houvera vida e a vida lhe era cara. Sim e, ao mesmo tempo, a queda do ramo sugeria que ela também haveria de morrer, que tudo era futilidade e evanescência das coisas. E mais uma vez então, agarrando-se a essa ideia com seu bom senso instantâneo, ela pensou que a vida a tinha tratado bem; sua queda, ainda que inevitável, seria para jazer na terra e suavemente apodrecer nas raízes das violetas. Assim pois, ali em pé, ela ficou pensando. Sem formular qualquer ideia precisa – porque era uma dessas pessoas cujas mentes têm pensamentos enredados em nuvens de silêncio –, via-se repleta de ideias. Sua mente era como sua sala, na qual as luzes avançavam e retrocediam, fazendo piruetas, dando passos delicados, desdobrando caudas e abrindo espaço a bicadas; todo seu ser era banhado, como de novo a própria sala, pela nuvem de algum conhecimento profundo, algum lamento não expresso, e ela se via então cheia de gavetas trancadas, recheada de cartas como seus armários. Falar de "abri-la à força" como se ela fosse uma ostra, aplicar-lhe qualquer ferramenta que não a mais maleável, a mais afiada e penetrante, seria absurdo e ímpio. Era preciso imaginar – ei-la que aparecia no espelho. E isso causava um sobressalto.

 A princípio ela estava tão distante que era impossível vê-la com nitidez. Andava lenta e pausadamente, ora endireitando uma rosa, ora levantando um cravo para cheirá-lo, mas não parava nunca; e de instante a instante tornava-se maior no espelho, de modo a completar-se cada vez mais a pessoa em cuja mente se tentava entrar há algum tempo. Gradualmente o observador a examinava – ajustando as características que havia descoberto naquele corpo visível. Lá estavam seu vestido verde-cinza, seus sapatos compridos, sua cesta e algo que cintilava em seu pescoço. Tão devagar ela vinha que nem parecia desarranjar a própria imagem no espelho, mas tão-só lhe acrescentar algum elemento novo que suavemente se movia e alterava os demais objetos, como se lhes pedisse, com polidez, que dessem espaço para ela. E assim as cartas e a mesa e a trilha de grama e os girassóis, que já se achavam à espera no espelho, apartavam-se abrindo caminho para admiti-la em seu meio. Finalmente lá estava ela, no vestíbulo. E ali parou completamente. Parou em pé junto à mesa. Parou sem nem se mexer. De imediato o espelho passou a verter por cima dela uma luz que a parecia fixar; que era como um ácido a corroer o que fosse superficial e dispensável, deixando apenas a verdade. Era um fascinante espetáculo. Tudo de si caía – nuvens, vestido, cesta, diamante –, tudo que se havia chamado de trepadeira e ipomeia. Ali estava a parede dura por trás. Ali estava a própria mulher, desnuda e em pé na luz impiedosa. E nada havia.

Isabella estava completamente vazia. Não tinha ideias. Não tinha amigos. Não se importava com ninguém. Quanto às suas cartas, não eram todas senão contas. Via-se, nisso que ela ali se plantava, angulosa e idosa, enrugada e veiada, com seu nariz empinado e estrias pelo pescoço, que nem sequer se preocupava em abri-las.

Ninguém deveria deixar espelhos pendurados em casa.

O fascínio do poço

Devia ter grande profundidade – certamente não dava para ver o fundo. Ao redor da beira, tão espessa era a fímbria de juncos, que seus reflexos criavam uma escuridão semelhante à de águas insondáveis. Havia alguma coisa branca lá no meio, contudo. A grande fazenda, a menos de dois quilômetros, estava para ser vendida e uma pessoa zelosa, a não ser que fosse, por brincadeira, um garoto, tinha fincado um dos cartazes que anunciavam a venda, com cavalos de tração, novilhas e implementos agrícolas, num toco de árvore bem ao lado do poço. O anúncio branco refletia-se no centro da água que, quando o vento soprava, dava a impressão de ondular e encrespar-se como uma peça de roupa ao ser lavada. As grandes letras vermelhas nas quais Moinho Romford estava impresso na água ficavam à tona. E havia vestígios de vermelho no verde que ondulava de lado a lado nas margens.

Se nos sentássemos entre os juncos e olhássemos para o poço – não se sabe bem o quê, mas os poços exercem um curioso fascínio –, as letras pretas e vermelhas e o branco papel pareciam ralamente jazer na superfície, ao passo que por baixo seguia uma profunda vida subaquática semelhante ao ruminar, ao remoer da mente. Muitas, muitas pessoas devem ter ido ali sozinhas, de tempos em tempos, de era em era, para deixar cair seus pensamentos na água e lhe indagar qualquer coisa, tal como faziam as pessoas agora, nesse fim de tarde de verão. Talvez esta fosse a razão da fascinação do poço – que ele continha em suas águas todas as espécies de queixas, confidências, fantasias, não em voz alta nem em forma impressa, mas sim em estado líquido, a flutuarem, quase desencarnadas, umas sobre as outras. Por entre elas nadaria um peixe, para que um junco, com sua lâmina, o cortasse em dois; ou a lua, com sua placa de brancura, as aniquilaria. O encanto do poço é que os pensamentos tinham sido ali deixados por pessoas que partiram para longe e, sem seus corpos, tais pensamentos vagavam livremente, amistosos e comunicativos, para dentro e para fora das águas comuns a todos.

Entre esses pensamentos líquidos, alguns pareciam conservar-se unidos e – por um simples momento – constituir pessoas reconhecíveis. Divisava-se então um rosto rubro e barbado que se abaixava sobre o poço para nele beber. Estive aqui em 1851, após o calor da Grande Exposição. Vi a rainha inaugurá-la.[1] E a voz soltava um riso leve, despreocupado e fluido, como se o homem tivesse se livrado de suas botas de elástico nos lados e posto ali na beira do poço seu chapéu. Meu Deus, como estava quente! E agora tudo se foi, tudo se esboroou decerto, pareciam dizer os pensamentos, ao oscilar por entre o juncal. Mas eu era uma namorada, começava outro pensamento, deslizando sobre aquele num ordeiro silêncio, como peixes que ao se agrupar não se estorvam. Era ainda moça; costumávamos descer da fazenda até aqui (o anúncio de venda refletia-se na superfície da água), no verão de 1662. Os soldados nunca nos viram da estrada. Fazia muito calor. Deitávamo-nos bem à vontade. Ela estava escondida com seu amado nos juncos, rindo para dentro do poço e nele furtivamente introduzindo ideias de amor eterno, de ardentes beijos e desespero. Já eu era felicíssimo, disse outro pensamento, resvalando animadamente por cima do desespero da moça (pois ela tinha se afogado). Costumava pescar aqui. Nunca pegamos a carpa-gigante, porém a vimos uma vez – no dia em que Nelson lutou em Trafalgar.[2] Estava ali sob o salgueiro – dou a minha palavra! Que colosso que era! Dizem que jamais foi pescada. Ai, ai de mim, suspirou uma voz, a se esgueirar por sobre a do rapaz. Voz assim tão tristonha devia vir bem lá do fundo do poço, pois alteando-se ela se sobrepunha às demais, como uma concha suspende tudo que encontra numa vasilha com água. Essa era a voz que todos nós desejávamos ouvir. As outras, sem exceção, suavemente deslizaram para a beira do poço a fim de ouvir a voz[3] que – parecendo tão triste – devia com certeza saber a razão de tudo isso. Pois todas elas também queriam saber.

Chegando-se mais perto do poço, os juncos eram afastados para poder se ver mais fundo, através dos reflexos, através das faces, através das vozes, até o fundo em si mesmo. Mas lá, por baixo do homem que estivera na Exposição; da moça que se afogara; do rapaz que vira o peixe; e da voz que exclamava ai, ai de mim! Sempre havia todavia algo mais. Sempre outra face, outra voz. Um pensamento vinha e cobria outro. Pois, embora haja momentos em que uma concha se mostra a ponto de suspender todos nós à luz do dia, com nossos pensamentos e anseios e indagações e confissões e desilusões, de algum modo a concha deixa alguma coisa escapar e uma vez mais nós escorremos de volta pela beira do poço. E uma vez mais todo seu centro é coberto pelo reflexo do cartaz que anuncia a venda da Fazenda e Moinho Romford. É por isso talvez que gostamos de nos sentar para contemplar os poços.

Três quadros

Primeira cena

É impossível deixar de ver pinturas; porque, se o meu pai foi ferreiro e o seu era um par do reino, temos necessariamente de ser retratos um para o outro. Para nós não há como, pronunciando palavras corriqueiras, sair do quadro ao rebentar a moldura. Se me encosto na porta da oficina com uma ferradura na mão, e você, ao passar, pensa me vendo ali: "Quão pinturesco!", eu, quando o vejo sentado tão à vontade em seu carro, como que já a ponto de inclinar a cabeça para saudar a ralé, penso que pintura fiel da velha, aristocrática e suntuosa Inglaterra! Ambos estamos, sem dúvida, totalmente errados em nossos julgamentos, mas isso é inevitável.

Assim, na curva da estrada, eu vi agora um desses quadros. Que poderia intitular-se *A volta ao lar do marujo* ou qualquer coisa do gênero. Um marinheiro ainda moço e garboso carregando uma trouxa; uma jovem com a mão no braço dele; vizinhos amontoando-se em torno; o jardim de uma casinha inflamado de flores; ao se passar, lia-se no fundo do quadro que o marinheiro estava de regresso da China e havia uma lauta refeição à sua espera na sala; na trouxa ele trazia um presente para sua jovem esposa, que dentro em breve lhe daria o primeiro filho. Sentia-se em relação a esse quadro que tudo estava tão bem, tão certo, como devia ser. Havia algo de satisfatório e saudável na visão dessa felicidade; a vida parecia mais doce, mais invejável do que antes.

Pensando assim passei por eles e preenchi de todo o quadro, tão completamente como me era possível, notando a cor dos olhos dele, do vestido dela, vendo o gato amarelado esgueirar-se pela porta da casa.

Tal pintura pairou por algum tempo em meus olhos, fazendo com que a maioria das coisas parecessem mais claras, mais quentes, mais simples que de hábito; e fazendo com que algumas delas parecessem tolices; umas coisas erradas, outras certas, e todas mais carregadas de sentido que antes. Em determinados momentos, durante aquele dia e o seguinte, o quadro me voltava à cabeça e eu pensava com inveja, mas com ternura, no feliz marinheiro e sua esposa; perguntava-me o que andariam fazendo, o que estariam se dizendo agora. E a imaginação me fornecia outros quadros em derivação do primeiro, ora mostrando o marinheiro a rachar lenha, ora a tirar água do poço; e eles conversavam sobre a China; e a jovem punha o seu presente em cima da lareira, onde todos que entrassem pudessem vê-lo; e ela costurava roupinhas para a criança, com todas as portas e janelas abertas para o jardim, de modo que os pássaros esvoaçavam em torno e as abelhas zumbiam e Rogers – era esse o nome dele – nem conseguia dizer como tudo aquilo lhe agradava depois dos mares da China. Enquanto, com o pé no jardim, ia fumando seu cachimbo.

Segunda cena

No meio da noite um berro escandaloso ecoou pela aldeia. Logo a seguir fez-se um rumor de algum tumulto confuso; e depois houve um silêncio mortal. Tudo que se podia ver da janela era o galho de lilás que pendia ponderoso e imóvel através da estrada. Era uma noite quente e quieta. Não havia lua. A aparência das coisas se fez sinistra com o berro. Quem havia gritado? E por que foi que gritou? A voz era de mulher, tornada, por algum extremo de sentimento, quase assexuada, quase inexpressiva. Era como se a natureza humana tivesse gritado contra alguma iniquidade, algum horror indizível. O silêncio era mortal. As estrelas brilhavam com a mais perfeita firmeza. Estendiam-se os campos na imobilidade. As árvores não se mexiam. Entretanto tudo parecia culposo, condenável, nefasto. Sentia-se que alguma coisa precisava ser feita. Alguma luz tinha de surgir num impulso, movendo-se agitadamente. Alguém precisava descer a estrada correndo. Nos casebres, deveriam acender-se as janelas. E então talvez outro grito, mas menos assexuado, menos sem palavras, aliviado, apaziguado. Porém não veio luz alguma. Não se ouviram passos. Não houve um segundo grito. O primeiro havia sido engolido, e o silêncio mortal permanecia.

Deitada no escuro, pus-me a escutar atentamente. Tinha sido uma voz, não mais que isso. Nada havia a que a ligar. Quadro algum, de nenhum tipo, surgia para interpretá-la, para torná-la inteligível à mente. E, quando enfim a escuridão se abriu, pôde-se ver tão-só uma forma humana obscura, quase desprovida de contorno, que contra alguma esmagadora iniquidade erguia em vão um braço enorme.

Terceira cena

O bom tempo continuou ininterrupto. Não fosse aquele grito na noite, isolado e único, sentir-se-ia que a Terra tinha atracado no porto; que a vida já deixara de ser levada ao vento; que ela chegara a uma enseada tranquila e ali jazia ancorada, mal se mexendo na calmaria das águas. O rumor porém persistia. Aonde quer que se fosse, mesmo para uma longa caminhada pelos morros acima, alguma coisa inquieta parecia girar sob a superfície, tornando um pouco irreal a impressão de paz, de estabilidade ao derredor. Carneiros se amontoavam no flanco de uma colina; e o vale se esbatia como uma catarata serena em ondas afiladas e longas. Ia-se desembocar em solitárias casas de fazenda. O cachorrinho rolava no terreiro. As borboletas borboleteavam no tojo. Tudo tão quieto, tão a salvo [quanto] podia estar. Entretanto, continuava-se pensando, houvera o dilaceramento de um grito; toda essa beleza, nessa noite, tinha sido cúmplice; tinha consentido em manter-se calma, em ser bela ainda, e a qualquer momento poderia ser dilacerada outra vez. A benevolência e a segurança achavam-se na superfície apenas.

E então, para sair desse estado apreensivo e animar-se, retornava-se ao quadro da volta ao lar do marujo. Quadro que ao ser revisto compunha vários e discretos detalhes – o azul do vestido dela, a sombra que caía da árvore em floração amarela – que não se havia usado antes. Eles assim tinham ficado em pé à porta do casebre, ele com sua trouxa nas costas, ela a tocar de leve em sua manga com a mão. E um gato amarelado se esgueirou pela porta. Desse modo, a examinar minuciosamente o quadro, de detalhe em detalhe, pouco a pouco nos persuadíamos de ser muito mais provável que o que jazia sob a superfície eram a calma, o contentamento, as boas intenções, e não alguma coisa traiçoeira e sinistra. Os carneiros pastando, as ondas do vale, a casa de fazenda, o cachorrinho, as borboletas dançantes eram de fato assim de todo. E eu mesma voltei então para casa, pensando fixamente no marinheiro e sua esposa, compondo cena atrás de cena com os dois, para que uma sequência de quadros de satisfação e felicidade pudesse ser sobreposta àquela inquietação, àquele grito de pavor, até pressioná-lo, esmagando-o, silenciando-o, a deixar de existir.

Aqui enfim estava a aldeia, e a igreja pela qual eu deveria passar; ao entrar nela, vinha-me o habitual pensamento sobre a tranquilidade do lugar com seus teixos umbrosos, suas lápides polidas, suas sepulturas sem nomes. Sentia-se que a morte ali era alegre. Com efeito, veja só este quadro! Um homem estava abrindo uma cova e, enquanto ele trabalhava, crianças faziam, bem ao lado, um piquenique. Enquanto as pás de terra amarela eram jogadas para cima, as crianças se escarrapachavam em volta, comendo pão com geleia e bebendo leite em canecas. A mulher do coveiro, mulher gorda e amável, se apoiara numa lápide e estendera seu avental na grama, perto da cova aberta, para servir de mesa. Torrões de terra tinham caído em meio às coisas do chá. Quem seria enterrado, perguntei. O velho mr. Dodson tinha morrido afinal? "Oh, não! É para o marinheiro, o jovem Rogers", respondeu a mulher me olhando. "Ele morreu há duas noites, de uma febre que trouxe do estrangeiro. Não ouviu a mulher dele, que saiu pela estrada e deu um berro?... Venha cá, Tommy, você está que é terra pura!"

Que quadro fazia aquilo!

Cenas da vida de um oficial
da Marinha britânica

As águas impetuosas do Mar Vermelho arremessavam-se passando pela vigia; de vez em quando um golfinho pulava alto no ar, ou um peixe-voador, a meio espaço, detonava ao pular um arco de fogo. O capitão Brace, em sua cabine, tinha pela frente um mapa desdobrado na vasta regularidade da mesa à qual se sentava. Lavrada era a expressão de seu rosto, como se, talhado por um negro numa tora bem seca, tivesse sido ele lustrado por cinquenta anos, ressecando-se ainda mais a um sol tropical; tivesse ficado exposto ao frio que enregela; e a chuvas tropicais que o lavassem; para depois ser erigido perante prostradas multidões que o tomariam por ídolo. Tal rosto adquirira a expressão inescrutável do ídolo ao qual perguntas foram feitas por séculos, sem que jamais se obtivesse resposta.

Excetuadas a grande mesa e a cadeira giratória, a cabine não dispunha de móveis. Mas na parede por trás das costas do capitão pendiam sete ou oito instrumentos em cujos mostradores brancos inseriam-se símbolos e números para os quais se moviam ponteiros bem delicados, às vezes num avanço tão lento a ponto de ser imperceptível, às vezes num salto decidido e brusco. Alguma substância invisível estava sendo medida, pesada, contada e dividida de sete ou oito diferentes maneiras simultâneas. E, como a própria substância era invisível, também assim a medição, pesagem, divisão e contagem perfaziam-se inaudivelmente.

Nenhum ruído interrompia o silêncio. No meio dos instrumentos pendurava-se a fotografia de uma cabeça de mulher coroada por três penas de avestruz.

Bruscamente o capitão Brace girou em sua cadeira, pondo-se pois em face de todos os mostradores e da foto. O ídolo tinha virado bruscamente de costas para os suplicantes. Por trás, a farda que o revestia ajustava-se tão apertada ao seu corpanzil como uma pele de cobra. [Suas costas] eram tão inescrutáveis quanto o rosto. Os suplicantes bem poderiam endereçar suas preces, pois não faria diferença, pela frente ou por trás. Bruscamente, após longa e minuciosa observação da parede, o capitão Brace girou de volta à mesa, apanhou um compasso e começou a traçar numa grande folha dividida em rigorosos quadrados um desenho de elaboração e exatidão tão imensas que cada toque parecia criar um objeto imortal, capaz de durar precisamente assim para sempre. O silêncio era constante, pois o marulho e a pulsação das máquinas eram tão regulares, estavam tão no mesmo tom, que também pareciam ser silêncio a expressar-se em diferente meio.

Bruscamente – todos os movimentos, todos os sons eram bruscos numa atmosfera assim tão tensa – um gongo soou com espalhafato. Tremores pungentes como contrações musculares repuxaram o ar. Três vezes estrondou o tinido. Três vezes a atmosfera assim repuxada se crispou em pungentes contrações musculares. A última durava havia três precisos segundos quando o capitão levantou-se. No ímpeto de uma ação automática, ele premeu um mata-borrão, com uma das mãos, sobre seu desenho; com a outra pôs na cabeça o quepe. Depois marchou até a porta; e marchando desceu os três degraus que iam dar no convés. Cada distância já parecia estar demarcada em diferentes etapas; e a última passada o levou com exatidão a um pranchão, a seu posto diante de quinhentos marinheiros da armada. Quinhentas mãos direitas alçaram-se com exatidão às cabeças. Cinco segundos mais tarde a mesma mão do capitão também se alçou à cabeça. Após esperar precisamente dois segundos, ela baixou como se abaixa o sinal quando um trem expresso passou. Com as mesmas cadenciadas passadas, pelas fileiras de marinheiros de azul passou o capitão Brace, e atrás dele marchou, mantendo a apropriada distância, um grupo de oficiais também em ordem. Mas, à porta de seu salão de jantar, o capitão voltou-se para eles, recebeu a saudação que lhe faziam, retribuiu-a com a sua e recolheu-se para comer sozinho.

Sentava-se sozinho à mesa de jantar como sozinho sentava-se à de trabalho. Dos serviçais que lhe punham pratos à frente, nunca ele vira algo mais do que as mãos brancas, botando e tirando pratos. Quando as mãos não eram brancas, eram dispensadas. Seus olhos jamais se erguiam acima das mãos e pratos. Em préstito disciplinado, a carne, o pão, as massas, as frutas eram colocadas diante do ídolo. No copo de vinho o fluido tinto lentamente ia ao fundo, vinha à tona, ia ao fundo, vinha à tona e afundava de novo. Todas as carnes desapareceram, todas as massas, todas as frutas. Por fim, pegando um bolo de miolo de pão quase do tamanho de uma bola de bilhar, o Capitão limpou com ele seu prato, devorou-o e se ergueu. Seus olhos foram erguidos agora até que olhassem sempre em frente, retos, sempre a seu próprio nível. Fosse o que fosse que lhes surgisse adiante – parede, espelho, haste de bronze –, tudo eles trespassavam, como se nada tivesse solidez bastante para interceptá-los. E assim marchou ele, como se seguisse na esteira do feixe luminoso que seus olhos lançavam, para subir por uma escada de ferro a uma plataforma, indo alto, cada vez mais alto, além desse impedimento, até já estar instalado numa plataforma de ferro na qual havia um telescópio. Quando olhou pelo instrumento, o telescópio se tornou de imediato uma extensão dos seus olhos, como se fosse um revestimento córneo que se formara por si para envolver-lhe a penetração da visão. Ao ser movido por ele para cima e para baixo, o telescópio dava a impressão de que seu próprio olho comprido corneamente coberto é que se mexia.

Miss Pryme

A decisão era deixar o mundo melhor do que ela o havia encontrado – e ela o havia encontrado, em Wimbledon, muito enfadonho, muito próspero, muito adepto do tênis, muito desatencioso, desatento e nem um pouco inclinado a dar um pingo de atenção que fosse ao que ela desejava ou dizia – o que fez *miss* Pryme, terceira filha de um dos médicos de Wimbledon, estabelecer-se em Rusham com a idade de trinta e cinco anos.

Era uma aldeia corrupta – o que em parte se dizia porque lá não havia ônibus; e a estrada para o lugarejo era intransitável no inverno; donde Rusham não sentir as pressões da opinião pública; *mr.* Pember, o vigário, nunca usava um colarinho limpo; nunca tomava banho; e, se não fosse por Mabel, sua velha empregada, muitas vezes não estaria apresentável para comparecer à igreja.[1] Naturalmente não havia velas no altar; a pia de água benta estava rachada; e *miss* Pryme já o surpreendera a escapulir no meio do ofício para ir fumar um cigarro no cemitério contíguo. Seus três primeiros anos de residência, ela os consagrara a surpreender pessoas fazendo o que não deviam fazer. As pontas dos galhos do olmo de *mr.* Bent esbarravam nos caixões que subissem pela viela; era preciso podá-lo; o muro de *mr.* Carr estava abaulado; tinha de ser reconstruído. Mrs. Pye bebia; mrs. Cole vivia sabidamente com o agente de polícia. Ao se dar conta de que havia tanta gente fazendo coisas erradas, *miss* Pryme assumiu uma expressão ranzinza; encurvou-se;

franzindo a testa e olhando de esguelha para as pessoas que encontrava; e decidiu comprar a casinha que havia alugado; pois certamente ela poderia fazer o bem ali.

Cuidou primeiro da questão das velas. Dispensando a empregada, economizou o suficiente para comprar grandes e grossas velas sacerdotais numa loja de artigos eclesiásticos em Londres. Conquistou o direito de instalá-las no altar ao lavar ela mesma o chão da igreja; ao bordar para o altar uma toalha; e ao montar uma cena de *A noite de Reis* para assim poder pagar pelo remendo da pia. Depois então foi enfrentar com suas velas o velho *mr.* Pember, que acendeu mais um cigarro, mantendo-o entre dedos que pareciam sofrer de icterícia, de tão amarelados pela nicotina. Seu rosto, seu corpo eram que nem ramagem desgarrada de sarça, eriçando-se revoltos e rubros. E ele resmungou que não queria velas. Não seguia os costumes dos papistas – jamais o fizera. E se afastou a passos trôpegos, para dependurar-se, fumando, na porteira do pátio da fazenda, e falar dos porcos de Cropper. *Miss* Pryme esperou. Organizou um bazar a fim de arrecadar fundos para retelhar a igreja. O bispo esteve presente. Mais uma vez ela se dirigiu a *mr.* Pember sobre as velas. Diz-se que mencionou em seu apoio o bispo – diz-se; pois que havia agora duas facções na aldeia, ambas dando suas versões sobre o que aconteceu quando *miss* Pryme se opôs ao vigário; uns tomaram o partido de *miss* Pryme; outros, o de *mr.* Pember. Ficaram uns a favor das velas; e da austeridade; outros, com o estimado velhote e a transigência; *mr.* Pember declarou já muito irritado que era ele o vigário da paróquia; não queria saber de velas; e ponto final. *Miss* Pryme retirou-se para a sua casinha e com todo cuidado embrulhou as velas, guardando-as numa grande gaveta. Nunca mais voltou à residência do pároco.

Mas *mr.* Pember era um homem já muito idoso; bastava que ela esperasse. Enquanto isso, *miss* Pryme continuaria a melhorar o mundo. Pois nada lhe dava uma impressão assim tão rápida da passagem do tempo. Em Wimbledon o tempo se detinha; mas ali se acelerava. Mal acabava de lavar sua louça, após o desjejum, punha-se ela a preencher formulários. Depois fazia relatórios. Depois afixava um aviso num quadro no seu jardim. E depois ia em visita aos pobres casebres. Noite após noite, sentou-se à cabeceira do velho Malthouse, quando ele estava morrendo, e poupou seus parentes de um grande incômodo.² Gradativamente uma sensação nova e das mais deliciosas começou a formigar e agitar-se em suas veias. Era melhor do que o amor conjugal; melhor que filhos; era o poder de tornar o mundo melhor; poder sobre os enfermos; os analfabetos; os alcóolatras. Gradativamente, nisso que ia a passos ágeis pela rua da aldeia, com sua cesta, ou que entrava de vassoura em punho na igreja, ela passou a ser seguida por uma segunda *miss* Pryme, que era maior e mais amável, mais radiante e singular que a primeira; que era de fato, ao ser vista, um pouco assim como Florence Nightingale; e antes de se passarem cinco anos essas duas senhoras eram a mesma e idênticas.³

Ode escrita parcialmente em prosa ao ver o nome de Cutbush na fachada de um açougue em Pentonville

Oh Cutbush, John, menino amuado em pé
entre pai e mãe no dia em que eles dois resolviam
o que fazer de você, se seria florista ou açougueiro,
ouvindo-os decidir seu destino; você vai ser florista
ou açougueiro; enquanto a longa onda iridescente
jaz nas costas da Califórnia; e o elefante,
na Abissínia e o beija-flor, na
Etiópia e o rei, no palácio de Buckingham
seguem seus caminhos:
John vai ser florista ou açougueiro?

Descendo pela pista asfaltada,
com sua boina de veludo à cabeça,
brejeira e oblíqua,
Lá vem Louie, ajudante de empregada de *mrs*.
Mump na casa do pastor, criança ainda inocente ainda;
mas ávida de amor; dezesseis anos; lançando olhares
maliciosos; à beira do lago onde os cães latem;
e os patos grasnam;
São lindos os salgueiros
e os lírios que se esgueiram e crispam;

e olhe só o senhor idoso que tenta,
com a ponta da bengala, desembaraçar dos salgueiros
o barco de uma criança; e John diz a Louie:
No verão eu nado aqui; É mesmo?; É, eu nado aqui.
fazendo crer que ele se acha entre os grandes atletas;
como Byron, poderia nadar pelo Helesponto;[1] John
Cutbush, de Pentonville. E começa a escurecer;
com as luzes das janelas mais altas o lusco-fusco se doura;
alguém lê Heródoto no original em sua alta
janela; e no porão outro alguém corta coletes;
outro cunha moedas; e outro torneia peças
de madeira que serão pés de cadeiras;
as luzes caem no lusco-fusco; no lago; luzes estão
ziguezagueando na água. Rostos, ombros colados,
se abraçando beijando; se apertando; lá estão eles
de pé, enquanto o senhor desembaraça o barco
com sua bengala; e o sino da igreja toca.
Do impiedoso campanário caem notas de bronze;
advertindo Louie Louie de que está na hora do chá;
de que a Cozinheira dirá: Se você andar por aí se divertindo
com os rapazes de novo, eu vou contar pra Ela, ou seja,
Adela Mump, mulher do pastor que não passou pelo exército.
De um pulo ela se levanta do seu sofá entre prímulas;
do seu sofá na terra fria do delicioso canteiro;
terra posta sobre bulbos e brotos; sobre tubos
e fios; que em seu delicioso e frio seio ora toma
o cano d'água; ora o fio; que transmite mensagens
para a China dos calados, cruéis; delicados mandarins;
onde há pagodes de ouro; e as casas têm paredes
de papel; e as pessoas sorriem sorrisos inescrutáveis e sábios.
Ela se levanta e ele a segue, descendo pela avenida
até a banca de jornais da esquina; Homem

assassinado em Pimlico, ali se lê no que é exposto; onde,
junto da banca, eles se beijam; e assim se separam, e a noite
escura os cinge; e ela entra às carreiras pela área
para chegar à cozinha iluminada onde as panelas estão
fumegando para o jantar do patrão.

De madrugada, quando vai a Smithfield, ele aluga
um carrinho de mão; vê no frio da madrugada a carne fria,
amortalhada em panos brancos na carcunda dos homens;
carne que vem das Argentinas; de novilhos e suínos capados
que eram peludos, de couro avermelhado.

Todos de branco como cirurgiões os açougueiros
de Smithfield manuseiam os amortalhados cadáveres;
as carcaças congeladas e hirtas que ficarão como múmias
no frigorífico até o fogo dominical ressuscitá-las
e delas pingar no prataraz a essência, o caldo
que revigora os frequentadores de igreja.

Mas eu nadei pelo Helesponto – ele sonha;
tinha lido Byron na Charing Cross Road, tinha sorvido
e saboreado o *Don Juan* onde o achara na poeira tostado
pelo sopro do vento exposto às luzes no calçamento.
Hei de trabalhar para sempre para Massey & Hodge, negociantes
de carne em Smithfield? Ele se planta de boné na mão
mas aprumado diante do patrão, tendo acabado
seu aprendizado. Para arranjar-se na vida um jovem
tem de abrir seu próprio caminho.

E ele vê as violetas e o asfódelo e na margem
os nadadores pelados em mantos como aqueles
usados pelos personagens de Leighton nas pinturas da casa

Leighton.² Louie da avenida, ajudante de empregada
do pastor, observa e acena com o braço
nu quando ele mergulha.

E ele assim monta seu próprio negócio.
Para quem passa por ali é mais uma dessas lojas
que até a uma ficam abertas aos sábados. Embora a
zona oeste se feche com persianas e cortinas, aqui,
nos confins de Londres, no resíduo de Londres,
a noite vem a ser o momento
de gala. Sobre os carrinhos esplende a luz dos sinais. As
blusas e plumas inflam como flores. A carne que alimenta
se torna incandescente. As costelas de boi se adornam com
folhas de flor no corpo cor de carne. As facas cortam.
Jogam-se os nacos, que se embrulham. Bolsas se abaulam
nos braços das mulheres. Elas se apoiam primeiro neste pé
e então naquele. Crianças olham para os sinais no alto
e a luz bruta e as faces brancas e rubras lhes abrasam
pessoas para sempre nos puros globos oculares. O realejo
toca e os cães farejam restos de carne na poeira.
E por toda parte em Pentonville e Islington
paira no ar um balão tosco de tom amarelado e muito
longe no centro da cidade há uma igreja de fachada branca
e um campanário.

John Cutbush açougueiro de Pentonville está em pé à porta de sua loja.
À porta de sua loja ele está em pé.
Ele ainda está em pé à porta da loja.
Mas as rodas do tempo já lhe passaram por cima. Como os bondes
passaram por milhões de quilômetros; como milhões de porcos
e novilhos castrados foram fatiados em postas; como tantas bolsas
se abaularam. É vermelho seu rosto; seus olhos se empanaram;

de tanto olhar para os sinais tantas noites. E às vezes
é além das caras que ele olha, é para além da nova loja do outro lado
onde o jovem seduz; é para dentro do vazio lúgubre.
Mas ei-lo que desperta e pergunta: E para a senhora, madame?
e para a senhora?
Alguns notam porém o novo açougue; e passam, desvencilhando-se
de Cutbush, para experimentar do outro lado Ainslies.
Nos fundos da loja em sua sala e agora
de coxas grossas Louie está emburrada; o garotinho
morreu; e a menina é um problema, sempre atrás dos rapazes;
emoldurada na parede, lá está *mrs*. Mump no vestido
que ela usou ao ser apresentada na corte;
por toda parte há um cheiro de carne e a féria do dia diminui.
Aparências humanas de rostos vistos de passagem,
são essas traduzidas de uma língua estrangeira.
E a língua sempre cria novas palavras.
Pois há placas de mármore e caixões na porta ao lado numa
vitrine de agência funerária; há instrumentos musicais em seguida
e depois uma casa de cães e gatos; e depois o convento
enquanto ao longe naquela elevação se ergue
sublime a torre da prisão; há os reservatórios
de água; e bem aqui toda uma escura rua particular
como aquelas tocas em linha onde animais noturnos
vivem nos desertos; aqui porém não há marmotas nem
andorinhas-pardas; e sim fiscais municipais;
coletores de impostos; funcionários da companhia de gás
e do fornecimento de água; com suas esposas e filhos;
e também amanuenses recém-chegados de Somerset e Suffolk;
e também uma senhora solteira que cuida de sua casa ela mesma.

Assim em casa na rua principal além do cemitério da igreja
onde os gatos celebram seus rituais e açougueiros

prometem fidelidade eterna a ajudantes de cozinha;
A flor da vida não para de agitar-se para sair
do botão; a flor da vida se alardeia em cartazes
em nossas faces; e nós dizemos obrigado aos exércitos
e marinheiros e aviadores e atrizes
que nos proporcionam entretenimento noturno e enquanto
seguramos na luz o *Evening Standard* quão pouco
pensamos na riqueza que se pode juntar nas palmas
de duas mãos; quão pouco nos é dado agarrar;
quão pouco podemos interpretar e ler corretamente
o nome John Cutbush, podendo apenas gritar quando passamos
por seu açougue numa noite de sábado: Salve Cutbush,
de Pentonville, eu te saúdo; passando.

[Retratos]

Esperando o déjeuner

Quando os beija-flores batiam asas na trombeta da flor; quando os grandes elefantes afundaram na lama com suas patas pranchadas; quando o selvagem de olhos animalescos irrompeu pelo juncal na canoa; quando da cabeleira da criança a mulher persa extraiu um piolho; quando as zebras galoparam no horizonte em ferozes arabescos de coito; quando no côncavo negro-azul do céu ressoou o plac-plac das bicadas do abutre na carcaça que ainda tinha um resto de carne e um rabo pela metade: – *Monsieur* e *madame* Louvois não viram nem ouviram.

Quando o garçom de camisa pregueada, paletó lustroso, avental amarrado na cintura e cabelo liso puxado para trás cuspiu nas mãos e assim então limpou o prato, poupando-se ao trabalho de o lavar; quando os pardais se reuniram na estrada sobre um montinho de bosta; quando a cancela da passagem de nível se fechou; e o tráfego coagulou-se; um caminhão com trilhos de ferro; outro com engradados de laranjas; vários carros; e uma carrocinha puxada a burro; quando o velhote se empalou numa sacola de papel no jardim público; quando as luzes tremularam no alto do cinema anunciando o novo filme das selvas; quando as nuvens azuis-cinza do hemisfério norte deixaram uma nesga azul-cinza brilhar um momento sobre as águas do Sena: – *Monsieur* e *madame* Louvois olhavam fixamente para o vidro de mostarda e o galheteiro; para a rachadura amarela na mesa de tampo de mármore.

O beija-flor bateu asas; a cancela se abriu; os caminhões avançaram aos solavancos; e os olhos de *monsieur* e *madame* Louvois refulgiram; pois na mesa de tampo de mármore à sua frente o garçom de cabelo bem-alisado atirou um prato de tripas.

A francesa do trem

Tagarela além da conta, oscilante, fuçando como uma anta nas folhas de repolho suculentas mais baixas; radicando-se entre plantas herbáceas; ávida de um pitéu de fofoca, mesmo no vagão de terceira classe do trem... *Madame* Alphonse disse para a empregada... brincos balançando como se pendurados nas grandilobadas orelhas de um monstro paquidérmico. Silvos com um pouco de saliva saindo pelos dentes da frente, rombudos e amarelos de tantos talos de repolho mordidos. Todo o tempo por trás da balançante e tão tremelicosa cabeça e do respingar de saliva que as azeitonas cinzentas da Provence provocam vai entrar em questão; faz um fundo enrugado com galhos tortos angulosos e camponeses dobrando-se.

Em Londres na terceira classe contra paredes pretas emplastradas de anúncios reluzentes ela estaria passando por Clapham em seu caminho para Highgate a fim de renovar o círculo de flores de porcelana no túmulo do seu marido. Ei-la no ponto de baldeação em seu canto, sentada com uma bolsa preta no colo; na bolsa um exemplar do *Mail*; uma foto da Princesa – na sua bolsa que recendia a carne fria, picles, cortinas de lona, sinos de igreja no domingo e o Vigário chamando.

Ei-la que carrega nos ombros ondulosos imensos a tradição; mesmo quando sua boca respinga, quando seus olhos de porco-do-mato brilham, ouve-se o coaxar do sapo num campo de tulipas silvestres; o marulho do Mediterrâneo lambendo areia; e a língua de Molière. Aqui o touro leva ao pescoço cestas cheias de uvas; a barulhada do mercado vem de encontro ao matraquear do trem; homens montados em carneiros balindo; patos em gaiolas de vime; sorvete em casquinha; investidas sobre queijos; grande procura de manteiga; perto de um plátano homens jogando bola; uma fonte; o cheiro acre do canto onde os camponeses obedecem abertamente aos ditames da natureza.

Retrato 3

E a mim que ali me sentava, no pátio da Pousada Francesa, pareceu que o segredo da existência nada era senão um esqueleto de morcego no armário; e que nada era o enigma senão o entrecruzamento de uma teia de aranha; tão sólida ela parecia ser. Ela estava no sol, sentada. Não usava chapéu. A luz a fixava. Não havia sombra. Seu rosto era amarelo e vermelho; e arredondado; uma fruta num corpo; outra maçã, só que não no prato. Seios que se formaram no seu corpo com a dureza de maçãs sob a blusa.

Eu a observava. Sua pele vibrou como se uma mosca tivesse andado nela. Alguém passou; vi as folhas estreitas das macieiras tremerem vibradas por seu olhar. Sua rudeza, sua crueldade, era como casca grossa com líquen, e ela era, perenemente e inteiramente resolvido, o problema da vida.

[Retrato 4]

Ela o tinha levado à Harrods e à National Gallery porque ele tinha de comprar camisas antes de voltar para Rugby e adquirir cultura. Ele não escovou os dentes. E ela agora tinha de pensar realmente, enquanto se sentavam no restaurante que tio Hal recomendara se eles não quisessem gastar muito nem muito pouco, o que devia dizer-lhe antes de ele voltar para Rugby.... Demoraram muito para trazer o *hors d'oeuvres*...

Ela pôde se lembrar de ter jantado ali com um rapaz louro antes da guerra. Rapaz que a tinha admirado, sem na verdade pedi-la em casamento... Entretanto como diria aquilo, sobre ser mais como o pai dele; ela era viúva; o homem com o qual se casou foi morto; e escovar os dentes? Ela queria Minestrone? Sim. E depois? *Wiener Schnitzel? Poulet Marengo?* É aquele com cogumelos? E estão frescos?... Mas eu devo dizer alguma coisa que ele possa guardar, para ajudá-lo nos momentos, sabe, de tentação. "Minha mãe..." Poxa, como demoram! Este é o *hors d'oeuvres* da mesa ao lado, mas as sardinhas já se foram...

E George se sentava calado; olhando com os olhos de uma carpa que, após a imersão no inverno, vem que é puro vigor à superfície e vê, na borda da garrafa d'água do Soho, moscas dançando, pernas de garotas.

[*Retrato 5*]

"Sou uma dessas pessoas", disse ela, baixando com secreta satisfação os olhos para o ainda substancial crescente de doce polvilhado de açúcar no qual só tinha dado por ora uma mordida, "que acham tudo horroroso".

E aqui com seu garfo de três pontas já a meio caminho para a boca ela entretanto deu um jeito de alisar com a mão o seu casaco de peles como que para indicar a maternal fraternal conjugal ternura com a qual, mesmo se só houvesse um gato na sala para acariciar, ela acariciava. Deixou então cair mais uma gota do frasco de perfume que ela levava numa glândula de seu rosto com a qual suavizar as emanações às vezes malcheirosas de seu próprio caráter não suficientemente apreciado, e acrescentou:

"No hospital os homens costumavam me chamar de Mãezinha", e olhou para a amiga à sua frente como se esperasse ela confirmar ou negar o retrato que havia desenhado, mas, como houve silêncio, garfou a última migalha do doce polvilhado de açúcar e a engoliu, como se das coisas inanimadas ela recebesse o tributo que o egoísmo da humanidade lhe negava.

[*Retrato 6*]

É muito duro para mim – eu que deveria ter nascido na década de 1880 me acho meio como um proscrito aqui. Nem mesmo posso usar corretamente uma rosa na lapela. Deveria andar de bengala, como meu pai; ando porém de chapéu de feltro com vinco, mesmo ao caminhar pela Bond Street, e não de cartola. Contudo ainda gosto, se a palavra ainda for adequada, da sociedade, graduada como uma dessas barras de gelo embrulhadas em papel enrugado – na verdade diziam que os italianos as conservavam embaixo da cama em Bethnal Green. Da espirituosidade de Oscar;[1] e da mulher de lábios vermelhos de pé sobre uma pele de tigre num piso escorregadio – com a boca do tigre escancarada. "Mas ela pinta!" (foi o que disse minha mãe), o que queria naturalmente dizer as mulheres de Piccadilly. Era esse o meu mundo. Agora qualquer um pinta. Tudo é branco como açúcar, até as casas, na Bond Street, feitas de concreto, com lascas de limalha de aço.

Ao passo que eu gosto de coisas tranquilas; cenas de Veneza; garotas numa ponte; um homem pescando; calma de domingo; talvez um joguinho. Estou indo agora, já no próximo ônibus a motor, para o chá com tia Mabel em Addison Road. A casa dela ainda conserva um pouco disso que eu tenho em mente; o bode, por exemplo, deitado ao sol bem na calçada; o distinto e aristocrático bode velho; e os condutores usando os faisões dos Rothschilds suspensos em seus chicotes;[2] e um jovem como eu sentando-se na caixa ao lado do condutor.

Mas aí vêm eles brandindo suas bengalas de freixo em pleno Piccadilly; alguns sem chapéus; todos pintados. E virtuosos; sérios; os jovens de hoje em dia são tão desesperados, conduzindo seus carros de corrida para a revolução. Posso lhe garantir que a clematite no Surrey cheira a petróleo. E olhe só lá na esquina; tijolo vermelho-rosa entregando a alma numa lufada de pó. Ninguém a não ser eu liga a mínima – e tio Edwin e tia Mabel. Todos dois levantam sua velinha contra esses horrores; e o mesmo não podemos fazer, nós que caímos e nos espatifamos e arrastamos para cima de nós o velho candelabro. Eu sempre digo que qualquer um pode quebrar um prato; mas o que admiro é porcelana velha presa com rebites.

[*Retrato 7*]

Sim, eu conheci Vernon Lee.[3] O que quer dizer que tivemos uma vivenda no campo. Eu costumava me levantar antes do café da manhã. Costumava ir às Galerias antes de elas ficarem lotadas. Sou devotada à beleza... Não, eu mesma não pinto; mas assim talvez até se aprecie a arte melhor. São tão limitados os artistas; hoje em dia além disso eles levam uma vida muito desordenada. Fra Angelico, você se lembra, pintava de joelhos.[4] Mas, como eu estava dizendo, conheci Vernon Lee. Ela tinha uma vivenda no campo. Nós tínhamos uma vivenda no campo. Uma dessas vivendas onde pendem glicínias – meio como o nosso lilás, mas melhor – e árvores-da-judeia. Oh, por que moro em Kensington? Por que não na Itália? Mas sempre sinto que ainda vivo na Itália – no espírito. E você não acha que é no espírito que nós vivemos – nossa vida real? Sou portanto uma dessas pessoas que querem beleza, nem que seja somente uma pedra, um vaso – não sei como explicar. Seja como for, em Florença se conhecem pessoas que amam a beleza. Conhecemos um príncipe russo lá; e também numa festa um homem muito conhecido cujo nome esqueci. E um dia, quando eu estava em pé na estrada, diante da minha casa, passou por lá uma velhinha levando um cachorro numa corrente. Poderia ter sido Ouida.[5] Ou Vernon Lee? Nunca falei com ela. Mas em certo sentido, no sentido verdadeiro, eu que amo a beleza sempre sinto que conheci Vernon Lee.

[*Retrato 8*]

"Sou uma dessas pessoas simples, que podem até ser antiquadas, mas acredito nas coisas duradouras – honra, amor, patriotismo. Acredito realmente, e não me pejo de o confessar, em amar a própria esposa."

Sim, frequentemente cai de seus lábios a etiqueta *Nihil humanum*. Mas você toma cuidado para não falar latim com demasiada frequência. Pois tem de ganhar dinheiro – primeiro para viver; e depois para sentar-se: em móveis rainha Anne; em geral falsos.

"Não sou dos mais inteligentes. Mas uma coisa eu garanto – tenho sangue nas veias. Sou assim com o pastor; assim com o dono do bar. Frequento o bar e jogo dardos com os amigos."

Sim, você é o homem médio; o intermediário; um terno para Londres; um axadrezado para o campo. Shakespeare e Wordsworth você chama igualmente de "Bill".

"Devo dizer que o que eu detesto são essas pobres criaturas sem sangue que vivem em..."

Ou muito em cima ou muito em baixo. É só entre ou no meio que interessa a você.

"Eu tenho a minha família..."

Sim, é altamente prolífico. E está por toda parte. Quando se anda pela horta, o que é aquilo no repolho? Medianidade. Medianidade infectando a criação de carneiros. Até a lua está sob o seu controle. Você embota e embaça e torna respeitável até o gume prateado (desculpe a expressão) da própria foice do céu. E eu pergunto às gaivotas que estão gritando pelas areias desoladas do mar e aos lavradores que voltam para casa e para suas esposas, o que será de todos nós, homens, mulheres, aves, se a medianidade imperar e houver apenas um sexo, o do meio, mas sem amigos, sem amantes?

"Sim, sou uma dessas pessoas simples, que podem até ser antiquadas, mas acredito, e não me pejo de o admitir, em amar a própria espécie."

Tio Vanya

"Não é que eles veem por trás de tudo – os russos? Por trás de todos os disfarces que usamos? Flores contra a decadência; ouro e veludo contra a pobreza; cerejeiras, macieiras – por trás disso eles também veem", pensava ela na peça. Quando um tiro disparou.

"Ah, lá! agora ele atirou nele. Por misericórdia. Oh, mas o tiro falhou! O velho vilão de barbicha pintada e capote xadrez não se feriu nem um pouco... Ainda assim ele tentou acertá-lo; levantou-se de repente e cambaleou pela escada para ir pegar seu revólver. E apertou o gatilho. A bala se alojou na parede; ou talvez num pé de mesa. Seja lá como for, não deu em nada. 'Vamos esquecer isso, meu caro Vanya. Vamos voltar a ser amigos como outrora', ele estava dizendo... Agora foram-se embora. Agora ouvimos os sinos dos cavalos tilintando ao longe. E quanto a nós, isso também é verdade?", disse ela, repousando o queixo na mão e olhando para a garota no palco. "Nós ouvimos os sinos que tilintam ao longe pela estrada abaixo?", ela perguntou, e pensou nos táxis e ônibus da Sloane Street, pois eles moravam num dos casarões de Cadogan Square.

"Vamos descansar", dizia agora a garota, ao dar um abraço bem-apertado em Tio Vanya. "Vamos descansar", ela disse. Suas palavras eram como gotas caindo – pingando uma, depois outra. "Vamos descansar", ela disse de novo. "Vamos descansar, Tio Vanya." E o pano caiu.

"Quanto a nós", disse ela, enquanto seu marido a ajudava a colocar o casaco, "nós nem chegamos a carregar o revólver. Nem mesmo estamos cansados".

E ficaram um momento em pé na passagem, quietos, enquanto *Deus salve o rei* era tocada.

"Como os russos são mórbidos, não é?", disse ela, já de braços com o marido.

A duquesa e o joalheiro

Oliver Bacon morava no alto de uma casa que dava para o Green Park. Tinha ali um apartamento; cadeiras com os ângulos retos salientes – cadeiras cobertas de couro. Sofás preenchiam os vãos entre as janelas – sofás cobertos de tapeçarias. As janelas, as três largas janelas, tinham sua adequada quota de filó bem discreto e cetim com figuras. O aparador de mogno salientava-se discretamente com os conhaques, uísques e licores corretos. E da janela do meio ele olhava lá embaixo os tetos luzidios dos carros da moda amontoados nas estreitas ruas de Piccadilly. Era impossível imaginar uma posição mais central. Às oito da manhã viria seu café na bandeja, trazido por um criado; o criado desdobraria seu robe carmesim; com suas unhas compridas e pontudas ele abriria as cartas, extrairia convites brancos e grossos nos quais em áspero relevo se erigiam gravados de duquesas, condessas, viscondessas e ilustres senhoras. Depois tomaria banho; depois comeria suas torradas; depois leria seu jornal ao fogo chamejante e luzente dos carvões elétricos.

"Veja só, Oliver", diria ele, dirigindo-se a si mesmo. "Você que começou a vida numa ruela sórdida, você que..." e olharia para suas pernas, tão elegantes naquelas calças perfeitas; para suas botas; e suas polainas. Tudo muito bem-feito, brilhando; cortado no melhor pano pela melhor tesoura de Savile Row. Frequentemente porém ele se despia de tudo e voltava a ser o moleque de uma ruela sórdida. Certa vez tinha pensado que este era o cúmulo de sua ambição – vender cachorros roubados a mulheres elegantes de Whitechapel. Certa vez fizera isso. "Oh, Oliver", sua mãe se lamentou. "Oh, Oliver! Quando é que você vai tomar juízo, meu filho?"... Depois ele foi parar atrás de um balcão; vendeu relógios baratos; depois levou a Amsterdã uma preciosa encomenda... A essa memória ele exultava – o velho Oliver se lembrando do jovem. Sim, ele se dera bem com os três diamantes; e também houve a comissão sobre a esmeralda. Depois disso foi para a sala privativa nos fundos da loja em Hatton Garden; a sala com as balanças, o cofre, as grossas lentes de aumento. E depois... e depois... Ele exultava. Se aproximava das rodas de joalheiros que na tarde quente discutiam preços, minas de ouro, diamantes, informes da África do Sul, um deles punha um dedo do lado do nariz e, quando ele passava, murmurava: "Hum-m-m". Não era mais do que um murmúrio; não mais que uma cutucada no ombro, um dedo no nariz, um zumbido que corria pelo aglomerado de joalheiros em Hatton Garden numa tarde quente – há tantos anos! Mas ainda assim Oliver sentia aquilo a lhe descer pela espinha, a cutucada, o murmúrio que queria dizer: "Olhem só – ali vai ele – o jovem Oliver, o jovem joalheiro". Jovem então ele era mesmo. E se vestia cada vez melhor; e teve, primeiro, um cabriolé; e depois um carro; primeiro foi no balcão, nos teatros, e depois em poltrona na plateia. E teve uma vivenda campestre em Richmond, a cavaleiro do rio, com rosas vermelhas em treliças; de manhã cedo *mademoiselle* colhia uma e a pendurava em sua lapela.

"Assim que", disse Oliver Bacon, levantando-se e esticando as pernas. "Assim que..."

E ficou em pé, por baixo do retrato de uma velha senhora em cima da lareira, e ergueu as mãos. "Mantive minha palavra", disse ele, pondo as mãos bem juntas, palma contra palma, como se lhe prestasse homenagem. "E ganhei a aposta." Era isso mesmo. Era o joalheiro mais rico da Inglaterra; mas seu nariz, que era comprido e flexível, como uma tromba de elefante, parecia dizer quando tremia estranhamente nas narinas (sendo todo o nariz, e não apenas as narinas, que parecia tremer) que ele ainda não estava satisfeito; ainda farejava alguma coisa enterrada um pouco mais adiante. Imagine um porco gigante num pasto cheio de trufas; após desenterrar uma aqui, outra ali, ele continua a farejar sob a terra, um pouco mais longe, uma trufa maior e mais escura. Assim Oliver fuçava pela rica terra de Mayfair procurando outra trufa, maior e mais escura, um pouco além.

Espetou então a pérola na sua gravata, para depois se encasular em seu vistoso sobretudo azul; pegou as luvas amarelas, a bengala; e balançava-se ao descer a escadaria, um pouco farejando, um pouco vendo por seu longo e afilado nariz ao sair de casa e ingressar em Piccadilly. Pois ele ainda não era um homem triste, um homem insatisfeito, um homem que procura alguma coisa escondida, apesar de ter ganho a aposta?

Balançava-se ligeiramente ao andar, como o camelo no zoo se balança de um lado para o outro ao andar pelos caminhos de asfalto superlotados de donos de armazéns e esposas comendo de sacos de papel e jogando na trilha pedacinhos de papel prateado amarfanhado. O camelo despreza os merceeiros; o camelo está insatisfeito com seu quinhão; o camelo vê o lago azul e a fímbria de palmeiras diante dele. Assim o grande joalheiro, o maior joalheiro de todo o mundo, balançava-se descendo por Piccadilly, vestido na maior perfeição, com suas luvas, com a bengala; porém ainda insatisfeito, até chegar à loja escura e pequena, que era famosa na França, na Alemanha, na Áustria e em toda a América – a lojinha sombria numa rua que sai da Bond Street.

Atravessou-a a passos rápidos, como de hábito, e sem falar, muito embora os quatro homens, os dois mais velhos, Marshall e Spencer, e os dois rapazes, Hammond e Wicks, já estivessem lá plantados, por trás do balcão, e o olhassem com inveja ao passar. Era tão-só mexendo um dedo de sua luva cor de âmbar que ele reconhecia a presença deles. E lá se foi e fechou por trás de si a porta de sua sala privativa.

A seguir destrancou o gradil da janela. Entraram os gritos da Bond Street; e o ronronar do tráfego afastado. A luz dos refletores atrás da loja se irradiava para cima. Numa árvore tremiam seis folhas verdes, pois era junho. Mas *mademoiselle* tinha se casado com *mr.* Pedder da cervejaria local – ninguém agora lhe espetava mais rosas na lapela.

"Pois é", semi-suspirou, semi-roncou assim: "pois é...".

Depois ele pressionou uma mola na parede e lentamente começou a se abrir a forração de madeira por trás da qual ficavam os cofres de aço, cinco, não, seis ao todo, todos de aço polido. Virou a chave; abriu um; depois outro. Ambos revestidos de um fundo de veludo vermelho-escuro; ambos contendo joias: braceletes, colares, anéis, tiaras, coroas ducais; pedras soltas em conchas de vidro; rubis, esmeraldas, pérolas, diamantes. Tudo em segurança, em tranquila cintilação, porém ardendo eternamente com sua própria luz comprimida.

"Lágrimas", disse Oliver, olhando as pérolas.

"Sangue do coração", disse ele, olhando os rubis.

"Pólvora!", continuou, esparramando os diamantes, que faiscavam assim uns contra os outros.

"Pólvora suficiente para explodir Mayfair – alto, alto, alto no céu!" Jogou a cabeça para trás e fez um som como um relincho de cavalo ao dizer isso.

Obsequiosamente o telefone tocou em sua mesa numa voz baixa e abafada. Ele fechou o cofre.

"Em dez minutos", disse. "Antes, não." E sentou-se à sua mesa e olhou para as cabeças dos imperadores romanos estampadas na manga de sua roupa. É que de novo se despiu e uma vez mais tornou-se o garotinho que jogava bola de gude na ruela onde aos domingos vendiam-se cachorros roubados. Tornou-se aquele garotinho matreiro, astuto, de olhos como cerejas molhadas; que metia as mãos em enfiadas de tripas; que as mergulhava em panelas onde fritavam peixe; que ia em meio às multidões se safando. Era magro, ágil, seus olhos pareciam pedras lambidas. E agora – agora – os ponteiros do relógio se arrastavam. Um, dois, três, quatro... A duquesa de Lambourne esperava a seu bel-prazer; a duquesa de Lambourne, filha de uma centena de condes. Esperaria por dez minutos numa cadeira ao balcão. Esperaria a seu bel-prazer. Esperaria até que ele estivesse pronto para vê-la. Olhou para o relógio em seu estojo de couro. O ponteiro andava. E a cada avanço o relógio lhe servia – assim lhe parecia – patê de *foie gras*; um copo de champanhe; outro de um fino conhaque; um charuto de um guinéu. O relógio os punha ao lado dele na mesa, enquanto os dez minutos se escoavam. Ele então ouviu passos lentos e leves que se aproximavam; um farfalhar no corredor. A porta se abriu. *Mr.* Hammond se achatou contra a parede.

"A senhora duquesa!", anunciou.

E, achatado contra a parede, lá ficou esperando.

E Oliver, se levantando, pôde ouvir o farfalhar do vestido da duquesa que vinha pelo corredor. E que logo assomou, enchendo a porta, enchendo a sala com o aroma, o prestígio, a arrogância, a pompa, o orgulho de todos os duques e duquesas inflados numa só onda. E, como a onda se quebra, assim também quebrou-se ela ao sentar-se, vindo espraiar-se e derramar-se e cair sobre o grande joalheiro Oliver Bacon, cobrindo-o de cores faiscantes, rosa, verde, violeta; e de odores; e iridescências; e raios disparados dos dedos, raios que acenavam das plumas, que se irradiavam da seda; pois ela era muito grande, muito gorda, toda apertada em tafetá cor-de-rosa e já não mais na flor da idade. Como um guarda-sol de muitos gomos, como um pavão de muitas penas, fecha seus gomos, recolhe as penas, assim ela decresceu e fechou-se, já afundando na poltrona de couro.

"Bom dia, *mr.* Bacon", disse a duquesa. E estendeu-lhe a mão que saiu pela abertura da luva branca. E Oliver, ao apertá-la, inclinou-se todo. Quando suas mãos se tocaram, forjou-se mais uma vez o elo que os unia. Eram amigos, contudo inimigos; ele era mestre, ela, senhora; cada qual enganava o outro, precisava do outro, temia o outro, cada qual sentia isso e sabia disso a cada vez que se apertavam as mãos assim, nessa salinha recuada com a luz branca lá fora e a árvore com suas seis folhas e o barulho da rua na distância e por trás deles os cofres.

"E hoje, duquesa – em que lhe posso ser útil?", perguntou afavelmente Oliver.

A duquesa abriu; seu coração, seu coração particular se escancarou. E com um suspiro, mas sem palavras, ela tirou da bolsa um saquinho comprido de couro envernizado – que parecia um furão amarelo e magro. De uma abertura na barriga do furão ela deixou cair pérolas – dez pérolas. Que rolaram pela abertura na barriga do furão – uma, duas, três, quatro – como ovos de um pássaro celestial.

"É tudo que me resta, caro *mr.* Bacon", gemeu ela. Cinco, seis, sete – rolaram para baixo, pelas encostas dos vastos flancos montanhosos que desciam formando um vale estreito entre os seus joelhos – a oitava, a nona e a décima. Lá agora se acamavam no brilho do tafetá flor-de-pêssego. Dez pérolas.

"Do cinturão de Appleby", disse em tom lamentoso. "As últimas... as últimas mesmo."

Oliver esticou a mão para apanhar entre o indicador e o polegar uma das pérolas. Bem redonda, bem lustrosa. Mas seria verdadeira ou falsa? Estaria ela mentindo de novo? Será que ainda se atrevia?

Ela então cruzou nos lábios seu dedo recheado e roliço. "Se o duque soubesse...", sussurrou. "Foi um pouco de má sorte, caro *mr.* Bacon..."

De novo na jogatina, será?

"Aquele vilão, aquele trapaceiro", sibilou ela.

O homem de osso malar saltado? Um mau elemento. E o duque era corretíssimo, reto que nem um poste; de costeletas; era capaz de picá-la em pedacinhos, de deixá-la trancada no porão, se soubesse – sei lá do quê, pensou Oliver, e olhou para o cofre.

"Araminta, Daphne, Diana", lamentou-se a duquesa. "É para *elas*."

As senhoritas Araminta, Daphne e Diana – suas filhas. Ele as conhecia; adorava-as. Mas era Diana que ele amava.

"O senhor sabe de todos os meus segredos", disse ela, olhando de soslaio. Lágrimas escorreram; lágrimas caíram; lágrimas, como diamantes, absorvendo pó-de-arroz nos sulcos de sua face de cerejeira florida.

"Meu velho amigo", murmurou ela, "velho amigo".

"Velho amigo", repetiu ele, "velho amigo", como se lambesse as palavras.

"Quanto?", perguntou ele.

Ela cobriu as pérolas com sua mão.

"Vinte mil", sussurrou.

Mas seria verdadeira ou falsa, a que ele havia pegado? Ela já não tinha vendido – esse cinturão de Appleby? Ia chamar Spencer ou Hammond. "Leve esta e teste", diria. Esticou-se para alcançar a sineta.

"O senhor vai aparecer amanhã?", ela instou, ela interrompeu. "O primeiro-ministro – Sua Alteza Real..." Ela parou. "E Diana", acrescentou.

Oliver retirou a mão da sineta.

E olhou além dela, para os fundos das casas de Bond Street. Mas viu, não as casas de Bond Street, e sim um rio ondulado; com trutas e salmões que se erguiam; e o primeiro-ministro; e ele também; de colete branco; e então Diana. Baixou os olhos para a pérola em sua mão. Mas como poderia testá-la, à luz do rio, à luz dos olhos de Diana? Já a duquesa não desgrudava os olhos dele.

"Vinte mil", gemeu. "Palavra de honra!"

A honra da mãe de Diana! Ele puxou para si seu talão de cheques; e tirou do bolso a caneta.

"Vinte", escreveu. Depois parou de escrever. Os olhos da senhora idosa do quadro – da velha, sua mãe – o fitavam.

"Oliver!", ela o advertiu. "Tenha juízo! Não seja bobo!"

"Oliver!", suplicou a duquesa – agora era "Oliver", e não "*mr.* Bacon". "Você passará todo o fim de semana?"

Sozinho nos bosques com Diana! Galopando a sós pelos bosques com Diana!

"Mil", escreveu e assinou.

"Aqui está", disse.

E eis que se abriram todos os gomos do guarda-sol, todas as plumas do pavão, a radiância da onda, as espadas e lanças de Agincourt, quando ela se levantou da poltrona. E os dois velhos e os dois moços,

Spencer e Marshall, Wicks e Hammond, achataram-se por trás do balcão a invejá-lo quando ele a conduziu até a porta da loja. Ele, abanando-lhes na cara sua luva amarela, e ela com sua honra – um cheque de vinte mil libras assinado por ele – firme nas mãos.

"Serão falsas ou verdadeiras?", perguntava-se Oliver, fechando a porta da sala privativa. Lá estavam elas, dez pérolas sobre o papel mata-borrão da mesa. Levou-as até a janela para as manter sob sua lente na luz... Aquilo então era a trufa que ele tinha retirado da terra! Podre no centro – podre no cerne!

"Perdão, minha mãe!", suspirou, erguendo as mãos, como que contritas, para a velhota do quadro. E voltou a ser o garotinho da ruela onde aos domingos se vendiam cachorros.

"Pois", murmurou ele, pondo as palmas das mãos bem juntas, "vai ser um fim de semana inteiro".

A caçada

Ela entrou na cabine, pôs sua valise no bagageiro e, por cima, o par de faisões. Depois sentou-se no canto. O trem ia aos solavancos pelos condados centrais e a neblina, que entrou também quando ela abriu a porta, parecia aumentar o tamanho do vagão e pôr os quatro passageiros à parte. Obviamente M.M. – eram essas as iniciais na valise – tinha estado numa caçada durante o fim de semana, óbvio que sim, pois ainda agora, reclinada em seu canto, rememorava a história. Não fechara os olhos. Mas claro está que não via o homem da frente, nem a fotografia colorida de York Minster. Já o que eles diziam, deve ter ouvido. Porque seus lábios se mexiam, enquanto ela olhava; e de vez em quando ela sorria. E ela era bonita; uma rosa dobrada; uma avermelhada maçã; morena; mas com uma cicatriz no queixo – cicatriz que aumentava quando ela ria. Como rememorava a história, era provável que houvesse estado lá a convite, e no entanto, vestida tal qual se achava, fora de moda como as mulheres vestidas, anos atrás, nas páginas de moda dos jornais esportivos, não parecia ser exatamente uma hóspede, nem sequer uma empregada. Se levasse uma cesta, seria a mulher que cria *fox terriers*; a dona do gato siamês; alguém ligado a cães de caça e cavalos. Ela porém só tinha uma valise e os faisões. De alguma forma portanto ter-se-ia introduzido na sala que ela agora estava vendo pelo vagão abafado, a careca do homem e a foto de York Minster. E devia ter ouvido o que eles diziam, porque agora, como alguém que imita um barulho alheio, ela fez um som estranho, vindo do fundo da garganta: "Ronc. Ronc". Depois sorriu.

"Ronc", disse *miss* Antonia, enganchando os óculos no nariz. Folhas úmidas caíam pelas janelas largas da galeria; uma ou outra, parda e em forma de peixe, jazia nos peitoris como madeira incrustada. Tremiam as árvores do parque, e as folhas, ondulando ao cair, pareciam tornar o tremor visível – o tremor amarelado e úmido.

"Ronc", fez de novo *miss* Antonia, e bicou na coisa delicada e branca que tinha em mãos, como uma galinha bica rápida e nervosamente num pedaço de pão.

Suspirou o vento. E ventou forte pela sala. As janelas e portas não se encaixavam bem. De vez em quando um enrugamento, como um réptil, corria embaixo do tapete. Nos adornos do tapete, amarelos e verdes, repousava o sol, mas depois o sol se moveu e apontou um dedo zombeteiro para um buraco no tapete e parou. E aí foi em frente, o dedo lânguido mas imparcial do sol, para bater no brasão em cima da lareira – e iluminar suavemente o escudo; os cachos de uvas; a sereia; e as lanças. Tornando-se a luz mais firme, *miss* Antonia ergueu os olhos. Vastas terras, diziam, seu pessoal tinha tido – seus antepassados – os Rashleighs. Além-mar. Pelas bandas do Amazonas. Flibusteiros. Aventureiros. Sacos de esmeraldas. Avançando para as ilhas. Pegando cativos. Donzelas. E ela, toda cheia de escamas do rabo até a cintura, lá estava ela. *Miss* Antonia deu um risinho forçado. O dedo do sol foi para baixo e o olho dela o seguiu. Foi pousar numa moldura de prata; numa fotografia; numa cabeça oval e meio calva; num lábio que se espichava sob o bigode; e no nome "Edward" escrito num floreado por baixo.

"O rei...", murmurou *miss* Antonia, virando no joelho a coisa tão branca e fina, "ficou no Quarto Azul", acrescentou, jogando para trás a cabeça. A luz sumiu.

Os faisões eram acuados, lá na Trilha do Rei, para ficar na mira dos fuzis. Irrompiam bruscamente das moitas, como foguetes pesados, foguetes em tons de vermelho e roxo, e, assim que subiam, as armas disparavam em ordem, rápidas e certeiras, como se uma fileira de cães tivesse repentinamente latido. Flocos de fumaça branca mantinham-se um instante grudados; depois se dissolviam lentamente, dispersavam-se, desapareciam.

Na estrada cavada a fundo, por baixo da matinha na encosta, já havia uma carroça com corpos quentes e moles, garras contorcidas e olhos ainda lustrosos. Os faisões pareciam vivos ainda, como que apenas desmaiados, sob a plumagem rica e úmida. Pareciam relaxados e a gosto, mexendo de leve, como se estivessem dormindo num amontoado macio e quente de penas ali no chão da carroça.

E então o Proprietário Rural, com seu cão fiel ao lado, seu rosto com manchas roxas e as botinas surradas, soltou um palavrão e levantou sua arma.

Miss Antonia continuava costurando. De vez em quando uma labareda espichada chegava ao redor da tora cinza atravessada de lado a lado na grelha; consumia-a com avidez, mas depois se extinguia, deixando um branco bracelete onde a casca tinha queimado. *Miss* Antonia olhou um momento para cima, de olhos arregalados, instintivamente, como um cachorro olha para o fogo. Apagando-se a labareda, voltou à sua costura.

Aí então, em total silêncio, a porta imensamente alta se abriu. Entraram dois homens magros, que puxaram para cima do buraco no tapete uma mesa. E saíram; e entraram. Pondo uma toalha na mesa. Saíram; entraram. Trouxeram garfos e facas numa cestinha de baeta verde; e copos; e também potes de açúcar; e depósitos de sal; e pão; e um vaso de prata com três crisântemos dentro; e a mesa foi posta. E *miss* Antonia costurando sempre.

De novo a porta se abriu, empurrada dessa vez bem de leve. Entrou um cachorrinho, um *spaniel*, fuçando lepidamente; e parou. A porta permanecia aberta. E aí, apoiando-se na sua bengala, pesadona, entrou a velha *miss* Rashleigh. Um xale branco, preso com um diamante, velava sua calvície. Ela ia claudicando; cruzou a sala; e jogou-se encurvada na cadeira de encosto alto ao lado da lareira. *Miss* Antonia seguia costurando.

"Caçando", ela disse enfim.

A velha *miss* Rashleigh concordou com a cabeça. "Na Trilha do Rei", disse ela. E agarrou sua bengala. As duas esperavam sentadas.

Da Trilha do Rei, os caçadores já tinham se movido a essa altura para o Bosque da Casa. E ali se mantinham, de pé na terra roxa recém-arada. De vez em quando estalava um graveto; ou vinham folhas rodopiando. Mas acima da neblina e da fumaça flutuava uma ilha azul – de um azul muito leve, um azul puro – solitária no céu. E no ar inocente, solitário como um querubim a vagar, um sino de um campanário oculto e longe alegrou-se, alteou-se e calou-se. E aí já disparavam novamente os foguetes, os faisões roxo-avermelhados. Pulando alto. E as armas faziam fogo outra vez; formavam-se rodas de fumaça; que se alargavam, se dispersavam. E os inquietos cachorrinhos corriam pelos campos fuçando lepidamente; e os corpos quentes e úmidos, ainda lânguidos, moles, como que num desmaio, eram amontoados e jogados na carroça por homens de rústicas botinas.

"Pronto!", grunhiu Milly Masters, a governanta, largando os óculos de lado. Ela também fazia seu trabalho de agulha, no quartinho escuro que dava para o pátio da cavalariça. A suéter, a suéter de lã grossa para o seu filho, o rapaz que limpava a igreja, estava terminada. "Cheguei ao fim", murmurou. E aí ouviu então a carroça. As rodas nas pedras, a avançar pelo calçamento. E se levantou. Com a mão nos cabelos, na cabeleira bem castanha, ficou de pé ali no pátio, ao vento.

"Lá vêm eles!", riu, e no seu queixo a cicatriz aumentou. Destrancou a porta da despensa de caça enquanto Wing, o guarda, conduzia a carroça pelas lajotas. As aves estavam mortas agora, com as garras bem apertadas, se bem que agarrando nada. As pálpebras coriáceas tinham se acinzentado e enrugado sobre seus olhos. *Mrs.* Masters, a governanta, e Wing, o guarda-caça, pegavam pelo pescoço as aves mortas, várias de uma só vez, e as atiravam pelo piso de ardósia da despensa de caça. Piso que ficou lambuzado, cheio de manchas de sangue. Os faisões agora pareciam menores, como se seus corpos tivessem encolhido juntos.

Wing levantou então a tampa da traseira e colocou os pinos que a fixavam. Nas laterais da carroça havia umas peninhas azuis-cinza grudadas e o fundo estava sujo – mas vazio – e com manchas de sangue.

"O último do bando!", riu Milly Masters enquanto a carroça se afastava.

"O almoço está servido, madame", disse o mordomo. E apontou para a mesa; dirigindo o lacaio. A terrina de tampa de prata foi levada exatamente para o ponto que ele havia indicado. E os dois, mordomo e lacaio, ficaram ali à espera.

Miss Antonia guardou na cesta o véu branco; pôs sua seda de lado; espetou a agulha num retalho de flanela; e, enganchando-os no peito, pendurou seus óculos. Só então se levantou.

"Almoço!", gritou ela na orelha da velha *miss* Rashleigh. Um segundo depois a velha *miss* Rashleigh esticou a perna; agarrou a bengala; e também se levantou. Lentamente avançaram para a mesa as duas damas idosas; aonde foram enfiadas pelo mordomo e o lacaio, pegando esse de um lado, aquele de outro. Retirou-se a tampa de prata. E lá estava, brilhando, o faisão depenado; com as coxas comprimidas no corpo; e uns montinhos de miolo de pão feitos nos seus pontos extremos.

Miss Antonia passou a faca de destrinchar com firmeza pelo peito do faisão. Cortou duas fatias e colocou-as num prato que o lacaio recebeu destramente, já estando a velha *miss* Rashleigh de faca em punho. Tiros ecoaram no arvoredo sob a janela.

"Chegaram?", disse a velha *miss* Rashleigh, levantando seu garfo.

Galhos vergavam e se balançavam nas árvores do parque.

Ela engoliu uma garfada de faisão. Folhas caindo pousavam no peitoril da janela; uma ou outra grudava na vidraça.

"No Bosque da Casa agora", disse *miss* Antonia. "Último tiro de Hugh." Passou a faca pelo outro lado do peito. Metodicamente acrescentou batatas, couve-de-bruxelas, caldo e molho de pão num círculo em torno das fatias de carne no seu prato. O mordomo e o lacaio acompanhavam de pé, como que servindo um banquete. As idosas senhoras comeram calmamente;

em silêncio; não se apressavam; metodicamente deram conta do bicho. Só ossos restaram nos seus pratos. O mordomo passou então a jarra d'água para *miss* Antonia, fazendo uma pausa com a cabeça inclinada.

"Dê-me isto aqui, Griffiths", disse *miss* Antonia, apanhando a carcaça, na ponta dos dedos, para jogá-la ao cachorro embaixo da mesa. E lá se foram, às mesuras, o mordomo e o lacaio.

"Chegando perto", disse *miss* Rashleigh, prestando atenção. O vento aumentava. Um escuro tremor vibrou no ar; as folhas, de tão rápidas, voavam agora sem grudar. As vidraças rangiam nas janelas.

"Aves selvagens", *miss* Antonia concordou com a cabeça, olhando para tanta mixórdia.

A velha *miss* Rashleigh encheu seu copo. Os olhos de ambas, a cada sorvo, tornavam-se lustrosos como pedras semipreciosas na luz. Eram de um azul de ardósia os de *miss* Rashleigh; e os de *miss* Antonia, vermelhos como vinho do Porto. Seus babados e rendas pareciam palpitar, como se seus corpos estivessem quentes e lânguidos sob suas penas, enquanto as duas bebiam.

"Foi num dia como este, lembra?", disse a velha *miss* Rashleigh, passando os dedos pelo copo. "Trouxeram-no para casa... uma bala atravessou o coração dele. Dizem que foi um espinheiro. Tropeçou. Agarrou o pé..." Enquanto tomava o vinho ela fazia uns muxoxos.

"E John...", disse *miss* Antonia. "Dizem que a égua enfiou o pé num buraco. Morreu no campo. A caçada passou por cima dele. Também foi trazido para casa em padiola..." E elas tomaram novos goles.

"Lembra de Lily?", disse a velha *miss* Rashleigh. "Não era lá grande coisa." E balançou a cabeça. "Cismou de andar a cavalo com uma borla vermelha na bengala..."

"Não valia nada por dentro!", exclamou *miss* Antonia. "Lembra da carta do Coronel? 'Parecia que seu filho, indo a cavalo, estava com o demônio no corpo – atirou na cabeça de seus homens'... Ah, ah – então um demônio branco!" Ela bebeu mais um gole.

"Os homens da nossa casa...", começou *miss* Rashleigh. Ela ergueu seu copo. Ergueu-o tão alto que parecia brindar à sereia moldada em gesso sobre a lareira. E fez uma pausa. As armas estavam disparando. Alguma coisa estalou no madeiramento. Ou seria um rato que passou por trás do emboço?

"Sempre mulheres...", concordou com a cabeça *miss* Antonia. "Os homens da nossa casa. Lembra do branco e rosa de Lucy – no Moinho?"

"E a filha de Ellen na hospedaria", acrescentou *miss* Rashleigh.

"E a garota da alfaiataria", murmurou *miss* Antonia, "onde Hugh comprou sua roupa de montar, a lojinha escura à direita...".

"... que costumava alagar no inverno. É o filho *dele*", *miss* Antonia deu um risinho, aproximando-se mais de sua irmã, "que limpa a igreja".

Fez-se um grande barulho. Uma telha de ardósia caiu pela chaminé adentro. A tora partiu-se em duas. Cacos de emboço caíram do escudo por cima da lareira.

"Tudo caindo", riu também a velha *miss* Rashleigh, "caindo".

"E quem", disse *miss* Antonia, olhando para os cacos no tapete, "quem é que vai pagar por isto?".

Sempre rindo, indiferentes e imprudentes, as duas cacarejavam como velhas crianças; passaram para o lado da lareira e entre as cinzas e os cacos ficaram lá bebericando xerez até que restasse apenas, no fundo de cada copo, uma gota arroxeada de vinho. Dessa, pelo que parecia, não queriam se apartar as velhotas; pois agarravam-se a seus copos, sentadas lado a lado ante as cinzas; sem nunca os levar à boca.

"Milly Masters no quarto sossegado", começou a velha *miss* Rashleigh. "Ela é do nosso irmão..."

Um tiro, que estrondou embaixo da janela, cortou a corda que prendia a chuva. E a chuva caiu, caiu, caiu, caiu em varinhas retas para açoitar as janelas. A luz sumiu do tapete. Sumiu também dos olhos delas, que estavam à escuta, sentadas diante da cinza branca. Tornaram-se seus olhos como seixos retirados da água; pedras foscas, cinzentas, secas. E suas mãos se entrelaçaram como as garras de aves mortas agarrando nada. E elas tremiam tanto que seus corpos pareciam ter encolhido nas roupas. *Miss* Antonia então ergueu seu copo à sereia. Era o último brinde, a última gota; e ela bebeu. "Chegaram!", resmungou, e com estardalhaço baixou o copo. Uma porta bateu. Depois outra. E depois outra. Passos que vinham do corredor para a galeria puderam ser ouvidos em desordenado atropelo.

"Vêm vindo! Vêm vindo!", riu *miss* Rashleigh, pondo à mostra seus três dentes amarelos.

De súbito abriu-se a porta imensamente alta. Três grandes cães de caça precipitaram-se ofegantes por ela. Depois entrou em pessoa, muito à vontade, o Proprietário Rural de botinas surradas. Rodearam-no os cães, pressionando-o, enfiando-lhe a cabeça, farejando em seus bolsos. Depois pularam para a frente. Sentiram de onde vinha o cheiro de carne. Tal qual floresta batida pelo vento, o piso da galeria ondulou com os rabos e traseiros erguidos dos grandes cães farejadores. Cheiraram a mesa. Meteram patas na toalha. E então, numa choradeira feroz e estridulante, lançaram-se sobre o cachorrinho amarelo, o *spaniel* que debaixo da mesa ia roendo a carcaça.

"Malditos sejam, malditos!", berrou o Proprietário. Mas sua voz saía fraca, como que em luta contra um vento. "Que praga, que calamidade!", gritava ele, imprecando agora contra suas irmãs.

Miss Antonia e *miss* Rashleigh se levantaram. Os cachorrões tinham pegado o *spaniel*. Atazanavam-no agora, mordendo-o com seus dentões amarelos. O Proprietário, com um rebenque de couro trançado, maldizendo os cães, maldizendo suas irmãs, dava chibatadas a esmo. Acabou acertando e derrubando de um golpe o vaso de crisântemos. Outra chibatada pegou em cheio no rosto de *miss* Rashleigh. A velha senhora tombou para trás e caiu de encontro à lareira. Sua bengala, errando às cegas, bateu no escudo que ficava por cima. A velha caiu com um baque surdo nas cinzas. O brasão dos Rashleighs desabou da parede. Sob a sereia, sob as lanças, lá ficou ela enterrada.

O vento fustigava as vidraças; houve uma rajada de tiros e caiu uma árvore no parque. Aí o rei Edward, na moldura de prata, deslizou, tombou para a frente e caiu também.

A neblina cinzenta se adensou no vagão. Agora caía ali como um véu; parecia colocar a uma grande distância os quatro passageiros nos cantos, embora na realidade eles estivessem tão próximos uns dos outros quanto poderiam estar num vagão de terceira classe. O efeito era estranho. A mulher bonita, embora já não tão nova, e bem-vestida, malgrado a roupa meio gasta, que pegou o trem nalguma estação da região central, parecia ter perdido a forma. Todo o seu corpo se tornara neblina. Só seus olhos brilhavam, como se, modificados, vivessem só por si mesmos; olhos sem corpo; olhos cinza-azulados vendo alguma coisa invisível. Movendo-se no ar nublado e irradiando seu brilho, de modo a serem na atmosfera sepulcral – havia névoa nas janelas e, nas lâmpadas, halos de bruma – como luzes dançantes, como os fogos-fátuos que se movem sobre as campas dos dormintes inquietos, segundo dizem, nos cemitérios. Uma ideia absurda? Mera fantasia. Entretanto, já que nada há que não deixe algum resíduo, e como a memória afinal é uma luz que dança na mente quando a realidade é sepulta, por que não haveriam então de ser os olhos, que ali brilhavam tanto ao mover-se, o fantasma de uma família, de uma era, de uma civilização que dança sobre o túmulo?

O trem diminuiu de velocidade. Uma após outra surgiram lâmpadas; cujas cabeças amarelas se mantinham eretas por um segundo; e a seguir eram cortadas. Quando o trem deslizou pela estação adentro, já de novo elas se postavam em pé. Luzes rutilantes se aglomeravam. E aqueles olhos lá no canto? Estavam fechados; tinham baixado as pálpebras. Não viam nada. Talvez a luz fosse muito forte. E na claridade extrema das luzes da estação ficava claro também – que ela era uma mulher bem comum, já um pouco entrada em anos, que viajava a Londres por algum probleminha bem comum de negócio – alguma coisa relacionada a um gato ou a um cachorro ou um cavalo. Ela se levantou, apanhou sua valise, retirou os faisões do bagageiro. Terá contudo, quando abriu a porta do vagão e desceu, murmurado "Ronc. Ronc" ao passar?

Lappin e Lapinova

Eles se casaram. Chegou ao fim a marcha nupcial. Os pombos bateram asas. Garotinhos com casacos de Eton jogaram arroz; no meio do caminho saracoteou um *fox terrier*; e Ernest Thorburn conduziu sua noiva ao carro por entre o pequeno e inquisitivo aglomerado de completos estranhos que sempre se forma em Londres para desfrutar da felicidade ou infelicidade dos outros. Por certo ele tinha boa aparência e ela aparentava ser tímida. Mais arroz foi jogado e o carro partiu.

Isso foi na terça-feira. Hoje era sábado. Rosalind tinha de acostumar-se ainda ao fato de agora ser *mrs.* Ernest Thorburn. Talvez nunca se acostumasse ao fato de ser senhora Ernest Fosse-o-que-fosse, pensava ela, sentada na janela arcada do hotel que dava para o lago e as montanhas, esperando seu marido descer para o café. Era difícil se acostumar a um nome como Ernest. Não, não era o nome de sua preferência. Se pudesse, teria escolhido Timothy, Antony ou Peter. Além do mais ele não tinha cara de Ernest. Tal nome sugeria o Albert Memorial, móveis de mogno, gravuras em metal do príncipe consorte e família – em suma, a sala de jantar da sogra dela em Porchester Terrace.

Mas aí vem ele. Graças a Deus ele não tinha cara de Ernest – não. Mas então cara de quê teria? Com olhares de soslaio, ela pôde observá-lo. Bem, assim, comendo torrada, parecia um coelho. Não que outra pessoa fosse ver semelhança com uma criatura tão diminuta e tímida naquele rapagão musculoso e guapo, de nariz reto, olhos azuis e boca bem talhada. Mas por isso é que era mais divertido ainda. Quando comia, o nariz dele tremia um pouco. Tal e qual o coelho de estimação que Roselind tinha. Observou-o com tão grande insistência, o nariz que tremia, que acabou tendo de explicar, quando ele a surpreendeu olhando-o, por que sorria.

"É porque você parece um coelho, Ernest", disse ela. "Um coelho selvagem", acrescentou, olhando para ele. "Um coelho caçador; o rei dos coelhos; um coelho que faz leis para todos os demais."

Ernest não ligou de ser tomado por um coelho dessa espécie e, como ela se divertia tanto vendo o nariz dele tremer – sem que ele soubesse até então que seu nariz tremia –, ele o fez tremer de propósito. E ela riu a mais não poder; e ele riu também, de modo que as moças solteiras e o pescador e o garçom suíço de jaleco preto ensebado, todos adivinharam certo; eles eram muito felizes. Mas quanto tempo dura essa felicidade? perguntavam-se eles próprios; e cada qual respondia de acordo com suas próprias circunstâncias.

Na hora do almoço, sentada numa moita de urze à beira do lago, "Quer alface, coelho?", disse Rosalind, exibindo a verdura que havia sido levada para comer com os ovos cozidos. "Vem pegar na minha mão, vem", acrescentou, e ele se esticou todo, deu dentadinhas na alface e fez seu nariz tremer.

"Coelho bonzinho, coelho bonito", dizia ela, alisando-o como costumava alisar seu bicho domesticado em casa. Mas era um absurdo. Ele, fosse lá o que fosse, não era um coelho domesticado. Ela então tentou chamá-lo em francês: "Lapin". Mas ele, fosse lá o que fosse, também não era um coelho francês. Era pura e simplesmente inglês – nascido em Porchester Terrace, educado em Rugby; atualmente funcionário do serviço público de Sua Majestade. Assim, a seguir, ela tentou "Coelhinho"; mas foi ainda pior. "Coelhinho" era alguém gordinho e fofo e gozado; ele era magro e duro e sério. Apesar disso, seu nariz tremia. "Lappin", exclamou ela de repente; e deu um gritinho como se tivesse encontrado a palavra exata que vinha procurando.

"Lappin, Lappin, rei Lappin", repetia. Parecia encaixar-se nele à perfeição; ele não era Ernest, era o rei Lappin. Por quê? Ela não sabia.

Quando não havia nada de novo sobre o que conversar, em seus longos passeios solitários – e chovia, como todos lhes tinham dito que ia chover; ou quando eles sentavam de noitinha à lareira, pois fazia frio, tendo as moças solteiras e o pescador se retirado e só vindo o garçom se se tocasse o sino, ela deixava sua imaginação brincar com a história da tribo de Lappin. Em suas mãos – ela estava costurando; ele estava lendo – seus integrantes se tornavam muito reais, muito vívidos, muito engraçados. Ernest largou seu jornal para ajudá-la. Havia coelhos pretos e coelhos vermelhos; havia amigos e inimigos. Havia a mata na qual eles viviam e as campinas em volta e o charco. Acima de tudo havia o rei Lappin, que, longe de apenas ter um tique – o de tremer o nariz –, tornou-se com a passagem do tempo um animal de grande reputação; Rosalind sempre encontrava novas qualidades nele. Mas acima de tudo era um grande caçador.

"E o que foi", perguntou Rosalind, no último dia da lua-de-mel, "que o rei fez hoje?".

Na realidade eles dois, o dia todo, tinham subido morros; e ela ficara com uma bolha no calcanhar; mas não era isso que tinha em mente.

"Hoje", disse Ernest, fazendo o nariz tremer enquanto abria nos dentes a ponta de seu charuto, "ele caçou uma lebre". Fez uma pausa; riscou um fósforo e seu nariz tremeu de novo.

"Uma lebre mulher", acrescentou.

"Uma lebre branca!", exclamou Rosalind, como se já contasse com isso. "Uma lebre um tanto pequena; cinza-prateada; de olhos grandes e brilhantes?"

"Sim", disse Ernest, olhando para ela como ela o olhava, "um bichinho assim; de olhos saltando para fora das órbitas e com as duas patinhas dianteiras balançando no ar". Era exatamente assim que ela sentava, com sua peça de costura balançando nas mãos; e seus olhos, tão grandes e brilhantes, eram por certo algo proeminentes.

"Ah, Lapinova", murmurou Rosalind.

"É assim que ela se chama?", disse Ernest, "a Rosalind real?". Sentindo-se profundamente apaixonado, não parava de olhar para ela.

"Sim; é assim que ela se chama", disse Rosalind. "Lapinova." E antes de irem para a cama, nessa noite, ficou tudo resolvido. Ele era o rei Lappin; ela, a rainha Lapinova. Eram o completo contrário um do outro; ele, decidido e audacioso; ela, desconfiada e insegura. Ele governava o atarefado mundo dos coelhos; já o mundo dela era um lugar desolado, misterioso, que ela percorria pincipalmente ao luar. De todo modo, seus territórios se tocavam; eram rei e rainha.

Ao voltarem de sua lua-de-mel, eles assim já possuíam um mundo particular, habitado apenas, com a exceção da lebre branca, por coelhos. Ninguém adivinhava a existência desse lugar, o que decerto tornava a coisa ainda mais divertida. Era algo que os fazia sentir-se, mais ainda do que a maioria dos jovens casais, em aliança contra o restante do mundo. Não raro trocavam irônicos olhares quando as pessoas falavam de coelhos e matas e armadilhas e caça. Trocavam-se piscadelas furtivas pela mesa quando tia Mary dizia que era incapaz de aguentar ver uma lebre num prato – parecia tanto um bebê: ou quando John, o irmão brincalhão de Ernest, disse-lhes a que preços os coelhos chegavam, nesse outono, com pele e tudo, em Wiltshire. Os dois, às vezes, se necessitassem de um guarda-caça, de um caçador ilegal ou de um Senhor do Solar, divertiam-se distribuindo os papéis entre seus amigos. A mãe de Ernest, *mrs.* Reginald Thorburn, por exemplo, encaixava-se à perfeição no papel de Proprietária Rural. Mas tudo isso era segredo – e isso é que era bom. Ninguém a não ser eles sabia que esse mundo existia.

Sem esse mundo, como, perguntava-se Rosalind, teria ela sobrevivido àquele inverno? Houve, por exemplo, a festa de bodas de ouro, quando todos os Thorburns se reuniram em Porchester Terrace para celebrar o quinquagésimo aniversário daquela união tão abençoada – não havia ela gerado Ernest Thorburn? e tão fecunda – não gerou de quebra nove irmãos e irmãs, muitos deles casados e igualmente fecundos? Ela temia aquela festa. No entanto foi inevitável. Já quando ia escada acima possuiu-a o amargo sentimento de ser filha única e além do mais órfã; uma simples gota entre todos aqueles Thorburns reunidos na grande sala de visitas onde brilhavam o papel de parede acetinado e os ilustres retratos da família. Os Thorburns vivos pareciam-se muito com os retratados; só que, em vez de lábios pintados, tinham lábios reais; dos quais saíam casos gozados; casos sobre as horas de estudo, sobre como tinham puxado a cadeira para a governanta cair; casos sobre sapos, sobre alguém ter posto um sapo entre os virgens lençóis de moças solteiras. Quanto a ela, nunca sequer arrumou a cama direito. Segurando seu presente na mão, avançou para sua sogra, suntuosa num cetim amarelo; e para seu sogro, decorado com um rico cravo amarelo. Ao seu redor espalhavam-se tributos de ouro sobre mesas e cadeiras; uns aninhando-se em lã de algodão; outros esgalhando-se resplandecentes – candelabros; caixas de charutos; correntes; todos com a declaração do ourives gravada de que era ouro do bom, certificado, autêntico. Mas o presente dela era apenas uma caixinha de pechisbeque com um crivo; um antigo espalhador de areia, uma relíquia do século XVIII, usado para aspergir areia sobre tinta molhada. Um presente, pensava ela, meio sem sentido – numa época de papel mata-borrão; e, ao oferecê-lo, viu pela frente a letra negra e grossa na qual sua sogra tinha expressado a esperança, quando eles se comprometeram, de que "Meu filho a fará feliz". Não, feliz ela não era. Nem um pouco. Olhou para Ernest, reto que nem uma vareta, com um nariz igual a todos os narizes dos retratos da família; um nariz que não tremia nunca.

Depois desceram para o jantar. Ela ficou meio escondida pelos crisântemos cujas pétalas vermelhas e amarelas se apertavam caindo em grandes cachos. Era tudo de ouro. Um cartão debruado a ouro com iniciais entrelaçadas em ouro declinava a lista das delícias que, uma após outra, seriam postas diante deles. Num prato de claro fluido de ouro ela mergulhou a colher. E até a bruma branca e em bruto de fora foi transformada por lâmpadas num emaranhado dourado que se refletia nas beiradas dos pratos e dava aos abacaxis uma casca áspera e áurea. Somente ela, em seu vestido branco de casamento, olhando em frente com seus olhos proeminentes, parecia insolúvel como um pingente de gelo.

Ao prolongar-se o jantar, contudo, o calor se propagou pela sala. Formavam-se gotas de suor na testa dos homens. Seu pingente, ela sentiu, estava virando água. Ela estava derretendo; dispersava-se; dissolvia-se em nada; e ia desmaiar dentro em pouco. Então, por entre a compressão na cabeça e a algazarra em seus ouvidos, ela ouviu a voz de uma mulher que exclamava: "Mas é assim que eles procriam!".

Os Thorburns – sim; é assim que eles procriam, repetiu ela; olhando para todos os rostos redondos e vermelhos que, na vertigem que a dominava, pareciam duplicar-se; e magnificar-se na neblina dourada que os aureolava. "É assim que eles procriam." A essa altura John berrava:

"São uma praga!... É bala neles! É esmagá-los no tacão da bota! É a única maneira de enfrentar esses bichos... os coelhos!".

A essa palavra, a essa palavra mágica, ela reviveu. Espiando por entre os crisântemos, viu o nariz de Ernest tremer, enrugar-se um pouco e voltar a tremer sucessivas vezes. Nisso uma misteriosa catástrofe se abateu sobre os Thorburns. A mesa dourada tornou-se uma charneca com o tojo em plena floração; a algaravia das vozes reduziu-se a um ressoar de riso de cotovia pelo céu. Era um céu azul – nuvens passavam lentamente. E eles, os Thorburns – todos eles mudaram. Ela olhou para o sogro, homenzinho furtivo de bigode pintado. Seu fraco era colecionar coisas – selos, caixinhas esmaltadas, bugigangas de toucador do século XVIII que ele escondia da esposa nas gavetas do seu gabinete. Nesse instante ela o viu como ele era – um caçador ilegal, que se esgueirava, com os faisões e perdizes que furtou a lhe estufar o capote, para às escondidas jogá-los num caldeirão de três pernas em seu enfumaçado casebre. Era este o seu sogro verdadeiro – um caçador em terra alheia. E Celia, a filha solteira, que vivia se intrometendo nos segredinhos dos outros, nas coisas que queriam manter ocultas – ela era um furão branco de olhos avermelhados, com restos de terra no focinho provindos de seu horrível fuçar e bisbilhotar subterrâneo. Apoiada em ombros de homens, numa rede, e enfiada por um buraco abaixo – era uma vida lamentável – a de Celia; não por culpa dela. Foi assim que ela viu Celia. Depois olhou para sua sogra – que eles chamavam de Proprietária Rural. Corada, grosseira, arrogante – sim, tudo isso ela era, ali em pé retribuindo agradecimentos, mas agora que Rosalind – isto é, Lapinova – a via, via por trás dela a mansão familiar decadente, o emboço descascando nas paredes, e a ouvia dar graças, com um soluço na voz, a seus filhos (que a detestavam) por um mundo que já havia deixado de existir. Houve um súbito silêncio. Todos se postaram com seus copos erguidos; todos beberam; depois tudo se acabou.

"Oh, rei Lappin!", gritou ela, quando já iam para casa, juntos, no nevoeiro, "se o seu nariz não tivesse tremido bem naquele momento, eu cairia na armadilha!"

"Mas você está salva!", disse o rei Lappin, apertando-lhe a patinha.

"Totalmente", respondeu ela.

E assim de novo eles atravessaram o parque, rei e rainha dos brejais, da neblina e da charneca perfumada de tojo.

E assim se passou o tempo; um ano; dois anos. E numa noite de inverno, que por coincidência caiu no aniversário da festa de bodas de ouro – mas *mrs.* Reginald Thorburn estava morta; a casa, para alugar; e havia apenas um zelador morando lá –, Ernest, vindo do escritório, chegou em casa. Era uma casinha agradável, a deles; a metade de uma casa por cima da loja de um seleiro em South Kensington, não muito longe da estação do metrô. Fazia frio, com neblina no ar, e Rosalind estava sentada à lareira, costurando.

"Sabe o que aconteceu comigo hoje?", começou ela, tão logo ele se instalou ao calor esticando as pernas. "Eu estava atravessando o riacho, quando..."

"Que riacho?", interrompeu Ernest.

"O riacho do fundo, onde nossa mata se encontra com a mata negra", explicou ela.

Ernest parecia ter ficado perplexo.

"De que diabo você está falando?", perguntou.

"Ernest, meu querido!", ela gritou consternada. "Rei Lappin", acrescentou, balançando à luz do fogo suas patinhas dianteiras. Mas o nariz dele não tremeu. E as mãos dela – voltando a ser mãos – agarraram-se ao pano que ela segurava; seus olhos quase saltaram da cabeça. Ele levou ao menos cinco minutos para mudar, para passar de Ernest Thorburn a rei Lappin; e ela, enquanto esperava, sentia um peso na nuca, como se houvesse alguém a ponto de lhe torcer o pescoço. Finalmente ele virou o rei Lappin; seu nariz tremeu; e eles passaram a noite, como de hábito, pervagando pelas matas.

Ela porém não dormiu bem. Acordou no meio da noite, sentindo que alguma coisa estranha lhe tinha acontecido. Estava enrijecida e fria. Acabou acendendo a luz e, quando olhou para Ernest a seu lado, ele dormia a sono solto, roncando. Mas, muito embora roncasse, seu nariz se mantinha completamente imóvel. Dava aliás a impressão de nunca ter se mexido. Seria possível que aquele fosse realmente o Ernest; e que ela realmente fosse casada com um Ernest? Surgiu-lhe pela frente uma visão da sala de jantar de sua sogra; e lá sentavam-se eles, ela e Ernest, envelhecidos, por baixo das gravuras, diante do aparador... Era o dia de suas bodas de ouro. E ela não conseguia aguentar.

"Rei Lappin, rei Lappin!", sussurrou, e por um momento o nariz dele pareceu tremer por moto próprio. Mas ele mesmo continuava dormindo. "Acorde, Lappin, acorde!", gritou ela.

Ernest acordou; e, ao vê-la sentada assim, tão tensa e reta a seu lado, perguntou:

"Que foi que houve?".

"Pensei que meu coelho tinha morrido!", choramingou ela. Ernest se aborreceu.

"Não diga uma bobagem dessas, Rosalind", disse ele. "Deite-se e volte a dormir."

E virou de costas. Mais um momento e já estava dormindo fundo e roncando.

Ela porém não conseguia dormir. Enroscava-se em seu lado da cama como uma lebre em sua forma. Tinha apagado a luz, mas a lâmpada da rua clareava ligeiramente o teto, sobre o qual as árvores de fora compunham uma trama rendada, como se houvesse nele um arvoredo sombrio pelo qual ela vagava, entrando e saindo, dando voltas e mais voltas, desorientando-se, caçando e sendo caçada, ouvindo as trombetas e os latidos dos cães; fugindo, escapando... até a empregada abrir as cortinas e lhes trazer o chá da manhã.

No dia seguinte ela não foi capaz de fixar-se em nada. Parecia ter perdido uma coisa. Sentia-se como se seu corpo tivesse encolhido; como se, além de menor, ele estivesse duro e preto. Suas juntas também se mostravam rígidas e, ao olhar-se no espelho, o que ela fez várias vezes ao andar pelo apartamento, seus olhos davam a impressão de estar saindo do rosto, como passas que saltam da superfície de um bolo. Também os cômodos pareciam ter encolhido. Grandes peças do mobiliário assumiam relevo em ângulos inesperados, e ela deu consigo a bater de encontro aos móveis. Afinal pôs um chapéu na cabeça e saiu. Foi caminhando ao longo de Cromwell Road; e cada sala por que passava, e na qual dava uma espiada, parecia ser uma sala de jantar onde as pessoas sentavam-se comendo sob gravuras em metal, com cortinas rendadas, amarelas e grossas, e aparadores de mogno. Finalmente chegou ao Museu de História Natural; gostava dali, quando criança. Mas a primeira coisa que ela viu, assim que entrou, foi uma lebre empalhada, de pé sobre neve falsa e com olhos de vidro cor-de-rosa. Um tremor a percorreu de alto a baixo. Ao cair o crepúsculo talvez melhorasse. Ela foi para casa e sentou se à lareira, sem acender a luz, e tentou imaginar que estava sozinha num matagal; que um riacho corria por ali; e que além do riacho havia a mata escura. Ela porém só ia até o riacho. Finalmente acocorou-se no capim molhado da margem, e se agachou na cadeira na qual estava sentada, com as mãos vazias balançando e os olhos, como se fossem mesmo de vidro, vidrados na luz do fogo. Fez-se então o barulho de uma arma engatilhada... Como se houvesse levado um tiro, ela tremeu. Era apenas Ernest, virando sua chave na porta. Ela esperou, tremendo ainda. Ele entrou e acendeu a luz. Lá estava de pé, alto, bonito, esfregando as mãos vermelhas de frio.

"Sentada no escuro?", disse.

"Oh, Ernest, Ernest!", exclamou ela, levantando-se de sua cadeira.

"Bem, o que foi dessa vez?", perguntou ele com aspereza, esquentando as mãos no fogo.

"É Lapinova...", balbuciou ela, fitando-o tumultuosamente com seus grandes olhos sobressaltados. "Ela se foi, Ernest. Eu a perdi!"

Ernest franziu as sobrancelhas. E apertou bem os lábios. "Oh, então foi isso?", disse ele, sorrindo de um modo algo implacável para sua esposa. Ficou ali, em pé, calado, por dez segundos; e ela esperou, sentindo mãos a apertarem seu pescoço por trás.

"Pois é", disse ele enfim. "Pobre Lapinova..." No espelho em cima da lareira ele endireitou a gravata.

"Caiu numa armadilha", disse ele, "morreu", e sentou-se para ler seu jornal.

E esse foi o fim daquele casamento.

O holofote

A mansão do conde do século XVIII foi transformada no século XX num clube. E era agradável, depois de jantar no salão com pilares e candelabros sob uma luz ofuscante, sair para a sacada que dava para o parque. As árvores estavam cobertas de folhas e, se houvesse lua, poder-se-ia enxergar os cocares das castanheiras, tingidos de creme e cor-de-rosa. Contudo era uma noite sem lua; muito quente, depois de um belo dia de verão.

Os convidados de *mr.* e *mrs.* Ivimey tinham ido fumar e tomar café na sacada. Como que para poupá-los à obrigação de conversar, para distraí-los sem nenhum esforço da parte deles, feixes de luz giravam pelo céu. Era tempo de paz; mas a força aérea fazia seus exercícios; procurando no céu um avião inimigo. Depois de se deter num ponto suspeito para esquadrinhá-lo, a luz voltava a rodar, como as pás de um moinho, ou então como as antenas de algum prodigioso inseto, e revelava aqui uma cadavérica fachada de pedra; acolá uma castanheira coroada de flores; de repente a luz bateu na sacada e, por um segundo, um disco brilhou intensamente – talvez um pequeno espelho na bolsinha de mão de uma senhora.

"Olhem", exclamou *mrs.* Ivimey.

A luz passou. Eles ficaram novamente no escuro.

"Ninguém adivinha o que *isso* me fez ver!" Naturalmente, eles adivinharam.

"Não, não, não", protestou ela. Ninguém podia adivinhar; só ela sabia; só ela era capaz de saber, porque ela era a bisneta do próprio homem. Foi ele quem lhe contou a história. Que história? Bem, se eles quisessem, ela tentaria contá-la. Ainda havia tempo antes da peça.

"Mas por onde eu começo?", ponderou.[1] "Pelo ano de 1820?... Deve ter sido por aí a época da infância do meu bisavô. Eu mesma já não sou mais tão jovem", não, mas mantinha-se bonita e bem-conservada, "e ele já era muito idoso em meus tempos de menina – quando me contou a história. Um velho, sim, e muito bonito", explicou ela, "de basta cabeleira branca e olhos azuis. Deve ter sido um garoto lindo. Mas estranho... O que era apenas natural – vendo-se como eles viviam. O nome era Comber. Tinham decaído de nível. Depois de serem fazendeiros; de terem tido terras no Yorkshire. Mas, quando ele era garoto, só restava a torre. A casa era o mesmo que nada, uma simples casinhola de fazenda no meio dos campos. Demos uma passada por lá há uns dez anos.[2] Tivemos de deixar o carro e atravessar os campos a pé. Não há estrada até a casa, que fica isolada, com capim crescendo pelo portão acima... havia umas galinhas ciscando, que entravam e saíam dos cômodos. Tudo na mais completa ruína. Lembro que da torre caiu subitamente uma pedra". E ela fez uma pausa. "Era lá que eles viviam", prosseguiu, "o velho, a mulher e o menino. Ela não era mulher dele, nem a mãe do menino. Era uma simples ajudante da fazenda, uma garota que o velho levou para viver com ele quando sua esposa morreu. Outra razão talvez por que ninguém os visitava – por que a casa toda estava que era pura ruína. Lembro porém de um brasão por cima da porta; e de livros, livros velhos, mofados. Foi nos livros, sozinho, que ele aprendeu tudo que sabia. Lia muito, lia sem parar, ele me disse, livros antigos, livros de cujas páginas se desdobravam mapas. Arrastou-os para o alto da torre – a corda ainda está por lá, como os degraus quebrados. Ainda há uma cadeira à janela, sem fundo; a janela aberta despencando, as vidraças quebradas e uma vista quilométrica pelos matagais afora".

Ela se interrompeu, como se estivesse na torre olhando pela janela que despencava aberta.

"Mas não conseguimos", disse, "encontrar o telescópio". Na sala de jantar por trás deles o barulho de pratos se tornou mais forte. Mas mrs. Ivimey na sacada parecia intrigada, porque não conseguia achar o telescópio.

"Por que um telescópio?", perguntou-lhe alguém.

"Por quê? Porque, se não tivesse havido um telescópio", ela riu, "eu não estaria sentada aqui agora!".

E certamente ela estava sentada ali agora, uma bem-conservada mulher de meia-idade com alguma coisa azul nos ombros.

"Deve ter sido lá", retomou, "porque ele me disse que todas as noites, quando os mais velhos iam para a cama, ele se sentava à janela, olhando pelo telescópio as estrelas. Júpiter, Aldebarã, Cassiopeia". E ela estendeu a mão para as estrelas que estavam começando a despontar sobre as árvores. Ficava escuro. E o holofote parecia mais brilhante ao varrer o céu, parando aqui e ali para também se fixar nas estrelas.

"Lá estavam elas", prosseguiu, "as estrelas. E ele, o meu bisavô, o garoto – se perguntou: 'O que elas são? E por que são? E quem sou eu?' como nos perguntamos, estando a sós, sem ninguém com quem conversar, quando olha para as estrelas".

Ela se calou. E todos olharam para as estrelas que surgiam na escuridão por cima das árvores. Estrelas que pareciam bem permanentes, bem imutáveis. Os barulhos de Londres abafaram-se ao longe. Cem anos não pareciam ser nada. Eles sentiram a presença do garoto olhando para as estrelas com eles. Sentiram-se na torre a seu lado, à procura de estrelas por sobre os matagais.

Uma voz então disse por trás deles:

"Certo, sim. Sexta-feira".

Todos se viraram, se mexeram, sentindo-se cair de regresso na sacada.

"'Certo, sim – sexta-feira...'[3] Ah, mas não havia ninguém para dizer isso a ele", murmurou ela. O casal se levantou para andar.

"*Ele* estava sozinho", retomou ela. "Era um belo dia de verão. Um dia de junho. Um desses dias perfeitos de verão, quando tudo parece manter-se imóvel no calor. Mas havia galinhas ciscando pelo terreiro; o velho cavalo esperneando no estábulo; o homem velho cochilando sobre seus óculos. A mulher areando baldes no tanque. Talvez tenha caído uma pedra da torre. Parecia que o dia não acabaria nunca. E ele não tinha com quem conversar – nada em absoluto para fazer. Subiu pois para sua Torre. O mundo todo estendeu-se à sua frente. Os matagais subindo e baixando; o céu se encontrando com os matagais; verde e azul, verde e azul, para sempre e sempre."

À meia-luz, podiam ver que *mrs.* Ivimey já se debruçava à sacada, com o queixo apoiado em suas mãos, como se do topo de uma torre ela olhasse os matagais por cima.

"Nada, só mato e céu, mato e céu para sempre e sempre", murmurou ela.

Depois fez um movimento, como se endireitasse um objeto no lugar.

"E com o que é que a terra parecia através do telescópio?", perguntou.

Fez outro movimento bem rápido, como se estivesse rodando alguma coisa nos dedos.

"Focalizou-o", disse ela. "Focalizou-o na terra. Na massa escura de um arvoredo no horizonte. Focalizou-o de modo a poder ver... cada árvore... cada árvore em separado... e os pássaros... subindo e baixando... e um fiapo de fumaça... lá... no meio das árvores... E depois... mais baixo... mais baixo... (ela abaixou os olhos)... havia uma casa... uma casa no meio das árvores... uma casa de fazenda... toda de tijolos à mostra... e as tinas de ambos os lados da porta... com flores cor-de-rosa e azuis, talvez hortênsias..." Ela fez uma pausa... "E então saiu da casa uma garota... usando uma coisa azul na cabeça... e lá ficou... alimentando aves... pombos... que esvoaçavam ao seu redor... E aí... vejam... Um homem... Um homem! Que veio vindo do canto. Que a pegou em seus braços! E eles se beijaram... eles se beijaram!"

Mrs. Ivimey abriu e fechou seus próprios braços como se estivesse ela mesma beijando alguém.

"Era a primeira vez que ele via um homem beijar uma mulher – no seu telescópio – a quilômetros dali pelos matagais afora!"

Ela empurrou de si alguma coisa – presumivelmente o telescópio. E sentou-se reta.

"Assim correu escada abaixo. Correu pelos campos. Correu por trilhas, pela estrada principal, em arvoredos. Correu quilômetros e mais quilômetros e, justo quando as estrelas surgiam sobre as árvores, alcançou a casa... coberto de poeira... banhado em suor..."

Ela parou, como se o visse.

"E aí, e aí... o que foi que ele fez? O que foi que ele disse? E a garota...", insistiram com ela.

Um raio de luz caiu sobre *mrs.* Ivimey, como se alguém tivesse focalizado nela as lentes de um telescópio. (Era a força aérea, caçando aviação inimiga.) Ela tinha se levantado. Tinha uma coisa azul na cabeça. Tinha erguido sua mão, como se à porta de uma casa, em pé, perplexa.

"Oh, a garota... Ela era mi...", hesitou, como se estivesse a ponto de dizer "eu mesma". Mas se lembrou; e corrigiu-se. "A garota era minha bisavó", disse.

Virou-se então para procurar seu casaco, que estava numa cadeira por trás.

"Mas diga-nos – o que aconteceu com o outro homem, o que veio vindo do canto?", perguntaram.

"Aquele homem? Aquele homem", murmurou *mrs.* Ivimey, dobrando-se ao se atrapalhar com o casaco (o holofote tinha saído da sacada), "ele, creio eu, sumiu".

"A luz", acrescentou, juntando suas coisas em volta, "cai somente aqui e ali".

O holofote tinha passado adiante. Estava focalizado agora na área ampla e evidente do palácio de Buckingham. E era hora de eles irem ao teatro.

Cigana, a vira-lata

"Ela tinha um sorriso tão encantador", disse Mary Bridger, reflexivamente. Tarde da noite à beira da lareira os Bridgers e os Bagots conversavam sobre velhos amigos. Aquela, Helen Folliott, a garota de sorriso encantador, tinha sumido. Nenhum deles sabia que fim levou. Deu-se mal de alguma forma, ouviram dizer, e, concordaram, todos sabiam que isso lhe ia acontecer e, o que era estranho, nenhum deles jamais se esqueceu dela.

"Tinha um sorriso tão encantador", repetiu Lucy Bagot.

E assim passaram a debater as estranhezas dos assuntos humanos – como parece inquietante saber se você nada ou afunda, por que se lembra e se esquece, que diferença as ninharias fazem e como certas pessoas, que costumavam se encontrar todo dia, de repente se separam e não voltam mais a se ver.

Depois ficaram em silêncio. Por isso ouviram um apito – era um trem, uma sirene? – um apito fraco e distante que ressoou pelas baixadas de Suffolk e foi definhar ao longe. O som há de ter sugerido algo, pelo menos aos Bagots, pois Lucy disse, olhando para seu marido: *"Ela tinha um sorriso tão encantador"*. Ele concordou com a cabeça. "Não se podia afogar um cachorrinho que sorriu em face da morte", disse. Isso soou como uma citação. Os Bridgers demonstraram-se intrigados. "Nossa cachorra", disse Lucy. "Conte-nos a história dessa cachorra", insistiram os Bridgers. Ambos gostavam de cachorros.

A timidez a princípio se apossou de Tom Bagot, como acontece às pessoas que se surpreendem sentindo além do razoável. Negou tratar-se de uma narrativa, ademais; era um esboço de tipo, achariam-no sentimental. Tanto pediram, porém, que ele logo começou – "'Não se pode afogar um cachorrinho que sorri em face da morte'. Era o velho Holland, um fazendeiro de Wiltshire, que dizia isso. Disse-o naquela noite nevosa, segurando-a sobre a pipa d'água. Ao ouvir ciganos – isto é, um assobio – ele saiu e lá se foi pela neve com um chicote de cães. Tinham ido embora; mas deixaram para trás uma coisa, que parecia, junto da cerca-viva, um pedaço de papel amassado. Contudo era uma cesta, uma dessas cestas de junco com que as mulheres vão à feira, e nela, com a boca amordaçada para a impedir de segui-los, estava uma cachorrinha de nada. Deram-lhe, quando a abandonaram, um tasco de pão e um punhado de palha..."

"O que demonstra", interrompeu Lucy, "que não tiveram coragem de matá-la".

"Nem ele teve", prosseguiu Tom Bagot. "Manteve-a suspensa sobre a água e aí...", levantou seu bigodinho grisalho sobre os dentes superiores, "ela arreganhou os dentes para ele assim, ao luar, e ele a poupou. Era uma pobre de uma vira-lata miúda, muito comum entre ciganos, metade *fox terrier*, metade sabe lá Deus o quê. Dava a impressão de nunca ter comido uma refeição completa na vida. Seu pelo era tão áspero quanto um capacho de porta. Mas ela tinha – como é mesmo que se diz, quando a gente perdoa uma pessoa, contra o que indica o próprio bom senso, uma dezena de vezes por dia? Charme? Caráter? Fosse o que fosse, ela tinha isso. Pois senão me digam, por que foi que ele ficou com ela, que transformou sua vida num inferno? Pôs todos os vizinhos contra ele. Dando corridas nas galinhas alheias. Perturbando os carneiros. Várias vezes ele esteve a ponto de matá-la. Entretanto foi incapaz de fazê-lo – até que ela mesma matasse o gato, o favorito de sua esposa. Foi a esposa que insistiu. Assim mais uma vez ele a levou para fora, colocou-a contra o muro, no pátio, e já estava quase puxando o gatilho – quando de novo ela arreganhou os dentes; sorriu em face da morte, e ele não teve mais coragem. Deixaram-na então com o açougueiro; para que esse fizesse o que não tinham podido. E aí – de novo a sorte. A seu modo foi um pequeno milagre – nossa carta chegando naquela mesma manhã. Um feliz acaso, seja lá como for que o queiram ver. Morávamos então em Londres – tínhamos uma cozinheira, uma irlandesa gorducha e velha, que jurava ouvir ratos. Ratos nos lambris de madeira. Não conseguia dormir ali mais uma noite, e assim por diante. Por sorte de novo – nós tínhamos passado um verão lá – me lembrei de Holland e lhe escrevi perguntando se teria um cachorro para nos vender, um *terrier*, que pegasse ratos. O carteiro se encontrou com o açougueiro, e foi esse que entregou a carta. Novamente a Cigana escapou assim por um triz. O velho Holland, garanto-lhes, ficou contente – logo a meteu no trem com uma carta. 'A cara dela não agrada'", Bagot citou novamente. "'Mas creia que é uma cachorra de caráter – uma cachorra de extraordinário caráter'. Nós a pusemos na mesa da cozinha. Nunca tínhamos visto uma coisa tão deplorável. 'Ratos? São bem capazes de comê-la', disse a velha Biddy. Mas não ouvimos mais aquela conversa".

Tom Bagot fez então uma pausa. Aparentemente ele chegara a uma parte de seu relato que tinha dificuldade em narrar. É difícil para um homem dizer por que se apaixonou por uma mulher, porém ainda mais difícil é explicar a paixão de um homem por uma cachorrinha vira-lata. Entretanto era isso que evidentemente tinha acontecido – a bichinha exerceu sobre ele um indescritível fascínio. Era uma história de amor que ele estava contando. Por algo em seu tom de voz, Mary Bridger teve certeza disso. E veio-lhe a fantástica ideia de que ele estivera apaixonado por Helen Folliott, a garota de sorriso encantador. De alguma forma ele interligara as duas. Todas as histórias não se interligam?, perguntou-se ela, perdendo assim uma ou duas frases do que ele estava dizendo. Os Bagots, quando ela prestou atenção, lembravam-se de absurdas historinhas que nem gostavam de contar, não obstante quisessem dizer muito.

"Tudo que ela fazia era por conta própria", dizia Tom Bagot. "Nunca lhe ensinamos nada. Entretanto todo dia ela tinha alguma coisa nova para nos mostrar. Uma façanha atrás da outra. Ora me trazia cartas na boca. Ora, tendo Lucy riscado um fósforo, ela o apagava", e ele meteu a mão fechada num fósforo, "assim. Metendo a própria patinha. Ou pegava então a latir quando o telefone tocava. 'Maldita campainha', falava logo com a maior franqueza. E as visitas – lembra-se de como ela avaliava os nossos amigos como se o fossem dela também? 'Você pode ficar' – quando pulava e lambia a mão da pessoa; 'Não, não queremos sua companhia' – quando corria para a porta como se mostrasse a saída. E jamais se enganava. Era tão boa para julgar pessoas como você".

"É verdade", confirmou Lucy, "era uma cachorra de caráter. Entretanto", acrescentou, "muita gente não via isso. O que era outra razão para gostar dela. Tinha aquele homem, o que nos deu Hector".

E Bagot deu seguimento ao caso.

"Hopkins, era seu nome", disse ele. "Corretor de valores, sua profissão. Muito orgulhoso do lugarzinho que tinha em Surrey. Vocês conhecem o tipo – todo de botas e polainas, como as fotos dos jornais esportivos. Creio que não sabia distinguir uma extremidade de um cavalo da outra. Mas ele 'não aguentava nos ver com uma coitada de uma vira-lata esmirrada como aquela'". Mais uma vez Bagot estava citando. As palavras traziam, era óbvio, uma ponta de veneno. "Foi por isso que ele ousou nos dar um presente. Um cachorro chamado Hector."

"Um *setter* vermelho", explicou Lucy.

"Com um rabo que nem vareta", continuou Bagot, "e um *pedigree* do tamanho do meu braço. Ela – a Cigana – poderia ficar enciumada. Poderia levar aquilo a mal. Mas era uma cachorra sensata. Nada tinha de mesquinho. Viver e deixar viver – é preciso ter de tudo para fazer um mundo. Era esse o seu lema. Era possível encontrá-los na rua – eu já ia dizer, de braços dados – fazendo sua caminhada juntos. Garanto que ela ensinou a ele alguma coisa..."

"Justiça lhe seja feita, Hector era um perfeito cavalheiro", interrompeu Lucy.

"Não regulava muito bem da bola", disse Tom Bagot, batendo na própria testa.

"Mas perfeito nos modos", argumentou Lucy.

Não há nada como uma história de cães para expor o caráter das pessoas, refletiu Mary Bridger. Lucy tomara, naturalmente, o partido do cavalheiro; Tom, o partido da dama. Mas os encantos da dama subjugaram até mesmo a Lucy Bagot, que se inclinava à dureza contra seu próprio sexo. Devia pois, a dama, ter algo em si.

"E aí?", ela perguntou.

"Tudo correu muito bem. Éramos uma família feliz", Tom continuou. "Nada que quebrasse a harmonia até...", nesse ponto ele hesitou. "Pensem só nisso", deixou por fim escapar, "não se pode culpar a natureza. Ela estava no vigor da mocidade – com dois anos. O que é isso para um ser humano? Dezoito? Vinte? E cheia de vida – cheia de graça – como as garotas devem ser". E se calou.

"Você estava pensando no jantar", sua esposa ajudou-o. "Na noite em que os Harvey Sinnotts jantaram conosco. Era 14 de fevereiro – que", acrescentou com um sorrisinho malicioso, "é o Dia dos Namorados".

"Na minha terra dizem que é o dia da cópula", interpôs Dick Bridger.

"Pois assim foi", retomou Tom Bagot. "No Dia de São Valentim – o deus do amor, não é? – esse tal casal Harvey Sinnott foi jantar lá em casa. Nunca os tínhamos encontrado antes. Uma relação de trabalho" (Tom Bagot era o sócio londrino de uma grande firma de engenharia de Liverpool, a Harvey, Marsh & Coppard). "Uma ocasião bem formal. Para pessoas simples como nós, quase uma provação. Era nossa intenção demonstrar-lhes hospitalidade. Fizemos todo o possível. *Ela*", indicou sua esposa, "teve uma trabalheira sem fim, atarantou-se com antecedência por dias. Tudo tinha de estar na mais perfeita ordem. Vocês sabem como é a Lucy..." E lhe deu, à guisa de afago, um tapinha no joelho. Mary Bridger sabia como era a Lucy. Podia ver a mesa posta; a prataria brilhando, tudo como Tom tinha dito, "na mais perfeita ordem" para os ilustres convidados.

"Era um negócio do maior interesse e não podia haver erro", prosseguiu Tom Bagot. "Qualquer falha no aspecto formal..."

"Ela era dessas mulheres", interveio Lucy, "que, enquanto estão conversando, parece que se perguntam: 'Quanto custa isto? E será que é de verdade?'. Vestia-se com certo exagero. Ocorreu-lhe dizer – lá pelo meio do jantar – que prazer era – eles estavam hospedados como sempre no Ritz, ou no Carlton – ter uma refeiçãozinha assim tranquila. Tão simples, tão caseira. Era tão repousante...".

"Bastou essas palavras lhe saírem da boca", retomou Bagot, "para que houvesse uma explosão... Uma espécie de terremoto embaixo da mesa. Um conflito. Um rangido exasperado. Ela então se ergueu de um pulo com toda a sua...", e ele abriu bem os braços para dar uma ideia da volumosa senhora, "panóplia", disse sem nem pensar, "e gritou: 'Tem uma coisa me mordendo! Tem uma coisa me mordendo!'" – gritos que ele agora imitava. "Mergulhei embaixo da mesa." (E mostrou como, olhando sob o babado da capa de uma cadeira.) "Oh, uma criatura minúscula, abandonada! Um rebento do mal! Lá no assoalho, bem aos pés daquela boa senhora... ela tinha dado à luz... ela teve um filhote!"

A lembrança foi demais para ele, que afundou em seu lugar, sacudindo-se de tanto que ria.

"Assim", continuou, "enrolei todos dois num guardanapo e os levei para fora. (Graças a Deus o filhote estava morto, duro como uma pedra.) Fiz com que ela encarasse o fato. Mantive-o no seu focinho. Atrás de casa, ao luar, sob o olhar atento e puro das estrelas. Ela escapou por pouco de ser espancada até a morte. Mas como bater num cachorro que sorri..."

"Em face da moralidade?", sugeriu Dick Bridger.

"Se assim lhe agradar," sorriu Bagot. "Mas que espírito ela tinha! Meu Deus! Escapuliu pelo quintal afora, a safadinha, e foi correndo atrás de um gato... Não, eu não tinha coragem."

"E os Harvey Sinnotts foram muito polidos quanto a tudo", acrescentou Lucy. "O que aliás quebrou o gelo. Depois disso nos tornamos bons amigos."

"Nós a perdoamos", continuou Tom Bagot. "Dissemos que aquilo não devia acontecer de novo. E não aconteceu mesmo. Nunca mais.

Mas outras coisas, muitas coisas, aconteceram ainda. Eu poderia contar um caso atrás do outro. Mas a verdade é que", ele balançou a cabeça, "não acredito em narrativas. Um cachorro tem seu caráter, tal como nós, o qual se revela, tal como o nosso, por aquilo que é dito, por pequenas coisas das mais diversas espécies".

"Se eu entrava num quarto – soa absurdo, mas é verdade", acrescentou Lucy, "dava comigo a perguntar: mas por que foi que ela fez isso? exatamente como se ela fosse um ser humano. Porém, sendo cachorro, era preciso adivinhar. O que nem sempre era possível. O pernil de carneiro, por exemplo. Ela o tirou da mesa de jantar e o manteve nas patas dianteiras, rindo. Para fazer graça? Fazendo graça à nossa custa? Parecia que sim. E um dia fomos nós que tentamos lhe pregar uma peça. Ela adorava frutas – frutas frescas, maçãs, ameixas. E nós lhe demos uma ameixa com uma pedra dentro, ansiosos para saber como reagiria. Acreditem ou não, ela, em vez de demonstrar-se ressentida conosco, ficou com aquilo na boca, e aí, quando pensou que não estávamos olhando, cuspiu a ameixa com pedra na sua vasilha d'água e de lá voltou abanando o rabo. Era como se dissesse: 'Peguei vocês!'".

"Sim", disse Tom Bagot, "ela nos deu uma lição. Muitas vezes me perguntei", prosseguiu, "o que ela pensaria de nós – lá no seu canto, no tapete da lareira, entre as botas e os fósforos usados? Qual seria o mundo dela? Os cachorros veem o mesmo que nós vemos, ou outra coisa?".

Eles também olharam para baixo, para as botas e fósforos usados, e tentaram contemplar um momento, com um olhar de cachorro, de focinho sobre as patas, as chamas amarelas e as cavernas vermelhas. Mas não puderam resolver a questão.

"Os dois ficavam lá deitados", continuou Bagot, "a Cigana no seu lado do fogo, o Hector no dele, tão diferentes como a água do vinho. Era uma questão de berço e criação. Ele era um aristocrata. Ela, uma cadela do povo. O que era compreensível, sendo sua mãe uma ladrona de caça, seu pai o *lord* sabe-se lá quem e seu mestre, um cigano. Imaginem só sair com os dois. Hector, empertigado como um policial, sempre ao lado da lei e da ordem. Cigana pulando cercas, espantando os patos da rainha, mas sempre ao lado das gaivotas. Dos vagabundos como ela. De vez em quando a levávamos à beira do rio, onde há pessoas que alimentam gaivotas. 'Tome o seu pedaço de peixe', diria então. 'Você fez por merecê-lo'. Eu a vi deixar uma delas, acreditem-me ou não, pegar comida em sua boca. Mas com os ricos mimados – os cachorros de nariz arrebitado, os cachorros de colo – ela não tinha a menor paciência. Era de se imaginar que eles discutissem essa questão, lá no tapete da lareira onde costumavam ficar. E, por Deus!, ela converteu o velho conservador. Nós deveríamos ter entendido melhor. Sim, eu mesmo sempre me culpei. Mas aí é que está – depois que foi feita a coisa, é fácil ver como se poderia evitá-la".

Uma sombra atravessou seu rosto, como se lhe viesse à lembrança uma pequena tragédia que, como ele dissera, poderia ter sido evitada, e que nada significaria no entanto para o ouvinte, não mais do que a queda de uma folha ou a morte de uma borboleta afogada. Mas os Bridgers se prepararam, por seus semblantes, para ouvir o que quer que fosse. Talvez ela tivesse sido roubada, talvez esmagada por um carro.

"Foi o velho Hector, aquele bobo", Bagot continuou. "Nunca gostei de cães bonitos", explicou. "Não têm maldade, mas também não têm caráter. Ele talvez tenha ficado com ciúmes. Faltava-lhe o discernimento dela sobre o que era ou não adequado. Só porque ela fazia uma coisa, ele tentava fazer outra melhor. Para encurtar a história – um belo dia ele pulou o muro do jardim, foi de encontro à estufa de um vizinho, correu por entre as pernas de um velho, colidiu com um carro, não se machucou nem um pouco, mas amassou o capô – e esse dia de aventuras nos custou cinco libras e dez e uma ida à polícia. Tudo provocado por ela. Sem ela, ele seria manso como um carneiro velho. Bem, um deles tinha de ir embora. Pensando bem, deveria ser a Cigana. Mas vejam só por este lado. Vocês têm duas empregadas, digamos; e não podem ficar com ambas; uma está certa de arranjar um lugar, mas a outra – não tendo como todo mundo dinheiro, pode encontrar-se, sem emprego, em dificuldades. Vocês não hesitariam – fariam como nós fizemos. Demos o

Hector para amigos; e ficamos com a Cigana. Talvez tenha sido injusto. Seja como for, foi o começo da grande confusão."

"É, depois disso as coisas deram errado", disse Lucy Bagot. "Ela sentia ter expulso de casa um bom cachorro. Demonstrava-o dos mais diversos modos, esses modos sutis e singulares que são tudo afinal de que um cachorro dispõe." Houve uma pausa. A tragédia, fosse qual fosse, já estava agora mais perto, a pequena e absurda tragédia que aquelas duas pessoas de meia-idade achavam tão difícil de contar e esquecer.

"Nunca notáramos até então", continuou Bagot, "o acúmulo de sentimentos que ela tinha em si. Os seres humanos, como diz Lucy, podem falar. Podem dizer 'Desculpe' e encerrar a questão. Com um cachorro porém é diferente. Os cachorros não falam. Mas eles", acrescentou, "se lembram".

"Ela se lembrava", confirmou Lucy. "E o demonstrava. Uma noite, por exemplo, trouxe para a sala de visitas uma velha boneca de pano. Eu estava sentada lá sozinha. Ela veio com a boneca e largou-a no chão, como se fosse um presente – para compensar pela perda de Hector."

"De outra vez", prosseguiu Bagot, "ela trouxe para casa um gato branco. Um pobre coitado, todo coberto de feridas, um bicho que nem sequer tinha rabo. E que cismou de ficar conosco. Nós não o queríamos. Nem ela. Mas o gato queria dizer alguma coisa. Uma compensação pela perda de Hector? O modo que ela encontrou? Talvez...".

"Pode ter havido outra razão", retomou Lucy. "É o que eu nunca consegui decidir. Será que ela queria nos insinuar qualquer coisa? Preparar-nos? Se ao menos pudesse ter falado! Poderíamos então ter argumentado com ela, tentando persuadi-la. Tal como foi, limitamo-nos a saber vagamente, durante todo aquele inverno, que alguma coisa estava errada. Ela pegava no sono e de repente começava a ganir, como se estivesse sonhando. Depois acordava e corria pela sala com as orelhas em pé, como se ouvisse algo. Não raro eu ia até a porta para dar uma olhada. Mas nunca havia ninguém. Às vezes ela se punha a tremer toda, entre amedrontada e ansiosa. Se fosse uma mulher, dir-se-ia que alguma tentação ia pouco a pouco dominando-a. Havia algo a que ela tentava resistir, mas não conseguia, algo em seu próprio sangue, por assim dizer, que para ela era forte demais. Tal era a impressão que tínhamos... E ela não quis mais sair conosco. Ficava lá no tapete da lareira, parada e prestando atenção. Mas é melhor lhes contar os fatos e deixar que vocês mesmos julguem."

Lucy se interrompeu. Tom porém fez-lhe um sinal com a cabeça. "Conte você o fim", disse, pela simples razão de lhe faltar autoconfiança, por mais absurdo que isso pareça, para contar ele mesmo o fim.

Lucy Bagot então começou; falava de um modo duro, como se lesse num jornal.

"Era uma noite de inverno, 16 de dezembro de 1937. Augustus, o gato branco, estava de um lado da lareira, e a Cigana, do outro. Nevava. Todos os barulhos da rua, suponho eu, eram abafados pela neve caindo. E Tom disse: 'Está tão silencioso como no campo. Até se caísse um alfinete se conseguiria ouvir'. Isso, é claro, nos fez prestar atenção. Passou um ônibus por uma rua afastada. Uma porta bateu. Ouviram-se passos que retrocediam. Tudo parecia dissipar-se ao longe, perdendo-se em meio à nevasca. E aí – e só ouvimos por estarmos atentos – soou um assobio – um assobio baixo e prolongado – que definhou à distância. A Cigana ouviu-o. E olhou para o alto, toda trêmula. Depois arreganhou os dentes..." Lucy se interrompeu. Controlou sua voz e disse: "Na manhã seguinte ela tinha desaparecido".

Fez-se um silêncio mortal. Dominava-os a impressão de um vasto espaço vazio ao seu redor, de onde os amigos sumiam para sempre, chamados por uma voz misteriosa a adentrar-se pela neve afora.

"Vocês nunca a encontraram?", perguntou por fim Mary Bridger.

Tom Bagot fez que não com a cabeça.

"Fizemos todo o possível. Oferecemos uma recompensa. Procuramos a polícia. Houve um boato – alguém vira ciganos de passagem."

"O que vocês acham que ela ouviu? Por quê, para que arreganhou os dentes?", perguntou Lucy Bagot. "Oh, eu continuo rezando", exclamou, "para que esse não tenha sido o fim!".

O legado

"Para Sissy Miller." Gilbert Clandon, pegando um broche de pérolas que estava em meio a uma barafunda de anéis e broches numa mesinha da sala de visitas de sua esposa, leu a inscrição: "Para Sissy Miller, com amor".

Era bem típico de Angela ter se lembrado até mesmo de Sissy Miller, sua secretária. No entanto como era estranho, Gilbert Clandon pensou mais uma vez, que ela tivesse deixado tudo em tal ordem – um presentinho de algum tipo para cada uma de suas amigas. Era como se ela tivesse antevisto a própria morte. Porém se achava na mais perfeita saúde ao sair de casa aquela manhã; fazia então seis semanas, quando pisou fora da calçada, em Piccadilly, e o carro a atropelou e matou.

Ele estava esperando Sissy Miller. Tinha pedido que ela viesse; sentia dever-lhe, após os anos todos que ela estivera com eles, essa demonstração de estima. Sim, prosseguiu ele, enquanto se sentava à espera, era estranho que Angela tivesse deixado tudo tão em ordem. A cada amiga fora destinada uma pequena lembrança de seu afeto. Cada anel, cada colar, cada caixinha chinesa – as caixinhas lhe inspiravam verdadeira paixão – levava um nome por cima. E cada qual, para ele, trazia alguma lembrança. Tal joia ele lhe havia dado; a tal outra – o golfinho esmaltado com olhos de rubi – ela mesma se atirara um dia numa ruela de Veneza. Seu gritinho de alegria ainda lhe vinha à lembrança. Para ele, é claro, nada de especial ela deixara, a não ser seu diário. Quinze pequenos volumes, encadernados em couro verde, enfileiravam-se em sua escrivaninha por trás dele. Desde que se casaram, ela manteve um diário. Algumas de suas pouquíssimas zangas – já que ele não era capaz de considerá-las brigas – tinham sido por causa desse diário. Quando ele entrava e a encontrava escrevendo, ela sempre o fechava ou encobria com a mão. "Não, não, não", podia ouvi-la ainda a dizer. "Depois que eu morrer – talvez." Ela assim o deixara para ele, como seu legado. Era a única coisa que não haviam partilhado quando ela estava viva. Ele porém sempre tomara por certo que ela viveria mais do que ele. Caso houvesse parado um instante, e refletido sobre o que estava fazendo, ela agora ainda estaria viva. Mas descera da calçada para a rua de súbito, como alegou na sindicância o motorista do carro. Não lhe dera a menor chance de frear... O som de vozes no corredor o interrompeu a essa altura.

"*Miss* Miller, senhor", disse a empregada.

Ela entrou. Em toda sua vida, ele nunca a vira a sós, nem, claro está, em lágrimas. Achava-se terrivelmente abalada, o que não era de estranhar. Angela fora para ela muito mais do que uma simples patroa. Tinha sido uma amiga. Já para ele, pensou o próprio, ao puxar uma cadeira e convidá-la a sentar-se, ela mal se distinguia de qualquer mulher do seu tipo. Havia milhares de Sissy Millers – mulheres de preto, miúdas e insípidas, carregando pastas de documentos. Mas Angela, com seu pendor à simpatia, descobrira em Sissy Miller as mais diversas qualidades. Era a discrição em pessoa, de tão calada; e tão digna de confiança, que se podia contar-lhe qualquer coisa, e assim por diante.

Miss Miller, a princípio, nem conseguia falar. Sentada, limitava-se a enxugar recatadamente seus olhos com um lencinho de bolso. Depois porém fez um esforço.

"Desculpe-me, *mr.* Clandon", disse.

Ele murmurou qualquer coisa. É claro que compreendia. Nada mais natural. Era capaz de imaginar o que sua mulher tinha significado para ela.

"Eu fui tão feliz aqui", disse ela, olhando em volta. Seus olhos pararam na escrivaninha por trás dele. Era ali que elas trabalhavam – ela e

Angela. Pois Angela tinha sua cota das obrigações inerentes à condição de esposa de um destacado político. Fora ela quem mais o ajudara na carreira. Muitas vezes as vira, ela e Sissy, sentadas à escrivaninha – Sissy à máquina de escrever, batendo cartas que a patroa ditava. *Miss* Miller, sem dúvida, também pensava nisso agora. Tudo que ele tinha pois a fazer era dar-lhe o broche que sua esposa lhe havia deixado. Um presente que parecia meio incongruente. Deixar-lhe uma soma em dinheiro, ou mesmo a máquina de escrever, poderia ter sido melhor. Mas o broche lá estava – "Para Sissy Miller, com amor". E ele, apanhando-o, entregou-o com o discursinho que havia preparado. Sabia, disse, que ela lhe daria valor. Sua esposa o usara tantas vezes... E Sissy respondeu ao pegá-lo, quase como se também tivesse preparado um discurso, que aquele seria um bem muito estimado... Ele supôs que ela tivesse outras roupas nas quais um broche de pérolas não parecesse tão descabido. Estava usando o conjuntinho preto, de casaco e saia, que parecia ser o uniforme de sua profissão. Mas depois ele se lembrou – claro, ela estava de luto. Tinha tido também sua tragédia – um irmão, ao qual era devotada, morrera apenas uma ou duas semanas antes de Angela. Um acidente, não foi? Ele somente conseguia lembrar-se de Angela lhe falando a respeito; Angela, com seu pendor à simpatia, ficara terrivelmente abalada. Sissy Miller, enquanto isso, já se levantara. E estava botando as luvas. Sentia evidentemente que não devia incomodar. Ele porém não podia deixar que ela se fosse sem lhe dizer alguma coisa sobre o seu futuro. Que planos tinha? Havia algum modo pelo qual ele pudesse ajudá-la?

Ela estava olhando para a escrivaninha, onde se sentara à máquina de escrever e onde jazia o diário. Perdida em suas recordações de Angela, não respondeu de imediato à sugestão de ajuda que partira dele. Parecia, por um momento, não haver entendido. Ele então repetiu:

"Quais são seus planos, *miss* Miller?".

"Meus planos? Oh, está tudo bem, *mr.* Clandon", exclamou ela. "Não se preocupe comigo, por favor."

Ele entendeu que ela queria dizer que não necessitava de ajuda financeira. Seria melhor, deu-se conta, fazer qualquer sugestão desse tipo numa carta. Tudo que agora lhe cabia era dizer, enquanto apertava sua mão: "Lembre-se, *miss* Miller, de que se houver algum modo de eu poder ajudá-la, será um prazer...". E então abriu a porta. Por um instante, no limiar, como se um súbito pensamento lhe tivesse ocorrido, ela parou.

"Mr. Clandon", disse, olhando diretamente para ele pela primeira vez, e pela primeira vez ele se impressionou com a expressão de seus olhos, que era simpática porém penetrante. "Se alguma vez", dizia [ela], "houver alguma coisa que eu possa fazer para ajudá-lo, lembre-se que, pela memória de sua esposa, será um prazer para mim...".

E com isso se foi. Suas palavras e o olhar que as acompanhara tinham sido inesperados. Era quase como se ela acreditasse, ou esperasse, que ele ainda viria a precisar dela. Uma ideia esquisita, talvez fantasiosa, ocorreu-lhe quando ele voltava para se sentar. Seria possível que, durante todos esses anos em que mal chegara a notá-la, ela, como dizem os romancistas, tivesse nutrido uma paixão por ele? Tinha visto, ao passar, sua própria imagem no espelho. Já estava com mais de cinquenta anos; mas não podia deixar de admitir que ainda era, como o espelho lhe mostrara, um homem de aparência muito distinta.

"Pobre Sissy Miller!", disse ele, rindo um pouco. Como ele gostaria de partilhar com a esposa tal pilhéria! Instintivamente voltou-se para o diário dela. "Gilbert", leu, abrindo-o ao acaso, "estava tão maravilhoso...". Era como se ela tivesse respondido à sua pergunta. Para as mulheres, naturalmente, parecia dizer ela, você é muito atraente. E naturalmente Sissy Miller também achava isso. Continuou lendo. "Como me sinto orgulhosa de ser sua esposa!" E ele sempre se sentira muito orgulhoso de ser marido dela. Quantas vezes, quando saíam para jantar fora, ele olhava para ela através da mesa e dizia a si mesmo: Não há aqui outra mulher tão bela! Leu mais um pouco. Naquele primeiro ano ele se candidatara ao Parlamento. E juntos tinham percorrido seu distrito eleitoral. "Quando Gilbert se sentou, o aplauso foi estrondoso. Toda a audiência se levantou e cantou: 'Pois ele é um bom companheiro'. Aquilo me dominou por completo." Ele também se recordava do fato. Ela estava sentada no palanque a seu lado. Ele ainda podia ver as olhadas que ela lhe dava, com lágrimas nos olhos. E depois? Ele virou as páginas. Tinham viajado a Veneza. Ele rememorou aquelas férias felizes após a eleição. "Tomamos sorvete no Florian." Ele sorriu – ela era ainda tão criança, adorava sorvete. "Gilbert me fez um relato dos mais interessantes sobre a história de Veneza. Disse-me que os doges...", e anotara tudo, em sua letra de estudante. Uma das delícias de viajar com Angela era o fato de ela se mostrar sempre tão ávida por aprender. Costumava dizer-se terrivelmente ignorante, como se isso não fosse parte de seu charme. E então – ele abriu o volume seguinte – regressaram a Londres. "Eu estava tão ansiosa para causar boa impressão. Usei meu vestido de casamento." Ele agora podia vê-la sentada ao lado do velho *sir* Edward; e fazendo a conquista desse homem tão vivido e temível, que era seu líder. Leu bem rápido, completando cena após cena a partir dos fragmentos desconexos. "Jantei na Câmara dos Comuns... Sarau nos Lovegroves. *Lady* L. perguntou-me se eu me dava conta de minha responsabilidade como esposa de Gilbert." Com o passar dos anos – e apanhou mais um volume na escrivaninha –, ele se absorvera cada vez mais em seu trabalho. E ela, é claro, foi ficando cada vez mais sozinha, visivelmente muito pesarosa por não terem tido filhos. "Como eu gostaria", dizia uma passagem, "que Gilbert tivesse um filho!". Ele, por estranho que fosse, nunca o lamentara tanto. A vida já era tão boa, tão cheia, como estava sendo. Naquele ano lhe haviam dado um cargo de pouca projeção no governo. Apenas um cargo secundário, mas foi este o comentário dela: "Tenho quase certeza agora de que ele será primeiro-ministro!". Bem, se as coisas tivessem tomado um rumo diferente, até que poderia ter sido. E ele aqui fez uma pausa para especular sobre o que poderia ter sido. A política era um jogo arriscado, refletiu; mas as partidas ainda não tinham terminado. Não aos cinquenta anos. Rapidamente deu uma olhada em mais páginas, cheias de pequenas trivialidades, das felizes e insignificantes trivialidades cotidianas que constituíam a vida dela.

Pegou ainda outro volume e abriu-o ao acaso. "Como eu sou covarde! Deixei escapulir a oportunidade de novo. Mas parecia egoísmo incomodá-lo com meus próprios problemas, quando ele já tem tanto sobre o que pensar. E é tão raro passarmos uma noite juntos." Qual seria o significado disso? Ah, aqui estava a explicação – era uma referência ao trabalho dela no East Side.

"Enchi-me de coragem e afinal conversei com Gilbert. Ele foi tão gentil, tão bom. Não fez nenhuma objeção." Ele se lembrava dessa conversa. Ela lhe dissera que se sentia muito ociosa, muito inútil. Desejava por isso ter seu próprio trabalho. Queria fazer alguma coisa – ficara tão bonita, recordou-se ele, ao enrubescer quando disse isso sentada naquela mesma cadeira – para ajudar os outros. E ele brincara um pouco com ela: já não tinha muito a fazer cuidando dele, cuidando de sua casa? Ainda assim, se isso a distrairia, é claro que não faria objeções. De que se tratava? Algum trabalho distrital? Algum comitê? Apenas ela devia prometer não abusar de sua saúde. Parecia assim que todas as quartas-feiras ela ia ao distrito de Whitechapel. Lembrou-se de como ele detestava as roupas que nessas ocasiões ela usava. Mas parecia também que ela havia tomado a coisa muito a sério. O diário estava cheio de referências como esta: "Estive com *mrs.* Jones... Ela tem dez filhos... O marido perdeu o braço num acidente... Fiz o que pude para arranjar um emprego para Lily". Ele continuou pulando páginas. Seu próprio nome surgia menos frequentemente agora. Seu interesse diminuiu. Algumas das anotações não lhe diziam nada. Por exemplo: "Tive uma discussão calorosa sobre o socialismo com B.M." Quem era B.M.? Ele não conseguia decifrar as iniciais; alguma mulher, supôs, que ela conhecera num de seus comitês. "B.M. fez um ataque violento às classes superiores... Voltei andando com B.M., depois da reunião, e tentei convencê-lo. Mas ele é tão bitolado." B.M. então era um homem – sem dúvida, um desses "intelectuais", como eles mesmos se dizem, que são tão violentos e tão bitolados, como escrevera Angela. Ela o convidara, ficava claro, a ir visitá-la em casa. "B.M. veio para jantar. E cumprimentou Minnie com um aperto de mãos!" Esse ponto de exclamação deu outra configuração à sua imagem mental. Tudo indicava que B.M. não estava acostumado com empregadas domésticas; tinha apertado a mão de Minnie. Presumivelmente era um desses trabalhadores submissos que arejam suas opiniões nas salas de visitas das senhoras grã-finas. Gilbert conhecia a espécie e não lhe agradava em nada essa variedade específica, fosse quem fosse o tal B.M. Aqui já estava ele de novo. "Fui com B.M. à Torre de Londres... Ele disse que a revolução é inevitável... Disse que vivemos num paraíso de tolos." Era bem o tipo de coisa para B.M. dizer – Gilbert até podia ouvi-lo. E podia também vê-lo com toda nitidez – um homenzinho atarracado, de barba espessa e descuidada, gravata vermelha, vestindo o terno xadrez que eles usavam sempre e que nunca enfrentara em sua vida um dia honesto de trabalho. Por certo não faltara sensatez a Angela para enxergá-lo tal como era. Continuou lendo. "B.M. disse umas coisas muito desagradáveis sobre..." O nome estava cuidadosamente riscado. "Eu disse a ele que não iria ouvir nenhum desaforo mais contra..." O nome fora suprimido de novo. Poderia ter sido seu próprio nome? Era por isso que Angela cobria a página com tal rapidez, quando ele entrava? Tal ideia veio somar-se a sua crescente antipatia por B.M., que havia tido a petulância de discutir a seu respeito nesta mesma sala. Por que Angela nunca lhe contara? Ocultar alguma coisa não combinava com ela, que sempre fora a sinceridade em pessoa. E lá foi ele, ao virar mais páginas, catando todas as referências a B.M. "B.M. me narrou sua infância. Sua mãe vivia de pequenos biscates... Quando penso nisso, mal suporto continuar a viver com tanto luxo... Três guinéus por um chapéu!" Se ao menos ela tivesse discutido a questão com ele, em vez de deixar sua pobre cabecinha intrigada com problemas que eram difíceis demais para ela mesma entender! Ele lhe teria passado uns livros. Karl Marx. "A revolução que se aproxima." As iniciais B.M., B.M., B.M. reapareciam repetidas vezes. Mas por que nunca o nome todo? Havia uma informalidade, uma intimidade no uso de iniciais que não combinava nada com Angela. Face a face, porventura ela o chamaria de B.M.? Gilbert prosseguiu com a leitura. "B.M. veio inesperadamente para o jantar. Por sorte eu estava sozinha." Isso havia sido há apenas um ano. "Por sorte" – mas por que por sorte? – "eu estava sozinha". Onde estivera ele essa noite? Conferiu a data em sua agenda. Fora a do jantar na residência oficial do prefeito de Londres. E B.M. e Angela tinham passado a noite a sós! Tentou lembrar-se da ocasião. Estava ela à sua espera quando ele voltou para casa? A aparência da sala era a mesma de sempre? Havia copos sobre a mesa? E as cadeiras, por acaso estavam juntas demais? Não conseguia se lembrar de nada – de nada que fosse, de nada a não ser seu próprio discurso no jantar na residência do prefeito. Toda a situação: sua esposa recebendo um desconhecido sozinha – tornava-se cada vez mais inexplicável para ele. Talvez o volume seguinte fosse mais esclarecedor. Apressadamente ele apanhou o último diário – o que ela deixara inacabado ao morrer. Logo na primeira página lá estava de novo o abominável sujeito. "Jantei a sós com B.M... Ele ficou muito agitado. Disse que já era hora de nós nos entendermos... Tentei ponderar com ele. Mas ele não quis me ouvir. Ameaçou que, se eu não..." Todo o resto da página estava rabiscado. Pelo espaço afora ela escrevera apenas "Egito. Egito. Egito." Ele não conseguia decifrar uma palavra sequer; mas só podia haver uma interpretação: o safado lhe pedira para ela se tornar sua amante. A sós em sua sala! O sangue subiu ao rosto de Gilbert Clandon. Rapidamente ele virou as páginas. Qual fora a resposta dela? As iniciais tinham cessado. Agora era "ele" simplesmente. "Ele veio de novo. Eu lhe disse que não podia chegar a uma decisão... Implorei que ele me deixasse." Ele a pressionara pois ali mesmo em casa? Mas por que ela não contara nada? Como poderia ter hesitado um instante? E então: "Escrevi-lhe uma carta". Então páginas deixadas em branco. E então havia isto: "Não há resposta para minha carta". Então mais páginas em branco; e então isto: "Ele fez o que havia ameaçado". Depois disso – o que aconteceu depois disso? Virou página após página. Todas em branco. Mas aí, na própria véspera da morte dela, estava esta anotação: "Será que eu tenho coragem de fazer isso também?". Foi esse o fim.

Gilbert Clandon deixou o caderno escorregar para o chão. Podia vê-la à sua frente. Ela estava de pé no meio-fio, em Piccadilly. Tinha os olhos fixos; os punhos cerrados. E lá vinha o carro...

Ele não podia mais aguentar. Tinha de saber a verdade. Foi, a passos largos, para o telefone.

"*Miss* Miller!" Houve silêncio. Mas logo ele ouviu que alguém estava se mexendo na sala.

"Alô, é Sissy Miller" – finalmente respondeu a voz dela.

"Quem", disparou ele, "é B.M.?".

Pôde ouvir o barulho do relógio barato sobre a lareira de Sissy; pôde ouvir um suspiro longo e arrastado. E por fim ela disse:

"Era meu irmão".

Ele *era* o irmão dela; o irmão que se matara.

"Há", ouviu Sissy Miller perguntando, "alguma coisa que eu possa explicar?".

"Não, nada!", gritou. "Nada!"

Ele havia recebido o seu legado. Ela lhe dissera a verdade. Tinha pisado fora da calçada para reunir-se ao amante. Tinha pisado fora da calçada para escapar do marido.

O símbolo

Havia uma pequena reentrância no cume da montanha, como uma cratera na lua. E ela estava cheia de neve, iridescente como um peito de pombo, ou de um branco mortal. De quando em quando havia uma disparada de partículas secas, cobrindo nada. Era alto demais ali para a carne que respira ou a vida que se reveste de pelos. Não obstante, a neve era iridescente um momento; e cor-de-sangue; e de um branco puro, conforme o dia.

Os túmulos no vale – pois havia de cada lado uma vasta encosta; a princípio pedra pura; neve escorrida; mais abaixo um pinheiro se agarrava a um penhasco; depois uma solitária cabana; depois um pires de puro verde; e depois um ajuntamento de telhados como cascas de ovo; por fim, no fundo, uma aldeia, um hotel, um cinema e um cemitério –, os túmulos no cemitério da igreja perto do hotel lembravam os nomes de vários homens que ao escalar tinham caído.[1]

"A montanha", escreveu a senhora, sentada na sacada do hotel, "é um símbolo...". Fez então uma pausa. Dali avistava até o ponto culminante através de seus óculos. Focou as lentes, como que para ver o que era o símbolo. Ela estava escrevendo para sua irmã mais velha em Birmingham.

A sacada dava para a rua principal da estação de veraneio nos Alpes, como um camarote num teatro. Sendo pouquíssimo o espaço privado para pessoas sentadas, as peças – tal como eram – só para erguer o pano

– representavam-se em público. Eram sempre meio provisórias; prelúdios, só para erguer o pano de boca. Entretenimentos para passar o tempo; raramente levando a uma conclusão, como um casamento; ou mesmo uma amizade duradoura. Havia a seu respeito algo fantástico, etéreo, inconcludente. Pouco do que era sólido podia assim ser arrastado até aquela altitude. Até as casas pareciam bibelôs ordinários. Quando a voz do Locutor Inglês alcançou a aldeia, essa também havia se tornado irreal.

Abaixando os óculos, ela inclinou a cabeça para os rapazes que faziam, lá embaixo na rua, seus preparativos para começar. Tinha certa ligação com um daqueles rapazes – ou seja, uma tia dele fora professora da escola de sua filha.

Ainda segurando a caneta, em cuja ponta restava um pingo de tinta, ela acenou para os alpinistas. Já escrevera que a montanha era um símbolo. Mas de quê?[2] No século XIX, dois homens, na década de 40, e quatro, na de 60, haviam perecido; o primeiro grupo, quando rebentou uma corda; o segundo, quando a noite caiu e os congelou até a morte. Estamos sempre subindo uma montanha; esse era o lugar-comum. Mas isso não representava o que ela tinha em mira; depois de ver por seus óculos o pico virgem.[3]

Inconsequentemente ela continuou. "Por que será que isso me faz pensar na ilha de Wight? Você deve se lembrar que, quando mamãe estava morrendo, nós a levamos para lá. E eu ficava em pé na sacada, quando o barco chegava, e descrevia os passageiros. Acho que aquele deve ser *mr.* Edwardes, diria eu... Ele acaba de passar pela prancha de desembarque. Depois diria que todos os passageiros já haviam descido. E depois que o barco estava virando... Claro que eu nunca lhe falei, claro que não – você estava na Índia; e estava para ter Lucy –, que desejei ardentemente, quando o médico veio, que em definitivo ele dissesse que ela não poderia viver nem mais uma semana. Foi muito longo aquilo; ela ainda viveu dezoito meses. Agora mesmo a montanha me fez lembrar de como, quando estava sozinha, eu vislumbrava a morte dela como um símbolo. Pensava que se eu pudesse chegar àquele ponto – quando ficaria livre – nós não pudemos nos casar, como você se recorda, antes de ela morrer. Uma nuvem serviria então, em lugar da montanha. Pensava que, quando eu chegasse àquele ponto – e nunca disse a ninguém; pois isso parecia tão impiedoso; que eu estaria no cume.[4] E eu podia imaginar tantos lados! Naturalmente descendemos de uma família anglo-indiana. Ainda posso imaginar, por casos que ouvi contar, como vivem as pessoas noutras partes do mundo. Posso ver choças de barro; e selvagens; posso ver elefantes bebendo em poços. São tantos os nossos tios e primos que foram exploradores. Sempre tive grande desejo de explorar por mim mesma. Mas é claro que, quando chegou a hora, pareceu mais sensato, considerando nosso longo compromisso, casar-me."

Ela olhou uma mulher que estava sacudindo um capacho, também numa sacada, do outro lado da rua. Todas as manhãs ela aparecia ali na mesma hora. Tão perto, que dava para jogar uma pedra lá. As duas já haviam chegado, de fato, ao ponto de trocar sorrisos de um lado ao outro da rua.

"Os chalés daqui", acrescentou, pegando novamente a caneta, "são muito iguais aos de Birmingham. Todas as casas aceitam hóspedes. O hotel está superlotado. A comida, apesar de não variar, não pode ser considerada ruim. E é claro que o hotel tem uma esplêndida vista. De todas as janelas pode-se ver a montanha. Mas por todo o lugar também é assim. Garanto-lhe que uma estranha alegria me domina às vezes, quando saio da única loja onde se vendem jornais – nós os recebemos com uma semana de atraso – por sempre ver essa montanha. Em determinados momentos ela parece estar no caminho; noutros, parece ser uma nuvem; só que nunca se move. De certa forma as conversas, mesmo entre os inválidos, que se acham por toda parte, são sempre sobre a montanha. Ou bem se diz que hoje está limpa, que poderia estar do outro lado da rua; ou bem que parece muito afastada; que poderia ser uma nuvem. Esse é o lugar-comum de sempre. No temporal da noite passada, cheguei a desejar que ela estivesse encoberta.

Porém, bem na hora em que a enchova era servida, o reverendo W. Bishop disse: 'Olhem lá a montanha!'".

Estarei sendo egoísta? Não deveria sentir-me envergonhada de mim, quando há tanto sofrimento, e não restrito aos visitantes? Os próprios moradores sofrem terrivelmente de bócio. Claro que isso poderia ser resolvido, se alguém, tendo dinheiro, tomasse a iniciativa. Não é mesmo vergonhoso que uma pessoa insista numa coisa para a qual enfim não tem cura? Seria preciso um terremoto para destruir essa montanha, assim como, suponho, foi ela feita por um terremoto. Outro dia perguntei ao proprietário, *Herr* Melchior, se ainda havia terremotos hoje em dia. Ele disse que não, só deslizamentos de terra e avalanches que, pelo que se sabe, segundo ele, já suprimiram uma aldeia inteira. Mas logo acrescentou que aqui não há nenhum perigo.

"Enquanto escrevo estas palavras, vejo com toda nitidez os rapazes lá na encosta da montanha. Eles estão amarrados juntos. Um deles, creio já lhe ter dito, esteve na mesma escola de Margaret. Estão agora atravessando uma fenda..."

A caneta caiu de sua mão, o pingo de tinta se espalhou numa linha em ziguezague pela página abaixo. Os rapazes tinham desaparecido.

Só tarde da noite, quando o grupo de resgate já havia localizado os corpos, foi que ela achou a carta inacabada em cima da mesa da sacada. De novo mergulhou sua caneta na tinta; e acrescentou: "Os velhos lugares-comuns virão bem a calhar. Eles morreram quando tentavam escalar a montanha... E os camponeses levaram flores primaveris para colocar em seus túmulos. Morreram numa tentativa de descobrir...".

Não parecia haver uma conclusão adequada. Ela então acrescentou: "Lembranças às crianças" e, depois, seu apelido.

O lugar da aguada

Como em todas as cidades à beira-mar, o cheiro de peixe a impregnava. As lojas de quinquilharias estavam cheias de conchas envernizadas, duras, no entanto frágeis. Até mesmo os habitantes tinham uma aparência conchoide – uma aparência frívola, como se o verdadeiro animal tivesse sido extraído na ponta de um alfinete e restasse apenas a concha. Eram conchas os velhos, no passeio público. Suas polainas, suas calças de montar, seus óculos-de-alcance pareciam reduzi-los a brinquedos. Tomá-los por marinheiros de verdade ou esportistas de verdade era tão impossível quanto considerar que as conchas aplicadas para orlar molduras de fotos e óculos-de-alcance tivessem jazido outrora nas profundezas do mar. Também as mulheres, com suas calças e seus sapatinhos de salto e seus colares de pérolas e suas bolsas de ráfia, pareciam conchas de mulheres reais que saíam de manhã para a compra de provisões para a casa.

A uma da tarde essa frágil e egoísta população mariscosa envernizada amontoava-se no restaurante. Cheirava a peixe o restaurante, com o mesmo odor de uma traineira que arrastasse redes repletas de espadilhas e arenques. O consumo de pescado, naquele salão de almoço, deve ter sido sempre enorme. O cheiro impregnava até mesmo o cômodo designado às senhoras no primeiro patamar de escada. Apenas uma porta separava os dois compartimentos em que esse cômodo se dividia.

De um lado dela as exigências da natureza eram satisfeitas; e, do outro, na bancada da pia, ao espelho, a arte disciplinava a natureza. Três jovens damas haviam atingido esse segundo estágio do ritual diário. E ali exerciam seus direitos de aperfeiçoar a natureza, subjugando-a com seus pompons de pó-de-arroz e seus tabletinhos vermelhos. Ao fazer isso, conversavam; tal conversa foi interrompida como que pela irrupção de uma maré invasiva; mas a maré logo refluiu e ouviu-se então uma dizendo:

"Eu nunca liguei pra ela – que é uma bobinha muito metida... Bert nunca ligou pra mulheronas... Cê já viu ele depois qu'ele voltou?... Os olhos dele... são tão azuis... Que nem piscina... Os do Gert também... Os dois têm os mesmos olhos.... A gente olha pra eles... E os dois têm os mesmos dentes... Ah, ele tem os dentes tão brancos, tão bonitos.... O Gert também.... Mas os dele, quando ele ri... são meio tortos...".

Jorrou água... A maré, espumando e retrocedendo, pôs a sequência a descoberto: "Mas bem que ele devia ter mais cuidado. Se pegarem ele fazendo isso, vão levar ele pro conselho de guerra...". Rolou então outro aguaceiro no compartimento do lado. A maré, no lugar da aguada, parecia jamais parar de fluir e refluir. Ela deixa de fora esses peixinhos; e sobre eles se derrama. Quando reflui, lá estão de novo os peixes, com seu odor fétido e forte, com seu estranho cheiro de peixe que parece permear todo o lugar da aguada.

Porém à noite o aspecto da cidade é de todo etéreo. Há um brilho branco no horizonte. Há brincos de argola e diademas nas ruas. A cidade submerge. E nas mimosas lanternas decorativas somente sobressai seu esqueleto.

Notas

Abreviaturas usadas nas notas

VW	Virginia Woolf
CE I–IV	*Collected Essays*, vols. I–IV, org. Leonard Woolf (Londres: Chatto & Windus, 1966-67)
D I–V	*The Diary of Virginia Woolf*, vols. I–IV, org. Anne Olivier Bell (Londres: The Hogarth Press, 1977-84)
HH	*Haunted House and Other Short Stories*, org. Leonard Woolf (Londres: The Hogarth Press, 1944)
JR I–III	Hológrafo de *Jacob's Room*, partes I–III, Berg Collection
L I–VI	*The Letters of Virginia Woolf*, vols. I–VI, org. Nigel Nicolson (Londres: The Hogarth Press, 1975-80)
MDP	*Mrs. Dalloway's Party: A Short Story Sequence by Virginia Woolf*, org. Stella McNichol (Londres: The Hogarth Press, 1973)
MHP	*Monks House Papers*, B2e, caderno hológrafo (University of Sussex)
MT	*Monday or Tuesday* (Londres: The Hogarth Press, Nova York: Harcourt, Brace and Co., 1921)
NW	*Notes for Writing*, caderno hológrafo (Berg Collection); transcrição da seção intitulada "Notes for Stories" publicada em *Virginia Woolf: To The Lighthouse, The Original Holograph Draft*, transcr. e org. por Susan Dick (Toronto: University of Toronto Press, 1982)
QB	Quentin Bell, *Virginia Woolf: A Biography*, vol. I (Londres: The Hogarth Press, 1972)
VWE I–VI	*The Essays of Virginia Woolf*, vols. I–VI, org. Andrew McNeillie (Londres: The Hogarth Press, Nova York: Harcourt Brace Jovanovich, 1986-92)

[Phillys e Rosamond]
(Phyllis and Rosamond)

O texto desta edição é o do hológrafo, que está datado de "quarta-feira. 20-23 de junho de 1906".

1. Neste e nos demais contos, os colchetes indicam ou a inclusão de palavras suprimidas no original pela autora, mas que entretanto beneficiavam a leitura, neste caso específico servindo de título; ou constituem hipóteses prováveis para as palavras de leitura duvidosa nos manuscritos.
2. Presumivelmente *sir* Thomas acabara de narrar a história do sexto conde de Mayo, que foi designado vice-rei da Índia em 1868 e assassinado nas ilhas Adaman em 1872.
3. As roupas elegantes usadas pelas mulheres retratadas por George Romney (1734-1802) estariam fora de moda e certamente deslocadas na festa dos Tristrams.

O misterioso caso de *miss* V.
(The Mysterious Case of Miss V.)

O texto desta edição é o do hológrafo não datado. O conto foi escrito com o mesmo tipo de caneta e tinta e no mesmo tipo de papel de [Phyllis e Rosamond] e [O diário de *mistress* Joan Martyn], datando também provavelmente do verão de 1906.

No final riscado, depois que a porta é aberta pela empregada, a narradora diz: "Fui logo entrando e vi Mary V. sentada à mesa". Isso foi substituído pela notícia da morte de *miss* V.

[O diário de *mistress* Joan Martyn]
(*The Journal of Mistress Joan Martyn*)

[O diário de mistress Joan Martyn] foi escrito em agosto de 1906, quando VW e sua irmã se hospedaram no Blo'Norton Hall, em East Harling, Norfolk. Ela descreve a casa elisabetana, o campo e o manuscrito que aí escreveu em cartas a Violet Dickinson (ver L-I, 233-5).

O texto desta edição é o do rascunho hológrafo, sem título e sem data. Os erros ortográficos de VW foram corrigidos, e também substituiu-se por "e" o "&" comercial que ela usou.

1. *The Paston Letters*: 1422-1509, organizado por James Gairdner (Londres, 1904), 6 vols. Ver o ensaio de VW "The Pastons and Chaucer", *Common Reader: First Series* (Londres, 1925; 1984), reimpresso em CE-III.
2. Se VW tivesse revisto este conto, notaria sem dúvida as incoerências entre as datas nele contidas.
3. VW provavelmente se refere aqui a *Temple of Glass*, de John Lydgate, que ela parece ter confundido com *Troy-book*, do mesmo autor.

[Um diálogo no monte Pentélico]
(*A Dialogue upon Mount Pentelicus*)

O texto desta edição é o do original datilografado, sem título e sem data. A única lauda hológrafa que subsiste (numerada 2) assemelha-se ao ensaio de VW "A Vision of Greece", até hoje inédito, que ela datou de 27 de junho de 1906 (*MHP*). VW viajou à Grécia em setembro de 1906, com sua irmã Vanessa e seus irmãos Thoby e Adrian. Em sua estada lá, manteve um diário no qual descreve a subida ao monte Pentélico, que empreenderam juntos, e o encontro deles com dois monges. Não se sabe ao certo quando escreveu o conto. Ela voltou para Londres em novembro, encontrando Thoby, que regressara mais cedo, com a febre tifoide que o matou em 20 de novembro. O aparecimento da lauda hológrafa e a referência inicial à visita à Grécia "não há muitas semanas" sugerem que o conto foi escrito logo depois de seu regresso, embora ela o possa ter datilografado mais tarde.

1. No monte Pentélico situavam-se as pedreiras do mármore do Partenon, cuja construção foi supervisionada pelo escultor grego Fídias. O nome de Karl Baedeker tornou-se sinônimo de seus guias de viagens, de uso então generalizado.
2. Thomas Love Peacock (1785-1866) foi um satirista, ensaísta e poeta, cujas sátiras em prosa serviram de modelo para a forma de diálogo usada aqui por Woolf.
3. Como modelos dos que aqui falam, pode-se identificar Thoby Stephen, cujo recente título de *Master of Arts* o habilitava a votar contra o ensino compulsório de grego em Cambridge, e Adrian Stephen, que teve um "sofrível *Bachelor of Arts*".

Memórias de uma romancista
(*Memoirs of a Novelist*)

VW planejou fazer de "Memórias de uma romancista", escrito em 1909, o primeiro de uma série de retratos fictícios. Submeteu-o a *Cornhill Magazine*, mas o editor, Reginald Smith, rejeitou-o. (Ver L-I, 413, e QBI, 153-4.)

O texto desta edição é o do original datilografado de VW, com revisões hológrafas.

Tanto *miss* Linsett quanto *miss* Willat são imaginárias.

1. Christoph Christian Sturm, *Beauties of Nature Delineated* (Londres, 1800).
2. Colchetes de VW.
3. William Bright, *A History of the Church* (Londres, 1860).
4. William Wordsworth, "Lines Composed a Few Miles Above Tintern Abbey".
5. Uma série de romances escritos por *sir* Walter Scott (1771-1832).
6. Harriet Martineau (1802-76), romancista e jornalista, cuja defesa das reformas sociais e cujas opiniões antiteológicas o anônimo crítico pode ter em mente.

A marca na parede
(The Mark on the Wall)

"A marca na parede" foi publicado em julho de 1917, junto com o conto "Three Jews", de Leonard Woolf, em *Two Stories*, a primeira publicação da Hogarth Press. Em junho de 1919, foi publicado (com ligeiras alterações) numa edição em separado; incluído (com novas alterações) em *MT* e reimpresso em *HH*.

O texto dado aqui é o de *MT*.

As alterações feitas por VW, quando o conto foi reimpresso em 1919 e 1921, são de caráter estilístico: ela modificou um pouco a pontuação, trocou palavras de algumas frases e suprimiu várias passagens curtas. A mais extensa dessas é dada abaixo, na nota 1.

1. Em *Two Stories* e na edição de 1919 esta frase é seguida por: "Mas eu sei como é uma dona de casa, uma mulher com perfil de policial, com aqueles botõezinhos redondos pregados até mesmo no debrum de sua sombra, uma mulher de vassoura em punho, polegar sobre molduras de quadros e olho embaixo das camas, que sempre fala de arte. Cada vez ela está chegando mais perto; e agora, apontando para certas manchas amareladas de ferrugem no guarda-fogo da lareira, torna-se tão ameaçadora que, para livrar-me dela, terei de me levantar e ver por mim mesma o que essa marca...

    Mas não. Nego-me a ser vencida. Não vou me mexer. Não vou reconhecê-la. Vejam, ela já desaparece. Já estou quase livre dela e de suas insinuações, que posso ouvir com toda a nitidez. Envolve-a entretanto o patético de todas as pessoas desejosas de chegar a um acordo. E por que deveria indignar-me eu com o fato de ela ter em sua casa alguns livros e um ou dois quadros? Mas o que realmente me indigna é ela indignar-se comigo – sendo a vida afinal uma questão de ataque e defesa. Noutra ocasião eu resolverei isso com ela, agora não".
2. Provável referência a "The Peerage of the United Kingdom", que está incluído no *Almanack* de Whitaker.
3. Muitas das populares pinturas de *sir* Edwin Henry Landseer (1802-73) foram reproduzidas em gravuras em metal por seu irmão Thomas (1795-1880).

Kew Gardens

Katherine Mansfield parece referir-se a um esboço de "Kew Gardens" em sua carta de agosto de 1917 a VW: "Sim, seu Canteiro de Flores é *muito* bom. Por todo ele há uma luz serena, trêmula e cambiante, e a impressão de que os casais estão se dissolvendo no brilho da atmosfera, que me fascinam" (citada em Antony Alpers, *The Life of Katherine Mansfield*, Nova York, 1980, p. 251). A primeira referência a "Kew Gardens" na correspondência de VW ocorre numa carta escrita a Vanessa Bell, em 25 de julho de 1918: "O conto parece estar muito ruim agora, e não merece ser impresso, mas vou mandá-lo para você, se você quiser – achei que eu poderia talvez reescrevê-lo. Penso escrever muitas coisas curtas em Asheham e gostaria que você considerasse a hipótese de ilustrar todas elas" (*L*-II, 255). Ela se refere de novo a ilustrações de Vanessa para "Kew Gardens" em cartas escritas em 1º de julho, 8 de julho e 7 de novembro. "Kew Gardens" foi publicado pela Hogarth Press em 12 de maio de 1919, com duas xilogravuras de Vanessa Bell. Uma segunda edição saiu em junho de 1919 e, em novembro de 1927, uma terceira. Todas as 22 páginas da terceira edição contêm belos ornatos por Vanessa. "Kew Gardens" foi incluído em *MT* e *HH*.

O texto dado aqui é o da terceira edição.

Existe apenas uma diferença considerável entre os textos publicados de "Kew Gardens". "Wished" [= desejava], no fim do segundo parágrafo, tornou-se "wanted" [= queria] na terceira edição.

Subsiste um original datilografado e sem data de "Kew Gardens", com correções hológrafas de VW. Foram principalmente estilísticas as alterações que ela fez antes de o conto ser publicado: palavras reordenadas em frases, frases acrescentadas ou cortadas, verbos mudados do presente para o passado. A variante mais extensa é dada abaixo. A passagem não está riscada no original datilografado e pode ter sido omitida por engano.

   1. A passagem que se segue precede o próximo parágrafo: "No ar quente e parado ao seu redor elas fizeram um mosaico daquelas pessoas e daqueles artigos, cada mulher comprimindo firmemente sua própria contribuição para o desenho, nunca tirando os olhos dele, nunca os desviando para os fragmentos de cores diferentes tão insistentemente cravados no

lugar por sua amiga. Mas nessa competição a mulher miúda, fosse por maioria de parentes ou superior fluência verbal, sagrou-se vitoriosa, e a pesadona caiu por força em silêncio.

Ela continuou: – Nell, Bert, Lot, Cess, Phil, Pa. Ele diz, eu diz, Ela diz, eu diz eu diz eu diz...".

Noite de festa
(*The Evening Party*)

Tanto o estilo quanto o aparecimento dos rascunhos datilografados deste conto sugerem que ele pertence ao período em que VW estava escrevendo as obras que ela incluiu em MT. Sua referência ao "conto sobre a festa", numa carta de 26 de julho de 1918 a Vanessa Bell, pode dizer respeito a este (*L*-II, 262). O professor, no conto, talvez seja um precursor do professor Brierly, que aparece brevemente em *Mrs. Dalloway*. VW pode ter considerado reelaborar o conto em 1925; em 6 de janeiro ela anotou em seu diário que entre os contos que estava então "concebendo" incluíam-se "o professor sobre Milton – (uma tentativa de crítica literária) e agora 'A interrupção', mulheres falando sozinhas" (*D*-III, 3). Referências, nas "Anotações para contos" que ela fez em 6 e 14 de março de 1925, ao "professor Brierly" e a um conto que seria "uma conversa emocionante, toda, ou quase toda, em diálogo", podem também dizer respeito a este (*NW*).

Há dois originais datilografados sem data de "Noite de festa", ambos com alterações hológrafas, que chamei de rascunhos A e B. VW incorpora ao segundo a maioria das alterações hológrafas feitas no primeiro. No rascunho A, o título "The Evening Party", datilografado, foi mudado para "A Conversation Party". Mas o título original aparece na folha de rosto do rascunho B. Excetuadas as duas primeiras laudas (com os sete primeiros parágrafos), que faltam no rascunho B. O texto desta edição é o do rascunho B.

1. P.B. Shelley, "Stanzas – April, 1814".
2. No rascunho A, a palavra "correction" [= correção] está riscada e, por cima, escrito "interruption" [= interrupção].

Objetos sólidos
(*Solid Objects*)

Em 26 de novembro de 1918, VW descreveu a Vanessa Bell a abertura de "Objetos sólidos", que disse estar começando a escrever então (*L*-II, 299). O conto foi publicado em *The Athenaeum* em 22 de outubro de 1920. Logo depois de sua publicação, VW agradeceu a Hope Mirrlees por elogiá-lo e acrescentou: "Foi escrito muito depressa, mas achei que tinha algum interesse, como modo de narrar um conto..." (*L*-VI, 497).

"Objetos sólidos" foi reimpresso em *HH*. O texto desta edição é o de *The Athenaeum*.

Condolência
(*Simpathy*)

Apesar de o original datilografado (com alterações hológrafas) de "Condolência" estar sem data, a referência feita no conto à terça-feira, 29 de abril, valida a hipótese de que tenha sido escrito na primavera de 1919 (quando o dia 29 de abril caiu numa terça-feira). VW usou uma passagem de "Condolência" em "Segunda ou terça" (ver nota 2). Uma versão muito mais curta de "Condolência", intitulada "Morte no jornal", foi escrita provavelmente em janeiro de 1921. O texto desta edição é o do original datilografado.

1. Não está claro se, ao colocar esta passagem entre colchetes, VW tencionava suprimi-la.
2. Ver "Segunda ou terça", p. 183.
3. As duas últimas frases substituem o seguinte final riscado: "Você então quer me dizer que Humphrey afinal está vivo, que você nunca abriu a porta do quarto nem colheu as anêmonas, e que eu falei em vão tudo isso; que a morte nunca esteve atrás da árvore; e que eu vou jantar com você, com anos e mais anos para fazer perguntas sobre os móveis. Humphry Humphry, você deveria ter morrido!" [Antes de suprimir toda a

passagem, VW riscou a última frase e substituiu-a por:] "Oh, por que você me enganou?".

Um romance não escrito
(*An Unwritten Novel*)

Uma referência de VW a "Um romance não escrito", numa anotação em seu diário em 26 de janeiro de 1920, sugere ter sido escrito por essa época o conto (*D*-II, 13), que foi publicado no *London Mercury* em julho de 1920, incluído (com ligeiras alterações) em *MT* e reimpresso em *HH*.

O texto desta edição é o de *MT*. Os colchetes no texto são de VW.

As alterações de VW consistiram na supressão de três breves passagens que são dadas nas notas 3, 4 e 5, abaixo. As passagens suprimidas são as que estão entre asteriscos.

1. O Tratado de Versalhes, assinado em Paris em 28 de junho de 1919, entrou em vigor em 10 de janeiro de 1920.
2. Paulus Kruger (1825-1904), líder dos bôeres em sua rebelião de 1880 contra a Grã-Bretanha e subsequentemente presidente do Transvaal, contrasta fortemente com o amado príncipe Albert (1819-1861) da rainha Vitória, cujo fervoroso cristianismo assumiu uma forma muito menos agressiva.
3. (...) transbordam de fitas *ao longo dos balcões*.
4. (...) parece que adiantava lavar. *Você pega a esponja e a pedra-pomes, você esfrega e raspa, você se contorce e enxágua; não tem jeito – deixe eu tentar; mas eu também não alcanço – o lugar entre os ombros – só água fria – por que ela relutaria nisso?*
5. (...) oposto. *(Não aguento espiá-la!)*

Casa assombrada
(*A Haunted House*)

"Casa assombrada" foi publicado em MT e reimpresso em HH. O texto desta edição é o de MT.

Uma sociedade
(*A Society*)

VW anotou em seu diário, em 26 de setembro de 1920, que estava "escrevendo um texto sobre mulheres, em enérgica reação às opiniões adversas de mr. Bennett reportadas nos jornais" (D-II, 69). Tais "opiniões adversas" não foram localizadas em nenhum jornal, mas "Uma sociedade" pode ser em parte uma resposta fictícia às opiniões de Bennett sobre a inferioridade intelectual das mulheres, expressas em *Our Women*, frequentemente resenhado na época. As duas cartas de protesto de VW ao "Affable Hawk", junto com suas cáusticas observações sobre a "Plumage Bill", também antecipam "Uma sociedade" (ver D-II). Subsiste um original datilografado do conto, incompleto e não datado, com revisões hológrafas. "Uma sociedade" foi publicado em MT, fonte desta edição. Nunca foi reimpresso.

1. Alusão ao célebre embuste do *Dreadnought* (fevereiro de 1910), quando VW e seis cúmplices disfarçaram-se como o imperador da Abissínia e seu séquito para fazer uma visita oficial ao *Dreadnought*, navio da esquadra real inglesa. Ver QB-I, 157-161, e seu Apêndice E.
2. Alfred Lord Tennyson, "Break, Break, Break".
3. Robert Louis Stevenson, *Underwoods*, "Requiem", XXI.
4. Robert Burns, "It was a' for our Rightfu' King".
5. Provável alusão a *Hymn to Proserpine*, de A.C. Swinburne: "O louro é verde por uma estação, e o amor é doce por um dia; / Mas o amor torna-se amargo com a traição, e o louro não resiste ao fim de maio".
6. Thomas Nashe, "Spring".
7. Robert Browning, "Home-Thoughts from Abroad".

8. Charles Kingsley, "The Three Fishers".
9. Alfred Lord Tennyson, "Ode on the Death of the Duke of Wellington".

Segunda ou terça
(*Monday or Tuesday*)

"Segunda ou terça" foi escrito em algum momento após 31 de outubro de 1920 (ver *L*-II, 445). O título também ocorre como uma frase em "Modern Fiction" (1925), na descrição por VW do modo como as impressões recebidas "por um espírito comum num dia comum... modelam-se na vida de segunda ou terça" (ver *The Common Reader: First Series* [Londres, 1925,1984] *CE*-II e *VWE*-IV). "Segunda ou terça" foi publicado em *MT* e reimpresso em *HH*. O texto desta edição é o de *MT*.

1. Esta passagem se origina em "Condolência". Ver p. 146 e nota 2.

O quarteto de cordas
(*The String Quartet*)

Em 9 de março de 1920, VW escreveu em seu diário: "fui a Campden Hill [no domingo] para ouvir o quinteto de Schubert" e "tomar notas para o meu conto" (*D*-II, 24). Um esboço de parte da conclusão de "O quarteto de cordas" encontra-se em *JR*-II e parece ter sido escrito em janeiro de 1921. Três páginas de um rascunho datilografado com revisões hológrafas também subsistem. "O quarteto de cordas" foi publicado em *MT* e reimpresso em *HH*. O texto dado aqui é o de *MT*.

1. Ver "Um romance não escrito", nota 1.
2. Os três breves parágrafos que se seguem neste ponto no texto publicado substituem o seguinte parágrafo do original datilografado: "Eu levava as luvas comigo com a impressão de estar levando meu corpo. Há muito pouco a ser dito após um movimento lento de Mozart. Juntos fomos ao fundo; e juntos, quando a última ondulação cede à uniformidade, despertamos,

lembramos, cumprimentamo-nos. – Mas eu não sei. É mais simples do que isso; mais inteiro; mais intenso. Oh, muito mais intenso! Todos os nervos não estão ainda vibrando, como se o arco tivesse tocado neles? Não ficamos meio fora do corpo e meio fora da mente, ainda instados à soltura, a dançar livres, e surpreendidos, quando a música para, longe de casa? Mas há apenas um movimento mais, e assim, pelo amor de Deus, olhe para tudo, os rostos, os móveis, os quadros na parede, olhe pela fresta da cortina e veja o galho à luz da lâmpada. Junte todos os fragmentos deste belo e emocionante universo. Ouça; comunique-se".

Azul e verde
(*Blue & Green*)

"Azul e verde" foi publicado em *MT*, fonte do texto desta edição, e nunca reimpresso.

Uma escola de mulheres vista de fora
(*A Woman's College from Outside*)

Um esboço deste conto (provavelmente escrito em julho de 1920) encontra-se em *JR-1*, onde é o capítulo x. O original datilografado, não datado e com revisões hológrafas, apresenta *Jacob's Room* escrito no alto e depois riscado, também no alto leva um x e suas laudas estão numeradas de 47 a 52, sugerindo assim que VW ainda tencionava usá-lo em *Jacob's Room*. O "capítulo" não foi incluído no romance, porém, mas sim publicado em novembro de 1926, com o mesmo título de agora, em *Atalanta's Garland: Being the Book of the Edinburgh University Women's Union*. As referências de VW a Angela como "Miranda", quatro vezes no hológrafo e uma vez no original datilografado, sugerem uma ligação entre a jovem deste conto e a Miranda de "No pomar".

"Uma escola de mulheres vista de fora" foi reimpresso em *Books and Portraits*. O texto desta edição é o de *Atalanta's Garland*.

No pomar
(*In the Orchard*)

VW se referiu a "No pomar" como conto numa carta escrita a Katherine Arnold-Forster, em 23 de agosto de 1922 (*L*-II, 549). "No pomar" foi publicado em *Criterion*, abril de 1923, e reimpresso sem alterações em *Broom* (setembro de 1923) e em *Books and Portraits*. O texto desta edição é o de *Criterion*.

Mrs. Dalloway em Bond Street
(*Mrs. Dalloway in Bond Street*)

Referências a este conto aparecem em cartas e no diário de VW entre 14 de abril e 28 de agosto de 1922. Em 6 de outubro ela fez um esboço de um livro a ser intitulado "At Home: or The Party", no qual "*Mrs*. Dalloway em Bond Street" figurava como o primeiro capítulo (*JR*-III). Em 14 de outubro, anotou que o conto tinha "se ramificado num livro" (*D*-II, 207). VW enviou "Mrs. Dalloway em Bond Street" a T.S. Eliot (então editor de *Criterion*) em 4 de junho de 1923, embora anotasse que "'Mrs. Dalloway', não me parece estar completo, tal como está" (*L*-III, 45). Subsiste um original datilografado sem data e com revisões hológrafas. "*Mrs*. Dalloway em Bond Street" foi publicado em *Dial*, em julho de 1923, e reimpresso em *MDP*. O texto dado aqui é o de *Dial*.

1. A segunda ordem nobiliárquica mais importante da Inglaterra, que data da Baixa Idade Média (c. 1400), e cujo nome é devido à lavagem ritual por que passam seus membros. Tal lavagem inspira-se no ritual do batismo, e simboliza um processo de purificação espiritual. [N.E.]
2. Aqui e nas pp. 217 e 220-21, Clarissa se lembra de versos da estrofe XL do poema "Adonais", de P.B. Shelley, poema que também cita em *The Voyage Out* (1915), onde surge pela primeira vez na obra de VW.

> *Do contágio da mancha lenta do mundo*
> *Ele está a salvo, e não mais pode lamentar agora*
> *Um coração que esfria, uma cabeça que embranquece em vão.*

3. Edward Fitzgerald, "The Rubáiyát of Omar Khayyám" (1ª ed., XXI).
4. O herói do romance *Mr. Sponge's Sporting Tour* (Londres, 1853), de R. S. Surtee, é chamado de "Soapey Sponge" por seus "bondosos amigos".
5. Ao se lembrar do romance *Cranford* (Londres, 1853), de Elizabeth Gaskell, Clarissa liga o nome que os garotos de Cranford dão à primeira sombrinha de seda vermelha que veem – "uma vara de saia" – à vaca de *miss* Betsy Barker, que anda coberta de flanela cinzenta depois de ter perdido o pelo ao cair num tanque de cal para curtume.
6. Aqui e na p. 222, Clarissa se lembra de versos da canção de *Cymbeline*, IV, II, de William Shakespeare.
7. O artista norte-americano John Sargent (1856-1925) pintou muitos retratos de mulheres da alta sociedade.

A cortina da babá Lugton
(*Nurse Lugton's Curtain*)

Um rascunho hológrafo deste conto acha-se no volume II do hológrafo de *Mrs. Dalloway*, pp. 104-06, e foi escrito provavelmente no outono de 1924. Sem título, o conto interrompe a cena na qual Septimus observa Rezia costurando um chapéu para a filha de *mrs*. Filmer. Na p. 107 do hológrafo, VW retorna a esta cena.

Um original datilografado do conto, sem data, com alterações hológrafas e intitulado "Nurse Lugton's Curtain", foi descoberto recentemente entre os *Charleston Papers* depositados na Biblioteca do King's College, Cambridge. O original datilografado, versão revista do rascunho hológrafo, é o texto desta edição.

Em seu prefácio para a edição da Hogarth Press, Leonard Woolf diz que o conto foi escrito para a sobrinha de VW, Ann Stephen, quando ela estava em visita à tia no campo. Como observa Anne Olivier Bell, a alusão de VW, em seu diário, a um dos ditos de Babá Lugton sugere que ela "possa ter tido existência real na residência dos Stephens" (ver *D*-V, 246 e nota 5).

A viúva e o papagaio: uma história verídica
(*The Widow and the Parrot: A True Story*)

"A viúva e o papagaio" foi publicado pela primeira vez em *The Charleston Bulletin*, jornal produzido pelas crianças Bell em Charleston, na década de 1920. Mais tarde, o conto alcançou público mais amplo ao sair em *Redbook Magazine* (julho de 1982) e, posteriormente, numa edição ilustrada por Julian Bell, sobrinho-neto de VW (The Hogarth Press, 1988).

VW deu cor local à sua história "verídica" ao situar a casa do irmão da viúva perto de Monks House, a casa na aldeia de Rodmell para a qual os Woolfs se mudaram ao saírem de Asheham House em setembro de 1919. O reverendo James Hawkesford, que tenta consolar *mrs.* Gage, foi vigário de Rodmell entre 1896 e 1928. Ele parece ter contribuído também para o personagem *mr.* Pember, o vigário do tardio esboço "*Miss* Pryme", de VW.

O vestido novo
(*The New Dress*)

A posição do rascunho hológrafo de "O vestido novo" nos manuscritos de VW sugere que ele foi escrito no começo de 1925. VW listou-o nas "Anotações para contos" que fez em 6 e 14 de março de 1925 (NW), e parece que o tinha em mente quando escreveu em seu diário em 27 de abril de 1925: "Mas minha reflexão atual é que as pessoas têm uma indefinida quantidade de estados de consciência: e eu gostaria de investigar a consciência de festa, a consciência de indumentária etc" (D-III, 12). Em 5 de julho de 1925 ela disse a H.G. Leach, editor de *Forum* (Nova York), que estava então terminando o conto (L-III, 193). Subsiste um original datilografado sem data e com alterações hológrafas. "O vestido novo" foi publicado em *Forum*, em maio de 1927, e reimpresso em *HH* e *MDP*. O texto desta edição é o de *Forum*.

> 1. Provável alusão ao conto "O duelo", de Anton Tchekhov: "... e parecia a Nádia Fiodorovna que, como uma mosca, ela vivia a cair na tinta e a se

arrastar de novo para fora e para a luz". Mabel poderia ter em mente também o conto "A mosca" (1922; ver *Contos*, KM, Cosac Naify, 2005), de Katherine Mansfield, no qual figura outra mosca a se debater.

2. Ver Anton Tchekhov, "O duelo": "Laevsky... tinha tentado assumir sempre um ar de ser mais alto e melhor do que eles. Mentiras, mentiras, mentiras".

3. Boadiceia foi a impetuosa rainha de uma antiga tribo de bretões que liderou uma revolta contra os romanos, foi derrotada e suicidou-se.

Felicidade
(*Happiness*)

Um rascunho hológrafo das páginas de abertura de "Felicidade", datado de segunda-feira, 16 de março [de 1925], segue-se a "O vestido novo" no caderno de manuscritos de VW. O conto também está listado depois de "O vestido novo" nas "Anotações para contos" que ela fez em 6 e 14 de março de 1925 (NW). O texto desta edição é o do original datilografado, sem data e com alterações hológrafas, que parece ser constituído de páginas de dois rascunhos separados.

1. Mrs. Sutton aspira a ter tanto sucesso quanto Sarah Kemble Siddons (1755-1831), a mais famosa atriz inglesa de sua época.

Antepassados
(*Ancestors*)

Nas anotações que VW fez em 6 de outubro de 1922 para um livro a ser intitulado "At Home: or The Party", "Antepassados" é listado como o terceiro capítulo (JR-III). Ela esboçou o tema de "Antepassados" e listou-o depois de "Felicidade" nas "Anotações para Contos" que escreveu em 14 de março de 1925 (NW). O rascunho hológrafo está datado de 18 e 22 de maio de 1925. Subsiste também um original datilografado sem data da página de abertura, com alterações hológrafas. "Antepassados" foi publicado em *MDP*.

Os primeiros cinco parágrafos do texto desta edição são uma transcrição do original datilografado; o restante é uma transcrição do hológrafo.

A apresentação
(*The Introduciton*)

Nas "Anotações para contos" escritas em 14 de março de 1925, VW se refere a um sobre "A moça que tinha escrito um ensaio acerca do caráter de Bolingbroke conversando com o rapaz que destrói uma mosca enquanto fala" (NW). "A apresentação" está listado nessas anotações imediatamente após "Antepassados", e um rascunho hológrafo do conto segue-se a "Antepassados" no caderno de manuscritos de VW. Subsiste também um original datilografado com alterações hológrafas.

"A apresentação" foi publicado em *Sunday Times Magazine* (18 de março de 1973) e em *MDP*.

O texto desta edição é o do original datilografado.

> 1. Neste ponto, VW suprimiu a seguinte passagem do original datilografado: "Na linha direta que vem de Shakespeare ela pensou e parlamentos e Igrejas pensou ela, oh e os fios telegráficos pensou também, e ostentosa e deliberadamente pediu a mr. Brinsley para acreditar implicitamente nela quando lhe ofereceu seu ensaio sobre o caráter do deão Swift para ele fazer com isso o que bem quisesse – espezinhá-lo e destruí-lo – pois como poderia uma simples criança compreender mesmo por um instante o caráter do deão Swift".

Juntos e à parte
(*Together and Apart*)

A caracterização de Roderick Serle por VW provavelmente deve alguma coisa às suas lembranças de Bernard Holland, a quem ela encontrou pela primeira vez na casa dele em Canterbury (ver *D*-III, 245-7). Um rascunho hológrafo deste conto, intitulado "The Conversation", segue-se a "A apresentação" no caderno de manuscritos de VW. Subsiste também um original datilografado, sem data, com alterações hológrafas e com o título "The Conversation" riscado e tendo escrito por cima "Juntos e à parte". Este conto foi publicado em *HH* e *MDP*. O texto dado aqui é o do original datilografado.

1. A mais antiga ordem nobiliárquica da cavalaria secular, criada em 1348.
2. Estas são as últimas palavras do personagem-título em *Marmion*, VI (XXXII), de *sir* Walter Scott.

O homem que amava sua espécie
(*The Man Who Loved His Kind*)

Um rascunho hológrafo deste conto, com o título "Lovers of their Kind" escrito por cima do título não suprimido "O homem que amava sua espécie", segue-se a "Juntos e à parte" no caderno de manuscritos de VW. Subsiste também um original datilografado com alterações hológrafas, intitulado "O homem que amava sua espécie". O conto foi publicado em *HH* e *MDP*. O texto desta edição é o do original datilografado.

Uma simples melodia
(*A Simple Melody*)

As referências de VW, nas anotações que ela fez, em 6 e 14 de março de 1925, a um conto sobre um quadro podem antecipar "Uma simples melodia" (*NW*). Um rascunho hológrafo deste conto segue-se a "O homem que amava sua espécie" em seu caderno de manuscritos. Nenhum original datilografado foi encontrado. O texto dado aqui é o do hológrafo.

1. Provável alusão à Exposição do Império Britânico realizada no Wembley Park (Londres) de abril a outubro de 1924. Ver o ensaio de VW "Thunder

at Wembley", *Nation & Athenaeum*, 28 de junho de 1924, reimpresso em CE-IV e VWE-III.
2. A rainha Mary foi a esposa de George V, rei de 1910 a 1936.
3. Ver "O vestido novo".
4. Ver "Felicidade".
5. Ver "O homem que amava sua espécie".
6. John Crome (1768-1821) foi proeminente na escola de pintura de Norwich.

Uma recapitulação
(*A Summing Up*)

Um rascunho hológrafo com três páginas da última parte de "Uma recapitulação" segue-se a "Uma simples melodia" no caderno de manuscritos de VW. Subsiste também um original datilografado com alterações hológrafas. O hológrafo contém um parágrafo final que não está no original datilografado, e isso sugere que a última lauda do original datilografado possa estar faltando. Esse parágrafo foi incluído no texto do conto. "Uma recapitulação" foi publicado em *HH* e *MDP*.

O texto desta edição é o do original datilografado, com o parágrafo de conclusão extraído do hológrafo.

Momentos de ser: "pinos de telha não têm pontas"
(*Moments of Being: "Slater's Pins Have No Points"*)

Em 5 de setembro de 1926, quando revia as últimas páginas de *To the Lighthouse*, VW registrou em seu diário que, "como de hábito, contos secundários estão brotando em grande variedade enquanto eu termino isso: um livro de personagens; sendo a corda toda puxada a partir de uma simples frase, como a de Clara Pater: 'Você não acha que os pinos de telha não têm pontas?'" (D-III, 106). Suas ideias sobre "alguma vida semimística muito profunda de uma mulher", talvez contida em "um incidente – digamos, a queda de uma flor", registradas em seu diário em 3 de novembro de 1926, podem também estar ligadas a este conto (*D*-IIII, 118). Em 8 de julho de 1927 ela disse à também escritora Vita Sackville-West: "Acabei de escrever, ou reescrever, um saboroso continho sobre safismo, para os americanos". Em 14 de outubro ela se referiu a "sessenta libras recém-recebidas da América por meu continho safista, cuja clara intenção o editor não viu, embora andasse procurando por ela nos Adirondacks" (*L*-III, 397 e 431). "Pinos de telha não têm pontas" foi publicado em *Forum* (Nova York), janeiro de 1928. E impresso em *HH* com a expressão "Momentos de ser", que figura no original datilografado, reintegrada ao título. O texto desta edição é o de *Forum*, com o título restaurado na íntegra.

A dama no espelho: reflexo e reflexão
(*The Lady in the Looking-Glass: A Reflection*)

Em 28 de maio de 1929 VW anotou em seu diário que não sentia "nenhum grande impulso" para começar "The Moths" [*The Waves*]. "Todas as manhãs escrevo um pequeno esquete", acrescentou ela, "para me divertir" (*D*-III, 229). O mais antigo dos dois originais datilografados de "A dama no espelho: reflexo e reflexão" está datado de 28 de maio de 1929. (O segundo está sem data.) Incorpora-se ao conto uma cena da qual VW se lembrou depois de sua visita, em julho de 1927, a Ethel Sands na Normandia. Em 20 de setembro de 1927, ela anotou em seu diário: "Quantos continhos vêm-me à cabeça! Por exemplo: Ethel Sands não olhando suas cartas. O que isso implica. Poder-se-ia escrever um livro de significantes cenas breves em separado. Ela não abria suas cartas" (*D*-III, 157). A última frase do primeiro rascunho datilografado é "Isabella não abria suas cartas".

O conto foi publicado em *Harper's Magazine* em dezembro de 1929, em *Harper's Bazaar* (Nova York) em janeiro de 1930 (como "In the Looking Glass"), e reimpresso em *HH*. O texto dado aqui é o de *Harper's Magazine*.

O fascínio do poço
(*The Fascination of the Pool*)

O texto desta edição é o do original datilografado com alterações hológrafas, que está datado de 29 de maio de 1929.

1. A Grande Exposição, realizada no Crystal Palace do Hyde Park, foi inaugurada pela rainha Vitória em 1º de maio de 1851.
2. *Lord* Nelson foi morto ao derrotar a esquadra de Napoleão numa batalha ao largo do cabo Trafalgar, em 21 de outubro de 1805.
3. VW suprimiu aqui "of the great seer" ["do grande vidente"].

Três quadros
(*Three Pictures*)

"Três quadros" foi publicado pela primeira vez em *The Death of the Moth* (Londres, 1942), onde Leonard Woolf assinalou que foi escrito em junho de 1929. A origem do terceiro quadro encontra-se em "A Graveyard Scene", que VW descreveu em seu diário em 4 de setembro de 1927 (D-III, 154). O texto desta edição é o de *The Death of the Moth*.

Cenas da vida de um oficial da Marinha britânica
(*Scenes from the Life of a British Naval Officer*)

Este esquete foi escrito provavelmente no final de 1931. O último título de uma lista de "Caricatures", que VW fez provavelmente em janeiro de 1932, parece ser uma referência a este esquete. "The Royal Navy", listado sob "Caricatures" (junto com "Country House Life" e "The Great Jeweller") numa nota datada de fevereiro de 1932, provavelmente também é uma referência a este esquete (NW). O texto dado aqui é o do original datilografado sem data e com alterações hológrafas.

Miss Pryme

O texto desta edição é o do original datilografado sem data.

1. *Mr.* Pember, o vigário, denota certa semelhança com o reverendo James Hawkesford, de Rodmell, tal como VW o descreve em seu diário em 25 de setembro de 1927 (*D*-III, 159). *Mr.* Hawkesford aparece em pessoa em "A viúva e o papagaio".
2. Henry Malthouse, o dono do bar The Abergavenny Arms, de Rodmell, morreu na primavera de 1933. É o enterro de seu filho que VW descreve em "A graveyard scene". Ver "Três quadros" e *D*-III, 154.
3. A semelhança de *miss* Pryme com Florence Nightingale reside no incansável fervor desta última, militante na área da saúde pública britânica.

Ode escrita parcialmente em prosa ao ver o nome de Cutbush na fachada de um açougue em Pentonville
(Ode Written Partly in Prose on Seeing the Name of Cutbush Above a Butcher's Shop in Pentonville)

O texto desta edição é o do original datilografado com alterações hológrafas, que está datado de 28 de outubro de 1934. As quebras de linhas de VW foram mantidas.

1. O poema cômico de George Gordon, *lord* Byron, "Written after Swimming from Sestos to Abydos" (1812), comemora o dia em que ele atravessou o Helesponto a nado.
2. Frederick Leighton (1830-96), conhecido pintor e escultor inglês, pintou muitas cenas da vida grega e romana.

[Retratos]
[*Portraits*]

O título para este grupo de esquetes vem do terceiro deles, que está encimado por "Retrato 3" no original datilografado. [Retratos] e "Tio Vanya", que a ele se segue, são provavelmente parte de um trabalho em colaboração, intitulado "Faces and Voices", sobre o qual VW e Vanessa Bell trocavam ideias em fevereiro de 1937 (ver *D*–v, 57 e nota 8, 58, 59, 61). Os retratos e "Tio Vanya" foram batidos em papéis branco e azul misturados e, ao que parece, na mesma máquina de escrever. Como os originais datilografados foram preservados em duas coleções, supôs-se a sequência na qual VW os teria organizado. Foi preciso também encontrar títulos para os retratos 4 a 8. Há dois rascunhos datilografados para cada um dos retratos 6 e 8, um em papel azul e outro em papel branco; em ambos os casos, o rascunho branco (o que é apresentado aqui) parece ser uma reelaboração do rascunho azul. Há rascunhos em separado dos demais retratos, todos com alterações hológrafas. O oitavo retrato deriva de "The Broad Brow", um dos "Three Characters" que VW esboçou pela primeira vez em 1930. Outra versão de "Three Characters", uma carta escrita mas não enviada a *New Stateman*, em novembro de 1932, recebeu o título de "Middlebrow" e foi publicada em *The Death of the Moth* (Londres, 1942) e em CE–II (cf. *D*–IV, 129). "Three Characters" foi publicado em *Adam International Review* em 1972.

1. Oscar Wilde (1854-1900) divertia a muitos em Londres, na década de 1890, com o brilho envolvente de sua inteligência.
2. Na década de 1890, faisões eram dados aos cocheiros e condutores de ônibus [a tração animal] que passavam pelas casas da família Rothschild, em Piccadilly, durante a época do Natal. Em reconhecimento aos presentes, eles decoravam seus chicotes e as cordinhas das sinetas com fitas amarelas e azuis, as cores dessa família.
3. Vernon Lee é o pseudônimo literário da escritora Violet Paget (1856-1935). Em 23 de agosto de 1922 VW escreveu a Katherine Arnold-Forster: "Oh, sim, eu me lembro de Vernon Lee, na sala de jantar de Talland House, de casaco e saia, muito parecida com o que ela é hoje – mas isso foi há

trinta anos... Voltei a vê-la dez anos depois, em Florença... e há dois anos, no Clube 1917..." (L-II, 550).
4. Diz-se que Fra Angelico (1387-1455), o grande artista florentino do início do Renascimento, mantinha-se ajoelhado ao pintar uma imagem da Virgem Maria.
5. Ouida é o pseudônimo literário de Marie Louise de la Ramée (1839-1908), romancista inglesa popular e prolífica que viveu a maior parte de sua vida na Itália.

Tio Vanya
(*Uncle Vanya*)

Há três rascunhos datilografados sem data de "Tio Vanya", dois em papel azul e um em papel branco, todos com alterações hológrafas (ver a nota de [Retratos]). O texto desta edição é o do rascunho em papel branco, que parece ser uma versão revista dos outros dois.

Em 16 de fevereiro de 1937 VW assistiu a uma representação da peça *Tio Vanya*, de Anton Tchekhov, cujas cenas finais estão sendo vistas pelos personagens deste esquete (ver D-v, 57). No fim do terceiro ato, Vanya dá dois tiros de revólver em Serebryakov, mas erra o alvo. No ato seguinte, Serebryakov o perdoa e depois sai de cena. A peça termina quando Sonya, tendo em vista o fim de suas vidas, diz ao infeliz Vanya: "Vamos descansar".

Nos dois rascunhos iniciais, os dois tiros frustrados de Vanya lembram à personagem que fala as melodramáticas tentativas de suicídio da condessa Tolstói. "Isso me lembra dos Tolstóis", diz essa personagem. "Ela disparou uma pistola de brinquedo para tentar se matar. E ele partiu" (Rascunho B). Os incidentes aos quais são feitas referências nos rascunhos iniciais estão narrados em *The Final Struggle: Being Countess Tolstoy's Diary for 1910*, trad. A. Maude (Londres, 1936), p. 284 e 341, que VW estava lendo em fevereiro de 1937 (L-VI, 107).

A duquesa e o joalheiro
(*The Duchess and the Jeweller*)

A inclusão de "The Great Jeweller" na lista de "Caricatures" (junto com "Country House Life" e "The Royal Navy") feita por VW, em fevereiro de 1932, sugere que um primeiro rascunho deste conto possa ter sido escrito nessa época (NW). Os dois rascunhos datilografados que subsistem, ambos sem data e com alterações hológrafas, foram feitos provavelmente em agosto de 1937, quando VW preparava o conto para publicação. Em 17 de agosto ela delineou a trama numa carta a Vanessa Bell (*L*–VI, 159). No mesmo dia, anotou em seu diário que havia "tido um momento do velho arroubo – pense só nisso! – ao copiar 'A Duquesa e o Joalheiro/... houve o velho entusiasmo, mesmo nesse pequeno e extravagante lampejo..." (*D*–v, 107). O título no primeiro rascunho datilografado é "Passages in the Life of a Great Jeweller". O segundo rascunho datilografado combina laudas de vários outros.

Ao rever o conto para publicação, VW suprimiu todas as referências diretas ao fato de o joalheiro ser judeu, bem como alguns dos detalhes associados a estereótipos do judeu. No primeiro rascunho datilografado, o joalheiro se lembra de ter sido na infância "um garotinho judeu", ao passo que no segundo rascunho, como no texto publicado, ele se refere simplesmente a "um garotinho". Quando diz a si mesmo: "E ganhei a aposta [*bet*]", em ambos os rascunhos datilografados o narrador acrescenta: "(mas ele pronunciava 'abosta' [*pet*]". E sua recordação de safar-se "em meio às multidões de judias, belas mulheres, com suas pérolas falsas, com suas falsas cabeleiras", no segundo rascunho datilografado, foi reduzida no texto publicado para apenas "em meio às multidões". O nome dele, Theorodoric e depois Isidore Oliver nos rascunhos, tornou-se Oliver Bacon no texto publicado.

VW alterou seu conto por solicitação do agente literário Jacques Chambrun, de Nova York, que aprovara a sinopse feita por ela, mas depois lhe escreveu para dizer que seu cliente (não nomeado) havia rejeitado o conto porque, como "estudo psicológico de um judeu", ele corria o risco de ofender seus leitores. Depois de ulterior correspondência entre os Woolfs e Chambrun, o conto foi publicado em *Harper's Bazaar* (Londres, abril de 1938; Nova York, maio de 1938). (Ver *D*–v, 107, nota 6).

"A duquesa e o joalheiro" foi reimpresso em *HH*. O texto desta edição é o de *Harper's Bazaar*.

A caçada
(*The Shooting Party*)

Em 29 de dezembro de 1931, VW escreveu em seu diário: "Eu poderia escrever um livro de caricaturas. O caso de Christabel do Hall Caines sugeria uma caricatura da vida em casa de campo, com os faisões vermelho-amarronzados..." (*D-IV*, 57). "A caçada" aparece pela primeira vez na lista de "Caricatures" que provavelmente ela fez em janeiro de 1932. Tanto o rascunho hológrafo quanto o primeiro dos dois originais datilografados com revisões hólografas estão datados de 19 de janeiro de 1932. Uma lauda de um rascunho de "A Letter to a Young Poet" (publicada em julho de 1932) precede a última lauda do hológrafo do conto. "Country House Life" aparece na lista de "Caricatures" (com "The Royal Navy" e "The Great Jeweller") escrita em fevereiro de 1932 (*NW*); "CARICATURES: Country House Life" consta da folha de rosto do primeiro original datilografado. O segundo (sem data) parece ser uma combinação de pelo menos dois rascunhos, nenhum dos quais é o definitivo. Os personagens e incidentes da versão final estão presentes nesses rascunhos, mas nenhum deles contém os parágrafos de abertura e encerramento que proporcionam uma moldura ao conto. Em 19 de outubro de 1937, enquanto preparava o conto para publicação, VW escreveu em seu diário: "Ocorreu-me subitamente a noite passada, enquanto eu estava lendo 'A Caçada'... ter visto a forma de um novo romance. É fazer primeiro a exposição do tema: depois a reexposição: e assim por diante: repetindo a mesma história: fixando isto e depois aquilo: até que seja exposta a ideia central" (*D-V*, 114).

"A caçada" foi publicado em *Harper's Bazaar* (Londres e Nova York) em março de 1938 e reimpresso em *HH*. O texto desta edição é o de *Harper's Bazaar*.

Lappin e Lapinova
(*Lappin and Lapinova*)

O jovial comentário de VW à sua irmã, numa carta escrita em 24 de outubro de 1938, de que "o casamento, como de súbito pela primeira vez me dei conta enquanto andava na Praça, reduz a gente a uma servidão detestável. Não tem jeito. Vou escrever uma comédia sobre isso" (L-VI, 294), provavelmente pode ser relacionado a este conto. Em 30 de outubro ela anotou em seu diário que tinha sido "solicitada a escrever um conto para a Harper's" e, em 22 de novembro, que estava "refazendo 'Lappin e Lapinova', um conto escrito acho que em Asheham há vinte anos ou mais: quando eu estava escrevendo 'Night & Day' talvez". Dois dias depois ela se queixava: "E então, oh, a chatice que é escrever um conto para ganhar dinheiro!" (D-v, 183, 188, 189). Em 19 de dezembro ela o relacionou em seu diário entre as obras que havia completado (D-v, 193). E em 18 de janeiro de 1939 anotou com prazer que a *Harper's* aceitara o conto e lhe pagara seiscentos dólares (D-v, 200). "Lappin e Lapinova" foi publicado em *Harper's Bazaar* (Londres e Nova York, abril de 1939) e reimpresso em HH. O texto desta edição é o de *Harper's Bazaar*.

O holofote
(*The Searchlight*)

A evolução incomumente complexa deste conto foi descrita em detalhes por John Graham em "The Drafts of Virginia Woolf's 'The Searchlight'", *Twentieth Century Literature*, 22:4 (dezembro de 1976), 379-93. O incidente central do conto, o garoto a observar o casal pelo telescópio, permanece essencialmente inalterado nos diversos rascunhos, embora o arcabouço da narrativa sofra consideráveis mudanças. O rascunho mais antigo, datilografado e intitulado "What the Telescope Discovered", está datado de 1929. Um hológrafo intitulado "Incongruous Memories" (junho de 1930) e uma versão datilografada dele, com o título "Inaccurate Memories" (8 de dezembro de 1930), são reelaborações desse incidente central.

Um segundo grupo de rascunhos datilografados, com o título "A Scene from the Past", pode ter sido feito bem tardiamente, já em 1941. Nesses rascunhos, VW situa o arcabouço da narrativa em Freshwater, na década de 1860.

"O holofote" emerge num terceiro grupo de rascunhos, um hológrafo datado de 31 de janeiro de 1931 e três versões datilografadas sem data (a última das quais parece ter cunho profissional), todas com correções hológrafas. VW anotou em seu diário em 31 de janeiro: "Escrevi o conto do telescópio do velho

Henry Taylor que durante esses dez anos zumbia em minha cabeça" (*D*-v, 204). Vanessa Bell leu o conto em maio de 1939, elogiando-o por estar "repleto de sugestões para quadros" [Frances Spalding, *Vanessa Bell* (New Haven e Nova York, 1983), p. 309].

"O holofote" foi publicado em *HH*. O texto desta edição é o da última versão datilografada. Além do original dessa versão (com "*mrs*. Woolf, 37 Mecklenburgh Square, London WC1" escrito no alto da primeira lauda por VW), que contém uma correção hológrafa por VW (ver nota 3, abaixo), existe sua cópia a carbono (na qual falta a lauda 3), com alterações feitas a lápis por VW e reforçadas a tinta por Leonard Woolf. Não foram incluídas aqui as alterações que parecem ser apenas de *LW*.

1. O incidente narrado por *mrs*. Ivimey origina-se em *The Autobiography of Sir Henry Taylor* (Londres, 1885), I, 44-45.
2. Esta frase aparece na lauda 3 da versão datilografada, justamente a que falta na cópia a carbono que contém mais alterações. No texto de *HH*, foi substituída por "We saw it ten years ago and went over it". Não se tendo garantias da autoridade de tal alteração, foi mantida a versão datilografada ["We broke in about ten years ago" = "Demos uma passada por lá há uns dez anos"].
3. Esta frase aparece, como alteração pela mão de VW, na lauda 5 da última versão datilografada; mas não aparece em sua cópia a carbono.

Cigana, a vira-lata
(*Gipsy, the Mongrel*)

Em 7 de outubro de 1939 VW escreveu em seu diário: "Chambrun [o agente literário] pede agora um conto sobre cachorros: o outro [provavelmente o "insignificante esquete" que ela lhe mandara em 30 de agosto], sofisticado demais. Tenho assim este, que está à deriva" (*D*-v, 232, 241 e nota 2). Seu "conto sobre cachorros" foi enviado a Chambrun em 22 de janeiro de 1940; em 26 de janeiro ela anotou em seu diário que havia "se livrado daqueles dois incômodos

– meu conto ['Cigana'], minha Conversa Fiada em Abbotsford" (*D*-v, 260 e nota 12). Embora ela tenha recebido 170 libras por "Cigana" em março, o conto nunca foi publicado (*D*-v, 271).

O texto desta edição é o do original datilografado sem data e com alterações hológrafas, que parece ser constituído por laudas de pelo menos três rascunhos.

O legado
(*The Legacy*)

Anne Olivier Bell sugere que a visita de VW a Philip Morrell, após a morte de sua esposa *lady* Ottoline, durante a qual ele lhe mostrou as memórias dela e pressionou-a a ficar com algumas recordações, foi o impulso por trás deste conto (ver *D*-v, 140 e 329, nota 6).

Em 17 de outubro de 1940 VW registrou em seu diário que havia recebido "da *Harper's Bazaar* um pedido urgente de um artigo ou conto" (*D*-v, 329). A revista acusou o recebimento do conto, em 4 de novembro, mas depois decidiu não publicá-lo. Embora VW escrevesse à *Harper's* duas cartas zangadas (em 23 de janeiro e 3 de fevereiro de 1941), nas quais se reportava ao que fora combinado e descrevia o considerável esforço que ela fizera para honrar o compromisso, não recebeu da parte deles nenhuma explicação satisfatória (*L*-vi, 463 e 469). Subsistiram um rascunho hológrafo, duas versões datilografadas completas e fragmentos de pelo menos seis outros rascunhos datilografados de "O legado" (todos sem data e todos contendo alterações hológrafas). A maior mudança que VW fez, ao retrabalhar no conto, diz respeito à identidade de "B.M.". Nem no hológrafo nem no que parece ser o primeiro rascunho datilografado ele é irmão de Sissy Miller.

"O legado" foi publicado em *HH*. O texto desta edição é o da última versão datilografada.

O símbolo e O lugar da aguada
(*The Symbol* e *The Watering Place*)

Rascunhos hológrafos destes contos acham-se na segunda parte de um caderno em que VW pôs o título "Essays". A primeira parte contém rascunhos de ensaios publicados em 1931-32 e um fragmento do hológrafo de *Flush*. Na segunda parte estão rascunhos de cinco textos não publicados, dois dos quais somente o primeiro, intitulado "Sketches" ["The Symbol"], e o segundo, intitulado "The Ladies Lavatory" ["The Watering Place"], parecem completos. Os outros três são "Winter's Night" [Noite de inverno], "English Youth" [Juventude inglesa] e "Another Sixpence" [Outra moeda de meio xelim]. Esses cinco esquetes podem ter sido as últimas obras de ficção escritas por VW. Octavia Wilberforce, amiga de VW e médica, visitou-a em 12 de março e comunicou numa carta a Elizabeth Robins que VW estava se sentindo "desesperada – deprimida a mais não poder, depois de ter terminado um conto" (*L*–VI, XVI). VW provavelmente se referira a "Juventude inglesa", um "retrato" de Octavia Wilberforce que ela pensava escrever quando fez a última anotação de seu diário (em 24 de março): "O conto de Octavia. Poderia eu de alguma forma englobá-lo? A juventude inglesa em 1900" (*D*–v, 359). Como não há certeza sobre a ordem dessas duas últimas obras, elas obedecem aqui à dos rascunhos hológrafos.

O símbolo
(*The Symbol*)

VW anotou em 22 de junho de 1937: "Bem que eu gostaria de escrever um conto onírico sobre o cume de uma montanha. Ora essa! Sobre deitar na neve; sobre círculos de cor; silêncio... e a solidão. Porém não posso. Não deveria eu então me dar, um dia desses, a um ligeiro abandono nesse mundo?" (*D*–v, 95). Em 16 de novembro de 1938, fez ela esta reflexão: "São pouquíssimos os momentos de cume de montanha. Quero dizer, de olhar em paz bem de cima" (*D*–v, 187). Dois anos mais tarde ela queria "preparar alguns momentos de alta pressão. Penso em pegar meu cume de montanha – essa visão persistente – como um ponto de partida" (*D*–v, 341). Tal visão persistente parece estar por trás de "O símbolo". Na locação alpina provavelmente se refletem as lembranças de VW quanto à fama de seu pai como montanhista. O nome do proprietário da pousada onde a narradora se hospeda, *Herr* Melchior, lembra o de um dos três melhores guias alpinos da Suíça, Melchior Anderegg, com o qual Leslie Stephen sempre escalava.

O texto desta edição é o do original datilografado com alterações hológrafas, datado de 1º de março de 1941 e batido no verso de laudas do posterior datiloscrito de *Between the Acts* e "Anon". O título datilografado "Inconclusions" foi riscado, tendo sido em seu lugar escrito "The Symbol". A paginação do datiloscrito sugere que esse possa ser uma combinação de pelo menos dois rascunhos datilografados. Ao rever o conto, VW eliminou o nome da irmã da mulher na sacada, que era Rosamond, e alterou substancialmente ou deixou de fora várias passagens. As mais extensas e significativas dessas são fornecidas nas notas a seguir.

1. No hológrafo esta frase é seguida por: "O pico virgem nunca havia sido escalado. Ele era uma ameaça: alguma coisa fendida na mente como as duas partes de um disco quebrado: dois números: dois números que não podem ser somados: um problema insolúvel".
2. No original datilografado esta frase é seguida por duas frases riscadas: "Havia um lugar-comum na ponta da caneta dela. O símbolo do esforço".
3. No hológrafo, após dizer que a montanha é um símbolo de esforço, a mulher na sacada pensa: "Mas isso era inadequado. A outra coisa que aquele pico representava não era em absoluto um lugar-comum: de fato, era algo que, longe de escorrer espontaneamente com a tinta, permanecia quase indizível para ela mesma.

A cratera no cume da montanha registrava as mudanças do dia. Estou tendo prazer, escreveu ela, com o que ficou de tinta na caneta? Para lhe dizer a verdade, não me resta praticamente nenhuma [emoção]. Estou sentada na sacada e a uma hora o gongo vai bater. Não cortei minhas unhas. Não fiz meu cabelo. Quando leio um livro, não consigo acabá-lo. Pergunto-me por quê, quando eu era moça, recusei o homem que queria se casar comigo? Por que Papai foi transferido logo que conheci Jasper? Depois houve o câncer da mamãe. Eu tive de cuidar dela. Para mim estava tudo perdido. Quero dizer, fui tirada repentinamente de cena".

4. A versão hológrafa desta passagem é seguida por: "O que é que me faz escrever tudo isto? Sei que eu deveria estar entrando, como eles dizem, na sua vida. Esse é o único modo pelo qual podemos escapar... Ela olhou para a montanha... Há gente que diz que esse é o modo de somar dois mais dois. Será que escrevo uma bobagem? Estou apenas tentando lhe dizer que estou pensando na sacada. Estou ciente, tanto quanto eles, do desejo de dominar a altura. Vêm-me os sonhos mais absurdos. Penso que, se eu pudesse chegar lá, eu morreria feliz. Penso que lá, na cratera, que se parece com um dos lugares da lua, eu encontraria a resposta. Ocorreu-me que, quando lamentamos – digamos, a juventude perdida –, estamos empregando apenas lugares-comuns. O verdadeiro problema é subir ao cume da montanha. Por que, se não for [isso], temos nós o desejo? Quem o deu a nós? Já é hora, acrescentou ela, de eu comprar flores para os túmulos daqueles que pereceram: eles também sofrem de bócio. Sem dúvida eu poderia descobrir por quê. Mas... As encostas fazem-me pensar tantas coisas". [As elipses ao longo do trecho são de VW.]

O lugar da aguada
(*The Watering Place*)

VW registrou em seu diário, em 26 de fevereiro de 1941, uma conversa que ela ouviu no banheiro de senhoras de um restaurante de Brighton que é muito semelhante à mantida em "O lugar da aguada" (*D*-v, 356).

O texto dado aqui é o do original datilografado sem data, que foi batido no verso de laudas do posterior datiloscrito de *Between the Acts*. Além de mudar o título e apurar o estilo de "O lugar da aguada" quando bateu o original, VW eliminou todas as referências à atendente do banheiro, cujas memórias, observa a narradora, "nunca foram escritas". "Quando, na velhice, elas olham para trás pelos corredores da memória, seus respectivos passados devem ser diferentes entre si. Convém cortá-los: desconectá-los. A porta deve estar sempre abrindo: e fechando. Elas não podem ter relações estabelecidas com sua própria espécie."

Sugestões de leitura

FICÇÃO

The Voyage Out. Londres: Duckworth, 1915.

The Mark on the Wall. Londres: The Hogarth Press, 1917 (reimpresso em *The Complete Shorter Fiction*).

Night and Day. Londres: Duckworth, 1919.

Kew Gardens. Londres: The Hogarth Press, 1919 (reimpresso em *The Complete Shorter Fiction*).

Monday or Tuesday. Londres: The Hogarth Press, 1921 (reimpresso em *The Complete Shorter Fiction*).

Jacob's Room. Londres: The Hogarth Press, 1922.

Mrs. Dalloway. Londres: The Hogarth Press, 1925.

To the Lighthouse. Londres: The Hogarth Press, 1927.

Orlando: A Biography. Londres: The Hogarth Press, 1928.

The Waves. Londres: The Hogarth Press, 1931.

Flush: A Biography. Londres: The Hogarth Press, 1933.

The Years. Londres: The Hogarth Press, 1937.

Roger Fry: A Biography. Londres: The Hogarth Press, 1940.

Between the Acts. Londres: The Hogarth Press, 1941.

A Haunted House and Other Short Stories, org. Leonard Woolf. Londres: The Hogarth Press, 1943.

Mrs Dalloway's Party: A Short Story Sequence, in Stella McNichol (org.). Londres: The Hogarth Press, 1973 (reimpresso em *The Complete Shorter Fiction*).

The Complete Shorter Fiction of Virginia Woolf, in Susan Dick (org.). Londres: The Hogarth Press, 1985.

ENSAIO

Mr. Bennett and Mrs. Brown. Londres: The Hogarth Press, 1924.

The Common Reader. Londres: The Hogarth Press, 1925.

A Room of One's Own. Londres: The Hogarth Press, 1929.

The Common Reader: Second Series. Londres: The Hogarth Press, 1932.

Three Guineas. Londres: The Hogarth Press, 1938.

The Death of the Moth and Other Essays, in Leonard Woolf (org.). Londres: The Hogarth Press, 1942.

The Moment and Other Essays, in Leonard Woolf (org.). Londres: The Hogarth Press, 1947.

The Captain's Death Bed and Other Essays, in Leonard Woolf (org.). Londres: The Hogarth Press, 1950.

Granite and Rainbow, in Leonard Woolf (org.). Londres: The Hogarth Press, 1958.

Contemporary Writers, in Jean Guiguet (org.). Londres: The Hogarth Press, 1965.

Collected Essays, vols. I–IV, in Leonard Woolf (org.). Londres: The Hogarth Press, 1966–67.

Books and Portraits, in Mary Lyon (org.). Nova York: Harvest/Harcourt, Brace & Co, 1977.

Women and Writing, in Michèle Barret (org.). Londres: Woman's Press, 1979.

The London Scene: Five Essays. Londres: The Hogarth Press, 1982.

A Woman's Essays, in Rachel Bowlby (org.). Londres: Penguin, 1992.

The Crowded Dance of Modern Life, in Rachel Bowlby (org.). Londres: Penguin, 1993.

Travels with Virginia Woolf, in Jan Morris (org.). Londres: The Hogarth Press, 1993.

The Essays of Virginia Woolf, vols. I–VI, in Andrew McNeillie (org.). Londres: The Hogarth Press; Nova York: Harcourt, Brace & Co, 1986–92.

TEATRO

Freshwater, in Lucio Ruotolo (org.). Nova York: Harcourt, Brace & Co, 1976.

DIÁRIO

A Writer's Diary, in Leonard Woolf (org.). Londres: The Hogarth Press, 1953.

Moments of Being, in Jeanne Schulkind (org.). Londres: The Hogarth Press, 1978; Nova York: Harcourt, Brace & Co, 1985.

The Diary of Virginia Woolf, vols. I–IV, in Anne Olivier Bell (org.). Londres: The Hogarth Press, 1977–84.

A Passionate Apprentice, in Mitchell Leaska (org.). Londres: The Hogarth Press, 1990.

CORRESPONDÊNCIA

The Letters of Virginia Woolf, vols. I–VI, in Nigel Nicolson e Joanne Trautmann (orgs.). Londres: The Hogarth Press, 1975-80.

BIOGRAFIA

BELL, Quentin. *Virginia Woolf: A Biography*. Londres The Hogarth Press, 1972.
CURTIS, Vanessa. *Virginia Woolf's Women*. University of Wisconsin Press, 2002.
LEHMANN, John. *Virginia Woolf and Her World*. Nova York: Harcourt, Brace & Co, 1977.
NATHAN, Monique. *Virginia Woolf*. Paris, Seuil, 1989.

SOBRE VIRGINIA WOOLF

ABEL, Elisabeth. *Virginia Woolf and the Fictions of Psychoanalysis*. Chicago: The University of Chicago Press, 1993.
AUERBACH, Eric. *Das französische Publikum des 17. Jahrhunderts*. Munique: M. Hueber, 1933.
BARTHES, Roland. "Le grain de la voix", in *Entretiens, 1962-1980*. Paris: Éditions du Seuil, 1981.
BEER, Gillian. *Virginia Woolf: The Common Ground*. Edimburgo: Edinburgh University Press, 1996.
CARAMAGNO, Thomas. *The Flight of the Mind: Virginia Woolf's Art and Manic Depressive Illness*. Los Angeles: University of Califórnia Press, 1992.
DUSINBERRE, Juliet. *Virginia Woolf's Renaissance: Woman Reader or Common Reader?* Iowa: University of Iowa Press, 1997.
FLEISHMAN, Avrom. *Virginia Woolf: A Critical Reading*. Baltimore, Maryland: The Johns Hopkins University Press, 1975.
GOLDMAN, Jane. *The Feminist Aesthetics of Virginia Woolf*. Cambridge: Cambridge Press, 1998.
GOLDMAN, Mark. *The Reader's Art: Virginia Woolf as Literary Critic*. The Hague, Netherlands: Mouton & Co B. V. Publishers, 1976.

HUSSEY, Mark. *The Singing of the Real World: The Philosophy of Virginia Woolf's fiction.* Ohio: Ohio State University Press, 1986.
LAURENCE, Patrícia. *The Reading of Silence: Virginia Woolf in the English Tradition.* Stanford: Stanford University Press, 1991.
MARCUS, Jane. *Virginia Woolf and Bloomsbury.* Londres: Macmillan, 1987.
_____. *New Feminist Essays of Virginia Woolf.* Londres: Macmillan, 1981.
MEYER, Augusto. "Evocação de Virgínia Woolf", in *A chave e a máscara.* Rio de Janeiro: Edições O Cruzeiro, 1964.
PEREIRA, Lucia Miguel. "Dualidade de Virgínia Woolf", "Crítica e feminismo" (sobre *The Common Reader e A Room of One's Own*), "O Big Ben e o carrilhão fantasista" (sobre *Mrs. Dalloway* e *To The Lighthouse*) e "Assombração" (sobre *The Haunted*) in *Escritos da maturidade.* Rio de Janeiro: Graphia, 1994.
ROE, Sue. *Writing and Gender: Virginia Woolf's Writing Practice.* Nova York: Harvester Wheatsheaf, Saint Martin's Press, 1990.
ROSEMAN, Ellen Bayuk. *A Room of One's Own: Women Writers and the Politics of Creativity.* Nova York: Twayne Publishers, 1995.
Schlack, Beverly Ann. Continuing Presences: Virginia Woolf's Use of Literary Allusion. Pennsylvania: Pennsylvania University Press.
SÜSSEKIND, Flora. "A ficção como inventário do tempo. Nota sobre Virgínia Woolf", in *A voz e a séria.* Rio de Janeiro/Belo Horizonte: 7 Letras, UFMG, 1998.
WILLIAMS, Raymond. "The Bloomsbury Fraction", in *Problems in Materialism and Culture.* Londres: Verso, 1980, pp. 148-69.

NO BRASIL

FICÇÃO

A viagem, trad. Lya Luft. São Paulo: Novo Século, 2008.
Noite e dia, trad. Raul de Sá Barbosa. Rio de Janeiro: Nova Fronteira, [1979] 1999.
O quarto de Jacob, trad. Lya Luft. Rio de Janeiro: Nova Fronteira, [1980] 2003.
Mrs. Dalloway, trad. Mário Quintana. Rio de Janeiro: Nova Fronteira, [1980] 2006.
Passeio ao farol, trad. Oscar Mendes. Rio de Janeiro: Labor, 1976.
Ao farol, trad. Luiza Lobo. Rio de Janeiro: Ediouro, 1993.

Orlando, trad. Cecília Meireles. Rio de Janeiro: Nova Fronteira, [1978] 2003.//
As ondas, trad. Lya Luft. Rio de Janeiro: Nova Fronteira, [1981] 2004.
Flush — memórias de um cão, trad. Ana Ban. Porto Alegre: L&PM, 2004.
Os anos, trad. Raul de Sá Barbosa. Rio de Janeiro: Nova Fronteira, 1982.
Entre os atos, trad. Lya Luft. São Paulo: Novo Século, 2008.
Uma casa assombrada, trad. José Antonio Arantes. Rio de Janeiro: Nova Fronteira, 1981.
Objetos sólidos, trad. Hélio Pólvora. São Paulo: Siciliano, 1985.
A cortina da tia Ba, trad. Ruth Rocha. São Paulo: Ática, [1993] 1999.
A casa de Carlyle e outros esboços, trad. Carlos Tadeu Galvão. Rio de Janeiro: Nova Fronteira, 2004.
Cenas Londrinas, trad. Myriam Campelo. Rio de Janeiro: José Olympio, 2006.

ENSAIO

Um teto todo seu, trad. de Vera Ribeiro, Rio de Janeiro: Nova Fronteira, 1985.
Kew Gardens, trad. Patrícia de Freitas Camargo e José Arlindo de Castro. São Paulo: Paz e Terra, série Leitura, 1996.
O leitor comum, sel. e trad. Luciana Viégas. Rio de Janeiro: Graphia, 2007.

DIÁRIO

Diários, 2 vols. São Paulo: Bertrand Brasil, s.d.
Momentos de vida, in Jeanne Schulkind (org.), trad. Paula Maria Rosas. Rio de Janeiro: Nova Fronteira, 1986.
Os diários de Virginia Woolf, sel. e trad. José Antonio Arantes. São Paulo: Companhia das Letras, 1989.

© Cosac Naify, 2005
© Chatto & Windus, 1985; Hogarth Press, 1989

FOTO p. 2: Virginia Woolf, c. 1920 © RPS/SSPL/The Image Works
FOTO p. 430: Virginia Woolf, c. 1925 © Mansell/Time Life Pictures/Getty Images

Coordenação editorial Maria Helena Arrigucci
Preparação Leny Cordeiro
Revisão Sandra Brazil, Alexandre Barbosa de Souza e Laura Rivas Gagliardi
Projeto gráfico Luciana Facchini

4.ª *reimpressão, 2009*

Nesta edição, respeitou-se o novo Acordo Ortográfico da Língua Portuguesa

---

Dados Internacionais de Catalogação na Publicação (CIP)
(Câmara Brasileira do Livro, SP, Brasil)

Woolf, Virginia [1882–1941]
    Contos completos: Virginia Woolf
    Título original: *The complete shorter fiction*
    of Virginia Woolf
    Tradução: Leonardo Fróes
    Fixação de texto e notas: Susan Dick
    São Paulo: Cosac Naify, 2005
    472 pp., 2 ils.

ISBN 978-85-7503-400-2
1. Contos ingleses 2. Ficção inglesa I. Dick, Susan. II. Título.
05-1133   CDD-823

Índices para catálogo sistemático:
1. Contos: Literatura inglesa 823
2. Ficção: Literatura inglesa 823

COSAC NAIFY
Rua General Jardim, 770, 2.º andar
01223-010 São Paulo SP
Tel. [55 11] 3218 1444
www.cosacnaify.com.br

Atendimento ao professor [55 11] 3218 1473

Coleção Mulheres Modernistas

Virginia Woolf *Contos completos*
Katherine Mansfield *Contos*
Karen Blixen *A fazenda africana*
Karen Blixen *Anedotas do destino*
Marguerite Duras *O homem sentado no corredor* e *A doença da morte*
Karen Blixen *Sete narrativas góticas*
Marguerite Duras *O amante*
Flannery O'Connor *Contos completos*
Gertrud Stein *Três vidas*

fonte Nofret

papel Pólen soft 80 g/m² da Suzano Papel e Celulose

impressão Geográfica

tiragem 8000

A marca FSC é a garantia de que a madeira
utilizada na fabricação do papel interno deste
livro provém de florestas de origem controlada
e que foram gerenciadas de maneira
ambientalmente correta, socialmente justa e
economicamente viável.